let
it
blurt

實踐剛左書寫的搖滾極致

萊斯特·班恩斯 傳記
美國最偉大的搖滾樂評人,他的時代與他的生平

葉雲平推薦序 粘利文/吳武璋/楊久穎 推薦

THE LIFE & TIMES of LESTER BANGS, AMERICA'S GREATEST ROCK CRITIC

剛左搖滾

吉姆·迪洛葛迪斯(Jim DeRogatis)/著 胡子平(Ricardo)、胡怡心/譯

國家圖書館出版品預行編目資料

剛左搖滾：萊斯特‧班恩斯傳記——美國最偉大的搖滾樂評人，他的時代與他的生平/吉姆‧迪洛葛迪斯（Jim DeRogatis）著. 胡子平(Ricardo)、胡怡心譯-- 初版.
　--台北市：高談文化, 2004【民93】
　　　面；　公分
　　　譯自:Let It Blurt: the Life and Times of Lester Bangs, America's greatest rock critic
　　　ISBN:986-7542-53-3（平裝）
　　　1. 班恩斯（Bangs, Lester）- 傳記
　　　2. 搖滾樂 - 評論

785.28　　　　　　　　　　　　　　　　　　　　　　　　　93015538

剛左搖滾：萊斯特‧班恩斯傳記
——美國最偉大的搖滾樂評人，他的時代與他的生平

作　　者：吉姆‧迪洛葛迪斯（Jim DeRogatis）
譯　　者：胡子平(Ricardo)、胡怡心
發行人：賴任辰
總編輯：許麗雯
主　　編：劉綺文
編　　輯：呂婉君　李依蓉
企　　劃：張燕宜
美　　編：陳玉芳
行　　政：楊伯江
出　　版：高談文化事業有限公司
地　　址：台北市信義路六段76巷2弄24號1樓
電　　話：（02）2726-0677　傳　真：（02）2759-4681
製　　版：菘展製版　（02）2221-8519
印　　刷：松霖印刷　（02）2240-5000
http://www.cultuspeak.com.tw
E-Mail：cultuspeak@cultuspeak.com.tw
郵撥帳號：19282592高談文化事業有限公司
圖書總經銷：成信文化事業股份公司
電　　話：（02）2249-6108　傳　真：（02）2249-6103
行政院新聞局出版事業登記證局版臺省業字第890號

2004年9月初版
定價：新台幣450元整

Let It Blurt

評論寫作真的可以成為創作藝術嗎？為什麼不可以呢？
評論寫作必須依據所探討的素材加以消化，
然後將一個全新、令人愉快的產物藉由另一種形式表現。
這樣的創作，誰還能再對詩歌做什麼要求呢？

——奧斯卡‧王爾德《評論家即是藝術家》(*The Critic as Artist*)

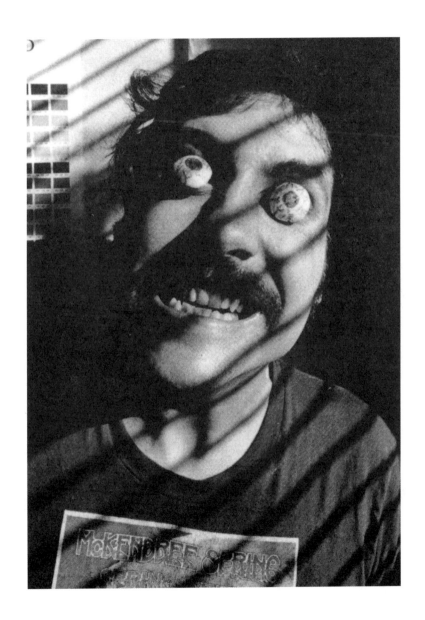

目錄

推薦序
喃喃妄語的縱火者

葉雲平

我們都不太了解、或並不認識Lester Bangs為何許人物。

對於這個被冠以「美國最偉大的搖滾樂評」、一團烈火般熊熊瘋魔在六、七〇年代的加州小子，僅只能隔層書皮紙，至多透過電影《Almost Famous》的幾幕身影（由Philip S. Hoffman飾演），去切切嗅聞那股搖滾樂裡激情燃燒的殘燼味道——自由的嬉皮，爛斃了的毒蟲，文采四溢的寫作者，屈從於搖滾之下、專橫於唱片之上的手足無措的矛盾樂迷——Lester Bangs和他的時代行止，代表的是一種遙遠的，我們大部分人還未有親歷目睹，幾未敢想望，文字與音樂間交相媾合彼此厮鬥的夢幻與渺邈之境。

當《Almost Famous》中的虛擬樂團Stillwater，首次在演唱後台遇到自表為雜誌記者的主人翁William時，脫口而出的便是「Oh! The enemy, a rock writer!」，此後巡迴路上也一直以「敵人」暱稱——似乎自始至終，作品與評論，音樂與文字，其間的褒貶、爭抗即是永無休止的一場愛恨循環。創作者一方面期待嘉許、有「知音」能夠深入瞭解作品最裡處的靈魂與秘義，卻又總擔心被過度詮釋或曲解初衷，甚至以個人好惡惡意攻訐；而評論人則大多自認「眾生皆醉我獨醒」，在所謂「完整公允」的看法中，挖掘不世出的奇才與美麗下的盲點，

汲汲徘徊於是否主觀客觀、崇拜與冷血……等迷思的十字路口。

　　電影裡的Lester Bangs說得好，假使要建立一個真正搖滾樂記者的名聲、做為樂團的朋友，下筆的原則只有「誠實，毫不留情」（be honest, unmerciful）；而能否直言不諱的關鍵，我想在於一種全然的心的包容與自由。無論是創作者或評論人，只要你的心靈可以自由，便可以不受任何層面的牽引或干擾，說出唯心之言，造構誠心之作。

　　實際上，連Lester Bangs原本也不曾想過，日後會成為一位如此「直率」的搖滾樂評人。在六〇年代初的青春時期，他的偶像是「垮掉的一代」（Beat Generation）裡的Jack Kerouac與爵士樂Bop貝斯手Charles Mingus，立定的志業是小說家與詩人；我們看到他的願望是「擁有一間大豪宅，屋子底下是燈光昏暗、發霉的墓穴，墓穴裡收藏著一排排蜿蜒不斷的唱片」，不禁要令人聯想，如果十九世紀的Edgar Allan Poe來寫搖滾樂（也許歌德更佳？），說不定便會是Lester Bangs的文章模樣──「被魔鬼附身著魔似地，用狂野的風格從事評論性的寫作」、「將小說裡『意象自由流動』的風格與質地融入樂評的寫作」。

　　Lester Bangs的樂評文字絕對是自我而徹底主觀的，東一段Count Five的嘻鬧喧囂，西一落Lou Reed的艱澀試驗，意念龐雜難解，可說是凌駕歌曲本身的一種的才氣迸射與狂放；就如他連珠炮似的言談風格，總是絮絮叨叨地將所有想法一股腦地傾瀉而出，玉石偕泥沙俱下，在Grateful Dead般不斷即興彈奏的冗長過程中，我們也不停尋找藏於一大串喃喃背後的字語珠璣。我喜歡《Almost Famous》裡Lester Bangs在電台與家中放唱片的場景，他選介唱片像是在縱火，意見與評價像火種般一個個往聽者及音樂人心裡四處拋擲，猛烈且直接，最後乾脆連自己也盡身而入，身殉致以焰火明亮，一個屌翻了的狂妄的縱火者。

　　四〇年代末的法國影壇，有一為之後新浪潮「作者論」奠基的所謂「攝影機鋼筆論」，倡言導演以攝影機為工具實行自我的電影創

作；相對地，Lester Bangs卻是以「鋼筆」來施行個人的音樂創作，鋼筆搖滾論。他的筆即是歌裡的一件樂器，一朵音符，一陣陣沉勁扎實的鼓擊，他整個人、整副身軀與靈魂皆是搖滾樂的一部分；如此概念分別在1979與1981年轉化爲兩張眞正的樂曲錄音，以快捷而短促的叛客節奏做爲最終的實踐、最佳的生命註腳。不過，對於大部分如我等凡庸的音樂、文字喜好者來說，要演奏出像Lester Bangs一般華麗精彩的Solo樂句，並非人人可得；但我始終相信，當面對到一件曼妙無匹的音樂作品時，最好的回報方式，除了汗毛直立，疙瘩四起……興奮癲狂至不知如何自處的激動之外，便是竭盡所能、想辦法創造出能與之相抗衡、相媲美的眞切文章，就像Lester Bangs那樣。

譯序
詩人、酒鬼與
另一位搖滾殉道者

胡子平

　　常常在想如果萊斯特・班恩斯還活著的話，他會怎麼批評他死後的這二十年搖滾音樂與媒體現象？他會怎麼看待八零年代中期另一波後龐克音樂與SST這些獨立廠牌的故事？或者甚至是九零年代整個英倫、歐陸瑞舞世代文化？他會再度痛批這一切都了無新意？或者誠如他所批判的，這一切都只不過是另一種的回收循環再利用罷了？

　　對於萊斯特早在二十幾年前的預言，媒體界充耳不聞，卻也相當乖巧的就照著他所說的趨勢繼續厚顏發展，環顧當今唱片工業與媒體現象，一切幾乎與萊斯特當年所預料的相差無幾，唯一最大的差別只在於現在的環境比他那時更加惡化而已。

　　記得第一次看到萊斯特・班恩斯這名字是在一九八六年《滾石》雜誌出的一冊《新版滾石雜誌唱片指南》。這本工具書主要是戴弗・馬須負責統籌撰寫的，那時的我注意到前面一串參與撰寫的作者簡介上，萊斯特・班恩斯的名字就被列在其中，上面並寫著「《Creem》雜誌的創始編輯之一……後死於一九八二年。」當時懵懂無知的我還以為這本書真了不起，居然寫到最後還有編輯因故陣亡，自此我便視該書為聖經，開始勤加研讀。

　　如今看來，這本唱片指南只是再次證明了萊斯特又被《滾石》雜誌利用了一次，因為整本書絕大多數是由馬須在執筆，萊斯特只寫了

不到百分之五的篇幅，而他的名字卻依然被放在顯眼的位置好增加該書的銷售量。由此可見萊斯特的盛名在當時如此好用，可以一再地被人壓榨他的心血。

　　然而二十年後，當我有幸能負責翻譯萊斯特的傳記時，我才逐漸發現當年他與其他美國樂評界的恩恩怨怨遠超出當年我的想像。而後在迻譯的過程中，發現萊斯特的文字寫作更是如本書所言，他結合了傑克・凱魯亞克等作家的垮派風格與杭特・湯普森的剛左（gonzo）風格於一體。萊斯特的文筆犀利而猛烈，文法結構更是恣意切換或翻轉其句法，他經常刪去許多的介係詞、虛詞，好讓文體更加密實，他可以從古典文學、現代文學一路旁徵博引到通俗文化現象或爵士、搖滾、藍調等歷史，信手拈來而從容自如。而他這些個人風格，正是展現了所謂剛左文體的另一最佳示範，因為當初所謂gonzo這名詞是誤用了加拿大法語中的「gonzeaux」一字而得來的，剛左文體沒有任何固定結構或規則，一切憑創作者的自由發揮，他可以誇大、嘲諷、滑稽，也可以故意愚弄讀者，因此當初將這一詞直接音譯成「剛左」或許與這文體本身所展現的嬉戲特質略有出入，但另一方面「剛左」一詞對照萊斯特自己的定位與他的一生，卻又大抵符合，或許「剛左」一詞不盡人意，卻也算是權宜之計。

　　然而從萊斯特的生平再反觀整個音樂評論界現象或國內本土的評論界似乎都出現類似的困境，那就是評論者可以發揮的舞台益發地萎縮，評論者的角色淪為到只是在那裡當成消費行家的模樣，在那裡比手劃腳而已，而關於此點，本傳記作者藉著萊斯特的故事及後記提出許多批判，相信對於關心媒體現象的讀者亦有所啓發。至於附錄一篇〈如何成為一位搖滾樂評人〉的文章，則是萊斯特狠狠地嘲弄了搖滾樂評人這個領域的種種笑話，讀來令人不禁捧腹大笑。

　　最後感謝大姊怡心的合譯與鼎力協助，也感謝家人這段期間無怨的配合。萊斯特一生總在追尋他期盼的穩定家居生活，或許這是我唯一可以感到慶幸及驕傲的地方吧。

作者序

> 我一直深信，搖滾樂流傳到最後，會變成神話
> 搖滾樂沒有所謂的「事實真相」
> ——萊斯特·班恩斯，摘自《洛·史都華》一書

　　有時候，萊斯特真是滿嘴胡說八道。搖滾樂界裡，當然有許多事實，而這些事實便是極有價值的工具，好讓你把那些搖滾神話拿去洩洩氣。而這等英勇的行為，對我們這些低等的人類來說，似乎是可行之事；這種行徑便是萊斯特最愛的，他投入其中的熱情絕不少於那些喜歡建造神話的人。

　　萊斯特是一位偉大的剛左新聞報導作家、貧民窟詩人、也是一位浪漫、有遠見的搖滾作家，他的寫作是匯集杭特·湯普森、查爾斯·布考斯基、以及傑克·凱魯亞克於一身的搖滾樂魂。經歷過六〇年代提倡愛與和平的社會思潮，以及七〇年代只會紙上談兵的「自我的一代」（Me Generation）風潮，萊斯特選擇在更刺耳、更喧噪、更強烈、更有活力的聲音裡反覆思考——倘若不能說他是一個界定者，那麼至少可以說他詳細描繪了重金屬與龐克音樂的美學觀點。至於其他人，不是熱切地將搖滾樂理想化、要不就是用外部觀察的學術觀點提出他們的見解。但萊斯特不是，他用自己的生命活出搖滾精神。他沈溺於酗飲無度的搖滾生活方式，並從那喧囂嘈雜的聲音裡汲取能量，透過他的散文創作激發出與之匹配的搖滾激情，讓這些鏗鏘有力的文字在《滾石》雜誌、《Creem》雜誌、《村聲週報》的篇幅裡迸發、

衝擊。

　　而在這樣的過程中，萊斯特列身於他所頌讚的藝術家同儕，並與他們並駕齊驅。這些他讚揚的藝術家中，很多都是自以爲是的預言者，與獻身投入宣揚的個人主義者，其中的代表人物包括牛心船長（Captain Beefheart）、伊基・帕普（Iggy Pop）、佩蒂・史密斯（Patti Smith）、理查・黑爾（Richard Hell），當然還有最重要的一位人物路・瑞德（Lou Reed）。而萊斯特與路・瑞德的關係就好比英國十八世紀作家山穆爾・強生與詹姆士・包斯威爾（Johnson/ Boswell）、當代樂評人高爾・維達與諾曼・梅勒（Vidal/ Mailer）、古典作曲家莫札特與沙里耶利（Mozart/ Salieri）——然而這種惺惺相惜、亦敵亦友的關係卻常常讓人分不清楚誰到底是誰。

　　我開始認眞地去見萊斯特這位傳奇人物，是在一九八二年四月十四日的下午。那年，我是紐澤西州澤西市哈德遜地區天主教男校的高三學生，當時我的新聞寫作老師指派我去採訪一位「英雄」。於是我便搭上由紐澤西州通往紐約市的PATH火車，並在曼哈頓區的第十四街與第六大道那一站下車。然後按照萊斯特之前給我的指示，來到他住的那棟房子，對著五樓窗戶大叫他的名字——因爲他住的那棟大樓沒有電鈴，而萊斯特也沒裝電話，因爲他嫌電話鈴聲干擾他寫作。所以我也無法用電話跟他聯絡。在我大喊後，大約等了一分鐘，萊斯特從窗口丟下鑰匙，然後我必須爬上一大堆階梯，才能到達他住的公寓。就像每一位青少年搖滾樂迷的房間一樣，萊斯特的住處塞滿了數不盡的唱片和堆積如山的垃圾，只不過他的公寓是一個更誇張的搖滾窩，而他已是一位三十三歲的大男孩。

　　接下來待在他公寓裡的幾個小時裡，我看到另一個萊斯特——在那人格面貌的後面，我看到一位和善、富魅力、有正義感、超乎想像地有趣，卻又時而沮喪的一個人。他那瘦長的身軀所承載的是一個具穿透力的知識份子，他的腦袋裡滿載這些龐大的知性穿透力——它們的力量是如此地強大，大到似乎要從萊斯特額頭上那個與之不相容的

腫塊衝破而出。不容置疑，堅持反其道而行，行事風格往往出乎預料之外的萊斯特，是一位才華洋溢、有成就的失敗者，是一個缺少社會能力的智者，也是一位自稱「慈悲的人道主義者」──但卻又能夠用他偶爾爆發出的麻痺與遲鈍，冷酷無情地去徹底摧毀一個人。萊斯特的朋友尼克・拓齊斯（Nick Tosches）寫道：「他是一個浪漫的人，但他卻以最沈重、最悲傷、最好及最荒謬的方式去體現浪漫這個已被人類用爛的字眼。他無法只為了性而跟女人上床，除非他必須先愛上她才行；他不能夠討厭一件事情而不先對它發怒大罵。雖然以上這些關於他的敘述沒有一項是真的，但是最後，這股結聚他那瘋狂情愛與憤怒而成的鬼魅──既然他無法控制它──終究征服了他。」

萊斯特讀小學的時候，他母親虔信的宗教對他所做的支配，使他變成一個社會局外人，即使在他脫離耶和華見證人教派多年後，他依舊從未真正地融入任何一個社會中。在聖地牙哥郊區長大的萊斯特，開始藉由將自己轉變成「嗑藥龐克」，並自稱屬於「垮掉的一代」（垮派），以作為他對那平凡生長環境，與當時另類嬉皮文化的反抗。當他開始替《Creem》雜誌工作後，他開始頌讚那些不想在工廠裝配線工作的工人階級搖滾樂手，但是沒多久，他開始覺得底特律市是一個在知性與情感上都如愛爾卡航市一樣令人窒息的地方。最後他終於在紐約市的曼哈頓區落腳，起初，在爆滿龐克音樂的CBGB酒吧裡，他以為他找到了他畢生渴求的創作社區，但是發現那裡的真實情況與他的理想相差甚遠時，他的希望終究還是破滅了。最後他準備寫下在紐約──這個全世界居住最多人類的島嶼──他那如孤獨放逐者的生活故事。

有時候，萊斯特曾對他的朋友和情人坦承，說他覺得自己有一天終將追隨他那被火燒死的父親，成為一個酒鬼，但是同時他又奮力反抗任何取巧作弊的人生遊戲。這也是為什麼他脫離他母親的教會，並且開始遠離搖滾樂新聞報導寫作，以及他替自己創造出來的形象。他告訴我：「在我的生命中的某一段時間，你若到這裡來，只會看到一

個喝醉、愛自我表現的萊斯特，但或許你會比較喜歡我是那個樣子。而且如果我現在眞是那個樣子，我可能還可以活得很久；但是做爲一個優秀的作家，我將不會活得很久。」

在訪談的過程裡，萊斯特的身軀陷入一張破爛的舊椅子，他的姿勢正好跟他書桌上手製的的芝麻街餅乾怪獸燈罩相映成趣。他看起來似乎很衰弱，而且幾乎無法移動，但是當他說起話來，卻是連串激昂的話語。當時我還是一位沒有經驗的訪問者，當我請他爲搖滾樂下定義的時候，他先是停頓不語，思考了很久後，所給的答案讓我很訝異，他的回答竟不是一般的陳腔濫調。

終於，萊斯特說：「好的搖滾樂是一種能讓你覺得有活力的東西，是一種有人性的東西，然而，那卻是現今大部分音樂所缺少的一個要素。任何我想聽的東西都必須是由人類自己創作的，而非靠著電腦和機器製造出來的聲音。對我來說，好的搖滾樂也包含其他的東西，像是漢克・威廉斯（Hank Williams）與查理・明格斯（Charlie Mingus），以及一大堆並不在搖滾樂嚴格定義裡的東西。搖滾樂是一種態度，而不是只代表狹窄定義下的一種音樂形式。搖滾樂是一種你做事情的方式、是你處理事情的態度。寫作也可以是一種搖滾樂、或者一部電影也可以是搖滾樂，搖滾樂是一種生活的方式。」

這個訪問結束後的兩個星期，我坐在臥室裡謄寫這段訪問稿，正好聽到紐約WNEW-FM廣播電台報導萊斯特去世的消息，於是這本傳記就從那天開始逐漸成形。但是認眞開始籌備這本傳記的十四年後，我決定爲這本書訂立四個目標。第一個目標，就是透過本書講述一個甚至在我還未見到萊斯特之前就已經激起我好奇心的人生故事。比利・奧特曼（Billy Altman）在《Creem》雜誌裡頌揚他的啓蒙老師，他這樣寫道：「如果你是透過他寫的所有文章來認識萊斯特・班恩斯本人，那麼我必須說你對他已有相當程度的了解。」但是，我並不同意阿特曼的說法。不管在文章裡，或他本人的內心，萊斯特不停地改變、發展，不斷地與跟他競爭的愚蠢自我毀滅衝突搏鬥，同時又

和那因著僥倖生存的歡慶衝動反抗到底。萊斯特的心理醫生費爾‧薩賓恩札（Phil Sapinza）曾對我說——他很少治療像萊斯特這般集如此多重矛盾對立角色於一身的人，並且他將這這些人格角色扮演得如此徹底，以致這些角色最後融為他性格的一部分。薩皮恩查對身為萊斯特傳記作家的我提出一個挑戰，他說：「如果你能夠把所有不同面貌的萊斯特綜合成一個複合的人格，那麼你就能看到真正的萊斯特。」

我的第二個目標，是藉由這本傳記將搖滾評論寫作的演變，詳細地記錄下來，這是萊斯特當初選擇從事的領域，也是我現在選擇的領域。儘管搖滾評論界充滿著豐富多彩的人物、炫耀浮華的誇張賣弄、以及許多令人回味的散文，但是搖滾樂評論寫作的歷史卻從未真正被記錄下來。搖滾評論寫作從六○年代中期開始出現於一些報章雜誌、刊物中，然後隨著七○年代早期發展出來的「新新聞學」（New Journalism）而開始興旺發展。最後，在八○年代初期，搖滾評論寫作已被職業化，且大部分原有的特色也已被清除無存。雖然許多搖滾評論文章就像吹過薩克斯風的氣息一樣，逐漸消失在空氣中，但是萊斯特的文章所呈現出的高水平寫作技巧，在搖滾樂評論寫作的領域裡，還未有人能望其項背。既然搖滾評論寫作的發展與衰退正好與萊斯特的寫作生涯相一致、並且反映他所生活的時代，搖滾評論寫作的演變將和本書的第三個目標——檢視萊斯特富批判性的見解和美學標準——來共同貫穿這整本書。

我於一九九七年訪問羅伯特‧克里斯提高（Robert Christgau）。他是萊斯特在《村聲雜誌》的主編，他說：「萊斯特的見解批評並不是他評論文章的強點，他運用文字語言所散發出來的張力，才是賦予他樂評鏗鏘有力的主因。」再次地，我並不同意這樣的看法。現今，有兩派人物主控目前的搖滾評論界，一種是將搖滾樂當作娛樂工具、一味追求名利的野心作家，他們的樂評是以打幾顆星星或畫幾根指頭記號做為指引的消費者指南；另外一種搖滾評論作家，則是學究派人

士，他們將搖滾樂的歡樂與狂怒滴乾殆盡，他們的評論不過是一篇研究過頭的報告論文。這兩類樂評人試圖將萊斯特描寫為「風格獨特的名作家」（stylist），或是稱他為「搖滾人」（rockist）（彷彿萊斯特唯一在乎的只有三個和弦和厚重節奏），或是將他譽為高處不勝寒的菁英（elitist），真正喜愛的是別人毫不欣賞的「流行」音樂，同時，他們藉著這樣的方式將他排除在外。但話說回來，他們幫萊斯特冠上的這些頭銜，或多或少都有點道理——萊斯特最喜愛的搖滾樂是那些充滿歡樂或淨化的吼叫，或是對整個文化現象抱持一種「去他的、簡直狗屁」的輕蔑反抗。而這樣的態度可不是每一個人都已準備好隨時脫口而出的。

萊斯特有些同儕、甚至可能連萊斯特自己，都相信這樣的搖滾樂已在六○和七○年代死去，但是我並不贊同他們的看法——不過這個問題將在另一本書中討論。這本書的最後一個目標，是透過萊斯特本身猶如三稜鏡般地功能，去檢視當時的音樂與文化現象，以及他的美學判斷和搖滾評論寫作這件事。要達到這個目標，我必須倚賴我新聞寫作生涯前五年裡，做為沮喪、愛調查的記者生涯所磨練出來的技巧。我靠著磨練出來的專業技巧去訪問兩百二十七位人物——他們在萊斯特的人生當中或多或少扮演了一些重要的角色，並且熟讀、整理萊斯特許多已出版及未出版的文章、書信、錄音、以及筆記。

在準備這些報導和寫作的整個過程中，我從此書中的主角獲得靈感。我發現一篇令人驚喜、充滿典型萊斯特風格的文章，被刊登在一九七六年《芝加哥論壇報》（*Chicago Tribune*）上。那是一篇萊斯特評論傑克・班尼（Jack Benny）與桃樂絲・戴（Doris Day）兩本書的書評，萊斯特在該篇文章中如此寫道：「為了某種有氣質的原因，傳記文學是我最喜愛的閱讀素材。這些傳記從黑人民權運動鼓吹者麥爾坎-X（Malcolm X）、到作家田納西・威廉（Tennessee Williams）、或歌手瓊・拜雅（Joan Baez），我都拜讀過了。而且儘管過去在好萊塢制式的新聞報導寫作裡一直存在某些特定的缺點，我卻從旅遊經歷當

中發現，透過撰寫一本好萊塢式的傳記——兼具講述事實、並且甚至能夠間或製作出一份能展現二十世紀文化趨勢的重要文件——是一件可行的事。」

　　有些朋友談到我這本書頁裡所記錄的，將會是一個非常悲傷的故事，但是雖然有著悲劇性元素，我卻不把這本書看做是一個悲劇故事。這不是只看一個傢伙如何喝下好幾加侖囉靡樂咳嗽糖漿，羞辱搖滾明星，而後死去的樂評作家故事；若缺少萊斯特獨特的見解、他那具詩意的寫作以及對生命不尋常的強烈熱情，這個故事便不值得說出來給大家聽。這些是構成他傳奇一生的特質，都是我所稱頌讚揚的，我希望你讀完這本書後，也與我有同感。

導言

　　萊斯特在底特律寇伯演奏廳（Detroit's Cobo Hall）的側廳等待上場，並不時緊張地在老舊的打字機上，把玩著剛才倉促從克林姆之家（Creem House）抓到的鑰匙。他在晚餐時喝下的三杯奇瓦士威士忌（Chivas）和六瓶啤酒，對消除他因緊張所造成的胃部不適，並沒有多大幫助。他之前在愛爾卡航市（El Cajon）和黑暗紀元樂團（Thee Dark Ages）一起演奏口琴時，從未像此刻這樣害怕過；在加拿大溫莎市（Windsor）和Blues Train合唱團一起演唱的時候，也是毫不猶豫地便跳上舞台跟他們一起表演。但是現在，二十五歲的他，竟擔心在這個達達派的戲劇演出裡，會失去他平常的表演水準。

　　終於，J. Geils Band合唱團的團員開始在舞台內部聚集，現在再也沒有時間做任何思考了。當團員再度集合演奏安可曲時，巡迴演出管理人向萊斯特示意準備上台，於是他們為一群來自波士頓的白人傢伙演奏了一首有名的節奏藍調歌曲。在枯燥乏味得可怕的七〇年代中期，J. Geils Band是少數能夠證明搖滾樂還未枯死的合唱團——至少能證實音樂並未全部消逝。

　　那天稍早安排的飯店訪問活動，是一段令人想打瞌睡的時光，直到傑若米・吉爾斯（Jerome Geils）開始做人身攻擊——吉爾斯對萊

斯特說：「嘿！萊斯特，有沒有人跟你說過你長得很像羅伯・瑞納（Rob Reiner）？」

萊斯特早已聽過很多人對他說他長得很像《All in the Family》電視劇裡，由羅伯・瑞納演出的「Arachie Bunker's Meathead」那個愚蠢角色，他覺得不滿，於是回應吉爾斯：「狗屎！別跟我說這個，我才不像他！」

彼得・渥夫（Peter Wolf）聽了這話，便笑說：「就只有這樣才會讓他有所回應。」

萊斯特輕蔑地笑說：「混蛋，像你們這種樂手跟我們搖滾作家唯一的不同，就是你們表演時，人們看得見眼前你們所有的表現；而我卻不能在街上對別人說：『嘿，寶貝兒，你喜歡我那篇約翰・藍儂的樂評嗎？』因為她大可以跟我說：『去你的，你這傢伙，我哪知道那篇文章是不是你寫的？』」

二十年後，彼得・渥夫回憶當年他對萊斯特這番話的回應，說：「那時候，底特律就像我們的第二個家，我們以前習慣每次到那裡，都會去找萊斯特，而他是一位豐富有趣、不拘一格的藝術家。我記得自己曾對他說：『幹！你怎麼不帶著你的打字機到舞台上，讓聽眾看你寫樂評？就像電視裡的《週六夜現場》（Saturday Night Live）節目或《深夜時分》脫口秀裡的喜劇性短劇。』」

於是一九七四年某個夏夜，萊斯特帶著他的Smith-Corona牌電動打字機踏入舞台的聚光燈下，他炫耀地將打字機放在一組鼓類樂器前面的一張鋼琴板凳上，然後大喊說：「把這玩意兒插上電源！讓我們把它記錄下來！」萊斯特還為那晚的表演特地裝扮一番；紅色的運動背心罩在一件藍白條紋的襯衫外面、一件寬垮的牛仔褲、還有他那九塊美元一雙的Converse布鞋。當J. Geils Band合唱團開始奏出第一個樂聲時，萊斯特便跪在他的打字機前敲敲打打，而且還戲劇性地戴上一副太陽眼鏡增加效果。

當時在一萬三千人的觀眾席裡，有某六個人為萊斯特的表演歡呼

喝采，這些都是來自《Creem》雜誌的好伙伴們。當彼得‧渥夫唱著一九七三年《Bloodshot》專輯裡的〈Give It to Me〉這首曲子，作為圓滿表演的結尾曲時，渥夫唱著：「I want it so bad / You've got to give it to me,」接著，歌曲的旋律愈加快速而充滿情感，整個隨著情緒高漲的雷鬼樂風表演，達到了拼老命的邊緣。儘管這首曲子在二十年後變成了惱人的廣告配樂。在現場，大家幾乎聽不見萊斯特在打字機上的敲敲打打，雖然工作人員設想周到地將麥克風對準他的「吉他」，然而當時他不是在表演音樂，更不是在寫什麼值得記錄的文章。

VDKHEOQSNCHSHNELXIEN (+&H—SXN+(E@JN?——萊斯特從他的打字機敲打出這些無意義的字。

巡迴演出管理人站在萊斯特右邊對他喊叫著：「你表演得很棒！」

萊斯特心裡唸著：「這個想趁機報復的畜生。」當表演樂聲結束時，萊斯特站起來、踢開鋼琴板凳，然後跳到打字機上面，直到它裂成兩半。後來回想這件事，從頭寫下來時，他在文章裡嘲笑自己——這樣譁眾、大膽的行為，是他學喬治‧皮林姆普頓（Geroge Plimpton）那種新新聞學風格的萊斯特版本；不過在舞台上表演時，他覺得自己就像是明星一樣。

第一章
封閉的圈子

　　當康威‧班恩斯（Conway Bangs）在愛司康地多社區醫院
（Escondido Community Hospital）外不斷地抽著煙緊張地踱步的時
候，他實在需要喝一杯。請不要被這所醫院的名字誤導，因為它其實
只是靠一位醫師經營的一間小診所，整個建築物的面積只有南加州橘
子果園的房舍一般大小。這時他正在生產的太太則因劇烈產痛，在醫
院裡唉聲連連。這唉聲陸續地從醫院裡傳到康威的耳中，他知道生產
的血肉撕裂，一定讓他的太太痛得忍不住嘶喊，但是抱怨肉身苦痛的
行徑絕不是耶和華見證人教派（Jehovah's Witnesses）的行徑，而他
的太太諾瑪（Norma）是虔誠的耶和華的證人教徒，她就像一位忠誠
的戰士，堅守教會的教規直到最後一刻。

　　懷孕初期醫生曾強烈地懇求康威勸勸諾瑪，要求他去跟他太太曉
以大義，希望諾瑪能考慮拿掉胎兒，因為諾瑪已經四十二歲了，以那
樣的年紀懷孕生產，對母親和胎兒風險都很高。但是諾瑪無論如何都
不願意接受人工流產，因為耶和華見證人教派絕對禁止任何方式的人
工流產，就算是孕婦的生命已受到致命疾病的威脅也絕不允許。因此
康威的勸說不可能動搖諾瑪對宗教的堅定信念，不過這次康威對太太
的堅持倒是很高興，因為前幾年監獄的醫師曾告訴他，說他往後不會

有生育能力，但是顯然這個判斷是錯誤的，因為他的寶貝兒子於一九四八年十二月十三日晚上十點五十八分誕生，而且生產過程沒有任何併發症，母子均安。

　　小嬰兒誕生時的體重達八磅八盎斯（約三點八公斤），當時宏亮的哭聲顯示他的肺功能十分強壯健康。康威和諾瑪為他們的兒子取名萊斯理・康威・班恩斯（Leslie Conway Bangs）來表示對萊斯理父親康威・萊斯理的敬意。當康威看到他們母子祥和地躺著休息時，他立刻跑去向其他家庭成員報告這個好消息。那年諾瑪與第一任丈夫班・凱秦一世所生的女兒安・凱秦（Ann Catching）已經二十一歲了，是萊斯理・康威同母異父的姊姊，安說：「我的繼父真是興奮激動極了。」安當時已嫁給雷・聖克萊爾（Ray St. Clair），因此已改姓夫姓。安回憶說道：「康威來我和先生雷・聖克萊爾的住處時，跟大家說他的兒子是全世界最漂亮的小孩。萊斯理出生時就有一頭烏黑濃密的頭髮，他的頭髮多到大約是三到四個嬰兒加起來的髮量。說真的，當時我並不覺得萊斯理是一個漂亮的嬰兒，不過其他人的想法對康威並沒有什麼影響，因為不管別人怎麼說，萊斯理永遠是他的寶貝兒子。」

　　離開安和雷的住處後，康威繞道去班・凱秦二世（Ben Catching, Jr.）的家中報喜訊。班・凱秦二世是諾瑪的大兒子，是萊斯理同父異母的長兒。那時候，班已經是一位二十三歲的年輕爸爸，有一個四歲大的男孩，班・凱秦三世（Ben Catching III）。班・凱秦二世和康威都在愛司康地多轉運中心（Escondido Transit Mix）當卡車司機，他們二個人經常在下工後，一起到康威和諾瑪在395號高速公路附近的租屋外，在搖晃的前廊上喝啤酒。萊斯理出生的次日清晨，他們二個人舉杯祝賀新生兒的誕生。

　　萊斯理父母的祖先都是從美國西南部移民到西部的農場工人，他們的祖先可以追溯到好幾代之前，久遠到足以讓他們這一代忘記祖先們那時的舊習俗，甚至連他們特有的歐洲傳統也都遺忘了。毫無疑問

康威和他的兒子（攝於1949年1月）

的，萊斯理的祖先有蘇格蘭和英格蘭的血統，也可能有一些愛爾蘭和日爾曼的血統。但是在萊斯理的祖先那一代，他們就如同小說家威廉・福克納（William Faulkner）的小說《燃燒農莊》（*Barn Burning*）以及尼爾森・艾格林（Nelson Algren）的《瘋狂走一回》（*A Walk on the Wild Side*）中所描寫的人物與情節一樣，被當時的加州人歧視地稱呼為「阿肯仔」（Arkies）、「奧克仔」（Okies）， 或是被叫做流浪漢、愛說大話的窮白人，也就是萊斯理成年後口中的「社會渣滓」。

　　萊斯理的祖父母蓋迪（Gady）與麗歐塔‧班恩斯（Leota Bangs）於二十世紀初由阿肯色州（Arkansas）穿過州界移民到德克薩斯州，在離達拉斯市東北約九十英哩的庫柏鎮（Copper）與映樓鎮（Enlow）之間的小鎮定居下來。蓋迪就在那裡以農爲生，並且私自釀製販賣威士忌酒，當然他自己也不忘時時喝一杯。蓋迪長得矮矮胖胖，卻又很喜歡戴過大的牛仔帽，是一個不討人喜歡又粗魯的人；倒是臉圓圓的麗歐塔是一位和藹可親、有愛心的女士。他們共生育了五女二男，其中於一九一五年八月二十五日出生的康威‧萊斯理，是以德爾塔郡（Delta County）的警長名字命名，因爲蓋迪和麗歐塔想要向這位家族朋友致敬，而特地爲他們的兒子取了這個名字，但是這位老友並沒有因此給班恩斯一家特別的待遇，事實上，他就是後來把康威關進監獄的那位警長。

　　自從他初中一年級輟學了六年後，也就是康威滿十八歲的前幾個月，他第一次坐牢，被控犯了四起竊盜案，但是爲了跟法院交換不起訴其餘三起案子，只承認了一案當時法官基於康威未滿十八歲而暫緩實施他五年的刑期，但是儘管他認罪改過，別人仍然認爲他是個竊賊，偷竊的罪名永遠跟著他。果然在一九三四年接近年底的某一天，一位鄰居控告康威偷他的工具，康威堅稱自己沒有偷他的工具，並說自己是無辜的，但是那位鄰居怎麼也不肯聽康威的辯白與解釋，於是年輕氣盛的康威被激得惱怒不已，便拿個木桶冷不防地狠狠地打了那鄰居一頓。「康威的個性就是這樣，只要看到不公平的事，他一定馬上跳過去打抱不平。」：康威的姊姊伊茉瑾（Imogene）說道，「他可能會爲不公平的事而憤怒不已，但他並不是任意發脾氣的，他的憤怒都是有正當理由的。他也不是一個多話的人，但是只要他一開口說話，總是言之有物。而且一旦有人揍他，他一定會回手反擊。」

　　一九三五年一月十五日，一位法官判定康威意圖以暴力殺人未遂，於是地方法院法官查爾斯‧恰克‧拜瑞（Charles "Chuck" Berry）判他五年刑期，然後再加上先前竊盜罪的五年刑期，一共是十年牢

獄。於是在他的罪名與刑期判定後的三個禮拜開始，康威開始進德州的杭茲威爾（Huntsville）監獄服刑。當時的監獄記錄註明他的服刑習性：酗酒、抽煙、蔑視宗教禮拜。在他出獄多年後，康威偶爾會提到他在監獄服刑的情形，他總是說他在獄中被鞭打、被人用鐵鍊毒打、像馬般地被綁在犁上。有一天在監獄裡，康威因爲頭痛及鼠蹊部腫脹疼痛而請求獄官免除他那天的勞動役，但是監獄看守人還是要他去外役監服勞役，結果隔天一大早康威就因爲體力不支昏倒了。原來康威是因爲得了流行性腮腺炎，進而引發腦炎。當時獄醫告訴康威說，如果再拖延醫治，他早就一命嗚呼了。雖然當時他的命保住了，但是腮腺炎併發的睪丸炎及腦炎所造成的後遺症，也使得康威日後不孕。

　　一九四五年九月十一日康威服完他十年的刑期，回到德州和他的父母同住。當時德州正逢第二次世界大戰戰後的重建期，建築營造業正蓬勃發展，到處可見興建房舍與大樓，於是康威擔任在工地載運翻斗車的司機。康威的妹妹仰慕他的粗獷帥氣，她認爲他風吹日曬雕塑出來的硬碩五官，是喜愛戶外活動的表徵，對她而言，康威就是西部版的亨佛萊·鮑嘉（Humphrey Bogart）。康威跟他的父親一樣有個毛病，有時會飲酒過量，不過康威並不像他的父親一醉就變成一個卑劣刻薄的人。他喝醉時不會干擾到別人，頂多只是一個溫和的醉漢。最讓蓋迪大聲責罵的事就是麗歐塔新加入的宗教組織，因爲它佔據了麗歐塔許多時間。每次麗歐塔出門參加聖經研讀會時，蓋迪總是站在門口詛咒叫囂道：「我希望你開車撞上一棵樹，死了算了！」「你和你那個什麼啷和華見證人都一起去死吧！」

　　麗歐塔每次面對著蓋迪的怒聲大吼，總是沈著鎮定、柔聲細語地邊開車邊跟他說：「蓋迪，親愛的！別擔心，我過一會兒就回來了。」然後就和搭她便車的教友諾瑪·凱秦（Norma Catching）驅車離開。

　　每次康威看到他的父母這樣的情景，也只有搖搖頭罷了。在諾瑪的第一任丈夫過世後，她便一手扶養三個小孩成人。那時她的三個小孩都已獨立，沒有和諾瑪同住了。雖然諾瑪大康威九歲，可是康威還

是深深地被她依舊年輕的容貌所吸引。尤其在他父親的尖酸刻薄言語下，她沈靜莊嚴的容顏更令康威印象深刻。而更令康威高興的是，諾瑪似乎並不因爲他曾經坐過牢而看輕他。每次康威和她說話的時候，他感覺自己就像青少年情竇初開般地興奮。

♩ ♪ ♪ ♫ ♪ ♪ ♫ ♪

　　諾瑪・蓓拉・克立弗頓（Norma Belle Clifton）是諾瑪・凱秦的娘家姓名。她一九〇六年九月十四日出生在美國南部一個嚴格的基督教浸信會家庭，當時她和父母（Hampton and Ophilia）住在德州培科斯郡（Pecos county, Texas）的山區，但是在諾瑪五歲的時候，她的父母便駕著馬車舉家遷居到新墨西哥州。諾瑪在那裡成長爲一位身材高挑的姑娘，瘦長的臉蛋留著一頭深褐色長髮，而她充滿感情的雙眸更襯托出她標緻的臉龐。

　　克立弗頓一家在新墨西哥州的一個大農場裡工作，除了他們一家，還有其他的家庭也在那個農場裡工作。諾瑪很討人喜歡，尤其那些工人們的兒子都很喜歡她。在她十五歲那年，在一個社區烤肉的活動裡，她和一個年輕人一起去散步，卻被他趁機強暴。當時諾瑪沒跟任何人說這件事，直到多年後才提起，因爲她知道當時如果她父親知道這件事，一定會爲她討回公道，拿把獵槍把那個年輕人給殺了。

　　十八歲生日那天，諾瑪認識一位高高帥帥的青年人班・哈利・凱秦（Ben Harley Catching）。班・哈利曾在第一次世界大戰期間擔任美軍的救護車後援工作，但是戰爭中的恐怖經驗成爲他揮之不去的夢魘，讓他常常做惡夢。而且因爲背部曾嚴重受傷，他必須長年穿著由鐵和皮製成的笨重支架支撐著身體。他和諾瑪於一九二五年結婚，並育有三名子女，班一世、比爾、安。但是班・哈利喝酒成性，更糟的是，他不是一位有愛心的丈夫和父親。他的女兒安曾說：「如果一定要用任何字眼來形容我的父親，『粗暴』這二個字是很恰當的寫照。」

班・哈利常常一出門就好幾天才回家。後來他失蹤好長一陣子，若不是去外頭狂飲一陣，要不就是去趟退伍軍人醫院，留下諾瑪一人獨自靠著一袋麵粉和一些玉米片養活三個孩子。

　　一九三五年班・哈利終於自旅途歸來，一進門正巧看到諾瑪和一位沿途旅行傳教的牧師一起禱告。那位牧師的傳教方式是沿途到各戶人家拜訪，並在住屋外面搭起帳棚，然後到信徒家裡帶領一週的聖經研讀，並宣導耶和華見證人教派的教義。

　　耶和華見證人教派起源於一八七〇年代，由查爾斯・泰茲・羅素（Charles Taze Russell）所發起的學生聖經研讀聯合會（Associated Bible Students）開始。羅素傳教的要點主要是以傳統喀爾文教派（Calvinism）的基本教義作為基礎，並強調非常激進的言論、行動及即將到來的天啟啟示。自古至今沒有一個教派像耶和華見證人那樣強調世界將於某年滅亡。他們第一次預言的世界末日是一九一四年，雖然當時正逢第一次世界大戰，好像頗符合當時學生聖經研讀會的預言，但是大戰於一九一八年結束後，全世界並沒有如他們所預言的滅亡。而羅素牧師於一九一六年辭世，未能親眼見到他的預言是否如期應証。

　　在羅素牧師過世後，承續他宣揚教義的是一位律師兼法官約瑟夫・法蘭克林・若瑟福特（Joseph Franklin Rutherford）。若瑟福特向教徒頒佈命令，要求所有教區的每一位教徒都必須遵行早期基督徒的傳教方式，也就是挨家挨戶登門傳教，而若瑟福特也因為這個新教規，將整個教派帶入另一個新的高峰。學生聖經研讀聯合會也藉由《守望塔雜誌》（The Watchtower）來宣揚他們的教義與理念，並藉《Millions Now Living Will never Die》這本書，訂定一九二五年為新的世界毀滅日。根據教徒的說法，聖經啟示錄第十四章第一節中所提到的十四萬四千名聖徒，將會升上天堂，與神同坐在天國裡；而在世界末日的善惡決戰後，忠誠的信徒將會在世上的新天堂慶祝他們得永生，但是非信徒將會被打入地獄之火，永不得復活。

　　一九二五年世界並未如他們預言而毀滅，但是忠誠的教徒仍舊無

畏地在俄亥俄州可倫巴斯市（Columbus, Ohio）集會，這次他們使用較不明確的時間字眼：「快要」，做為世界毀滅的時間表，並且根據聖經以賽亞書第四十三章第十二節的經文：『……所以耶和華說，你們是我的見證，我也是上帝。』（Ye are my witnesses, saith Jehovah, and I am God.），而改名為耶和華見證人。當沿途挨家傳教的牧師到凱秦家傳教時，耶和華見證人的教徒在全美尚未超過五萬人。當時正逢第一次世界大戰，不少耶和華見證人教徒因為堅守拒服兵役的教規，拒絕國家的徵召赴戰場而被關進監牢。而拒服兵役這一教規卻強烈地引起班・凱秦一世的注意與興趣。他的女兒安說：「當我父親自第一次世界大戰的戰場回來後，他就痛恨任何與政府有關的政策或規定。只要是與政府相關的事務他都排斥。」「在他開始讀到、接觸耶和華見證人教派的教規與教義後，非常認同他們所倡導的理念。為什麼耶和華見證人教派很適合他？因為藉由這個宗教團體，他可以切斷自己與所有事情的關連。」

諾瑪和班・凱秦一世的婚姻裡嚴重地缺乏倫理道德的規範，對諾瑪來說，耶和華見證人教派帶給她的正是她和班的婚姻所需要的，而嚴格的倫理道德規範讓諾瑪維持對婚姻的希望。他們夫妻二人和三個孩子於一九三六年接受浸禮正式加入耶和華見證人教派，幾年後，班一世成為一個很具說服力、令人印象深刻的傳道人。耶和華見證人教派的行政管理是由當時位在紐約布魯克林區（Brooklyn）的行政組織守望台聖經書社（Watchtower Bible and Track Society）來執行其教派的行政事務。當班一世認真有力傳教的消息傳到布魯克林後，教派中的長老便任命班一世為特別牧師，並派他到位在紅河（Red River）岸邊、牛隻繁榮肥沃的德州巴黎（Paris, Texas）組織一個教徒大集會。

康威・班恩斯的姊姊維吉妮亞・班恩斯嫁給查爾斯・聖克萊爾後，即住在德州巴黎。查爾斯和維吉妮亞・聖克萊爾夫婦（Charles and Virginia St. Clair）是一對辛勤工作的牧場工人，育有七個長著蓬鬆淡黃色頭髮的孩子。當凱秦一家人搬到德州巴黎時，聖克萊爾一家

人已經閱讀《守望塔雜誌》好一段時間，自此這二個家庭便一起研讀聖經。婚後維吉妮亞和娘家仍經常往來，她常常開二十英哩的路到映樓鎮附近的娘家向她的母親與姊妹們傳教。就在班一世主持的浸禮下，維吉妮亞的母親麗歐塔・班恩斯和她其中的幾位姊妹，都受浸正式成為耶和華見證人的教徒。但是她的父親與弟弟蓋迪與康威都拒絕這個宗教的召喚。

　　在班一世的帶領下，巴黎鎮的耶和華見證人教會非常興旺，但是其中有幾位教徒質疑班一世是兩面人，認為他在天國會堂（Kingdom Hall）的教會裡是一副嘴臉，在家裡卻是另一個行徑，尤其他常常三不五時沒消沒息地失去蹤影，更令人對他的人格起疑。一九四四年七月四日的晚上，在開車去德州達拉斯市（Dallas）的退役軍人醫院的路上，班一世的車子出了狀況，有些家庭成員說，當班一世在路邊正要拿出求救信號時，被一輛灰狗巴士給撞死了；也有人說他可能是因為受不了長年的背疾苦擾，而故意站在巴士前面讓自己被撞死。他的女兒安說：「說真的！當他過世時，我並不懷念他！」「因為他的離世為大家帶來平靜與安詳。」

　　班・凱秦一世過世時，他和諾瑪的二個兒子班・凱秦二世與比爾・凱秦已搬出去住。那年十六歲的老二比爾謊報自己的年齡，決定加入海軍。至於十七歲的班二世那時已經和查爾斯與維吉妮亞・聖克萊爾的女兒妮娜・聖克萊爾（Nina St. Clair）結婚。之後沒多久，安・凱秦嫁給妮娜的哥哥雷・聖克萊爾。就這樣，表哥娶表妹，表妹嫁表哥，一來一往的雙乘親家，凱秦與班恩斯這二家人解釋說這是親上加親。第二次世界大戰結束後，班二世與妮娜・凱秦以及雷與安・聖克萊爾二對夫婦也加入當時美國好幾萬退伍軍人往西岸的大規模移民潮，然後在離南加州聖地牙哥市北方約三十英哩的農業鄉鎮，愛司康地多鎮定居下來。

　　在丈夫過世以及三個孩子先後搬出去之後，三十九歲的諾瑪突然間發現自己開始一個人過日子。諾瑪大部分的時間都和耶和華見證人

的教友麗歐塔・班恩斯一起研讀聖經，也就是在拜訪麗歐塔家的時候，諾瑪認識了麗歐塔的兒子康威・班恩斯。和諾瑪的第一任丈夫相比較，外觀上，康威比班・凱秦一世矮了一英尺；個性上，康威說話溫柔客氣又不擺架子，班・凱秦一世是大膽魯莽又武斷。雖然認識諾瑪的時候，康威才剛出獄，而且又不是耶和華見證人的教徒，但是在諾瑪的眼中，康威是一個尚未找到人生方向的好青年，因此對他的印象還是很好。有一天康威終於忍不住地跟他的姊妹們說：「我看我還是趕快把諾瑪娶過來，免得對她天天朝思暮想。」於是，在一九四七年康威和諾瑪在班・凱秦一世生前蓋的天國會堂裡結婚。婚後不久，他們也搬到南加州的愛司康地多鎮，和諾瑪的孩子們住在同一個地區。

現在，班恩斯、凱秦、聖克萊爾三戶人家之間的關係，已經由二代彼此的三椿婚姻而纏結在一起。但是這個由親上加親擴展開來的大家庭，並不是一個溫暖、喜歡家族聚會或一起維持家族歷史的大家族。這個大家族的大部分成員都相信世界即將毀滅，因此「神的家庭」是維繫這個大家族唯一的要素，也是他們之間唯一在乎的事。也就因著耶和華見證人這個會使人患幽閉恐怖症的宗教，讓這三戶親戚、姻親家庭在已經封閉的耶和華見證人教派裡，獨自形成了一個緊密不漏的單位組織。也難怪五十年後，班・凱秦三世形容當時比他年輕的叔叔萊斯理・班恩斯生長的環境是「封閉的圈子」，什麼也進不去，什麼也出不來，所有與耶和華見證人教派無關的人、事，全都被摒棄在這個密不透氣的圈子外。

♩ ♪ ♪ ♫ ♪ ♫ ♪

搬到愛司康地多鎮後，康威很賣力地在牧場裡工作，但在每天辛勞的工作結束後，他仍然有時間氣力在後院裡推著坐在手推獨輪車上的萊斯理玩，或是抱著萊斯理騎在鄰居的役馬上。康威很愛萊斯理，

加州派瑞斯市帕洛瑪小學（攝於1951年）

諾瑪和萊斯理在聖地牙哥（攝於1953年）

也試著以他家人的標準去做他們認為對的事。雖然諾瑪從未貶低過他，但是和那些天國會堂裡的耶和華見證人教徒所謂的好丈夫、好父親相比較，他總是覺得自己比他們差。而他越是這樣覺得，酒就喝得越凶。

　　大約在萊斯理一歲半左右，有一天晚上，康威把萊斯理放在餐桌上，然後轉身走到冰箱拿一瓶啤酒，沒想到才一轉身就聽到一聲可怕的重擊聲，原來是小萊斯理從餐桌上滾了下來，頭重重地撞到地上。當時康威馬上送大聲哭嚎的小萊斯理到接生他出世的醫生那裡醫治，還好這一摔沒有造成內傷，唯一的傷痕就是在萊斯理的額頭上留下一個永遠無法消失、醜醜的腫塊。但是康威卻因此一直無法原諒自己粗心的過失，覺得自己是一個不稱職的父親。

　　就在萊斯理剛過完二歲生日後沒多久，康威就離家到外面狂飲作樂，而且是一去就好幾個禮拜沒回家。諾瑪為了養家，只好搬離愛司康地多鎮，在離墨西哥邊境不遠的一個小鎮的牧場裡找到一份廚子的工作。她帶著萊斯理住進廚房隔壁的一間小公寓，當諾瑪在廚房忙著幫三十個人煮飯的時候，萊斯理就在地上玩耍。大約過了一個月後某一天，康威在自己的車裡醒來，發現自己竟然在德州北部一條偏僻無人的路邊上。突然，他看到前方有人朝他走來，睜眼一瞧卻發覺那個人竟是自己，那時他才明白原來那是他自己的幻影。康威認為這個景象是一個警訊與啟示，於是他停止喝酒、清醒了自己，然後朝返家的路上出發。

　　當諾瑪打電話給她的女兒安報告這消息的時候，安問她：「你真的要讓他回來嗎？」諾瑪回答說：「當然！」幾週後，安去拜訪他們，一進門安對她的繼父說：「歡迎你回來！我們都很想念你！」當安擁抱康威的時候，他忍不住哭了起來，問道：「你怎麼還可以對我說這麼善良的話？」這時，安微笑對他說：「因為你仍舊愛我的媽媽，我的媽媽也還是愛著你。」「我們只是要你好好看著自己一點。」

　　一九五一年到一九五四年期間，也就是萊斯理三歲到六歲的時

期，康威和諾瑪在加州派瑞斯市（Perris, California）的帕洛瑪小學（Palomar School）工作，萊斯理也跟著他們住在那所學校裡。帕洛瑪小學是一所牧場式男校，它的學童都是好萊塢菁英份子的小孩。校裡同時也供應餐點，當諾瑪在廚房煮飯的時候，康威就在牧場裡耕地。在那裡，萊斯理成長為一個聰明好奇的男孩，他有像小花鼠般的臉頰、額前翹著一撮黑色的捲髮，一臉討人喜愛的淘氣相，而且他很懂得什麼時候該齜牙咧嘴的笑，就像一隻對著你露齒笑著的小海狸。萊斯理問母異父的姊姊安說：「你只要看著他，就會被他迷惑得暈頭轉向了。」諾瑪常常唸書給萊斯理聽，雖然其中包括一些童書故事，但諾瑪念給萊斯理聽的大部分還是以聖經的內容為主。萊斯理的姑姑伊茉瑾・班恩斯說：「當大部分的小孩還不會正確發音說話的時候，萊斯理就已經會看書了。他真是太聰明了。」

當萊斯理到了入小學的年齡的時候，學校的老師鼓勵諾瑪讓萊斯理直接跳級到二年級上課，可是諾瑪拒絕了老師這項建議。諾瑪就和所有忠誠的耶和華見證人的教徒一樣，認為學校教育比不上研讀聖經重要，她之所以會讓萊斯理去上小學，是因為法律規定，所以她不得不讓兒子去上小學。除了每個禮拜天去做禮拜和每週幾個晚上研讀聖經外，萊斯理還常常陪著諾瑪一起去傳教。他們身上穿著具有世界末日警示性標語的標示牌，上面寫著「什麼是你人生的目的？你知道它何時會發生嗎？」沿街拜訪非教徒的家。

康威通常都在車裡等諾瑪和萊斯理，沒有和他們一起到街上傳教。康威並不反對諾瑪對宗教的忠誠與投入，但是他還是忍不住向他的姊姊們抱怨耶和華見證人教派讓他產生失望與挫折感。康威不明白為什麼這個宗教禁止他在聖誕節的時候送聖誕禮物給自己的兒子，為什麼守望台聖經書社不容許教徒接種疫苗和輸血。因此，康威和他的父親蓋迪一樣，打心底兒討厭耶和華見證人這個宗教。

在學校裡，萊斯理也開始覺得他的宗教信仰，讓自己和其他的同學格格不入。因為耶和華見證人教派不准它的信徒對國旗敬禮，也不

班恩斯一家人（攝於1955年）

萊斯理、班三世，和他童年時期的偶像比爾‧凱秦

准對國家效忠宣誓。除了必須遵守這些教規外，諾瑪還不讓萊斯理參加任何學校裡的體育活動或是課後的社團，因為耶和華見證人教派認為這些活動都只會助長一些有害身心健康的情感關係。

在天國會堂的禮拜儀式中，音樂的禮讚並不受重視，它不像其它基督教派的禮拜儀式，音樂或聖樂在禮拜中是很重要的一部份；況且守望台聖經書社並不贊成教徒學樂器。但是儘管教規不鼓勵，萊斯理卻漸漸地發現學樂器對他是一種自我昇華與超越的方式與力量。萊斯理曾寫道：「自從我在小學一年級的時候聽到電視卡通播放〈The Storm from William Tell Overture〉後，音樂就成為我起伏動盪的狂熱信仰。」「還有開車經過文法學校時聽到收音機裡傳來〈There Goes My Baby〉那首歌時的感覺，這些經驗就跟你第一次得到性高潮一樣，都是令你這輩子永難忘懷的。」

由於萊斯理和他的同母異父的哥哥、姊姊們小了二十幾歲，所以他和他們都不親。而和萊斯理最親近的同伴卻是大他四歲的班・凱秦三世（Ben Catching, III），他同母異父的大哥班・凱秦二世的兒子。在這個複雜的家譜裡，論輩份，班三世是萊斯理的姪子，但是他們二個人的關係卻比這個家族裡任何兄弟姊妹之間更要好。因為班三世覺得萊斯理就像繞在他身邊嗡嗡嗡的小蚊子一樣，所以他就暱稱萊斯理為萊斯叔叔，或「斯基特」，也就是「蚊子」的諧音簡稱。班三世喜歡玩球和騎他的小腳踏車，但是萊斯理卻有一點手腳笨拙，並且對任何體能活動都不感興趣。班三世曾說：「斯基特只是一個對一般男孩子有興趣的事都不感興趣的小男孩。」他們二個人在一起的時光，大部份都是坐在一起看《經典漫畫雜誌》（Classics Illustrated）。

像是羅伯特・路易斯・史帝文生（Robert Louis Stevenson）的《金銀島》（Treasure Island）以及朱勒・凡恩（Jules Verne）的《海底兩萬哩》（Twenty Thousand Leagues Under the Sea）這類的書，都會激起萊斯理的想像力。還不到八歲，萊斯理就已經在他的筆記本上畫圖和寫作；還根據這二位作者的原著結尾把故事內容擴充延長。後

來他更進一步開始創作自己的小說，一個關於超級英雄艾波傑克上校的故事。有一天萊斯理披著一條浴巾當披風，在自己的床上跳上跳下、大叫著：「我是超人！我是全世界的統治者！」結果，正好被諾瑪聽到，於是當下諾瑪便叱責他一頓：「不對！上帝才是這個世界上唯一的統治者！」多年後，萊斯理提到，他對耶和華見證人反感的種子就是在那個時候種下的。

　　萊斯理曾於二十歲時寫道：「我抽屜裡放著的《經典漫畫雜誌》收藏品，原本就是少量、隨心所欲，而且相當沒有規則地收藏著的。」「我小學三年級時讀的，例如英國科幻作家賀伯・喬治・威爾斯（H.G. Wells）寫的《火星人入侵》（*The War of the Worlds*）以及法國作家朱勒・凡恩寫的《飛向月球》（*From the Earth to the Moon*）都是我那時候的文學啓蒙。有一個冬天的早上我到屋外把垃圾倒進焚化爐時，那些書中的情節竟突然就像喝醉暈眩一樣地浮現在那堆灰燼上。我媽媽一直認爲科幻小說是愚蠢、瘋狂、胡說八道的東西。不只有她這樣想，所有耶和華見證人的教徒都是這樣認爲的。因爲聖經裡從來沒有提到外星人這類的事，所以這些教徒便根據這個理由，認定除了地球上的人和動物外，絕不可能有其他的生命體存在。這些教徒對此論說堅信不移，誰也不能改變或影響他們對此論調的斷定，這就是典型耶和華見證人教派的邏輯推理與教理。」

　　萊斯理的同母異父的二哥比爾，從第二次世界大戰的南太平洋戰場回來後，就定居在加州的好萊塢，並且在好萊塢當特技人員。他曾經參與演出的電影和電視影集包括：《海底尋奇》（*Seahunt*）、以及西部影集《希斯科小子》（*The Cisco Kid*）、《拜特・邁斯特生傳奇》（*Bat Masterson*）等。在他的父親班・凱秦一世過世後，他曾試著和家人聯絡，但是他實在很怕去拜訪他們，因爲每一次去看他們，諾瑪就對他傳教。相反地，萊斯理卻很崇拜比爾。算一算，雖然比爾這輩子總共只見過萊斯理十次，但是他在萊斯理的人生，尤其在他的成長歲月裡產生很大的影響。於是在比爾重新和家人聯絡後，他開始寄一

些劇本給萊斯理，並鼓勵他重寫劇本的故事內容。

　　比爾說道：「我讀了一些萊斯理重寫過的劇本，發覺他寫得比原腳本好多了。」因此比爾幫萊斯理報名加入世界名著讀書俱樂部（Heritage Book Club）。每個月俱樂部會寄一部精裝版的經典小說或名著給萊斯理，像是《白鯨記》（Moby-Dick）或是《沈思錄》（The Meditations of Marcus Aurelius）之類的書。於是萊斯理幫自己的藏書發明一套類似圖書館的圖書目錄系統，在書本封面寫上四位數字的編碼，並且在書本內頁蓋印自己設計的簽章：沙漏與卡通人物害羞小老鼠史尼弗（Sniffles of Looney Tunes）。

　　雖然小萊斯理非常崇拜比爾，但是他更敬仰自己的父親康威·班恩斯。儘管諾瑪常帶萊斯理一起出去傳教或參加宗教聚會，在長時間的工作後，康威總是儘可能地用所有時間來和萊斯理相處。其中萊斯理印象最深刻的一次是在他七歲的時候，那一天康威必須到洛杉磯市載運一大卡車的補給品，於是他便帶萊斯理同行。當他們靠近洛杉磯市時，只見整個城市籠罩在一團濃厚的煙霧裡。濃密的煙霧燻得他們呼吸困難、流眼直淚。那時，陽光正從那層受污染的烏雲折射過來，在他們眼前呈現一片燦爛壯麗的日落夕陽。

　　康威觀察到，有時候你也可以在醜陋當中發現它美麗的一面。「那是天空被電擊的深長傷口！」是萊斯理記得當時說的一句話，但他不確定這是出自他當時詩興大發脫口而出的俳句，還是出自他那卡車司機父親口中一句頗富詩意的話。成年後，萊斯理從不確定他和父親共同度過的美好時光是他自己的想像，還是他美化了當時的情境，儘管他當時模糊地意識到康威的宿醉。有一天諾瑪對萊斯理說：「你父親身體不太舒服。」果然，幾天後，康威返家時滿臉病容，似乎病得不輕，他的氣息和衣服發出難聞的異味，而且臉色看起來像鬼一樣難看。

♩ ♪ ♫ ♪ ♫ ♪

一九五六年冬天，諾瑪說服康威搬到亞利桑納州（Arizona）。她的女兒和女婿安與雷·聖克萊爾也搬到亞利桑納州鳳凰城郊區的格蘭岱爾市（Glendale）。安一直是她母親最親密的知己，這時，安自己也有二個小孩史帝夫和約翰·聖克萊爾，也就是萊斯理的外甥。再過沒多久，這些孩子們就可以和他們的母親一起研讀聖經了。

康威和諾瑪在距離鳳凰城西北部八十英哩的梅耶鎮（Mayer）和佩司寇特鎮（Prescott）之間的歐恩牧場學校（Orne Ranch School）找到管理員和廚子的工作。但是康威酗酒的毛病卻越來越嚴重，因為他恨死了亞利桑納州，所以借酒澆愁，越喝越多。康威的繼女安·聖克萊爾說：「他認為打掃廚房是卑賤低下的工作，是美國黑人才做的事。他不喜歡做他口中說的『黑人做的工作』。」康威希望能夠像他的繼子班·凱秦二世，在加州的建築工地找一份像樣的工作。對康威想去加州打天下的想法，諾瑪對他的回應是，除非他停止酗酒並且忠誠信仰上帝，否則他永遠不可能找到任何像樣的工作或做成任何事情。儘管如此，康威和諾瑪還是於一九五七年七月分居，然後康威便一個人獨自前往美國西岸，他答應一旦找到穩定的工作就馬上回來和家人團聚。

那年夏天，班·凱秦三世到亞利桑納州和他的祖母及叔叔在牧場學校裡過暑假。那些日子裡，十二歲的班三世和八歲的萊斯理每天躲在樹林裡一起看漫畫書，遠離諾瑪的監視範圍。可是有一天早上，諾瑪突然叫他們馬上進屋去，並且匆忙地打包他們的行李。接著她催促他們坐進她的史達得貝克老爺車（Studebaker），朝格蘭岱爾市開去。

在往格蘭岱爾市的路途中，諾瑪用慢吞吞拉長調子的南方口音對萊斯理說：「你父親過世了。」諾瑪的語調平靜、沒有感情地說：「他被火燒死了。不過不要擔心，他死時床邊放著《守望台雜誌》，所以他死得很平和，因為他最後還是與主同在。」耶和華見證人教派並不為過世的人悲傷哀悼，在教徒眼中，死亡和人生中其它的事件一樣，都是神的旨意與作為。於是，接下來的時光萊斯理便遵從他的母親不哀悼的榜樣，安靜不出聲地坐在車子後座，但是他也不想面對著

萊斯和他的姪子史蒂夫與約翰·聖克萊爾，攝於亞
利桑納州的格蘭岱爾市〈1957年〉

他的姪子，所以在長達一個多小時的車程裡，萊斯理只好轉過頭瞪著
窗外的天空。

　　其實直到死前，康威也才不過離家幾天。在離家後的那幾天，共
約385英哩的路程，他就靠著搭便車從亞利桑納州到加州波瑞構泉市
（Borrego Spring, California）。到了波瑞構泉市，康威和一位老朋友羅
夫·維葛（Ralph Wagor）聯絡上。羅夫在樹林裡有一個小木屋，他以
前釣魚打獵時會去那兒歇歇腳。於是康威便那裡待了一、二天後，打
算繼續他的路程到目的地愛司康地多鎮。後來，羅夫把他位在梅德卡
夫街（Metcalf Street）與林肯街（Lincoln Street）的住處的鑰匙借給康
威。於是康威於一九五七年八月四日星期六傍晚到羅夫那兒，他放下
行囊後，便直接到他以前常去的老地方Seven Points Roadhouse酒吧喝
酒解渴去了。直到酒吧要打烊，康威才步履蹣跚、搖搖晃晃地走到愛
司康地多大道，然後倒在羅夫住處的沙發上睡著了。

　　星期天清晨約三點五十分左右，住在羅夫住處隔二戶的愛德華‧凱爾維特醫生（Dr. Edward Calvert）被火燒的雜聲吵醒，於是他馬上打電話給警長說羅夫家已完全被火焰圍住。當時火勢燒得又大又快，在聖馬可仕義勇消防隊（San Marcos Volunteer Fire Department）抵達前，羅夫住處的牆壁和屋頂已經倒塌。羅夫的哥哥和親戚一聽到火災的消息，便馬上趕去現場，只見消防人員在一堆殘垣瓦礫中篩檢，最後終於發現一具被燒得已經無法辨識的屍體。就當羅夫的親人們心裡已做最壞打算的時候，有人在火災現場發現一只手錶，可是親人們說羅夫並沒有戴手錶，所以被燒死的應該不是羅夫。果然，幾個小時後，羅夫平安無事地回到他家，並且指認屍體的身份。死亡證明書上對康威的描述是這樣寫的，過境卡車司機，年四十一歲；死因：身體局部嚴重燒毀。事實上，愛司康地多鎮當地的警察局從不認為有前科的康威會做出什麼正面的事情來，因此他們對火災的起因從未好好地認真調查過。由於康威向來抽煙抽得很凶，是個老煙槍，所以有一些親戚相信他當時一定是喝得醉醺醺地抽著煙，然後昏睡過去，才釀成火災的。他的繼女安說：「他以前抽煙之所以沒有釀成火災，是因為以前他和我媽媽一起住的時候，我媽媽總是會盯著他。」

　　至於康威其他的親人則對他死亡的原因抱著懷疑的態度。他的姊姊伊茉瑾懊悔地說：「很可能有人從酒吧跟蹤他到住處，然後殺了他。」「當初我們對他的死亡並沒有要求警方做任何的調查，我真希望當時我們有做這樣的要求。現在我只能懊悔地面對這件事！」身兼康威的朋友與繼子的班‧凱秦二世則懷疑康威當時和別人起衝突，因而激起他人縱火報復。但是沒人相信班二世這個推測，因為他向來是說故事的好手，不過在萊斯理的成長歲月裡，倒是不時聽到這類的流言蜚語或揣測。

　　康威的葬禮於八月六日舉行，是由耶和華見證人的會牧約翰‧瑞渥特（John L. Rehwalt）主持。再次地，又是諾瑪為丈夫舉行葬禮的情景。沒想到在埋葬第一任丈夫的幾年後，又面臨第二任丈夫如此殘

忍早逝的景況。康威的繼女安回憶道：「最令人難過的是，我們無法
和他親口道永別。」「當時他們把康威的屍體從火災後的殘垣瓦礫當
中鏟出來，然後把他的骨灰裝進一個不銹鋼的盒子裡，因為他的屍體
已被燒得只剩下灰土了。」

　　葬禮那天，諾瑪並沒有落淚，但是那天晚上她要萊斯理到她的床
上陪她睡覺。諾瑪緊緊地把萊斯理抱在她的懷裡，讓萊斯理被一股突
然湧上的情緒弄得不知所措，這樣的情形維持了四個月，直到萊斯理
過九歲生日。這段期間，萊斯理很生氣，因為他不被允許表達對父親
逝世的悲傷；同時也因為感受到他母親的生理需求而驚愕失措，但又
因覺得自己好像應該取代他的父親的位子而愧疚。當然還有被火燒死
的恐懼也讓他震驚害怕，雖然耶和華見證人教派一直提到世界毀滅日
的說法，但是對萊斯理來說，「被火燒死」已經成為一件活生生的真
實事情，而且從此成為他的夢魘。多年後，他曾告訴他的親密好友，
說他曾不只看到熊熊的火焰燒著他的父親，並且還感受到那強烈火焰
所散發出來的灼燙燒熱。

往亞利桑納州的途中（攝於1956年）

第二章
酷小子的誕生

　　一九五八年年尾的某一天晚上，諾瑪‧班恩斯耐著性子在廚房裡叫喚正躺在客廳地板上聽爵士音樂的萊斯理。他們住的租房裡有一台原本就有的老式唱片播放機。在呼喚了十分鐘沒得到回應後，諾瑪終於失去了耐性，怒氣沖沖地衝進客廳關掉那台唱片播放機、大聲對萊斯理喊著：「我說：『能不能「請」你把那像貓叫春的愚蠢噪音轉小聲一點？』。」

　　對諾瑪這樣的舉動，十歲的萊斯理只是把頭從已經翻爛的愛倫坡（Edgar Allen Poe）平裝本小說中抬起來，齜牙咧嘴地露出嘲諷的笑容，然後又把留聲機打開來。

　　自康威過世後，諾瑪帶著萊斯理離開亞利桑納州，回到愛司康地多鎮居住。然後在當地的一家餐廳找了一份工作；至於萊斯理，則進入當地的林肯小學（Lincoln School）就讀四年級。在愛司康地多鎮生活的這三年是萊斯理人生中最黑暗的時期。那時他們其他的親人都已不住在那附近，因此諾瑪和萊斯理更是感到被隔離與孤立。多年後，萊斯理形容這三年的日子是生活在「我守寡的母親強制我遵守偏執狂似的規範，並且藉由耶和華見證人教派的教規，來壓緊對我的限制與約束」。除了這些外，這段期間萊斯理還經歷了四個令他此生永

不忘記的事情。

這四件事情包括這段期間唯一最讓萊斯理感到快樂的回憶，就是在滿佈灰塵的古董書店裡尋覓他心愛的《經典漫畫雜誌》。十年後，萊斯理曾寫道：「任何全心投入收藏某樣收藏品並且陶醉於其中的人，都能想像與體會那種尋獲至寶的喜悅，以及手裡緊握好不容易把每天二毛五分錢的午餐費偷偷存起來的銅板，站在隊伍中等著付錢的那種心滿意足的成就感。」「我想這個世界上再也沒有任何一個地方比愛司康地多鎮還藏著更多《經典漫畫雜誌》收藏家的病毒吧！」

那三年裡，一段讓萊斯理忘不了的回憶，是有一天晚上，一群無聊的青少年把萊斯理曾經照顧的一隻流浪貓給捉起來，把貓的頭綁在一台改裝過的高速汽車的擋泥板上，再把貓的尾巴綁在另一台車子的尾端，然後讓二台車緩慢地向二個不同的方向開走。另一段不悅的記憶，則是萊斯理被一個墨西哥移民工人的兒子揮拳痛毆的回憶；當時萊斯理覺得自己無法還手，因為他知道一旦自己出拳，一定會把對方打死。萊斯理後來寫道：「他把我揍得狗吃屎，但是我沒有反擊，當時我會收起我的拳頭，是因為我怕我打傷他。」

最後一件在萊斯理心裡留下烙痕的，則是曾經有一位中年男子用錢和漫畫書引誘萊斯理到他的拖車裡進行性侵害。這樣的情形持續了好幾個月，一直到萊斯理讀高二那年才結束。當時萊斯理並沒有告訴任何人這件事情，因為他怕他的母親以及耶和華見證人教派的長老們，會認為是他的錯。多年後，在社會比較關切與瞭解性侵害事件後，萊斯理才用不帶感情的觀察第三者心態談論這個經驗。萊斯理成年後的心理治療師—費爾‧薩賓恩札說：「若要問萊斯理心理上是否被這個性侵害經歷驚嚇到？這我不知道。雖然這個經歷重要到足以讓他在診療室做治療時提出來，但是用『驚嚇』這個字眼來形容性侵害對他的心理影響，恐怕是有一點太強烈了。但無論如何，這整個事件對他是有一定程度的衝擊。」薩賓恩札和萊斯理大部分的密友都認為萊斯理父親的死亡、他與母親的關係、愧疚感以及耶和華見證人教派

信誓旦旦不斷提到即將發生的世界末日，才是造成萊斯理這一生最強大的痛苦根源。

　　一九六○年夏天，諾瑪告訴萊斯理，他們將要搬到加州聖地牙哥郡的愛爾卡航市。萊斯理很高興他終於要離開愛司康地多鎮。當時十二歲的萊斯理在一頁充滿自我意識的寫作裡嘲諷地寫著：「這是我出生的地方，也是我父親死亡之地，同時也是造就我一千個晦澀童年的城市。」後來他承認：「事實上，我對自己這段黑暗、扭曲的童年神話感到蠻自豪的，因為在文學創作裡，這樣的人物背景是一個很不錯的角色。」

♩ ♪ ♪ ♩ ♪ ♪ ♫ ♪

　　愛爾卡航在西班牙語是「抽屜」或是「盒子」的意思。當初會用這個名字為這個城市命名，就是因為它是一個位在三面環山、灰塵覆蓋的山谷裡。愛爾卡航市在二十世紀初曾因為解決附近農地嚴重缺水灌溉而用木材興建的引水槽，因此繁榮過一段時期。它的第二次繁盛時期則是在第二次世界大戰後，由於它的地理位置，正好碰上剛自戰場返國的美國大兵為了尋覓舒適寬敞、有後院及二個停車庫的居住環境所帶來的大批西進移民潮。諾瑪和萊斯理搬到愛爾卡航市的那一年，一位誇張的房地產經紀人告訴《聖地牙哥尖端雜誌》（*San Diego and Point magazine*）說：「現在這是一個熱門的城市，它的房地產市場也因而隨之高漲。」但是在這個城市裡，你還是可以看到一些怪異的養馬放牧場、葡萄園、或是一些在屋外插著手製的招牌寫著「大紅蚯蚓」的舊式房子。

　　每次感恩節過後的那個禮拜六，愛爾卡航市四十萬的居民便在百老匯街大排長龍地等著看一年一度的鵝媽媽大遊行（Mother Goose Parade），並且趁機和當地名人——提米（Timmy）與萊希（Lassie）打招呼。但是這個城市的另外一面卻是當地的商會不願提起的。當地

的房地產業之間有一個叫做「紅襯裡」（redlining）的不成文規定——不讓黑人搬進這個城市居住。還有，雖然愛爾卡航市離墨西哥邊境不過三十英哩，可是在那裡卻沒有什麼南美拉丁文化的痕跡。環繞四周的山坡雖然擋住冬天的寒風吹進這個城市，但也擋住了夏日清涼的微風。而資金援助者口中所謂的宜人氣候，若換另一種詞來形容，則是不折不扣的令人窒息的悶氣。

在愛爾卡航市住的頭幾年，諾瑪和萊斯理搬了好幾次家，因為諾瑪每次總想下一次會搬到更好的公寓去。通常諾瑪會租離班・凱秦二世住處不遠的的公寓。也因為住得近，萊斯理和他的姪子班・凱秦三世便時常在一起而成了好同伴。留著一頭棕色捲髮的班・凱秦三世長得高高瘦瘦的，身高遠遠地高出他那怪異、比他還小的萊斯理叔叔。當班・三世進入青春期後，漸漸地對小男孩玩的牛仔與海盜這類遊戲失去興趣，而比班・三世小四歲的萊斯理也超出他年紀的早熟。除了這些因素，讓他們叔姪二人比兄弟更親近的主要原因，則是他們兩個人同樣對音樂與文學這二件事非常地著迷。

萊斯理和班・凱秦三世常常哄騙諾瑪開車帶他們到興隆雜貨藥粧店（Thrifty Drug Store）去買冰淇淋，其實他們心裡真正想著的，是去店裡找他們想要的漫畫書和唱片，然後把尋獲的寶物走私出去。通常他們會先把這些諾瑪禁止他們接觸的漫畫書與唱片偷偷地先堆在萊斯理房間的窗戶外頭，然後等諾瑪去餐廳工作的時候，才把他們搬進萊斯理的房間裡。起初萊斯理很喜歡像是《環遊世界八十天》（*Around the World in 80 Days*）及《賓漢》（*Ben-Hur*）這類具戲劇性、管弦樂團演奏的電影原聲帶。班・三世說：「那時候只要是能引你進入偉大冒險與想像的音樂，他都喜歡。」但是最後，卻是電視播映的動作影集，像是《Peter Gunn》和《M Squad》那種生氣勃勃、節奏強烈的主題曲，促使萊斯理和班・三世進入爵士樂的探索。那時哪一種音樂風格並不重要，不管是美國南部的狄克西藍爵士樂（Dixieland）、藍調（Blues）、堪薩斯市爵士樂（Kansas City）、或是

暴撲爵士樂（bop），只要是聽起來「酷」的音樂，他們都愛。

　　萊斯理對音樂與閱讀的強烈熱愛常令班・三世有些受不了。班・三世說：「除了音樂和閱讀，我還有其它的興趣。我也出去找朋友、或是去戶外打球，可是對萊斯理來說，音樂與閱讀就是他的生命的一切。」音樂似乎把萊斯理帶進另一個世界，他寫道：「我小時候最大的願望就是擁有一間大豪宅，屋子底下是燈光昏暗、發霉的地下墓穴，墓穴裡收藏著一排排蜿蜒不斷的唱片。只要是曾經出版發行的唱片，都照英文字母排序收藏著。」唱片對萊斯理有一種幾乎近似神秘的吸引力。不僅這樣，在萊斯理的眼中，每一張唱片都有它自己獨特的個性。萊斯理又寫道：「在我讀初一的某一天，我爲了拿回借給朋友的一張亨利・曼西尼（Henry Mancini）作曲的《好運先生》（*Mr. Lucky*）專輯唱片，專程跑回去已經搬離一年的鎮裡去跟朋友拿回那張唱片。」「當我拿回那張唱片後，一回到家我馬上把它放回唱片架上，就放在它的「老朋友」《Peter Gunn》電視影集主題曲唱片的旁邊。看它們在架子上排排坐，我就爲它們感到高興。在我所有收藏的唱片裡面，這二張是我最早期的收藏品。那時我想，這二位老朋友在分離這麼久後，一定很高興再度見到彼此，或許他們二人之間還有一些有趣的故事要跟對方說呢！」。

　　一九六○年，麥爾斯・戴維斯（Miles Davis）的兩張專輯唱片─《酷小子的誕生》（*Birth of the Cool*）和《一種憂鬱》（*Kind of Blue*）同時在藥妝店的爵士樂區上架。班・三世買了《酷小子的誕生》，因爲那張專輯裡收錄的曲子比較多，因此，班三世和萊斯理二人都覺得很划算。班・三世說：「《酷小子的誕生》是我們這輩子唯一想要的東西。」萊斯理同意地說：「我們一聽到這張專輯，就再也無法擺脫它，就好像被上了身一樣，因爲它已經融入我們的生命，無所不在。」萊斯理又寫道：「我的爵士樂啓蒙是由接觸麥爾斯的音樂開始的。」「他曾吹奏的一系列專輯，像是《酷小子的誕生》、《路途遙遙》（*Miles Ahead*）、《波基和貝絲》（*Porgy and Bess*）、《西班牙速寫》

1960年，班和萊斯特攝於愛爾卡航市

（*Sketches of Spain*）、《爵士蹤跡》（*Jazz Track*）。嘿！我想除了我和我的姪子外，沒有人記得這些唱片。這些音樂帶給人們最棒的一件事，就是他那真情至性的音樂能真實地觸摸到人們的心靈深處。我想這個世界上只有少數人能捕捉與表達得那麼地淋漓盡致。」

　　但是後來萊斯理和班・三世開始歧視爵士樂狂熱愛好者。他們嘲笑《Down Beat》爵士音樂雜誌的內容單調枯燥、風格墨守成規，不過他們卻還是虔誠地把它的每一期的內容認真地讀完。一九六○年代早期，萊斯理開始進行一連串爵士樂的英雄淘汰過程：麥爾斯被大衛・布魯貝克（Dave Brubeck）取代，布魯貝克被約翰・科川（John Coltrane）取代，最後科川被萊斯理的最愛─低音大提琴手查爾斯・明格斯（Charles Mingus）取代。多年後的某一天，萊斯理穿著一件

長袖厚Ｔ恤躺在臥室地板上聽明格斯的《黑聖人與女罪人》（*The Black Saint and the Sinner Lady*）專輯，他一聽再聽，把這張唱片一口氣聽了十次才停止。聽完後，他寫道：「就是它！這就是我要的音樂！」「嬰兒誕生、計程車的喇叭聲、人們做愛、夫妻爭吵、沒人聽得到的獨居者寂寞的苦悶哭喊、小孩的笑聲、暴亂份子與游擊隊的槍林彈擊，還有各式各樣的人們，因為喜悅而哭泣或高聲歡呼著，或在十字路口上感到困惑迷惘的人們——而其中有些人正朝死亡接近。」

那段時期萊斯理和班・三世也對其它種類的文學發生興趣。他們讀了好幾次《麥田捕手》（*The Catcher in the Rye*）。但是他們更喜歡一九六〇年出版的一本小說《哈利・維農的預校生活》（*Harry Vernon at Prep*），班・三世說：「萊斯理身邊一直帶著那本小說。」「對他來說，那本書是神聖的。」這本法蘭克・史密斯（Franc Smith）的小說主要描寫一個騙徒偶然地在新罕布夏州（New Hampshire）一所寄宿學校裡教授文學的故事。這本書諷刺所謂的虛偽浮誇、自負的學院派假學究，並主張真正的知識份子是以自學來獲得知識、不受傳統權威約束的自由人－是如同垮派（Beat Generation）的詩人一般的英雄，而由此到真正的垮派，就只差這短短的一躍。

萊斯理認真地研究威廉・貝羅斯（William S. Burroughs）的保留式幽默風格及其科幻小說裡的比喻與表象；同時他也潛心研究詩人艾倫・金斯柏格（Allen Ginsberg）熱情澎湃的韻律。但是在文學領域裡，萊斯理的最愛是傑克・凱魯亞克（Jack Kerouac）有關尋求心靈超越的浪漫傳奇性小說。萊斯理向班・三世借凱魯亞克寫的小說《旅途上》（*On the Road*）後，卻不還給他，因為他想把那本書佔為己有。不過在凱魯亞克的作品裡，萊斯理實際上是比較喜歡《住在地底下的人》（*The Subterraneans*）這本小說——這是講述凱魯亞克與他的黑人情人馬度一起和一群特立獨行的知識份子與詩人，共同追尋人生刺激的故事。看完這本書後，萊斯理寫道：「凱魯亞克在每一條新的高速公路上像著了魔似地大聲喊著三行俳句詩（tokay haikus）。雖

然他不再抱有幻想，但是他對人生經驗如飢似渴、永不滿足的追求，是支持他勇往直前的動力。」萊斯理也有類似和凱魯亞克對人生經驗的飢渴與對理想的破滅，如果說這不是萊斯理對當時籠罩在炸彈陰影下的美國社會不滿，那麼至少這份對現世的失望是由母親的教會所引起的。自那個時候開始，萊斯理開始擁抱一個新的宗教，他寫道：「對我來說，在這個世界上最重要與最偉大的，莫過於明格斯和凱魯亞克。」「我認為，他們兩人才是聖人。」

　　一九六一年九月在升初二之前，萊斯理在暑期學校修了一門創意寫作與戲劇的課。雖然諾瑪不喜歡萊斯理去上這堂課，但是她外出工作時，實在需要找個地方安置萊斯理，所以她也只好讓萊斯理去上課了。在寫作課裡，萊斯理認識了一位長得瘦瘦的、戴眼鏡的金髮男孩——羅傑·安德生（Roger Anderson）。羅傑小萊斯理一歲，他們常常交換漫畫書和唱片。在那快要燃燒起來的一個夏日焦灼午後，他們兩個在羅傑家的後院裡打開灑水器，在噴灑的水雨裡大聲唸著詩句，假裝他們自己就是垮派詩人（Beatniks）。

　　這段期間萊斯理正經歷重新塑造自我的過程。以垮派為典範，於是萊斯理原本不利的局外人的身份反而由劣勢轉變成優勢，或者說至少是轉變為另一個人格面貌。萊斯理準備進入高中時，突然在自我介紹、作業簽字以及寫作署名的場合，開始使用萊斯特·班恩斯（Lester Bangs）名字。沒有人記得為什麼萊斯理會變成萊斯特。而薩克斯風手萊斯特·楊（Lester Young）和其他十幾位爵士音樂家一樣都是萊斯理的英雄，況且萊斯理並沒有特別不喜歡他原本的名字——雖然有些人可能覺得萊斯理這名字有一點女性化。就這樣，不知從哪一天開始，萊斯特就成為他的名字，從此以後他就是萊斯特·班恩斯。

♫ ♪ ♫ ♪ ♫ ♪

　　一九六二年，在愛爾卡航溪谷高中（El Cajon Valley High School）裡，仍舊會聞到從附近修車廠傳來的濃烈瓦斯味，以及從4-H俱樂部傳來的牛糞肥臭味。但是在外在環境的不雅觀與不便之外，這所高中擁有一個戲劇系和一個獨立的劇院、一棟設備完善的音樂大樓和幾座全新的網球場，而這些所象徵的正是當地市鎮郊區繁榮成長的榮景。

　　每一所學校裡都有它不同的社團與派系。那時後年輕人眼中最酷的就是剛興起的衝浪社團。緊接在後的則是傳統的運動員和啦啦隊長。那時後，沒有人願意被叫做農夫。至於萊斯特，則是一種以前從沒有過的新類型——也就是《生活雜誌》（Life magazine）裡描寫的由郊區裡發展出來的垮派，對於自己的新身份，萊斯特感到很滿意。隨著他的新身份，萊斯特開始留長髮，為了讓自己體驗喝醉的感覺去喝香草香精；還有在巧克力奶昔裡加蘋果白蘭地（Jack in the Box）和肉豆蔻，讓自己喝了以後感到飄飄然的。

　　雖然萊斯特是一個聰明又有才華的學生，可是他常常公開鄙視他的老師們，以表達他對權威不屈服的態度。但是他也會在課堂上適時地說俏皮話，讓全班哄堂大笑。有一次在學校餐廳裡，萊斯特漫步走向正在隊伍中排隊拿午餐的副校長太太，然後對她大喊說：「嘿！寶貝！給我一杯橘子汁！」結果他被學校懲誡禁課兩天，不准到校上課。另外一次是在上生物課的時候，萊斯特在課堂上傳閱奇幻小說《活死人之旅》（Naked Lunch），於是他又被處罰禁課二天。因為萊斯特從小就不善長任何體育項目，所以他想盡辦法躲掉或蹺掉所有的體育課。但是考區‧佛司特（Coach Foster）教練要求每位缺課的學生每缺一次課都必須寫一份十頁報告以說明原因。萊斯特曾一連蹺了整個禮拜的體育課時，他就寫了一份長達五十頁的報告，標題為《海克特：同性戀的小猴子》（Hector the Homosexual Monkey）這一次他被懲處一個禮拜都不准到學校上課。之後，不知道諾瑪用什麼方式讓學校准萊斯特再也不用上體育課了。反正耶和華見證人教派不相信躲避球這類的體能活動能為人類身心帶來任何好處。

高一時的萊斯特・班恩斯

儘管諾瑪不同意，萊斯特還是在戲劇和演講社團裡非常活躍。在戲劇社團製作的《飛出油炸鍋》（*Out of Frying Pan*）這齣話劇裡，他以飾演喬治（George）這個角色搶盡了鋒頭。他出色的演技讓他成為《玻璃動物園》（*The Glass Menagerie*）的湯姆（Tom）的第一人選。而且大家也都覺得非萊斯特莫屬，卻沒想到導演最後選擇另一位較有紀律的年輕演員來飾演湯姆這個角色。但是毫不屈服的萊斯特並沒有因為這次的馬失前蹄而沮喪，反而以單口相聲演員藍尼・布魯斯（Lenny Bruce）和喜劇演員史坦・費伯格（Stan Freberg）所寫的長篇獨白為腳本，自己演出獨腳戲來娛樂他在戲劇社團的演員同儕們。因為學校允許演講社團的社員到校園裡練習演講而不用上課，因此萊斯特便利用這個機會常常在網球場旁的長凳上演說，組了一個自己的高中祕密地下組織（Subterraneans）。

羅傑・安德生的父母是愛爾卡航市裡觀念作風最開放的居民之一，羅傑的母親幫一些《真心告白》（*true-confession magazines*）之類的雜誌寫文章。另一位同學——鮑伯・豪頓（Bob Houghton）的父親是帶著整個家庭從明尼蘇達州（Minnesota）西進移民的水管工，鮑伯的母親則為《加州愛爾卡航日報》（*El Cajon Daily Californian*）寫專欄。羅傑和鮑伯非常崇拜萊斯理，是他忠實的聽眾，他們二個人對萊斯特有關毒品、性、音樂滔滔不絕的長篇大論，總是認真熱切地聆聽著。另一位在演講社團的好友則依羅傑、鮑伯以及萊斯特三個人與眾不同的特性，為他們寫一篇從未完成的故事，標題為「導師、詩人、瘋子三人組」（The Guru, The Poet, and The Madman Three）。

他們這幾位年輕的高中生都很迷戀演講課的老師——芭芭拉・布

魯克斯小姐（Barbara Brooks）。布魯克斯小姐是一位成熟的妙齡女郎，而萊斯特則是她班上最傑出的學生。在布魯克斯小姐的演講課上，萊斯特用他與眾不同慢吞吞拉長的語調——有一些南加州的垮派調調混合著奧克拉荷馬鄉巴佬的腔調來朗誦詩人艾倫‧金斯柏格的《嚎叫》（*Howl*）和《向日葵佛經箴言》（*The Sunflower Sutra*）。布魯克斯小姐在萊斯特的高二班年刊裡寫道：「你可以說是這所學校最出色的演講課學生。」「但是你也是這所學校裡最古怪、不屑主流、不順應潮流的學生。好好適時地發揮這些個人特色，你的成功與成就將是指日可待。善用之！」

除了與中年的法國女作家愛娜伊絲‧寧（Anaïs Nin）極為相似外，高二的英文老師—茱安妮塔‧海利波頓（Juanita Haliburton）是一位不拘泥於傳統約束的老師。她會把一部分的上課時間拿來給學生做創意寫作；至於她英文考試的方式也和傳統的語文考試不同，她先播放一張電子音樂的唱片給學生聽，然後要學生寫下從這個音樂得到的任何靈感或啟發。不僅萊斯特生動有趣的散文風格聽後感言引起海利波頓小姐的注意，他對文學和音樂的狂熱也同時感染了整個班級。海利波頓小姐曾對羅傑‧安德生說：「萊斯特很願意跟其他作家同儕分享他的寫作秘訣，因為他深深地相信自己是世界上最偉大的作家。」而海利波頓小姐之所以會這樣說，是因為她同意萊斯特對自我的看法與期許。

喬治‧貝斯康（George Bascom）先生是萊斯理高三的英文老師，雖然他的教學方法跟先前其他幾位老師完全不同，但是萊斯特高三的英文課也同樣地表現出色。貝斯康先生是一位喜歡打著白色領結的保守派美國南方學者，他還曾經發起禁止加州圖書館把《美國俚語字典》（*Dictionary of American Slang*）收為館藏書的運動主導人，他的理由是這本字典裡有「幹！」（fuck）這個字。雖然貝斯康先生對萊斯特自然優美的散文體寫作沒有多大的助益，但是他卻看得出萊斯特在文學方面的才華，並且相信他有朝一日會在文學領域裡發光。貝

斯康先生曾於一九八二年提到萊斯特：「他只是在自我表達的得意洋洋階段裡翻滾，目前他的文章調調總是千篇一律、沒有變化。」「不過，他是一個有才華的人，而他要的就是適當的教育，但是在哪兒受教育對他來說並不重要。他並不在乎老師在功課上給他打一個大『丙』，因為他不想對已經懂得的學問多做些什麼，為的只是贏得一個好成績，他知道自己該往那個方向走，他知道自己的斤兩。」

為了讓自己看起來更像作家，萊斯特開始抽卻斯特菲爾得（Chesterfield）牌子的香菸或抽煙斗，並且穿起有鈕釦的牛津襯衫領款式的襯衫，然後外罩一件破舊的黑色西裝外套。同時，他找到一本艾烈斯塔・克勞利（Aleistar Crowley）寫的一本書，然後開始學起克勞利這位神秘詩人瞪大眼睛的樣子，並且打算用將這副表情用在他籌劃的小說新書的書皮封套裡。他寫道：「我一直夢想能像被魔鬼附身著魔似地，用狂野的風格從事評論性的寫作。」「但是生活在只有冰淇淋和電視的愛爾卡航市裡，怎麼找得到著魔似地瘋狂野蠻靈感？」

萊斯特幻想著在紐約市的生活，而他的朋友們也相信他在高手雲集的紐約市裡一定會出人頭地。比爾・史威格斯（Bill Swegles）在一九六五年的班級年刊裡寫著：「在未來的某一天，坐在中部的某一個小城鎮的老舊咖啡館裡的我，將會在雜誌裡看到你的名字、讀到你的文章。而我將會滿心喜悅地微笑，記憶當年你在我心中留下的小種子，並且看著它長成為繁盛醜陋的野草——我的意思是說，我想你的名字將會永遠被人們記得。」

不論到哪裡，萊斯特一定帶著一個馬尼拉紙製的文件夾，裡面塞滿了他寫的散文。他寫的詩〈巴爾陶克印象〉（Bartók Images）引發人們對絢爛華麗的浪聲的聯想，想像它因著淡紫色和深綠色的恐龍的拍打而將浪頭推上雲霄。還有他寫的一篇短篇小說《在光與影之間》（*Between Light and Shade*），是一個貝羅斯式的終結者冒險故事。這二個作品都曾刊登在萊斯特就讀的高中文學刊物《思想》（Thought）裡。至於萊斯特寫的書，其實是比較像散文體的短篇小說，其中他寫

的〈損毀大教堂〉（*The Smashed Cathedral*）是以貝羅斯風格講述一群街頭同性戀幫派褻瀆一間天主教大教堂的故事；另一篇〈艾波傑克上校歷險記〉（*The Adventures of Captain Applejack*）則是將他小時候寫的效忠邪惡的超級英雄故事重新改寫過；還有一篇〈死神之幻覺標題拉格曲〉（*Death's Head Ragas*），則是探索一個象徵性的噩夢，內容描述藉由夢境清楚描繪生命／能量的本能，與死亡／殉身的本能之間的戰爭，以二方不同天性的交戰來表達萊斯特內心的掙扎與矛盾。

　　萊斯特的姪子——班・凱秦三世記得當年萊斯特曾在他們位在茹司街（Chase Street）租來的小屋屋頂上，用粉筆潦草地寫了一首長詩。在諾瑪和萊斯特搬離那裡幾年後，班・凱秦三世還特地跑回去那個屋子把那首詩給抄下來。不過班・凱秦三世力勸他的叔叔應該擺脫對貝羅斯風格的固著與依戀，並鼓勵他在寫作上發展出自己獨特的風格。萊斯特附和著說：「你是我永遠的批判者。」但是還不到一九六四年，萊斯特和班・凱秦三世的興趣開始分歧，因為這時搖滾樂是萊斯特音樂世界的主角，而班・凱秦三世對聽搖滾樂則毫無興趣。儘管他們二個人早年曾共享一起抽大麻煙的經驗，但是萊斯特在吸食毒品方面的探索，很快地使他和班・凱秦三世漸行漸遠。

　　一起坐在網球場的長凳上，萊斯特和他的朋友們隻字不漏地仔細閱讀《生活》雜誌那一期有關毒品威脅的特別報導。他們垂涎地看著那些外來的致幻劑照片，像是迷幻藥（LSD）、哈吸希（hashish）、致幻蘑菇（magic mushrooms）等的圖片。萊斯特的高中同學——鮑伯・豪頓曾寫道：「萊斯特對吸毒經驗的迫切渴求直接地影響他後來的人生歷程。」那時在愛爾卡航市，如果要獲得那種吸毒後飄飄然的快感，他們只能食用牽牛花種子（morning glory seeds）和孤挺花（belladonna），有時運氣好的話，他們也能從萊斯特的新女朋友那裡搜刮一大把減肥藥來替代。

　　安卓麗雅・迪谷格里耶莫（Andrea di Guglielmo）是一位高大、有趣、言行舉止誇張、活潑的女孩，並有著一頭紅褐色頭髮和一臉雀

斑。她和繼父、同母異父的弟弟及母親住在一個叫做溪谷村的住宅開發區。在和安卓麗雅的父親離婚後，安卓麗雅的母親開始由一名家庭主婦轉變成為作家。那時安迪（安卓麗雅）欣賞的音樂以芭芭拉・史翠珊（Barbra Streisand）和百老匯歌舞劇（Broadway musicals）為主，並且愛去一個叫做傳道溪谷（Mission Valley）的大型購物中心逛街購物。同時她喜好做六○年代英國卡納比街風格（Carnaby Street）的打扮、塗著珊瑚色的唇膏、頭上綁著有圓點花紋的髮帶，並且常常穿著一件長披風快速地穿過校園，讓披風在她身後隨風拖曳著。但是萊斯特這位當時演講社的名人並未注意到她，然而安迪並不介意萊斯特對她視而不見，她只說：「我已無可救藥地掉入愛河裡！」

到目前為止，萊斯特與異性接觸的經驗並不多，而且大多數是以偷偷摸摸的方式進行。萊斯特十二歲時，在一個解體大賽的群眾裡，從一位穿著白色鬥牛式長褲的女士那裡輕易地感受到那種觸摸的感覺。後來萊斯特寫道：「當時我迫不及待地跑回我在露天看台上的座位，向大我四歲的姪子炫耀自誇一番。」再來的經驗就是與耶和華見證人的教友—珊卓拉・渥雅特（Sandra Wyatt）的愛撫經驗—在逛完聖地牙哥動物園後，他們坐在珊卓拉父母親的旅行車後座，然後二個人躲進一條毯子裡，萊斯特便撫摸珊卓拉的身體。另一個與異性的經驗就是萊斯特在高一的數學課上，和茱蒂・畢司托迪奧（Judy Bistodeau）玩書桌下碰腳調情的遊戲。而萊斯特真正幾乎上壘的經驗是和一位老師的女兒——當時她是一位大學生，而她之所以吸引萊斯特，是因為在萊斯特的眼中她是典型的成熟性感女人；一開始他們躺在她的床上一邊聽黑人爵士鼓手奇哥・漢彌爾頓（Chico Hamilton）演奏的《蓋帛女士》（Lady Gabor），一邊抽著大麻，接著萊斯特滔滔不絕地跟她說：「我現在正為你血脈賁張！」於是她邀請萊斯特以實際行動表達，但是他卻不知從何做起。

一九六五年高二學期結束時，萊斯特參加在國司蒙特高中

（Grossmont Junior College）舉辦的一個地區性演講比賽。他的演講藉由毫不留情的模仿商人們靠著前美國總統約翰・甘迺迪（JFK）被暗殺事件來賣迷你型搖椅，以及傑克與賈姬的人像鹽／胡椒罐的醜陋行徑來賺錢。萊斯特以他精彩的演講得到男生部第一名；同時也參加比賽的安迪則得到女生部第一名。也就是在這個時候，安迪決定藉著這次比賽得獎的場合，主動出擊向萊斯特以表明她的心意。於是安迪便在返家的巴士上大聲地自稱自己是「有斑點的袋熊」（a speckled wombat）。安迪之所以會說自己是有斑點的袋熊，是因爲稍早之前萊斯特曾爲了央求一位女孩跟他到戲劇社的道具間——也就是大家公認的親熱場所，而寫的一首詩，而那首詩中最重要的一句便是：「小心啊！有斑點的袋熊是惡名昭彰的強暴掠奪者！」

聽到安迪的自我宣言後，萊斯特問她：「你從哪兒聽來『有斑點的袋熊』這詞兒？」

「喔！我不知道。是我自己編的啦！」：安迪羞怯地說。

萊斯特覺得他和安迪成爲男女朋友是命中注定的，就如他寫的：「在約會期間的前幾個禮拜裡，我們二個人總是彼此喋喋不休、不約而同不斷地重複說彼此是來自『同一朵花的後代』。」「因爲我們二個人骨子裡都犯有精神上的竊盜罪。」最後安迪向萊斯特承認，『有斑點的袋熊』這個詞是她有次在網球場上聽萊斯特慷慨激昂地演說時提到的。不過這件事已經不重要了，因爲那時萊斯特已經認定地說：「她是唯一敢直接挑戰我這瘋狂嗑藥者的女孩。」

萊斯特和安迪在暑假期間手牽手地在百老匯街壓馬路的景象，讓萊斯特的朋友——羅傑・安德生嚇一大跳。幾天之後，萊斯特和安迪這對情侶竟突然出現在羅傑家門口，並對羅傑宣布說：「我們剛好在這附近，所以決定順道來你家，讀你所有的作品。」於是萊斯特和安迪便大搖大擺地直接走進羅傑的房間，並在床底下拉出一個盒子，就當羅傑一臉沒輒與尷尬錯愕的時候，他們二個人開始飛快地翻閱他的文章。多年後，羅傑回憶地說：「回首三十年前他們之所以會那樣做

——尤其是萊斯特，我想那是他典型的行為表現方式，並且就某種程度來說，那也是安迪的表達方式。當他們二個人想要讀我作品的唯一方法，就是用誇大、生硬無禮、小題大作的態度與說話方式來表達。」

當萊斯特和安迪沒錢看電影時，萊斯特就穿上一套西裝，然後假藉學校名義挨家挨戶尋求捐助。安迪說：「沒有什麼事會使他感到不好意思或羞愧的。」「這一點實在是太棒了！！」他們二個人常常搭巴士到聖地牙哥市中心去趕剛上映的歐洲藝術電影，要不就是在安迪的披風下如風飛揚地穿梭在大街小巷裡。他們的約會大多在熱狗、汽

有斑點的袋熊和卑鄙流浪漢的親密大頭貼

水和到海軍碼頭上投幣式的自動拍照機裡度過。

　　安迪的繼父是一位保守派的美國共和黨黨員，同時安迪也分享許多她繼父的看法與觀點；至於萊斯特，則驕傲地炫耀他正萌芽的自由派自覺意識。儘管萊斯特的觀點和安迪完全不同，他們並不會把對彼此慷慨激昂、生氣勃勃的政治辯論當成是針對個人的人身攻擊。安迪說：「相較於我們之間的共同處——也就是我們的本性以及知道自己是什麼樣的人，我們之間的差異只不過是短暫而微小的。」「對我們來說，允許別人表達不同意見的言論自由才是我們的主要目的。我們二個都是怪人，同樣都無法適應愛爾卡航市這個小地方。但是我們卻相處融洽、彼此契合，因為我們都和我們生活的環境格格不入。」

♩ ♪ ♫ ♪ ♬ ♪

　　在早期的約會期間，萊斯特曾帶安迪去看滾石（the Rolling Stones）在聖地牙哥市的市立劇院（Civic Theatre）所做的第二次全美巡迴演場會。由於太年輕就接觸貓王艾維斯·普里斯萊（Elvis Presley）、五〇年代、以及早期六〇年代的歌星—像是法比恩（Fabian）、法藍基·愛弗隆（Frankie Avalon）、巴比·瑞戴爾（Bobby Rydell）等歌星，這些音樂早已無法打動萊斯特的心靈；而且反而使他在讀高二時便已經對搖滾樂產生憎惡的感覺。身為爵士樂樂迷，萊斯特對於流行音樂暢銷排行榜的告示不屑一顧，這段時期對他來說，凡是「流行的」都是「狗屎、廢物」。然而，當萊斯特一九六四年一月聽到披頭四（the Beatles）演唱的〈I Want to Hold Your Hand〉的時候，他竟然開始改變對搖滾樂的看法。

　　羅傑·安德生說：「從那時開始，萊斯特便義無反顧地成為披頭四的歌迷。」「緊接而來的滾石樂團更讓萊斯特成為一個不折不扣的超級搖滾瘋子。」萊斯特在網球場的長凳上評論滾石時，曾提到他們的音樂優點——從滾石的音樂，你可以聽出來他們是發自內心地瞭

解與融入爵士和藍調音樂的。他說滾石樂團的咆哮、模糊嗓音以及即興反覆的樂段所帶給人們的滿足，是自約翰‧科川的薩克斯風後最熱情強烈的樂聲；他又說，從米克‧傑格（Mick Jagger）的嗓音裡，你幾乎可以聽到他的媚眼秋波。有一次萊斯特差一點就和班上的一位同學打了起來，因為那位同學嘲笑他，並說凡是喜歡米克‧傑格的人都是性變態。但是萊斯特真的瞭解滾石樂團的精髓，就如他宣稱的——滾石樂團的音樂是超自然神靈的造訪，聽他們的音樂就像華格納的歌劇（Wagnerian）所帶給人們如洪水般地強大感受，而那種強而有勁的震撼力已經超越音樂本身的範圍。

　　接下來的幾個月，萊斯特對鮑伯‧迪倫（Bob Dylan）的專輯《Highway 61 Revisited》以及英國籠中鳥樂團（Yardbirds）的單曲極力誇獎、狂熱讚揚。尤其迪倫細膩的歌詞深深地震撼萊斯特的心靈；同時，籠中鳥樂團的這張唱片適切地融合美國東岸深沈的唱腔與爵士樂的調性，調和極強勁的節奏與藍調，則深獲萊斯特的喜愛。在高中的校刊裡，萊斯特曾寫道：「未來的音樂主力將是由各種形式與文化視野的交融、透過結合各個不同類型的多樣化形式，來孕育出世上最偉大、前所未見的音樂紀元。」「搖滾樂—那曾經是一個討厭的嬰兒、醜陋的小孩、敗壞的噪音、那個曾經是瘋狂嘶啞的歌唱業餘者，已經吸引住我這個足智多謀、精力充沛的年輕人。是的，各位！就如跳出自己的陰影般，搖滾樂已從隧洞的壁孔跳出來，而它獨特、才華洋溢的音樂創作者們，讓我們無所不在地感受到他們的音樂。現在該是我們把黑彌撒、沙漠旋風、北方燈塔以及預示未來動亂的龍之火，帶回屬於我們這個時代的音樂了。」

　　一九六五年到一九六六年之間，萊斯特曾為愛爾卡航溪谷高中的校刊《煙霧信號》（Smoke Signal）裡的「音樂現場」（Sounds of the Scene）專欄，寫了幾篇樂評，但是跟他的詩作和小說相比，萊斯特從來沒把他寫的樂評看得跟他的文學創作一樣重要。萊斯特的朋友——羅傑說：「誰也沒想到萊斯特後來會成為一位樂評家，就連他自己

之前也沒料到將來會當起樂評家來。」「當時他自我期許將成為像貝羅斯一樣知名的孤獨怪異小說家。」但是當萊斯特的女友——安迪讀過一些萊斯特寫的書後,她也開始同意萊斯特的姪子——班三世對他的建議——鼓勵他在寫作上能夠更有創意,並建立起自己的風格。萊斯特後來也承認說:「我天生就很會模仿他人。」「但是當我想要重新走一條新路時,最大的困難在於我無法擺脫舊有的偶像。」

在完成一部長篇冒險敘事詩新作——《卑鄙流浪漢歷險記》(*Adventures of a Dirty Dingbat*)後,除了凱魯亞克的書之外,萊斯特把他所有的創作原稿以及以前收藏的「垮派」作家寫的書全部丟進焚化爐裡燒掉。萊斯特之所以保留凱魯亞克的書,是因為凱魯亞克對他具有特別的意義,因此他無法接受跟凱魯亞克別離;但是對萊斯特來說,再也不讀貝羅斯以及其他作家的書是合理的、是能夠接受的,反正他不可能寫得跟那些作家一樣,所以才決定應該把那些曾經是他寫作的靈感源泉了斷得一乾二淨。

萊斯特寫道:「我發現我才正開始邁向一個新時代的開端。當文學作品可以當衛生紙用、當每日的新聞內容已變成超寫實的報導、當各地各類型的藝術家開始肆無忌憚地切斷自己和傳統的關係,或甚至不屑從傳統中學習的時候,這些改變是因為人們在誇張、引人注意的流行報刊雜誌裡、或是在扯著喉嚨粗聲叫喊及機械式撥絃聲的搖滾樂中、或是在我們迫不及待地把自己猛力擲入藉由各式各樣所能夠想像到的毒品所構築的混亂內心叢林裡,可以找到與感受到更多與自己有關連的歸屬。我想我不是一位全心投入的藝術家,我也不知道什麼才是真正的藝術家,反正我也不想作一位藝術家。我可能這輩子永遠也不可能寫出一部曠世巨作,但那又怎樣?重要的是,現在我感受到一個『聲音』正在我心中萌芽,而那是我自己的聲音,儘管那聲音聽起來或許古怪,但卻是我最大的驕傲,因為我寧可讓我的寫作像一個舞者在我腦中搖著臀部跳布加洛舞(boogaloo)、又或許我寫的文章只有喜歡拿書來搖擺臀部的讀者喜歡看。而當這個使我們驚愕的世界正歪

歪斜斜地瘋狂疾駛過它那蒼白的窗戶、開始它最後一次狂暴烏黑的怒吼時，我不願意成為一輩子躲在與世隔絕的某處衣櫃裡反覆讀著古希臘詩人艾斯奇勒斯（Aeschylus）作品的人，或只為這樣的人寫作。」

♩ ♪ ♪ ♫ ♪ ♪ ♫ ♪

　　諾瑪又站在萊斯特的臥室門口用她那令萊斯特憎恨的南方慢吞吞拉長調子的說話方式抱怨著：「噯！我對生命有一種飢渴的需求，可是我不知道我需要的是什麼。」萊斯特看得出來他母親的生命裡有一個空洞，是耶和華見證人教派所不能填補的，而他實在很討厭看到她這個樣子。

　　每天早上諾瑪出門工作前，都會在幫萊斯特做好的早餐旁，放一本《守望塔雜誌》；諾瑪幫萊斯特準備的早餐包括荷包蛋、培根、土司、酪梨、蕃茄汁、咖啡，她說這樣的早餐在一般的餐廳裡要賣兩塊美金，所以她覺得萊斯特應該要懂得惜福感激。儘管諾瑪的本意是好的，但是不管出於多大的善意，她的一切言行總是激怒萊斯特。關於這點，萊斯特曾寫道：「那種感覺就好像被放在一家悶熱、令人窒息的老舊廉價舊貨店的發霉貨架上，被密不透氣的蠟紙包住一樣。」「每一天早上你是被一個出於善意卻嘮叨不休的人吵醒，煩得讓你一大早便咬牙切齒地開始沈重的一天。這種抱怨是來自因為你的日常舉止必須仰賴她那時常受到困擾的心靈來行動，這些包括所有的心境、舉動、表情，還有轉身、關門的動作以及不協調的雙眼，這些都起因於一個照顧與付出比一般家長還多，卻永遠不瞭解她那未成年兒子的瘋狂行為代表著什麼意義的母親。」

　　對於這樣的母子關係，不只萊斯特感到喘不過氣來，諾瑪也同樣地為此感到挫折。當萊斯特整日在他的臥室在床上，一邊讀那些如惡魔般的垮派的書籍，一邊聽收音機裡一個叫做渥夫曼‧傑克（Wolfman Jack）的小流氓從墨西哥電台廣播的節目時，諾瑪覺得她

實在不可能跟她的兒子有任何溝通。有一次諾瑪在車裡偶然發現一瓶肉豆蔻時，她終於忍不住和萊斯特正面對質，雖然萊斯特當面嘲笑她，但是他心裡還是爲他那還挺上道的母親感到驕傲。

諾瑪把他們位在萊辛頓大道（Lexington Avenue）附有花園的出租公寓，打掃得光亮潔淨、一塵不染，完全符合好基督徒的住家要求。可是萊斯特卻濫用諾瑪爲他準備的好環境，他在寫作書桌的軟墊擱腳凳的周圍堆滿了45轉黑膠唱片、雜誌、漫畫書、可樂罐子、香菸蒂、空的洋芋片袋子。諾瑪對萊斯特這樣的行爲感到驚愕，她甚至不知道萊斯特把《花花公子》（Playboy）和《積架》雜誌（Jaguar）藏匿在哪個角落裡。

除了偶爾從他母親的皮包裡偷拿五到十元不等的現金外，萊斯特還是一位在商店裡偷東西的高手。有時他抬著整箱的唱片走出店外就好像是移動貨箱的員工一樣自然；有一次，他在伍爾沃斯商店（Woolworth's）把一張唱片藏在他的襯衫裡，結果當場被逮到，於是他便假裝是智障人士，店員拿他沒辦法，就只好讓他離開。還有幾次萊斯特被送到警察局，害得諾瑪必須到警察局把她的兒子帶回家。一些萊斯特的朋友認爲他那些偏離正軌的行爲是炫耀他對權力的反抗。除了這些外，萊斯特還偷拿天國會堂捐獻箱裡的錢，並在家裡抽煙。當諾瑪提醒萊斯特他的父親是怎麼死的時候，他便拿著香菸跳上床假裝睡著了。

有一天萊斯特強迫諾瑪跟在沙灘上和他玩的一群年輕人說說話，可是諾瑪那天穿了一件洋裝、戴著手套，手上撥弄著車鑰匙、遠遠地待在離沙灘很遠的草坪上，她就這樣待著，直到大家離開沙灘準備回家。萊斯特的高中同學——鮑伯·豪頓說：「你很難跟她共處，只要是她出現的地方，她總是把在場的氣氛弄得很奇怪。」「反正，他用任何想得出來的辦法擺脫諾瑪對他的困擾。至於諾瑪，則不斷地向神禱告以祈求得到任何形式的解救。」

諾瑪認爲萊斯特需要一個對他有正面影響的男性榜樣，因此她便

請一位在天國會堂擔任鋼琴伴奏的一位弟兄教友來擔任。那位弟兄果然找一天到諾瑪家中探訪萊斯特，並試著和他聊聊古典音樂作曲家巴哈（Bach），但是沒想到萊斯特竟對那位弟兄猛烈批評爵士音樂家——泰勒尼俄斯僧侶（Thelonius Monk），結果那位弟兄從那次以後便再也不到他們家。諾瑪的大兒子——班‧凱秦二世是家族裡就年紀來說最接近萊斯特父親的人，不過班二世對同母異父的小弟沒什麼耐心。萊斯特曾這樣寫他那同父異母的大哥：「他下班後總先在他的卡車裡豪飲一番，再順便到我們家看看。他最愛拿我的頭髮來大作文章，老用不男不女的陳腔濫調來煩我，而且我可以明顯感受到他那股暗流激湧、受到壓抑的猛烈狂怒，就好像他恨不得要用他那雙十年來每天把釘子敲進石薄板敲八到十個小時的大拳頭，狠狠地敲我那被毒品滲透的腦袋，希望能藉此把我敲清醒點。」

安迪曾說：「這個家庭讓萊斯特感受不到什麼溫情。」不過諾瑪倒是挺喜歡安迪，因為她覺得安迪能帶給萊斯特一種安詳的影響、能使萊斯特的心安靜下來。因此諾瑪便希望安迪和萊斯特能定下來結婚並組織一個家庭。雖然安迪和萊斯特常常約會見面，但是這對戀人之間並沒有發生性關係，因為他們打算等到結婚那天才和彼此有性行為，所以他們二個人之間的身體互動，最多也只是安迪口中所謂的「表面的性」。事實上，安迪並不期望到時萊斯特仍保有處男之身，她鼓勵他在他們倆兒結婚前能有一些性經驗，這樣他才知道新婚夜該做怎麼做。

在萊斯特高三那一年的某個晚上，他和一位在演講社認識的唱片DJ夥伴準備一起到一間墨西哥人開的妓院，但是從愛爾卡航市來的幾位較年長的年輕人，則自誇說要穿越墨西哥邊境，到南邊二十六英哩遠的觀光城市—提華納市（Tijuana）買醉、賽車、看鬥雞比賽、抽馬糞香煙（Horseshit cigarette）——這個香菸的口號是「整個車子裡也聽不到一個響屁。」（Not a fart in the carload）。他們並暱稱提華納市為「提捷」（TJ）。「提捷」對萊斯特有著強烈的吸引力，因為那裡

所有的人、事物都和天國會堂完全相反，簡直就是兩個徹底不同的極端。當他從首趟「提捷」之旅回來時，臉上帶著他慣有傻呼呼的露齒笑容－因爲十七歲的他再也不是處男了，但是回來後才沒幾天，他卻在尿尿時感到一陣灼熱的疼痛。

安迪說：「其實這本來不是什麼大不了的事，萊斯特感染了淋病，所以便去醫院讓醫生幫他打了一針盤尼西林就好了。但問題是－我們必須跟諾瑪報告這整件事情的原委。」

一星期之後，萊斯特邀請他的朋友——羅傑·安德生到家裡一起聽唱片。當羅傑一到，萊斯特便馬上跟他說自己在「提捷」的歷險與新發現，然後又說他必須到天國會堂走一趟，和會堂裡的長老委員會見個面。於是，羅傑便陪萊斯特一起去天國會堂。在路途上，萊斯特在人行道上發現一個有些撕裂的紙製太陽眼鏡－就是那種看起來很像

諾瑪和他的孩子：（由左至右）比爾、安、班、和萊斯特（攝於1966年）

在眼科醫師給你滴瞳孔擴散液後要你戴的那種眼罩，於是萊斯特戴上那眼罩後，便輕蔑地點然一根香菸。到達天國會堂後，那裡的弟兄們請羅傑在外頭等萊斯特，但是會堂的窗戶是打開的，所以他仍舊可以從窗戶外聽到他們問萊斯特有什麼樣的興趣，還有他是否相信耶和華上帝的談話內容；對於長老們提出的問題，萊斯特回答說他相信別的事情——像是詩和音樂。羅傑說：「他們對萊斯特並不粗魯，也沒有威嚇脅迫他。」整個會談只維持了十五分鐘就結束，而長老們對萊斯特的決議則是給他一段緩刑期。但這不是萊斯特想要的結果，於是他決定徹底地再做些更猛的事。

　　每個禮拜五晚上，耶和華見證人教區的全體教徒有一個二小時的集會，讓教友們輪流上台發表讀聖經後的演說。就在接下來的那個星期五晚上，萊斯特本來應該做一個五分鐘的演說，對教友們發表他的聖經讀後感言。他讀的是《聖經・舊約全書・申命記第二十五章第一節：人若有爭訟，來聽審判，審判官就要定義人有理，定惡人有罪。》（Deuteronomy 25: "If there be a controversy between men, and they come unto judgment, that the judges may judge them; then they shall justify the righteous, and condemn the wicked."）就在這個時候，他突然話鋒一轉、對著教友們大叫：「你們全都是一群偽君子！」「你們說一套，做一套。」萊斯特就這樣大叫大嚷地說了約一分鐘，直到一位較年長的弟兄站起來，說他受夠了萊斯特的特異言行。接著萊斯特便故意借題發揮地走下講台，大步邁出會堂大門。

　　萊斯特的朋友兼教友米爾頓・渥亞特（Milton Wyatt）說：「當時的情形就好像突然間地獄之門大開，然後地獄就在天國會堂裡爆發一樣地可怕。」就跟許多忠誠的耶和華見證人教徒一樣，米爾頓的父母從此禁止他和萊斯特說話。耶和華見證人教派對教友最嚴格的處罰，就是取消教友的資格、強制教友退出此教會。當一位信徒被質疑有邪惡的行為或是犯了異端邪說罪，耶和華見證人教派便召喚那名教友出席，接受審判委員會的判定。如果被認定有罪，他便從此被耶和

華見證人教派除名，同時其他的教友們則不可以跟他說話、做生意、或參加他的葬禮。再重回教會是可能的，但此罪人必須悔改、並且接下來的二年裡，一定要在教會禮拜儀式中安靜地坐著聆聽講道。

　　雖然諾瑪因為萊斯特被耶和華見證人教派除名而感到憤怒與難堪，但是她到天國會堂聚會的時候總是面無表情，而且在家裡她也大多避免談到這個話題。有時候諾瑪大膽地希望或許有一天她的兒子會重返教會，但是每當諾瑪一開聊到這事兒，萊斯特便故意假裝沒聽到似地忽略她。接下來幾年，萊斯特在寫作中幾乎沒提過耶和華見證人教派，直到一九七八年才提出他對此教派的見解：「我之所以會離開耶和華見證人教派，是因為我覺得任何一種形式的疾病，都比它更值得人們投入畢身的精力以貢獻一生。」

第三章

嗑藥龐克

　　一九六七年的某一個夏日，萊斯特大膽地向羅傑·安德生提議：「我們何不一起去『提捷』弄些德美羅注射劑（Demerol）來用！」在此之前，萊斯特在書店裡偷了一本詳盡說明各種西藥成分的藥品指南——《墨克藥典》（*The Merck Index*）。自從有了這一本工具書後，萊斯特無時無刻地翻閱它，以尋找任何可以使他感官麻痺的獨創新配方。而且只要是萊斯特想得出來的配方，幾乎都可以在提華納市找得到。

　　於是他們二個人跳進羅傑那台一九五八年份的希爾曼明克斯（Hillman Minx）老爺車，然後往南開去。但是當他們正要試著穿越邊境去墨西哥時，美國邊境的巡警向他們搖旗示意要他們停下來。當巡警在檢查他們的身份證件時，他們二個人便坐在等候室裡邊等邊聽從室內通話擴音機傳出來的聲音。那個室內通話機似乎是和一個建築工地相連，因此工地裡挖土機轟隆隆的聲音便通過那小小的通話擴音機傳到等候室裡。對現代作曲家約翰·凱吉（John Cage）的音樂以及具象音樂（musique concrete）頗熟悉的羅傑問萊斯特：「你聽到這聲音嗎？」已經將這聲音牢記在心的萊斯特回答說：「嗯！這真是美妙之音。」

　　無法穿越邊境到「提捷」去找他們想要的東西，萊斯特和羅傑只好用萊斯特的備用計畫。於是萊斯特到愛爾卡航市的雜貨藥店拿了一袋止暈藥丸（Marezine）——這是一種治療暈車症且不需要醫師開處方，就能在一般商店貨架上買得到的成藥。萊斯特克制自己不吃，不過卻說服羅傑服用十顆止暈藥。事後，羅傑說：「那真是我這輩子碰過最糟糕的事。」「那個藥讓我覺得很噁心、反胃，並且還使我產生幻覺，那種感覺真是可怕至極。當我終於回到家門口時，我已快撐不住，最後竟然在我那自由派的雙親前失態，真是完全搞砸了。」第二天早上，羅傑對他的雙親說他是因為抽了大麻才出糗的，和羅傑一起做心靈探險的朋友鮑伯‧豪頓聽了羅傑這番話後說：「你這樣跟他們說真是蠢啊！這下子你可把他們對大麻煙的印象給搞壞了！」

　　不顧羅傑對他的警告，萊斯特自己迫不及待地吃了十二顆止暈藥，整個晚上就在幻覺中度過；在整晚的虛幻中，他眼中見到的是揮動著巨大斧頭的邪惡凶猛小惡靈。在這個迷幻經驗後，萊斯特以反毒品家長協會（Parents Against Narcotics）愛爾卡航市分會會長的名義寫了一封開玩笑的信，給止暈藥的製造商Burroughs Wellcome & Company。萊斯特在信中寫道：「你們的藥的效果比迷幻藥好得多。」他在信中也對那些尋求刺激的青少年，在濫用此藥所產生的潛在威脅表達關切之意，同時還表達願意主動向藥廠提出一些減低此威脅的幫助。

　　在一九六六年的高中畢業日上，萊斯特穿了一件畢業長袍和一頂紅色的畢業帽；為了拍照，他特地對著照相機鏡頭露出他特有的咧嘴露齒的笑容，看起來就像瘦長版的美國演員達斯汀‧霍夫曼（Dustin Hoffman）。在高三的畢業紀念冊上，他宣布自己想到附近的國司蒙特學院（Gorssmont Junior College）主修新聞學。雖然萊斯特所有朋友都把國司蒙特學院視為只不過是一所「可以讓你吸煙的高中」，但是他們卻從來沒想過高中畢業後要繼續他們的學業，就連高中裡的學業輔導員也鮮少這樣建議他們。那陣子地方報紙的二個頭條新聞都是

萊斯特和羅傑・安德生攝於1966年

和國司蒙特學院有關的；其一是校方決定禁止共產黨在校內發表共產言論；其二是校方最近開除四位與未成年學生一起喝啤酒和紅酒的老師。儘管這兩起新聞事件顯示出校方保守的措施與政策，但這些事件並沒有影響萊斯特到國司蒙特學院求學的決定，因為在國司蒙特學院註冊所帶來的四個附加福利，才是他在此校註冊的唯一目的，所以該校的保守作風並不影響他到此校就讀的意願。

　　到國司蒙特學院就學的第一個附加福利，就是一九六七年美國正在越南打仗，當年一月，徵兵局把萊斯特列為1A等級的兵等，照當時法律規定是隨時有可能被國家徵召到越南打仗的，除非本人能提出全職的在校證明，才可以免去被徵召的可怕命運；第二個附加福利就是只要萊斯特有到國司蒙特學院上課，諾瑪就認為他不會在外闖禍惹事生非；第三個附加福利則是只要能使諾瑪相信他還在就學、又不惹

禍生事，就有理由可以免費繼續和諾瑪住，因為如果在外租屋則必須為付房租到外頭打工。最後一個附加福利則為只要萊斯特一直就學，他就可以每個月收到國家社會福利局寄給他的九十九美元支票的就學補助金，自從康威去世後，諾瑪便開始收到這筆國家提供的生活補助費。後來萊斯特的女友安迪承認說：「現在提起就學輔助金支票這件事我就很羞愧，因為當時是我說服萊斯特，要他跟他媽媽賴皮要那張支票的。」

萊斯特手上的錢大多花在買毒品、啤酒或唱片上。不過在開學前，他決定好好打理自己的形象。於是他到傑西派尼百貨公司（J. C. Penny）買了幾條新的燈芯絨長褲、兩件袖肘車有褐色補釘綴飾的休閒西裝外套和一雙棕色無鞋帶休閒鞋。由於喜歡漫畫家卡爾・巴克斯（Carl Barks）的超現實風格，所以在校園裡蹓躂的時候，這位時髦整潔的大專新鮮人的手臂上，總是扛滿一疊《唐老鴨吝嗇鬼叔叔》（Uncle Scrooge）漫畫書，還有《生活雜誌》以及《新聞週刊》雜誌（Newsweek），再加上最新一期的《Beat》雜誌和《Hit Parader》雜誌。雖然這兩本都是三流搖滾音樂雜誌，不過卻是他不可或缺的必需品，當然萊斯特隨身帶著的馬尼拉紙製檔案夾照舊塞滿他的寫作手稿。不過萊斯特卻鮮少記得帶他的教科書去上課，而他也從未選修過任何一堂與新聞學相關的課程。

除了作文課與文學課外，萊斯特痛恨他所有的必修科目，而且在三個學期中他只到課一個學期。儘管他的上課出席率不高，但他靠著自己的寫作技巧順利通過考試和學期報告，並且還得到不錯的成績。而像萊斯特這樣的求學方式在傳統的學校教育系統下也可以拿到像樣的在學成績，則更證實萊斯特心目中的聖典《哈利・維農的預校生活》所要表達的論點：傳統學術教育是假道學的避難所。

就在1969年喧熱奔騰、蓄勢待發的「愛的夏日」（the Summer of Love）即將開始之前，萊斯特終於決定離開諾瑪的住處，搬到位在城東一處別墅後的山腰裡的一間廢棄肉類冷藏間住。他只帶了一張床

墊、一台電唱機和一盞看書用的燈。室內的電源則靠他在國司蒙特學院過著波西米亞式生活的哥兒們的延長線從屋外接進去的。萊斯特期許他的新住處可如作家凱魯亞克在其小說《悲傷天使》（*Desolation Angels*）中所描寫的浪漫化的鄉野隱居地。萊斯特的朋友鮑伯・豪頓寫道：「那年整個夏天我們都在開派對。」「整個夏天我們一直聽披頭四的《*Sergeant Pepper*》專輯、門戶合唱團（The Doors）剛出道的幾張唱片，還有法蘭克・札帕（Frank Zappa），以及奶油合唱團（Cream）、波寇亥侖（Procol Harum）樂團、地下天鵝絨樂團（the Velvet Underground）、傑佛遜飛船合唱團（the Jefferson Airplane）、死之華樂團（the Grateful Dead）的音樂。光是那年夏天我們聽的那些樂團或歌手的名字就可以列出一大串，數也數不完。」

在考了三、四次的路考後，萊斯特終於考到駕駛執照，而他同母異父的大哥——班・愷秦二世則送他一台破舊的普利毛斯車（Plymouth）。當初班二世送萊斯特車子的用意是為了確保萊斯特不要開壞諾瑪的車子。萊斯特從來不是一個好駕駛，他總是邊開車邊說話、抽煙，要不就是一手忙著敲車上收音機的按鈕而沒在看路。一九六七年六月萊斯特獨自開車前往北加州。雖然當他抵達時，已錯過了蒙特瑞流行音樂節（Monterey Pop Festival），不過他仍舊在那附近待了幾個星期，參觀了柏克萊校區和海特—艾序伯利（Haight-Ashbury）這二個有名的景點。當時這二個地區因為首批嬉痞人士湧入，而成為眾所皆知的嬉痞大本營。萊斯特在那每晚都泡在舊金山傳說的舞廳裡，不過在他結束那長達幾週的北加州探險之旅後，卻返家宣稱這趟所謂的迷幻藥之旅只不過是一場酩酊大醉罷了。事後他寫道：「我在那裡一直覺得自己是孤獨的局外人，直到那些被迷幻藥次文化吸引來的平庸人們出現在我面前時，那場面就像是穆罕默德上山移尊就教一般。」「在那兒，我主要有興趣的東西叫做毒品，而且這個東西不是只有我有興趣，因為隨著我們歷史變遷的特殊結構，它已經成為我們這一代共同關切的主要事物。」

　　就如萊斯特以往的言行一般，他的作為一向都是和別人相反的。那年夏天，萊斯特大半的時間都花在食用一種止咳糖漿——囉靡樂（Romilar）上頭，但是一般的嬉痞們並不喜歡把這個藥水當作迷幻藥使用。萊斯特寫道：「一九六七年還是大專一年級的時候，我喝的止咳糖漿混合劑的劑量，尚不足以使我名列先覺者的行列之中。直到有一天，我拿到一顆迷幻藥和一瓶囉靡樂。」「照我當時的習慣，我會用《易經》卜卦找出我該服用什麼樣的藥。當時，我問它如果我服用那顆迷幻藥將會發生什麼事時，它以『內心的真話』來回應我的問題；接著我再問如果我喝了那瓶囉靡樂將會發生什麼事，我所得到的回應則是『精神混亂』。於是我便吃了那顆迷幻藥，但卻沒感受到一丁點飄飄然的快感。因此我對此藥劑用後的道德箴言很簡單，即是『精神混亂』是服用此劑唯一的收穫。」

　　囉靡樂是由一家位在新澤西州澤西市的布拉克藥品公司（The Block Drug Company）於一九五〇年代晚期引進市場的。當初製造囉靡樂糖漿的目的是為了替代原先以可待因（cadeine-based）為製藥基礎的止咳糖漿，原因是可待因配方的止咳糖漿已被試圖非法製造的吸毒人士所濫用。但是新藥的問世並沒有解決問題，因為囉靡樂的主要成分——待克司特羅麥斯酚（dextromethorphan）也和可待因有同樣的的功效。囉靡樂是一種合成的鎮咳劑，就化學成分來說和嗎啡的功能相同，只不過當服用過量囉靡樂，即六到八盎司或更多的份量時，它就變成強力的迷幻藥，而不只是單純地產生鎮靜的功效。藥廠於一九六〇年代晚期發現服用過量囉靡樂止咳糖漿的濫用，便在藥劑中加進一種會使人產生反胃的化學成分，為的是抑制人們對囉靡樂的濫用。但是沒想到一瓶囉靡樂喝下肚後所產生的胃翻騰與胃絞痛，並沒有減少那些試圖想藉過量藥品以獲得迷幻刺激體驗的人數。

　　過量的囉靡樂使萊斯特感覺遲鈍麻木、並且令他顫抖。他對過量服用此藥後的心得寫道：「囉靡樂是真正的街頭毒品，為什麼呢？因為每一條街上都有一間雜貨藥店，而每一家雜貨藥店的開放式架上都

賣隨手可得的止咳糖漿，你知道的！」「那是一種麻痺或飄飄然的恍惚感覺，因為囉靡樂改變你的精神意識與生理感官，它讓你感覺空洞，就好像被一個強力吸塵器吸空一樣，讓你完全失去自我。」就跟許多的迷幻藥一樣，囉靡樂能增強聽音樂的感受，產生聯覺或共同感覺，也就是說它會使你聽到某種聲音而產生看到某種顏色的感覺，即是使你能「看」到聲音的顏色。但是除了這個作用外，過量服用囉靡樂還會帶來一些生理上不舒服的效果。

　　萊斯特讓自己服用過量的囉靡樂，但是這樣的作法使他變成一個無法做任何事，只能在別人面前轟轟咆哮的可憎怪人，那個樣子簡直就像個中毒發瘋的土著居民一般。不只如此，在萊斯特的強求下，鮑伯‧豪頓和羅傑‧安德生也只好嘗試服用囉靡樂。事後，他們二個人覺得這個藥讓他們感到極度地心緒不寧，不過萊斯特不在意囉靡樂所引起的不適副作用，因此儘管他的朋友們不喜歡囉靡樂的難受經驗，他仍舊繼續喝他的囉靡樂。事實上，萊斯特把毒品做為改變自己知覺意識的一種管道，同時，他參考終身吸食鴉片的十九世紀英國作家湯瑪士‧德‧昆西（Thomas De Quincey）的自傳小說《一個英國鴉片吸食者的自白》（*Confession of an English Opium-Eater*）、以及仿效以吸食迷幻藥做自我實驗的另一位英國作家艾爾德斯‧赫胥黎（Aldous Huxley）藉由紀錄描述其經驗的小說《知覺之門》（*The Doors of Perception*），開始將他自己吸食止咳糖漿的經驗，詳細記錄在他的筆記簿裡。

♩ ♪ ♫ ♬ ♩ ♫ ♪ ♪

　　自從萊斯特把大部分時間與精力投入在他心愛的音樂上，音樂已成為他的激情最愛。這些年來萊斯特曾試著學習彈奏幾樣樂器；十二歲時，他首次嘗試吹薩克斯風，常常花好幾小時邊聽約翰‧科川的薩克斯風唱片邊幻想自己吹著無調性的印度拉加曲調（ragas）。但是在

上了一個月的課後，萊斯特的嘴唇已破裂酸痛，於是他便放棄學習薩克斯風。接下來那年，他學了一陣子吉他；接著又學了三個月的鋼琴；後來又學了二個禮拜的鼓。對自己的樂器學習過程，萊斯特寫道：「我學樂器不成功的原因，是因為我內在熱情澎湃的心靈之歌總是干擾我學習彈奏像是〈老黑喬〉（Old Black Joe）、〈親愛的邦妮〉（My Bonnie）這類歌曲的樂譜。」

在所有學過的樂器中，萊斯特的口琴吹奏技巧是唯一達到可以和其他人一起演奏的水準。同時，他還上得了場面的歌喉常常可以哼出一些相當不錯的曲調；當然除此之外，他還編出一籮筐機智好笑的歌詞。大部分萊斯特的音樂多是對「不墨守成規」的頌讚或是對一些妄自尊大的名人的嘲諷歌曲，這些歌曲包括〈Please Don't Burn My Yo-Yo〉、〈He Gave You the Finger, Mabel〉、〈Keep Off the Grass〉。傑克‧巴特勒（Jack Butler）是一位技藝精湛的樂手，他認為萊斯特的歌曲很不錯，因此在高三的時候他和萊斯特曾談過要一起組樂團的事。當時萊斯特想要確定巴特勒和他組樂團的動機是否純粹只為音樂，於是便問巴特勒：「你組樂團是為了錢？還是為音樂？」巴特勒回答說：「為了錢！」當時傑克以為這是萊斯特想要聽的答案才這麼回答他，沒想到這竟是一個錯誤的答案。

巴特勒事後回憶道：「我的回答令萊斯特打退堂鼓，因此我們立即知道我們不可能一起組樂團。其實，那個回答連我自己都不相信，當時我以為我瞭解萊斯特，以為他只是想搞個類似Question Mark and the Mysterians這類的車庫樂團，只是玩一玩、騙些錢而已。當時我只是想取悅他才那麼回答的。」

一九六〇年代初期英國樂團入侵美國，在美國轟動一時，於是巴特勒和另一位同學——傑瑞‧班尼（Jerry Baney）一起加入當時一個英國樂團黑暗世紀（Thee Dark Ages）。黑暗世紀在一九六六年開始到一個叫做Hi-Ho Club的夜總會裡演奏。Hi-Ho Club的前身原是叫做Art's Roaring Twenties的高級迪斯可舞廳，後來它重新開張改為以青

少年爲主的夜總會，不過舊店內以電影《鐵面無私》（*The Untouchable*）爲靈感的華麗裝潢仍然保留著。當時黑暗世紀樂團的樂手們加入工會，因此夜總會的老闆必須至少付給他們最低的工資，但是由於團員們都未成年，因此夜總會的老闆便藉機要求團員們把工資退還給他，來當作他讓黑暗世紀在他的夜總會裡簽特約演奏契約的交換條件。而這次現實的社會經驗卻也成爲萊斯特日後踏入現實音樂行業裡的第一課。

　　萊斯特經常爲了鼓勵振奮他的朋友們，將自己灌得酩酊大醉或是吸食毒品，讓自己精神錯亂，然後在他們面前表演歌曲〈I'm a Man〉和〈Psychotic Reaction〉。萊斯特尤其喜歡表演〈Psychotic Reaction〉，因爲它是由加州聖荷西市一個叫做數五下（Count Five）的車庫樂團，改編自英國籠中鳥樂團的〈I'm a Man〉曲子的喧鬧版。而〈Psychotic Reaction〉這一首抄襲曲也是數五下樂團唯一登上一九六六年的流行音樂排行榜冠軍的暢銷曲。當年萊斯特第一次聽到收音機播放〈Psychotic Reaction〉時，他非常討厭這群來自南加州的鄉下土農夫，但是沒想到一年之後，萊斯特竟開始喜歡他們的音樂。有一天當他坐在臥室的打字機前，苦思自己爲什麼對此樂團的看法會一百八十度大轉變的理由時，卻再也無法抑制對他們的喜愛，而終於跑去買了《Psychotic Reaction》那張唱片。

　　萊斯特寫道：「我一直想要好好研究那首歌，但在那之前我並不允許自己這樣做，因爲我以前認爲搖滾樂手、音樂幕後工作者跟數五下這種晚上在舞廳演唱的樂團是有區別、是不同層次的。但是後來我才發現，其實是很多人竊取他們的點子。不單如此，事實上是每個人或多或少都會影響他人與被影響，大家是互相影響彼此的創作素材。就是因爲這樣的體認，我對音樂的偏好才會做如此徹底的轉變。於是突然間我覺得聽披頭四、海灘男孩（Beach Boys）、傑佛遜飛船合唱團這類所謂『藝術性』的搖滾樂實在是挺費力的，反而倒比較喜歡聽像種子樂團（the Seeds）、悶氣樂團（the Fugs）、誰樂團（the Who）

等樂團這類所謂猛力、未經加工的音樂。而且如果想去跳舞,我寧可去舞廳跳舞,看著當地的青少年、我高中的朋友,甚至是不吸麻醉藥的朋友,在〈I'm a Man〉的旋律中旋轉,聽著他們複製出三十分鐘的電子印度拉加曲、塑膠化節奏、彎腰蹲在音響喇叭前面聽節奏並回應音樂的律動;而我也盡情享受這一切,因為這比任何一張唱片更能使我興致高昂,也就在那樣的時刻,我茅塞頓開,得到豁然開朗的領悟。」

黑暗世紀樂團在每一場表演都請萊斯特以短口琴吹奏幾首曲子的主旋律。萊斯特的體力充沛,他的吹奏也還過得去,不過最重要的是他外在形象很酷,他表演時穿著長禮服、兩腮留著短腮巴鬍子,這樣的造型讓人覺得他是一位來自英國的特別來賓。萊斯特在耶和華見證人的教友米爾頓‧渥亞特,後來決定跟隨萊斯特的腳步離開耶和華見證人教派,並且希望能加入黑暗世紀樂團擔任鼓手。渥亞特認為萊斯特在舞台上的表演和他,就像他在離開天國會堂那天迸發出來的威猛張力一樣有勁。渥亞特說:「自從離開耶和華見證人教會後,萊斯特似乎再也沒有什麼顧忌了。」「我想他的細胞裡沒有尷尬的基因,因為他生來骨子裡就沒有這樣的基因。」

萊斯特的女朋友安迪總是嘲笑他的音樂表演,她覺得萊斯特的表演只是在耍寶裝傻。儘管安迪覺得萊斯特的表演很滑稽古怪,萊斯特表演時的造型卻很受歡迎,因此黑暗世紀樂團便把萊斯特的表演排在他們演唱的最後一段;團員們總會在中場休息後回到舞台上,接著紅色的絨幕簾便拉開,這時傑瑞‧班尼便扯開嗓門說:「各位女士先生們!請歡迎聖地牙哥郡最棒的口琴手!」於是萊斯特便吼叫著出場表演。

♪ ♪ ♪ ♫ ♪ ♫ ♪

萊斯特住的肉品冷藏庫是一個潮濕陰冷的地方,而他從未斷過服

用的囉靡樂止咳糖漿並不能防止他傷風感冒。於是在一九六七年秋天，他搬回諾瑪的公寓，準備面對無法避免的：「我早告訴過你了吧！」這句話。不過他在諾瑪家也沒住多久，便受不了而再度搬出去。

然而，當時的披頭四狂熱已轉變成迷幻音樂的風潮，在如此風潮下，黑暗世紀樂團也成為當時這種轉變熱潮的犧牲品，而終於難逃解散的命運。在一九六八年年初傑克·巴特勒仿效奶油合唱團和吉米·漢崔克斯（Jimi Hendrix）合作的模式，另外成立一個沒有團名的三人組。巴特勒和他的二位團員住在一棟有三個房間的屋子裡，那是位在一個泥土路上死巷裡的幾棟搖搖欲墜的房子的其中一棟，他們稱那個破舊骯髒的地方為「真正的嬉痞臨時住處」，而這些要倒塌似的房子就只靠著煤渣磚和鐵軌枕木支撐著。

一九六八年的冬天，萊斯特搬進去和巴特勒他們住。他在那裡的大部分時間都處於自我服藥的迷糊狀態中，在聽唱片以及撰寫記錄自己的吸食藥物日記中度過。這時萊斯特開始增加對囉靡樂的用量，他把囉靡樂和六罐百威啤酒（Busch）外層塗有麻黃鹼的吸油繩蕊，裝進塑膠製的鼻子人工呼吸器裡吸食。鮑伯·豪頓對囉靡樂這樣的用法寫道：「棉製的吸油繩蕊具有毒性，而且非常令人噁心反感，幾乎讓人無法吞嚥。但是如果你只要能夠抓住它一小部分，你就能吸入無法想像到的超速強烈的第一手快感。」萊斯特還向附近黑力士山（Mount Helix）新來的藥劑師購買安眠鎮定劑（Valium）和達爾豐止痛劑（Darvon），然後將囉靡樂跟這二種藥混在一起服用。萊斯特對此種麻醉藥品服用法給了如此的評論：「達爾豐是真正的好東西。」而他之所以會給達爾豐這麼高的評價，是因為在那一大顆粉紅色的膠囊裡，除了那些具麻醉性的化合物外，還含有一顆阿斯匹靈的成分。

萊斯特的新室友們對他音樂品味的包容程度比諾瑪好不到那裡去。從頭到晚，他們聽一大堆奶油合唱團的藍調即興演奏曲以及一些舊金山樂團的音樂。但是只要萊斯特一開始聽他最愛的白色噪音史詩

曲，地下天鵝絨樂團的〈Sister Ray〉時，他們就叫他同性戀。除了這件事外，還有另外一件引起萊斯特和室友們衝突的事件，就是萊斯特在客廳掛了一幅地下天鵝絨樂團的支持者－－普普藝術家安迪・渥侯（Andy Warhol）的巨大海報，但是其中一位團員把那張海報給扯了下來，因為他信誓旦旦地說這位普普大師老是瞪著他看。對此，萊斯特寫道：「我並沒有到處硬把我的偏見塞進別人的嘴裡。反而是我每天必須忍受聽那該死的奶油合唱團、Spoonful合唱團，還有其他自以為了不起的白人音樂。別以為只有他們在忍受我聽地下天鵝絨、數五下、老式經典歌曲、悶氣樂團、the Godz以及其它一些歡宴取樂的音樂。但是他們只顧著維護自己的喜好和享受厭惡別人的權利，卻不讓我擁有我該有的同等權利。對他們而言，我聽的是『壞音樂』，只有他們聽的是『好音樂』。」

就音樂的喜好來說，萊斯特隔壁的鄰居和他的品味倒是相近一些。住在萊斯特隔壁的鄰居是一群騎哈雷重型摩托車的飛車族，也就是有名的地獄天使（Hell's Angels），它在加州聖地牙哥的分部叫做待戈天使（Dago Angels），他們分佈的地區從那棟房子延伸到那附近南部的地區。加州首席檢察官在一九六五年年中發佈一份有關加州地獄天使的危言聳聽報告後，這群重型機車族就成為全美國眼中最惡名昭彰的亡命之徒。其實地獄天使的聲名狼藉和他們真正的人數以及實際對社會大眾所帶來的威脅是不成比例的，只是當時媒體對他們過度關注，才促使加州當局採取強烈的鎮壓措施。到了一九六八年，大約只剩下十二位成員的待戈天使，才試著悄悄地在安靜的愛爾卡航市落腳。

為了躲避室友干擾，萊斯特常常到隔壁的待戈天使住處喝啤酒，和聽種子樂團及音樂機器樂團（the Music Machine）的音樂。有一天晚上，萊斯特拿了一支擦不掉的永久性馬克筆在他們的牆壁上寫下他自由聯想的長篇敘述詩，幸好那天晚上那群重型機車族比他喝得更醉，所以並不在意萊斯特即興地重新裝飾他們的牆壁。雖然地獄天使試著吸收傑克・巴特勒為其成員，不過在某種程度上他們也把萊斯特

視為一種吉祥人物，在這群待戈天使的眼中，萊斯特是一個挺能逗笑、吸毒上癮的大專孩子。但是沒想到一本由杭特·湯普森（Hunter S. Thompson）所寫的書《地獄天使：亡命哈雷機車飛車黨的奇特駭人傳說》（*Hell's Angels: The Strange and Terrible Saga of the Outlaw Motorcycle Gangs*）所引起的嫌隙，卻是他們和萊斯特之間唯一問題的起因。

　　萊斯特對這件嫌隙的起因做了這樣的紀錄：「有一天下午，傻威利（Silly Willie）經過地獄天使的住處，開始對我們說教，教我們怎樣做才夠酷、如何避免警察，如何與其他團員和睦相處，以及如何做一個一流的地獄天使等等這類的話。接著他以《地獄天使：亡命哈雷機車飛車黨的奇特駭人傳說》書中的一段為例來表達他的觀點。」就在這時，萊斯特便拿出自己帶來的精裝版《地獄天使：亡命哈雷機車飛車黨的奇特駭人傳說》，而傻威利則立即拿著萊斯特的書迅速地翻閱到他要舉例的那一段。傻威利從來沒看過精裝版的《地獄天使：亡命哈雷機車飛車黨的奇特駭人傳說》，於是他便問萊斯特是否願意把那精裝本賣給他，以取代他自己原有但已破爛的平裝版，萊斯特回答他說那精裝本是向國司蒙特圖書館借的。

　　於是傻威利便對萊斯特說：「哼！狗屎！老弟！把那本書給我！要不然我就把那該死的圖書館給燒了！」但是萊斯特很不明智地以有所顧忌來表達他的異議，於是傻威利這位天使便微笑地對萊斯特說：「好！如果是這樣，那麼我乾脆把你給燒了，你覺得這辦法怎麼樣？嗯？」

　　雖然萊斯特在商店內順手牽羊的都只是一些價錢不高的商品，但他心底卻潛藏著當亡命之徒或罪犯的幻想。而他小時候所聽到父親坐牢的事，總讓他把康威想像成和「垮派」作家凱魯亞克一起偷車的狂熱伙伴尼爾·卡薩迪（Neal Cassady）一樣的人物。每次只要碰到一些愛爾卡航市的警察，萊斯特總會想盡辦法與他們周旋對抗。萊斯特寫出他對警察的看法：「社會對警察的厭惡已是擴展到所有社會階

層、各行各業的一種狂熱。」不過萊斯特在加州唯一被警察以拘捕令
逮捕卻是因為未繳搬家費；當二位警察拿著拘捕令到萊斯特家時，他
還在睡覺，他們把萊斯特叫醒，從浴室門口監視他上廁所後，便把他
戴上手銬、押進警車內帶回警局。

　　萊斯特如此描述當時的心情：「我覺得自己好像被當成殺小孩的
歹徒。天啊！這種感覺真不好受，當時我的心情簡直壞到必須要大聲
喊出令人聽了毛骨悚然的吶喊。在警察局裡，我經過一間牢房，那裡
面關了三個男性黑人，他們彎曲著身子、露出漠不關心的樣子，或許
他們是毒販吧。其實我也可以裝酷，像冠軍選手一樣大聲咆哮，並且
讓那些傢伙對我這來自郊區白人男孩的勇氣產生敬意；即使整個社會
想盡一切要我屈服於世俗的規範，但我依然不顧世人的眼光，而選擇
照自己想要的生活方式來過活。」

　　事實上萊斯特並沒有這樣做，他只是坐在一個有安全裝置、照著
日光燈的小隔間裡輕鬆地讀著理查‧伯勞提根（Richard Brautigan）的
《美國鱒魚垂釣指南》（*Trout Fishing in America*）來打發時間。後來諾
瑪到警察局付了保釋金把萊斯特帶回家。但這段平淡的警局經歷並不妨
礙萊斯特把它說得天花亂墜，因此當他向安迪和諾瑪講述自己被警察抓
去關監牢的經歷時，更不忘加油添醋地說個從頭。他特別用憤慨的口吻
長篇大論地描述警察為了搜查毒品而探入他的屁股檢查的虛構內容。事
後萊斯特寫道：「但是只有安迪的繼父保羅看得出來我這麼誇張地彰顯
我這次經驗是為了什麼；我是真的以這樣的經驗為豪。」

　　一九六八年三月的一個星期五晚上，安迪到萊斯特的住處接他一
起去參加安迪在劇院的朋友主持的一個社交聚會。當他們開車經過隔
壁待戈天使的房子時，萊斯特注意到他們正在開派對，因此他心裡想
天使們的派對應該比劇院朋友辦的晚會有趣得多吧，心裡便盤算著晚
一點再過去加入他們。在劇院朋友辦的聚會裡，萊斯特趁戲劇社的朋
友在玩比手劃腳的字謎遊戲時，跑到化妝室翻遍藥櫃裡的物品，然後
順手拿了一瓶達爾豐鎮痛劑以備稍晚的時候服用，同時，他也已經吞

下三顆安非他命（Benzedrine）了。劇院的晚會結束後，安迪開車送萊斯特回家，但是她通常都避免進入萊斯特和樂團室友住的房子裡。因此在和萊斯特道晚安後，安迪便驅車離去。萊斯特回家後，正和二位樂團室友坐在客廳，只見穿著短式和服的傻威利推開門衝進來。

　　萊斯特曾聽說有關地獄天使黨員強迫一些女子做他們情婦的傳聞，只要有人向天使提出要求，他們就強迫情婦給對方提供性服務，而且還是來者不拒。就在傻威利進門後，這位萊斯特的「友善鄰居」向他和室友們提出邀請：「嘿！你們這些傢伙！今晚想不想來個性感香豔的免費性服務？我們那兒現在正好有一個蕩婦，她願意為每一個人服務！」

　　聽完傻威利的話後，其中一位樂團室友馬上跳起來急欲前往；另一位室友則謝絕傻威利的邀約。至於萊斯特，對這件事情寫出這樣的看法：「我對十八位地獄天使黨員排隊等著輪姦一位女子的點子並沒有特別興趣。」「就算當時我已經失去自我控制或是慾火中燒，但我在那之前吞下肚的三顆安非他命也讓我幾乎不可能加入天使們的狂交派對。」但是萊斯特不想枉費他身為流行音樂報導記者的名聲，便決定在旁邊觀察記實；畢竟，身為作家，總希望自己能儘量有更多不尋常的經驗與體會，以做為日後寫作的靈感與題材的參考。

　　就在萊斯特和那位樂團室友準備踏進地獄天使的屋子時，站在門口的傻威利突然間停下腳步，轉身問他邀請來的客人是否已滿十八歲，他的口氣就好像會員專屬俱樂部門口的門衛一般，於是萊斯特回答並保證他和他的室友都已滿十八歲。一進門，只見八位待戈天使和其中一位天使的女人懶散地躺著聽音樂，另一位天使的女人則彎下腰把頭放在一位待戈天使的兩胯之間，而萊斯特唯一看得到的只有她那一團糾纏弄亂如金屬絲般的黑色頭髮，讓他聯想到漫畫書角色裡蟑螂阿契的雜種貓好友，美西塔貝兒（Archy's alley cat, Mehitabel）。

　　那位裸體的女子是一位體型笨重的待戈天使的前任女友，而那位天使此時正坐在破爛的舊沙發裡打瞌睡，只見他在自己龐大身軀所形

成的陰影裡打盹，於是萊斯特便走向沙發在他的旁邊坐下來。這時有人正播放摩城唱片（Motown collection）出的精選集，接著播放的則是六〇年代的搖滾歌手奧提斯・瑞汀（Otis Redding）唱的〈I've Been Loving You Too Long (To Stop Now)〉。萊斯特問傻威利還有沒有啤酒可以喝，可是啤酒早就被其他人喝光了；然後有人傳過來一根大麻煙讓他抽，萊斯特對這樣的情景寫下這樣的記述：「這種派對說起來實在是蠻無聊的，不！不是無聊，應該說那樣的環境與氣氛讓人感覺時間好像停止不動了。」

那位裸體女子為那位待戈天使口交了四十五分鐘後，開始啜泣起來。看著這樣的情景，萊斯特生氣地問：「這是什麼讓人毛骨悚然的狗屁工作？」那位睡得不醒人事的前任情人突然從恍惚睡夢中跳起來，說：「給我朝那婊子的頭上狠狠地敲下去，這個混帳東西！」「告訴她，叫她最好把你給伺候好，要不然我准要她明天見不到太陽！」那位待戈天使回答說：「哎！這個女的很差！」

於是那位前任情人又對那裸體女子叫囂著：「我說把你的頭湊上去給那男孩好好地吸！」然後便從沙發裡站起來，高舉起他的靴子朝那裸體女子的臉重重地打下去。對於這一幕萊斯特做這樣的描述：「那一敲擊雖然重到讓那女子的臉青腫淤傷，但卻不妨礙她繼續替那位天使做口交。」「接著，那位前任情人又在她的脊椎底部狠狠地踹一腳，而她卻哼都不敢吭一聲。如此的情況竟然就耗了好幾個小時。」

在這一連串的咆哮吼叫與毆打後，那位待戈天使走回到萊斯特旁邊，又重重地倒在沙發裡。就在這時，萊斯特突然注意到他之前沒有注意到的東西，一本來自他的收集庫藏的《唐老鴨吝嗇叔叔》漫畫書已經被撕破封皮，破爛地攤開在地板上，書頁裡鮮明的色彩和當時離它幾英吋不遠處正進行的晦暗事件形成全然的對比。萊斯特最後寫道：「我終於看到這整個事件，沒有什麼可以說的了。」

♩ ♪ ♫ ♪ ♫ ♪

　　翌日，當萊斯特向他的姪子班三世講述昨晚他在待戈天使住處親眼看到的事情時，很顯然地，萊斯特因為昨晚的驚嚇還顫抖著。萊斯特深怕如果那些待戈天使察覺他因為目睹昨晚現場一切情況被嚇到而前來找他算帳，於是他要求班三世幫忙，好盡快從樂團室友的屋子搬出去。同時班三世也向他在建築工地工作的父親班二世一起來幫萊斯特搬家，就這樣班二世開著他的敞篷小型貨運卡車，一行三人到樂團團員的住處。

　　一進到樂團團員的屋裡，萊斯特發現已經有人把他所有的唱片收藏品全部偷光，於是萊斯特迅速地打包剩下的私人物品。正當他們將打包好的東西裝上卡車時，一位待戈天使飛車黨員朝他們靠近，並且露出他腰帶上一把鍍鉻的左輪手槍，於是班二世也揮舞著他在工地用來砍切石膏板的短柄斧頭，才驅使那位天使離開。

　　二天之後，警察因為接獲一通匿名密報而突然搜查待戈天使的小屋和樂團團員的房子。傑克‧巴特勒也和萊斯特一樣，及時地搬離樂團團員的屋子，他事後說：「我看得出來這樁狗屁倒灶的事將會打擊到我們的歌迷。」後來一位被待戈天使黨員輪姦的女子在醫院裡曾和警察談過話，但萊斯特從不確定在醫院的那位女子是否就是那晚他在待戈天使住處現場看到有著美西塔貝兒貓般頭髮的裸體女子，或是她是另外一位受害者。總而言之，當警察抵達待戈天使的住窩時，那幫飛車黨早已消失不見蹤影，聽說他們已經躲到墨西哥避風頭。

　　經過這件事後，萊斯特搬回去和諾瑪住。諾瑪住在高中網球場對面的第一街一棟住宅區二樓的二房公寓裡。萊斯特一搬進去就把他的房間弄得亂七八糟，並且想藉由寫作消解心中恐懼與尋求心靈的淨化。在他的筆記簿的首頁記事裡，萊斯特畫了些插圖，然後將他這一年所經歷的事編寫成一本長達四百頁的自傳性記述報導手稿，標題為《嗑藥龐克》（Drug Punk）；後來萊斯特將這份手稿用待戈天使輪姦的事件為藍圖坦白詳細地記實，再加上具末世啟示的幻想情節為背景，將之內容擴展並標題「愛爾卡航市的滅亡」（The Destruction of El Cajon）。

人文科學課的新潮老師經常鼓勵萊斯特在課堂上朗讀他的作品，結果這是萊斯特在國司蒙特學院唯一從未翹過的課。在第二學期快要結束的某一天，萊斯特在人文科學課堂上朗讀他寫的小說裡一段高潮迭起的段落，但老師卻對他說：「我很想聽聽你對這段剛剛讀的垃圾文章提出一個充分的理由或解釋。」當時萊斯特對老師的反應大吃一驚；同時，也有一些同學問萊斯特，想知道他怎麼可以坐在那裡眼睜睜地看著一名女子被強暴而心裡竟然只掛念自己的漫畫書，這一次，萊斯特可真被問得答不出話來，愣了一會兒，最後他終於結結巴巴地說：「在那種情況下，我還能做什麼呢？」。

這次老師與同學對他的質疑，是一個嚴重的打擊，一蹶不振的萊斯特自此退縮躲進諾瑪的公寓裡，不但放棄他唯一沒翹過的人文科學課，而且連學校也不去了。他的朋友羅傑・安德生說：「好幾個月，沒人見過他的身影。」萊斯特的女友安迪同意地說：「他成天躲在他的房間裡跟內心無以名狀的惡靈苦鬥。彷彿他已經死了，就像他當自己是死人。」「我認為萊斯特從未自這次親眼目睹的強暴事件中恢復過來，我想他生命中的一部份已經因為那件事而死亡。」

從此，萊斯特的體重開始增加，才十九歲，就挺著一個啤酒肚。他總是滿身大汗、手常會顫抖，看起來一副病態的樣子。他開始經常不洗澡，而且還一天喝一到二瓶的止咳糖漿。當他因吸食麻醉藥而神智恍惚時，他小時候摔傷留在前額的腫塊似乎因而變得更突起了。他幫它取個名字叫「我的惡作劇」，還開玩笑地說它是靠囉麼樂變大的，但事實上是因為吸食麻醉毒品過度使他流冷汗，進而致使他的頭髮緊黏在頭皮上。

十年之後，萊斯特如此描寫自己當時的情形：「一九六八年秋天那段期間真是我人生裡一段糟糕的時光。」「那時我身心俱疲，就像一塊破碎的殘骸，腦神經像撕碎斷裂一樣，鬼魂和蜘蛛陰森森地逼近、佔滿我的內心，在我的心頭盤旋、蜷伏不去。」那段期間他躲在自己的房間除了看電視，就是邊看他最喜歡一期的《花花公子》雜誌

邊打手槍。那時，講述希特勒納粹帝國的《第三帝國興亡史》（*The Rise and Fall of the Third Reich*）是唯一可以讓他專心地從頭到尾讀完的書。雖然他依舊每週二翻閱《新聞週刊》，關心越戰的進展，以及注意理查‧尼克森（Richard M. Nixon）當選總統的消息，但是他覺得自己跟這些事件都沒有關連。他已經變成一個沒有方向、不關心政治、沒有感情、無足輕重的人。只有偶爾到Ratner's和Arcade Records唱片行逛逛時，他才會起床出門。

　　萊斯特繼續寫道：「買唱片對我來說一直是某種自我表達的形式（我幾乎要說買唱片對我是一種『治療』方式，但是你不會想要把自己說得好像已經很絕望的樣子）。」在這些唱片裡，其中二張特別帶給萊斯特慰藉；一張是他譽為展現搖滾樂懷疑論與毀滅極致表現的地下天鵝絨樂團的《白光／白熱》（*White Light/White Heat*）專輯；另外一張則是范‧莫里森（Van Morrison）對事物本質領悟所做的即興創作專輯《Astral Weeks》，萊斯特視這張專輯為穿破黑暗的指路明燈。但是因為諾瑪的臥室就在萊斯特臥室隔壁，所以他在夜裡放這二張唱片時，音量低到幾乎聽不見。對住在諾瑪家的這段日子，萊斯特做了這樣的描寫：「我那時因為現實存在的焦慮造成內在心理的無能、身心破碎，因為我無法面對恨我母親的同時，卻又和她同住在一個屋簷下的情況。」「儘管我如此厭惡這種狀況，然而某些原因使我依舊無能引發足夠的內在能量、信念以及清晰隨機應變的能力來搬離諾瑪的公寓，並獨自面對這個世界的俗規。相反地，我只是很不上進地選擇屈服與受制於我母親的、我自己的、以及地下天鵝絨樂團的世界。」

　　安迪曾認真地試著幫萊斯特突破他的抑鬱沮喪。她說：「我記得我還拿一隻鞋子打他的頭。」在一個陽光普照的下午，他們開車出去逛逛，安迪發現萊斯特正因吸食麻醉藥開始神智恍惚，但是他向安迪否認，說他沒有服用任何咳嗽藥物。於是安迪怒聲斥責：「別給我說那一套廢話！」「你每次吸食那些東西我都看得出來，因為那些藥品

令你馬上變成一個令人討厭的蠢蛋！」於是他們把車開到路邊停下，開始打起來。後來安迪把在車裡發現的一瓶囉嘛樂丟到路上，但是萊斯特只是對她齜牙咧嘴地笑，然後又從他的口袋裡拿出另外一瓶咳嗽糖漿。

　　不像以前到海軍碼頭悠閒的約會方式，現在安迪和萊斯特常到她父母家裡一起看《吉利根島》（*Gilligan's Island*）、《外星人報到》（*My Favorite Martian*）、《飛行修女》（*The Flying Nun*）等這類的電視情境喜劇。如果安迪不在家，萊斯特就和安迪五歲的弟弟丹尼（Danny）一起看卡通，通常萊斯特會脫下鞋子躺在沙發上，於是丹尼就邊笑邊啃他的腳指頭；結果有一天萊斯特給丹尼看漫畫家羅伯特·克朗（R. Crumb）畫的一本漫畫書，其內容是關於被閹割禿鷹變成惡魔的故事，看完後，過於驚嚇的丹尼完全說不出話來，那一天接下來的時光他都沈默不語。

　　有時候萊斯特覺得他就像羅伯特·克朗畫的漫畫書裡的角色之一。那些嬉痞所提倡的一個充滿自由性愛、嗑藥女子的絕妙樂園的垃圾廢話，到目前為止，萊斯特一個也沒碰到。不過目前他所愛的女子所帶給他的卻是他真正需要的。萊斯特寫道：「我最不需要的女生就是當我在水槽或是馬桶嘔吐時，她卻還把頭靠在我的膝蓋上說：『哦！你這如拜倫一樣憤世嫉俗、熱情浪漫的偉大詩人，你是如何做到的？』然後再把家裡清理得乾乾淨淨。」「我要的女人是一個對這種事忍耐到某個程度，然後對我說：『你給我滾吧！去死算了！我一點兒也不在乎！不過如果你真去死，你就無法寫那些狗屁廢話！但是如果你不死，搞不好走運的話，你這愚蠢的混帳東西還可以活個三十年！』幸好，這個世代有這樣的女子，以前可還不習慣這樣的女人呢！」

　　在安迪的激勵下，萊斯特終於開始振作起來。首先，他到聖地牙哥州立學院（San Diego State College）註冊；同時，他也同意去看精神科醫生。他和基督復臨安息日會（Seventh-Day Adventist）的一位醫生約好看診，這位醫生就是萊斯特讀國中時就開始看的那位醫生。

萊斯特不承認他曾經利用這個制度的漏洞，把醫生開給他的精神科藥混合別的藥品一起服用，而那位如叔伯般慈祥的醫生也從未懷疑過萊斯特會做這種事。就診諮詢時，那位醫生問萊斯特就學的情形，萊斯特告訴他，說自己已到聖地牙哥州立學院註冊的事，結果醫生對此下的結論就是，萊斯特的精神問題乃是讀大學所引發的壓力所造成，因此開了一打的二毫克的利眠寧鎮靜劑（Librium）的藥單給他，對這樣的結果，萊斯特滿意地微笑了。

　　然後那位醫生又對萊斯特說：「我一直在想一個問題，或許你可以指點迷津，提供我一些訊息。你怎麼會知道有那麼多的年輕人嗑藥吸毒？」

　　聽到這個問題的萊斯特，只是瞪著那位醫生心想原來這位好醫師是想利用萊斯特做為當時年輕人文化的一個標準例子，打算把萊斯特對號入座地歸類到這類年輕人當中。過了一會兒，萊斯特終於回答說：「嗯！我想他們是想尋求生命中所缺乏的某種東西吧！不過我也真的不知道他們為什麼嗑藥。」

第四章
不成功，便成仁

　　萊斯特寫道：「十九歲那年，我從放客音樂（The Funk）中甦醒，睜開一雙鬥雞眼，一臉的不安，既緊張又疲倦，這些都是劫後餘生的倖存者特有的神經質與激動。」萊斯特的朋友——羅傑・安德生說：「那時他就好像到冥界走了一回，然後又重生一樣。」

　　萊斯特於一九六八年九月開始到聖地牙哥州立學院就讀，而他選則此校就讀的目的是希望畢業後能當老師，因為老師這個職業的薪水足以支付他的房租，同時他又可以利用課餘時，從事寫作的工作。座落於一座平頂山上的聖地牙哥州立學院，高高地俯瞰著它下方的傳道灣（Mission Bay）。突然增多的註冊新生充滿校園，因為第二次世界大戰後出生的大批嬰兒潮，如今已成長為意氣風發的青年，而許多為了逃避兵役的人便到大學裡註冊，以證明自己是全職的在學學生。接下來的三年課程裡，萊斯特只選修文學院的課，其餘的課他一概不上；而且在文學課拿到很不錯的成績。一九六九年春天，他在「英國文學」和「二年級作文課」的成績都得「A」；在「現代當代小說」和「二十世紀美國散文」這二堂課拿到「B」；在「美國英文」這堂課則只拿到「C」。同時，他也退選一堂叫做「健康生活準則」的課。

　　就在社會局每個月的生活補助津貼將要停止之前，萊斯特在傳道溪谷大型購物中心Streicher's鞋店的女性休閒鞋部門找到一份工作，工資以每小時2.5美元計算，外加百分之一的銷售佣金。不過對萊斯特來說，除了薪水外，在那兒工作還有其他的好處——每當他蹲在一位妙齡少女或是她離婚母親的雙膝之間，他總會在幫她們穿包頭低跟鞋的時候，讓自己的手指在平滑的深褐色小牛皮上逗留幾秒鐘。再次地，萊斯特覺得自己的生活就如同羅伯特‧克朗畫的漫畫情節一般。

　　黛比‧瑞柴克（Debbie Rachac）當時正值二八年華，她是在和她母親一起逛街買上學穿的鞋子時遇見萊斯特的。當時在鞋店裡試穿了二十雙鞋子後，最後她竟然開始和萊斯特約起會來。那時候，雖然萊斯特和安迪的男女朋友關係很穩定，但他和安迪之間有一項協議——他們彼此同意可以各自和其他的異性約會——畢竟，那是六○年代，性解放與女性的權利和地位正爭取它應有的社會地位和認同。安迪說：「我想我和萊斯特當時的關係就好像是奧茲與海瑞爾特（Ozzie and Harriet）、再加上地下天鵝絨樂團的怪異混合。」

　　Streicher's鞋店的業務人員多是中年的嗜酒者，在公司倉庫工作的班說：「他們這些銷售人員可以為了任何事做賄賂收買的勾當。」其中有些業務同仁對萊斯特有所怨恨，因為他似乎是唯一在公司有前途的人。有一次，萊斯特在公司的洗手間的牆上寫「塗鴉」（graffiti）這個字，以壞脾氣出名的公司經理立刻篤定地說是萊斯特幹的，萊斯特便問他：「你為什麼認為是我寫的？」這位上司竊笑著說：「這公司裡，除了你，沒有人知道『塗鴉』代表什麼意思。」

　　有一次，萊斯特的同事說服他在經理喝的可樂裡加入防水性的噴霧劑，結果讓那位經理待在洗手間裡吐了半小時。於是這個惡作劇以及萊斯特成功地處理了一位特別難纏的女客人的八卦，並在這家鞋店裡傳為趣聞；那位惹人厭的難纏女客人一進門，就要求看店內的每一雙鞋子，最後她終於試穿一雙灰色麂皮腳踝高的哥哥（go-go）款式短靴，可是很顯然地，她根本穿不下那雙短靴；當萊斯特自鞋盒拿出

那雙靴子時，那位女客人問道：「這是眞正的麋皮做的嗎？」萊斯特回答她說：「哦！不！這雙靴子是用大象的包皮做的。」於是那位女客人看著萊斯特，然後說道：「我就知道這雙靴子有特別吸引我的地方！」

由於前一整個晚上都在喝酒與聽鮑伯・席格（Bob Seger）的《Mongrel》專輯，一九七〇年的某一個早上，萊斯特上班遲到，這已經不是他第一次工作遲到，於是那天他就被店經理炒了魷魚。不過當時萊斯特對丟了鞋店的工作並不在意，因爲幾個月前他曾經應徵的一個徵人廣告，正巧在那時候回覆他，也因此適時地爲他開啓一條新的事業坦途。那封回覆他的信這樣寫著：「我們有興趣收到風格有趣且能寫些關於唱片、電影、書籍稿件的作家評論。請將您的原稿以及一個寫有您地址的信封一併寄到：《滾石》雜誌稿件編輯部收，地址：加州舊金山市布萊能街746號，郵遞區號94103（Manuscripts Editor, Rolling Stone, 746 Brannan Street, San Francisco, California 94103）。」

♩ ♪ ♪ ♫ ♪ ♪ ♫ ♪

到七〇年代初期，搖滾樂已經興盛十多年，但卻從來沒有人對這種型式的音樂提出過任何的批評。當主流媒體寫到像是恰克・貝瑞（Chuck Berry）、小理查（Little Richard）、傑瑞・李・路易斯（Jerry Lee Lewis）這些五〇年代的搖滾歌手時，許多文章內容大多用「蠶食文化的瘟疫」來形容那個年代的搖滾音樂，但這樣的文章卻反而使歌迷們更爲之瘋狂喜愛。那時候的音樂雜誌，例如《Song Hits》、《Hit Parader》、《Beat》、《16》等等，都是在雜誌內印些歌詞和歌手的照片來頌讚當時青少年的偶像，就算偶爾有些歌手訪問的報導，也都只是寫些歌手們最喜歡的食物、顏色等這類與音樂不大相干的訊息，而眞正關於音樂的雜誌新聞寫作與報導則幾乎沒有出現過，對於

音樂本身則更是沒有任何的批評。

《Crawdaddy!》是第一本自稱「搖滾樂評論」的音樂雜誌，它的首刊由它的發行人保羅・威廉斯（Paul Williams）於一九六六年二月發行。這本雜誌的發行源起是因為當時正就讀於史瓦司摩爾學院（Swarthmore College）一年級的威廉斯，看到幾本由一些科幻小說迷自己手製的雜誌後，豁然瞭解任何人只要有一台打字機和一台油印機就可以成為出版發行商。於是他開始把一些自己喜歡的音樂聽後感，用看似寫信給朋友的散文書信體撰寫文章，然後用釘書機將這些文章手工裝訂成雜誌，過沒多久，他自己發行的科幻小說愛好者雜誌開始吸引其他有抱負的搖滾樂評論家注意。這些年輕的搖滾樂評者包括當時在哈佛廣場的Briggs & Briggs唱片行當銷售員的約翰・藍寶（Jon Landau）、就讀於紐約州立大學石頭小溪分校（State University of New York at Stony Brook）的珊蒂・帕爾曼（Sandy Pearlman），還有即將被耶魯大學哲學研究所踢出門的理查・梅爾哲（Richard Meltzer）——他同時也是帕爾曼的好友。

當梅爾哲還就讀於紐約州立大學石頭小溪分校時，他寫了一長篇滑稽又有點不可理解的專題論文，把搖滾樂跟西方文明孕育出來的其它類別藝術作了一番比較與分析。後來，威廉斯於一九六七年春天將梅爾哲寫的那篇專題論文加上標題——「搖滾樂的美學觀」（The Aesthetics of Rock），並將其刊印在第八期的《Crawdaddy!》雜誌。那時候，不少其他的作家已經開始評論搖滾樂；理查・高登史坦（Richard Goldstein）當時在《村聲週報》（Village Voice）有自己的專欄——「Pop Eye」；羅伯特・克里斯特高則為位在紐約的《Cheetah》月刊寫樂評；至於奎爾・馬可仕（Greil Marcus）則幫舊金山灣區一些地下刊物寫文章。

馬可仕寫道：「一九六六年像我這樣對當時的社會改革感到眼花撩亂的大學生，喜歡大量引用柏拉圖（Plato）的話，並將其用在披頭四的暢銷曲和鮑伯・迪倫的專輯上，企圖以這樣的方式告知世人當

尼克·拓齊斯和李查·梅爾哲攝於1971年

時正在改變的音樂世界。」「不過梅爾哲當時以尖銳嘲諷的笑話傳達他的看法，卻與當時六○年代末期不可阻擋的樂觀主義文化有些不搭調。」

　　但是樂評家並不是梅爾哲最想從事的職業，他最嚮往的職業是視覺藝術家，並且向來以此自居；他擅長創作一些古怪又怵目驚心的作品——像是將死胎的小貓裝進裝滿果凍的純品康納橘子汁瓶子內。不過除了當他理想中的視覺藝術家外，他還是繼續投稿一些好笑的文章到《Crawdaddy!》雜誌——比如標題為「奶油合唱團的第二張專輯到底好在哪兒」（What a Goddam Great Second Cream Album），以及吉米·漢崔克斯在美國的第一次訪問報導「洞穴畫家：畢達哥拉斯」（Pythagoras the Cave Painter）。當漢崔克斯讀到那篇專訪報導後，他對梅爾哲說：「你寫那篇報導時，一定是已經嗑藥嗑到神智不清了，

對吧？」

　　一九六八年春天，由於梅爾哲和雜誌創辦人威廉斯吵架，因而使得他和《Crawdaddy!》的關係決裂。不過在當時，為了嬉痞社區的一個任務，威廉斯也正準備辭掉《Crawdaddy!》的編輯職務。到那段時間為止，《Crawdaddy!》的發行量已達到二萬本，因此威廉斯認為他已打贏這場仗。對此決定，他做了這樣的表示：「現在披頭四的新專輯唱片一上市，《紐約時報》（New York Times）便已經開始評論他們的音樂，因此我認為我已經沒有必要再繼續為搖滾樂打這場試著讓人認真看待搖滾樂的聖戰。」「在打這場前鋒戰的過程裡，我是樂在其中，享受無窮樂趣，但是很顯然地，我發覺現在人們似乎把搖滾樂樂評看得有點過度嚴肅，太過認真了。」

　　把搖滾樂樂評弄得過於嚴肅的主要始作俑者正是當時在《滾石》雜誌奮鬥的一些樂評作家。當年二十一歲已被加州州立大學柏克萊分校退學的詹・偉納（Jann Wenner）於一九六七年十月創辦、發行半月刊小報——《滾石》雜誌。在初創期間，偉納曾經向威廉斯請益，請威廉斯給他一些辦雜誌的建議，威廉斯告訴他讀者希望能多讀到關於樂手比較紮實、資訊豐富的內容。事後，威廉斯說到：「其實我並不想提供偉納什麼建議。」「對我來說，我只是想藉由我們對音樂的喜愛，能夠讓我們彼此從對方學習到一些東西。一開始，我便知道有一天偉納會把我甩到一邊，但是我不在意這一點，我甚至連和他競爭的意圖都沒有。」

　　從一開始，《滾石》雜誌的編輯內容都是恰如其分的訊息與文章，當時很多同類型的新雜誌如雨後春筍般林立市場，而它超越其他搖滾音樂雜誌的優勢，即是憑藉它傳統的新聞工作寫作方式與編輯態度。偉納認為沒有理由不用專業的新聞寫作與報導來辦年輕人文化的雜誌。羅夫・葛理森（Ralph J. Gleason）是《舊金山記事報》（San Francisco Chronicle）經驗豐富的爵士樂專欄作家，他說服偉納到《奧克蘭論壇報》（Oakland Tribune）挖掘具有良好寫作技巧的新聞報

導工作者來當總編輯。一九六八年初，負責文字編輯的查爾斯·派瑞（Charles Perry）開始到《滾石》雜誌工作；沒多久，約翰·波克斯（John Burks）也到職擔任總編輯的工作。但是《滾石》雜誌發行一年多後，它的唱片評論部分仍舊空缺，還未找到適任的樂評家寫評論。於是雜誌編輯只好找時間寫自己碰巧正在聽的音樂樂評。在《滾石》雜誌的第一期，偉納自己就寫了八篇樂評，其文章裡充滿了「特異但卻相當不錯」、「這張唱片製作嚴謹」、「好唱片！」等這類富於「啟發性」的評價；在偉納評論Arlo Guthrie的專輯唱片《Alice's Restaurant》的樂評文章裡，他這麼建議讀者：「首先，先看看這張唱片的封面，如果你從它饒富趣味的設計裡看不出個所以然來，那麼你也就不用白費力氣去聽它的專輯主打歌了。」

　　對搖滾樂樂評界這樣的情形，萊斯特認為自己是毫無用武之地，因為他不可能以那種態度與寫作風格來評論音樂，對此，他寫出心中的看法：「我早就放棄讓其他同儕為他們的音樂品味與樂評提出辯護。」「那些以搖滾樂評論家自居的諂媚者，用毫無任何音樂品味與洞察力的狂熱寫作風格去寫些文章來影響讀者；而閱讀那些人寫的樂評，最終只會引領我去聽一些低俗、虛假的專輯唱片。」萊斯特仍舊虔誠地閱讀一些地下音樂刊物，但是一些所謂的主流雜誌，除了《Crawdaddy!》搖滾音樂雜誌外，他對其他微不足道的音樂雜誌實在不予置評，當然這其中包括《滾石》雜誌在內。萊斯特又寫道：「大體上來說，一般人的寫作並不適合我讀。」「如果《滾石》雜誌以及和它同類型雜誌是未來的雜誌典範，那麼或許有一天他們的寫作技巧將提升到更好的境界，但即使是《滾石》雜誌，其內容也是塞滿了最可預料的方式來撰寫人物報導。事實上，反主流文化的文學作品可能是所有文學類別中讀起來最無聊的一種。」

　　於是萊斯特想想，既然沒有人能夠寫出令他想讀的文章，那麼或許他應該投入其中為自己寫作，這也是為什麼當萊斯特看到《滾石》雜誌刊登的廣告卻還是決定去應徵的原因。一九八二年他曾說：「於

是從那時候開始，我陸續寄給他們我寫的樂評。」「我寄給他們前四篇的樂評是這樣寫的——死之華樂團的《太陽之頌》（*Anthem of the Sun*）及史帝芬・米勒的（Steve Miller）的《Sailor》專輯簡直是狗屎；地下天鵝絨樂團的《白光／白熱》和妮可（Nico）的《The Marble Index》專輯皆是傑作。但是我不明白為什麼這四篇樂評，他們一篇也沒刊登出來。」

　　其實，當時的總編輯約翰・波克斯確實收到那四篇樂評原稿，但是他讀後卻把它們擱在桌上，因為他對那四篇樂評的內容並沒有什麼特別的印象，不過他倒是挺喜歡萊斯特隨稿附上的自我介紹，其中主要敘述來自加州某處偏僻的愛爾卡航市郊區的萊斯特，當過鞋店銷售員以及承認自己是囉靡樂藥癮者的描寫；於是在讀完那篇自傳後，波克斯決定在行事簿上記著要打一通電話給萊斯特，但是自此他一直沒有時間做這件事，而是直到六個月之後，他才終於抽空撥了那通電話。

♫ ♩ ♪ ♫ ♪ ♫ ♪

　　一九六七年的加州舊金山市並不是當時唯一具有活力的搖滾樂和野心勃勃的年輕創業家的美國城市。早在那年年初，一位身材結實、喜抽大麻、名叫約翰・辛克萊爾（John Sinclair）的爵士樂樂迷兼詩人和騙子，他在密西根州底特律市召集了一個當地地下組織的首領會議，然後組成一個叫做「貫穿愛的能量」（Trans-Love Energies）的保護傘團體（umbrella group）來煽動汽車城的文化革命運動，並打算進而將此革命運動推向全世界，同時，他還打算藉著辦幾場音樂會活動來賺些錢；但是這個組織當初打著樂觀資本主義的號召主旨，在當年七月二十三日發生了變化。

　　底特律的暴動在一九六七年愛的夏日爆發，當時當地的白人樂手、白人作家、白人藝術家站在屋頂上看著市中心陷於熊熊大火的烈焰中。辛克萊爾寫道：「當底特律的暴動開始進攻時，我們以為世界

末日已經降臨，並且認為我們策畫的暴動將會成功，因此我們便開始忙碌地計劃革命後的建設。」「但是街頭的奴隸反抗遭到殘忍的鎮壓、還有美國國民警衛隊（National Guard）與美國陸軍部隊（U.S. Army troops）拿著槍托毀損我們的大門，並威脅要當場把我們擊斃，使得我們這份夢想立刻破滅。」

暴動結束後，辛克萊爾成為底特律市最令人興奮的搖滾樂團——MC5（Motor City Five）的經紀人，因為他打算利用MC5搖滾樂團當作激起年輕白人進行下一個更成功暴動的傳播媒介。一九六八年八月，美國民主黨在芝加哥舉行年度大會，而MC5是當時場外抗議群眾中唯一的表演樂團。這次的抗議行動，更使辛克萊爾確信武裝暴動是任何革命行動所不能欠缺的；至於「貫穿愛的能量」這個機構則轉變成白豹黨（White Panther Party）。

一九六八年十一月，白豹黨宣布一份充滿激進思想的十項綱領。第一項綱領是對黑豹黨（Black Panther Party）的備忘錄全力支持的背書；倒是第二項綱領引起大眾的想像，其內容為：用任何必要的手段對文化進行攻擊，其手段包括搖滾樂、毒品與當街進行性交。

二個月後，MC5的第一張專輯唱片《Kick Out the Jams》發行後沒多久，MC5的主唱羅柏‧泰納（Rob Tyner）出現在《滾石》雜誌第二十五期的封面上。當時一位易受影響的年輕作家在和辛克萊爾一起抽一次大麻後，便相信MC5樂團和他們的經紀人能夠改變整個世界。當時，相當熱情洋溢的萊斯特在MC5專輯一上市便立刻跑去買了一張。在回家的路上，萊斯特讀了附在內摺插頁的辛克萊爾的政治論述，讀完後，他發覺辛克萊爾政治理論的構想是抄襲自一部描述青少年被剝削的電影裡《狂野街頭》（*Wild in the Streets*）。萊斯特在一篇憤怒的樂評裡這樣寫著：「很顯然地，這個運用暴力、利用所有青少年革命、然後接管政府的理念已經來臨，只是他們選擇了不適當的方法與不利的時機來表達這個理念。」

MC5樂團自誇說他們的吉他彈得跟爵士薩克斯風手法羅‧山德斯

（Pharoah Sanders）一樣好，但是對萊斯特來說，若要以山德斯對自由爵士樂（free jazz）的貢獻來相對應搖滾樂所能呼應的，他所聽到的只是如「The Kingsmen」搖滾樂團或是種子樂團用二個和弦譜寫錄製過的二流歌曲。萊斯特曾於一九八二年說過：「就跟每個人的感覺一樣，當你被強迫推銷買你不喜歡的東西時，你就是覺得自己買了個強行兜售的產品。」「於是我寫了一篇嚴苛的樂評，然後將文章寄給《滾石》雜誌，並且附上一封信，上頭寫著：『聽著！你們這些蠢蛋，我寫的文章跟你們那裡任何一位作家寫得一樣好，你最好把我寫的這篇樂評登出來，要不然，就給我一個為什麼不登我文章的好理由！』於是他們真的就刊登了我那篇樂評，我和《滾石》雜誌的合作也就這樣開始。」

　　《滾石》雜誌的總編輯約翰・波克斯終於打了通電話給萊斯特。那時候，《滾石》雜誌的發行量還不多，大約是五萬份左右。波克斯頗提攜後進，他願意栽培任何展現才華與前途的新作家。他說：「我們鼓勵過許多人，因為誰知道哪一天其中某一位將成為優秀的作家？」文字編輯查爾斯・派瑞對萊斯特寫的樂評印象特別深刻，他回憶到：「相較於某些寫作技巧生硬死板的搖滾樂作家，萊斯特的確是一位文筆熟練、靈巧的作家。」「他是一位真正能夠純熟運用文字的人。」

　　那時候，《滾石》雜誌已經刊登五篇萊斯特寫的樂評，其中包括地下天鵝絨樂團的第三張專輯以及艾利斯・庫柏（Alice Cooper）的第一張專輯。在那之前，《滾石》雜誌創辦人詹・偉納已經雇用他第一位全職的唱片評論編輯——奎爾・馬可仕。馬可仕是舊金山一位皮貨商的兒子，他在加州州立大學柏克萊分校讀書時主修美國研究（American Studies），並且還投入一九六四年由馬力歐・沙維歐（Mario Savio）所領導的言論自由運動。他原本計畫將來要成為一位教授，而他的外型與言談也很有教授的樣子；但是除此之外，他也是一位虔誠熱烈的貓王迷。有一天馬可仕向朋友羅夫・葛理森抱怨，說

《滾石》雜誌的唱片評論寫得實在太差勁了，不料，沒過幾天，他便接到偉納打來一通具挑戰性的電話給他，偉納在電話裡對他說：「如果你對我們的唱片評論部很不滿意，那你何不來當它的編輯？」

於是，馬可仕接受了《滾石》雜誌的編輯工作。當他第一次跟萊斯特通電話時，他對萊斯特說：「我喜歡你寫的文章。」「你想寫什麼，就寫什麼，寫任何你想寫的東西。」馬可仕首次編輯的《滾石》雜誌在一九六九年七月出刊，其中包括二篇萊斯特寫的樂評，並配上這位來自愛爾卡航市鞋店店員的的圖片來吸引讀者的注意，因為他那古怪且又熱情洋溢的美學主張在他的文章裡處處可見。萊斯特寫的這二篇樂評中，一篇是盛讚牛心船長與神奇樂團（Captain Beefheart's Magic Band）的《鱒魚面具複製品》（*Trout Mask Replica*）專輯不僅是變體藍調的上乘之作，更是「搖滾樂唯一真正的達達主義」作品；另一篇樂評萊斯特則是怒斥羅德‧麥昆（Rod McKuen）的《It's a Beautiful Day》專輯，他責罵麥昆的歌詞有如一大串黏膩的糖絲，他寫道：「我痛恨這張專輯，因為它不只是浪費我的錢，而且這整張唱片更是代表一個完全虛假、故意裝出藝術家形象的音樂專輯，而這樣的專輯竟將是我們無法避免的音樂。」

接下來的幾個月，萊斯特每週寄了大約十二篇的樂評並附上一些解釋他如何評論音樂、寫作以及如何看這個世界的大篇長信給《滾石》雜誌，但是其中大部分的樂評都沒有被刊登出來。一九六九年七月，萊斯特寫道：「我猜想我大概已經給北部那些人一種不負責任、缺乏思慮的印象，並且大家一定以為我這個人會用惡毒的藉口砲轟我所不喜歡的事物，但卻對我喜歡的東西盛讚不已，彷彿他們是成名在望。」「雖然我的寫作風格與我的文章裡有些的確是狗屎（就是當我對你們老調重提要改掉我那套貝羅斯式／革命性的舊癖好，然後重新來過的時候）。其實，存在我所寫的東西與真正一流文學之間的主要障礙，是我向來一直反映出來的某種文化防禦——這個文化防禦是強迫我的朋友們聽早期的滾石合唱團音樂、地下天鵝絨樂團、以及所有

的爵士樂。」

　　萊斯特宣稱他的目標是配合著音樂的節奏與能量，將他小說裡「意象自由流動」的風格與質地融入樂評的寫作。他預示一個從籠中鳥樂團到地下天鵝絨樂團、牛心船長與神奇樂團的演變即將來臨，「這些大量抽象化而專橫的聲音，將為搖滾樂帶來一個驚人而令人無法直視的新視野。」然而馬可仕並不喜歡密實、扭曲的音樂，但是萊斯特卻頌讚這類的樂曲。萊斯特對此類音樂曾經這樣寫道：「每一次你重新聽一遍那鬧哄哄、混濁的樂聲，你便會發覺一些你之前沒有發現到的新東西。」「事實上，就是因為它鬧哄哄、混濁的特色，我才會這樣喜歡那種音樂。」

　　很顯然地，萊斯特有自己獨特評論音樂的標準——就是在不按常規、常理、非傳統之處看見一般人看不到的美麗絢爛，就像他小時候曾經和父親在高速公路上被壯觀、污濁的烏雲晚霞所感動的經驗一樣。一九六九年尾，萊斯特寫道：「我真心地認為像是《鱒魚面具複製品》專輯、〈Sister Ray〉或是唐·卻利（Don Cherry）的《Symphony for Improvisers》專輯的音樂所蘊含的美麗，令范·莫理森和The Byrds合唱團的音樂黯然失色。」「這後兩者的音樂是比較傳統的美學觀念；而我所提出的美學理念則是如同突破許多層層流動不息的複雜體，一旦它吸引住你，基本上你就可以轉頭，在其中尋找自我。這樣的音樂需要聽者的參與，你必須專心聽它的樂聲，因為這樣的音樂不是為被動的人所創作。哦！該死！我又在說教了！」

　　那時候，萊斯特尚未告訴馬可仕他那耶和華見證人教派的家庭背景。

♩ ♪ ♪ ♫ ♪ ♩ ♪ ♪

　　當時基本上唱片公司並不注重這些新崛起的搖滾樂評作家的需求。一九六七年的時候，例如像是披頭四的《胡椒軍曹與寂寞芳心俱

樂部》(*Sergeant Pepper's Lonely Hearts Club Band*) 專輯，唱片公司
總共只寄出大約不到十二張的公關試聽片給媒體。但是二年後，情形
卻有所轉變。現在不管是較資深的宣傳人員因為怕失去工作，或是那
些對公司仍很忠誠的新進宣傳人員，都很樂意送一大堆的唱片、媒體
新聞稿、相片、促銷贈品給任何可以通向青少年文化傳播途徑的人。

　　想起十幾年前，當萊斯特必須偷偷摸摸地在他的母親背後藏起他
的唱片時，他一定沒想到，有一天他竟然可以在一天之中收到二十張
唱片。現在他收到的一大堆試聽片當中，他把不喜歡的片子賣了來買
啤酒；那些唱片行不願意跟他買的，他就拿去送給朋友；剩下那些沒
人要的試聽片，則拿去當作跟蓋瑞‧瑞柴克（Gary Rachac）一起玩
新遊戲的道具材料，蓋瑞就是萊斯特在鞋店認識的女孩的弟弟。蓋瑞
比萊斯特小幾歲，他常常幫萊斯特把一大堆不知名樂手的唱片，整堆
整疊的載運到威爾斯公園（Wells Park），好讓他的偶像萊斯特將它們
朝停車場一片片地丟擲。如果那張唱片看起來還可以聽，萊斯特便拿
來再試聽看看；如果不能聽，萊斯特就把它敲成碎片。蓋瑞說：「我
想直到現在，那個停車場裡很可能依舊還有一大堆的唱片碎片。」

　　萊斯特早期幫《滾石》雜誌寫的樂評得到許多的迴響。牛心船長
與神奇樂團的一位團員打電話來謝謝萊斯特，並邀請萊斯特到團員位
在安特羅普山谷（Antelope Valley）的嬉痞社區一起生活幾天；歌手
茱莉‧德瑞斯寇（Julie Driscoll）寫了一封感謝函給萊斯特，謝謝他
為她的《街頭喧聲》(*Streetnoise*) 新專輯寫樂評。後來，萊斯特跟馬
可仕寫道：「她的感謝真是令我那天為之振奮，雖然我暗自希望她會
向我提出一起狂歡作樂的邀約。」最讓萊斯特感到得意的，就是地下
天鵝絨樂團的鼓手莫霖‧塔克（Maureen Tucker）寫給他的一封信。
雖然相較於之前的《白光／白熱》專輯，地下天鵝絨樂團的第三張專
輯的樂曲較安靜、清淡，但萊斯特卻非常喜愛這張唱片。唱片公司在
打廣告時，還引用萊斯特為這張專輯寫的樂評中的一句話──「你該
如何定義一個在短短二年間，由『海洛因』轉變成『耶穌』 的樂

團？」

　　一九六九年十月，萊斯特和羅傑‧安德生以及鮑伯‧豪頓開車到洛杉磯看地下天鵝絨樂團在Whiskey A-Go-Go舉辦的演唱會。萊斯特在會場點了一瓶價值五分錢的可樂，當他付一元美金給女侍者時，他很驚訝她竟然沒有找錢就走了。音樂會結束後，萊斯特走到後台見樂團團員，並且試著跟他們談毒品麻藥的話題。萊斯特說：「我認為你可以服用任何一種麻醉藥，只要你不要太常或過量服用。」結果，樂團主唱路‧瑞德（Lou Reed）嘲笑地說：「嗯！是啊！除非你要當個蠢大頭！」聽到這話，萊斯特便把話題轉到音樂上頭。接著萊斯特對地下天鵝絨樂團的第二張專輯大加讚揚，沒想到節奏吉他手史德林‧莫里森（Sterling Morrison）卻對他說：「那張專輯只不過是想表達那些想要回到農業社會者的一般想法罷了。」

　　儘管受到地下天鵝絨樂團的冷淡接待，萊斯特還是對音樂家這樣的人類感到好奇，萊斯特尤其對樂團主唱路‧瑞德特別感興趣，而且在萊斯特的心目中，地下天鵝絨樂團仍舊是偉大搖滾樂的典範。從該樂團早期跟普普藝術大師安迪‧渥侯合作以來，地下天鵝絨樂團即明白表達他們視搖滾樂為藝術的理念。他們將極好的前衛音樂與自由爵士樂融入作曲當中，並且利用「垮派」的文學傳統寫作風格來寫歌詞。不過他們也很瞭解音樂最重要的是內心直覺的感應，因此他們要證明所謂的青少年搖滾樂不僅可以是實在、獨立、佔有重要性的音樂，同時也是讓聰明、熱情的人們可以一輩子完全投入其中的一種藝術。

　　從陸續收到萊斯特寄去的一篇篇的樂評中，《滾石》雜誌的編輯們對這位來自愛爾卡航市的特派員越來越感到好奇。這個姓名叫做萊斯特‧班恩斯的人是誰？他的姓叫做班恩斯（Bangs）？真是一個很適合做搖滾樂作家的姓——砰！砰！（bang！ bang！）。終於在一九六九年的秋天，那些編輯們說服老闆詹‧偉納請他們心目中的明星樂評作家飛到《滾石》雜誌位在舊金山的辦公室。當萊斯特接到《滾石》

雜誌的邀請電話時，他心裡臆斷《滾石》雜誌請求他北上應該是為了找他做該雜誌專職記者的面試吧！

　　於是奎爾‧馬可仕和他的朋友藍登‧溫納（Langdon Winner）到奧克蘭機場（Oakland Airport）接萊斯特。當他們看到從飛機上走出來的萊斯特時，都被他的穿著打扮嚇一跳；那天萊斯特頂著一頭短髮、身穿一件西裝外套、還打了一條領帶，溫納說：「我想搞不好他腳上還穿了雙深褐色的鞋子！」「當時的情況，真讓人想起法蘭克‧札帕的歌〈Brown Shoes Don't Make It!〉。」接著他們一行三人開車穿過舊金山海灣大橋，然後順道載萊斯特到《滾石》雜誌的辦公室拜訪一下。沒有人記得當時《滾石》的發行人詹‧偉納是否對萊斯特留下深刻的印象，不過倒是辦公室裡的編輯們對萊斯特的裝扮也感到驚訝。總編輯約翰‧波克斯說：「我不知道當時萊斯特是因為服用某些混合藥物而激動，或只是因為能到《滾石》辦公室拜訪而感到興奮異常。」「不過他那天看起來實在挺奇怪的。」

　　馬可仕比萊斯特大三歲，因此萊斯特有一點怕他。在舊金山之旅的某一天，在萊斯特跟馬可仕開車進城的路上，萊斯特帕的一聲打開一瓶老歐佛霍特威士忌（Old Overholt）——也就是愛爾卡航市的待戈天使口中喜愛暱稱的「舊大衣」。於是馬可仕說：「我希望你會留一點給我今天晚上喝。」在停頓一下後，他模仿萊斯特慢吞吞拉長調子的語氣又加上一句：「我不會！」萊斯特的朋友羅傑‧安德生說出他對這件事的看法：「萊斯特對馬可仕說這樣的話覺得既有趣又好笑，但是，很明顯地，奎爾就像是一般的中年男子，他說的話不是我們這個年紀會開的玩笑。」

　　儘管馬可仕的太太那時已懷有八個月半的身孕，但是身為萊斯特的編輯，令馬可仕覺得自己不得不接待他，所以他便讓萊斯特住宿在他位於柏克萊的家。馬可仕事後說：「萊斯特是一位最不經心、惹人討厭的客人。」萊斯特在他家住了二天後，馬可仕建議萊斯特何不到藍登‧溫納家住，這樣或許會讓他覺得比較舒適自在些；馬可仕說：

「萊斯特會覺得，我認為他不夠好到可以去住我家。於是接著那幾年，他便寫信給不同的人，告訴別人我對他如何的不好。」「但是他心中真正引以為意、覺得自己被背叛的事，其實是他以為當初我們請他坐飛機北上，是要面試決定是否雇用他到《滾石》雜誌社工作，但是當時我們雜誌社裡的任何一位並沒有這樣的想法，我們只是想要看看他，同時我們覺得他也想要見見我們，就這樣而已。」

　　那時候，心情極好的萊斯特沒有察覺到他寫的樂評同時也引起一些負面的反應，而這些負面的回應則傳到詹‧偉納那裡。萊斯特嚴厲批評《Kick Out the Jams》以及《It's a Beautiful Day》這二張專輯的二篇樂評，分別觸怒了Elektra唱片公司的創辦人傑克‧霍智曼（Jac Holzman）以及哥倫比亞廣播公司（CBS）的總裁克萊弗‧戴維斯（Clive Davis），而且這二家公司都是《滾石》雜誌的廣告客戶。萊斯特也對有著迷幻靈魂的樂手巴迪‧麥爾斯（Buddy Miles）的《Them Changes》專輯予以譴責，他說那是一張「陳腔濫調的靈魂樂庫存品，裡頭塞滿了草率、泥濘、好色及最呆板的樂器演奏與唱腔。」之後，萊斯特又嚴厲批評麥爾斯的二張新專輯，於是有一天，終於按耐不住的麥爾斯衝進《滾石》雜誌的辦公室，將編輯朝冷水機摔過去，並要求見該雜誌發行人，不過就在秘書打電話請警察來的時候，偉納已悄悄地從防火梯逃走了。

　　一九六九年十月，安迪搖醒萊斯特，並告訴他一件不幸的消息，作家傑克‧凱魯亞克猝死於長年過度飲酒所引發的酒精中毒，享年四十七歲。聽到這個令他震驚的噩耗後，躺在床上的萊斯特翻個身，獨自瞪著臥室的牆壁，因為他才剛剛夢到自己在愛司康地多鎮一家佈滿灰塵的舊貨店裡找到一個卷宗夾，其中裝滿了凱魯亞克未出版的作品。萊斯特想幫凱魯亞克寫一篇紀念訃文，於是便不斷地煩擾《滾石》雜誌的編輯們，直到他們答應幫他把訃文刊登在雜誌裡才罷休。那篇訃文的開頭是這樣寫的：「從許多方面來講，和列尼‧布魯斯以及鮑伯‧迪倫一樣，傑克就如同是一位我們精神上的父親。」「不論是他

的文學作品或他本人，都是第一位最能貼近搖滾音樂、感情與精神的文學作家，而且更是同類作家中的翹楚。」在一千字真誠的詞語後，萊斯特做了這樣的結語：「晚安！傑克！梅潔若和所有的白袍天使將以溫柔的歌聲永遠在天上伴隨你。」

紀念凱魯亞克的訃文是萊斯特將他投稿給《滾石》雜誌的所有報導中，第一次拿給他母親看的文章，但是諾瑪讀完後並不同意萊斯特在訃文中所用的一些措辭用語。她對文中所有提到「精神上的父親」、以及白袍天使為一位「垮派」的酒醉詩人唱安魂曲的說法，感到無法認同，並認為這樣的描述是很不對的。

幾週過後，萊斯特交出一篇他訪問自己的另一位偶像查理‧明格斯的報導文章，並希望這篇報導能成為他在《滾石》雜誌的第一篇特別專題報導。但是《滾石》雜誌從未欣賞明格斯這位低音管樂手的作曲天分，萊斯特為明格斯辯護，並說他的文章會補救這個缺陷。當萊斯特提出這份報導文章時，他向馬可仕寫道：「我將用優雅、具說服力的專業新聞寫作方式與風格來寫這篇報導，讓讀者讀完這篇報導後，心中毫無疑慮地決心一定要聽聽明格斯的音樂。」於是，史無前例地，他花了六個月的時間找資料、作研究來寫那篇報導；他為此篇訪問報導所投入的時間與精力，比起他平時快速、大量、一個晚上趕出許多樂評的寫作方式，簡直不可相比擬。

由於馬可仕並不是很瞭解爵士樂，因此他將萊斯特的長篇報導交給詹‧偉納的良師益友羅夫‧葛理森看；葛理森是《舊金山紀事報》的爵士樂樂評作家，同時也是《滾石》雜誌的專欄作家。葛理森讀完萊斯特的報導後，隨即打電話給他，萊斯特對那通電話做了如此的紀錄：「我覺得自己完完全全地被貶低。」「他說，就某個觀點來看，邪惡的爵士樂評是我文章裡的主要部分，因此，他不知該如何將此部分刪除，可是話說回來，那邪惡的部分又必須刪掉。但是他又說，就另一個論點來說，除非我有全部的資料可以提出正、反兩面的看法，否則我甚至不應該寫這篇報導文章……。多年來，《Down Beat》爵

士樂雜誌及其爵士樂評體制已經迫使他們與爵士處於對立的狀態，這不僅是在爵士樂唱片樂評上如此，而且完全就是他們整個種族歧視的極端保守態度。雖然葛理森自以爲很喜歡明格斯，然而他就是我猛烈批評《Down Beat》雜誌裡的其中一位樂評人……『我相信我自己已經開始喜歡明格斯』，但操他的，我眞懷疑這句話到底是啥意思！」

結果，萊斯特花了六個月寫的明格斯專訪報導從未刊登在《滾石》雜誌上。在更早幾個月之前，萊斯特寄一本他寫的小說《嗑藥龐克》給偉納，可是卻只得到對方消極的反應，連個簡單的字條都沒有。其實要刊登萊斯特的小說也不是不可行，但是偉納卻不考慮將這篇小說刊登在《滾石》雜誌裡。沒想到二年後，《滾石》雜誌開始連載類似《嗑藥龐克》的內容，但卻是由作家杭特・湯普森用第一人稱敘述所寫的小說《賭城迷幻之旅》（*Fear and Loathing in Las Vegas*）。

萊斯特的女友安迪說：「當時我們並不知情，但是你知道當權者決定一切。」「萊斯特知道這個消息後，心裡很不高興。他以爲《滾石》雜誌是一個不受控制的自由媒體，當然，它並不是；《滾石》雜誌一直都是一個媒體帝國，但這卻是萊斯特向來反抗的事，因爲他反對任何權威體制。」

在一九六九年結束之前，萊斯特的夢想又再度幻滅。一九六九是熱鬧紛擾的一年，那年夏天的烏茲塔克音樂節是全美國的矚目大事，當時的滾石合唱團爲了不讓烏茲塔克音樂節搶盡鋒頭，又同時急於轉移大家對他們音樂會門票售罄的批評，於是滾石合唱團宣布他們將於十二月六日在舊金山灣區舉辦一場免費音樂會做爲他們在美國第一次爲期三年的巡迴演唱會的結尾。滾石合唱團期許以這場免費演唱會帶領大家進入下一個十年，並爲歷經人類登陸月球、越南梅萊村屠殺事件的揭發（My Lai massacre）、愛德華・甘迺迪在恰帕奇迪克島的車禍醜聞（Chappaquiddick）、芝加哥八人大審判（the Chicago Trial of Chicago Eight）、泰德—拉比安卡謀殺案（the Tate-LaBianca killings）的一九六九年做一個圓滿的結束。

　　萊斯特、羅傑・安德生和另一位朋友吉姆・包維（Jim Bovee）原本不打算參加滾石合唱團的演唱會，但是在演唱會的前一晚，他們聽到聖地牙哥當時新開張的搖滾樂電台KCBQ-FM的報導時，他們被當時興奮的氣氛所感染，因此決定還是去看看滾石合唱團的演唱會。到了晚上九點鐘，他們三個人數一數手上的零錢，抓了一根大麻煙和一瓶傑克・丹尼爾（Jack Daniel's）威士忌，然後跳進羅傑・安德生一九六六年份的福特獵鷹（Falcon）敞篷車，朝北往前頭的五百里路開去。

　　到了清晨二點鐘，坐在後座的萊斯特已經陷入酒醉昏睡狀態；羅傑則點了一根大麻煙，自己吸一口煙後，再把煙傳給正在開車的包維，包維問：「我們是不是該留一點給萊斯特抽？」於是羅傑用手戳一戳萊斯特，卻只聽見睡著的萊斯特鼾聲連連。就在此時，一位加州高速公路巡警正加速地追在他們的車子後面，示意要他們靠邊停車。

　　於是羅傑趕快把大麻煙丟出車窗外、把酒藏起來，那位巡警告訴包維，說他剛才車子偏離車道，並問他們是否飲酒駕車。就在此時，坐在後車坐昏睡的萊斯特突然一躍而起地說：「這是幹啥？是他媽的德國納粹嗎？」那位巡警對萊斯特這樣的反應感到驚訝，但就在他要說什麼的時候，卻被一通警車上的無線電話給引開，於是他只好口頭警告他們不應該讓包維開車，便迅速離開。

　　於是萊斯特說：「好！那我來開！」便爬到駕駛座來。

　　然後他們再度開上高速公路，但是車子駛離車道的情形卻更嚴重，於是萊斯特說：「你們其中一個人最好來接手，我看我實在沒辦法開。」說完，他就把車開到路肩，又爬回後車座、喝一大口傑克・丹尼爾，並問：「嘿！大麻煙在哪兒？」

　　正當剛升起的太陽照耀著艾爾塔蒙特快速道路（Altamont speedway）時，他們三個人正好到達舊金山東邊四十英哩的立弗摩爾小鎮（Livermore）——也就是滾石合唱團的演唱會場地。其實這不是滾石合唱團原定的場地，他們把演唱會改到立弗摩爾小鎮，是因為

原定場地的房東後來跟滾石合唱團要求額外十二萬五千美金的場地費，但是滾石不願意多付這筆錢，因此便放棄原定的場地。演唱會的舞台架設在似碗狀、三面佈滿死草與雜草的斜坡上，這個場地之前容納過最大的觀眾量是六千五百人，它的泥土路是場地唯一的出入口，這次它卻要獨自面對三十萬名觀眾的湧進。

萊斯特如此描寫他當時的心情：「我記得當時我整天都在想：『如果我來這裡等了半天只為了看滾石合唱團，我一定立刻離開那個狗屎地方。』」對羅傑來說，那個場地就像一個嬉痞集中營；一排毒販在演唱會場地公開地兜售他們的商品，叫賣滿手的紅中（Seconal）。紅中是一種安眠鎮靜劑，將它混合酒精一起服用，會使人變得手腳笨拙、動作粗魯。當時尼克森總統的攔截行動（Operation Intercept）正阻止麻醉藥的大量氾濫以及攔截大麻自墨西哥邊境走私入境美國。至於多年來的酒禁，現在則被視為體制上的失誤，因此使得烈酒再度成為熱門的東西。所以不過才早上八點鐘，地上早已佈滿許多Boone's Farm牌的酒瓶碎片。

在演唱會場上，萊斯特在人群中瞄到一副像大學教授的奎爾・馬可仕，嘴裡正用力嚼著煙斗，不過他們二個人在會場並沒有真正照面。此時，被請來當警衛的地獄天使正朝舞台的方向聚集，大部分的天使多已喝醉或精疲力盡、要不就是因為吸麻藥而精神恍惚。由於萊斯特之前和待戈天使的可怖經驗，看到地獄天使的出現，令他感到焦慮不安，不過，他和他的朋友們還是決定勇敢地朝舞台走去。當Crosby, Stills, Nash & Young在舞台上敷衍地演唱時，一個留著血的男孩正穿越人群求救，雖然萊斯特大聲喊著：「我們需要一位醫生，混蛋！」但是大衛・克羅斯比（David Crosby）正在舞台上談論和平、愛與烏茲塔克（Woodstock），因此沒人注意到舞台下到底發生任何的事情。

當傑佛遜飛船合唱團在台上演唱時，一位地獄天使正毆打一位靠舞台太近的男子，羅傑說：「我看他們準會把那個人打死。」萊斯特

也描述他在現場看到的情形：「我記得一個被山坡上怒氣沖沖的男友推擠下來的女孩跌跌撞撞哭著跑過我們身邊時，每個人都盯著她看、竊笑著⋯⋯。我還記得看到一個吸毒後精神恍惚的孩子大聲喊叫：『殺！殺！殺！』於是地獄天使也附和著跟他大喊，然後只見他頭上貼著痙攣藥膏經過前面幾排人潮，然後倒在地上、在一位陌生人腳前哭泣，可是那位陌生人根本沒注意到他，因為據說滾石合唱團即刻就要登上舞台，因此大家的眼睛都盯著舞台，深怕錯過他們的偶像。但是舞台上所謂的即刻，其實是二個小時之後。」

　　當夜色漸漸到臨，滾石合唱團終於出現在舞台上，他們唱著〈Jumping Jack Flash〉做為開場歌曲，於是大批的觀眾開始朝四英呎高的舞台前進，同時，洶湧的人潮把萊斯特和他的朋友們也向前推擠。在舞台上的滾石合唱團被擔任警衛的地獄天使們包圍著，看起來跟台下的觀眾一樣緊張與疲憊的團員們，正透過他們的演唱嘶喊；至於舞台下地獄天使和樂迷們之間的扭打，則繼續不斷地發生，但最後總是天使們打贏。當滾石合唱團演唱〈Under My Thumb〉一曲時，地獄天使開始找一位叫做馬里帝斯・杭特（Meredith Hunter）的十八歲黑人樂迷的麻煩，據說是因為地獄天使們看不慣他身邊帶著一位來自柏克萊的白人女孩，於是馬里帝斯拿出一支鍍鎳的左輪手槍自衛；當時滾石合唱團演唱〈Gimme Shelter〉時，演唱會請來的電影攝影師正在拍攝他們，卻也正好拍攝到當時台下發生的情形——從那部影片中，可以看到幾位地獄天使當時正在戳刺馬里帝斯・杭特、直到把他打死為止。」

　　就跟當時在場的許多人一樣，直到第二天萊斯特才知道前一晚的演唱會台下有人被殺死的事。雖然當時正在台上演唱的滾石合唱團看到舞台下的暴動已演變得無法控制，但是他們仍然繼續演唱。在這個不幸的事件發生後不久，萊斯特很快地寬恕他的偶像們，萊斯特說的：「當時他們又能做什麼呢？」在演唱會結束一週後，萊斯特寫道：「當時人們很容易把滾石合唱團跟這個暴力事件串連在一起，但

是這卻是錯誤與不公平的。」「滾石的粗暴音樂是具治療效果的，並且是藝術性的；然而地獄天使的暴力則是赤裸裸的流血暴力。感謝老天——滾石合唱團的表現是真正的情感表達；而地獄天使則是暴力虐待狂，他們自己麻木不仁，卻要那些遭受他們暴力凌虐的受害者去承受一切不幸的後果。」

　　但是幾個月後，當萊斯特再度深思反省，他才瞭解自己先前的想法是錯誤的。事實上，他並不瞭解滾石合唱團真正的感受，就某種程度來說，當時在演唱會裡的每一位都是那個暴力事件的共犯。為什麼當時現場三十萬人願意讓十幾個人的暴力得逞？或許是因為他們享受暴力？天啊！他竟然真的沈浸於當時的暴力氣氛當中——在一片醜陋中所呈現的藝術，他從來沒有聽過滾石合唱團演唱得比那次更好。

　　三年後，萊斯特對這個暴力事件如此寫道：「就整個事件來說，這不是只有艾爾塔蒙特鎮或是滾石合唱團的問題。」「我們整個所謂和平、活潑的社會根本就是錯誤到極點的概念。儘管滾石合唱團的〈Gimme Shelter〉歌詞裡將這樣的社會現狀唱出來，但是他們甚至比我們更沒有心理準備去面對這樣的暴力事件……去他的！烏茲塔克國度的純真已死，艾爾塔蒙演唱會才是我們要面對的真實世界。」

♩ ♪ ♫ ♪ ♩ ♪

　　艾爾塔蒙演唱會結束後的那個星期一，《滾石》雜誌的編輯們開會討論該如何報導這個演唱會。急於將這個事件拋於腦後的編輯們，大多偏向只做一個小篇幅的報導或是根本就不要在雜誌裡報導這個演唱會，但是老闆詹·偉納否決這樣的提議；包括萊斯特和馬可仕在內的十一位報導作家被偉納任命，要他們負責將在演唱會現場所有看到、訪問到的一切情形，盡可能地蒐集記錄下來。總編輯約翰·波克斯想要將十一位記者的每篇報導都刊登出來，可是偉納卻堅持要波克斯照老式的新聞編輯方式重新改寫他們的稿子，要他將所有的報導結

　　合爲一個超長篇幅、佔據一九七○年一月二十一日那一期出刊雜誌的整個內容。當時除了偉納，沒有人對這個作法感到滿意。

　　馬可仕說：「再次地，萊斯特覺得自己被濫用了。」

　　自從滾石合唱團在艾爾塔蒙特的演唱會發生暴力事件後，馬可仕覺得自己和音樂越來越疏遠，他說：「那天是我這輩子最糟糕的一天，不只是因爲感受到當時對我人身直接的威脅以及看到現場一再發生的恐怖暴力事件；更令我灰心失望的是，那天的情況讓我看到自己曾以身爲作家與編輯爲榮、投入畢生精力的音樂竟是如垃圾般不堪。」一九七○年的春天，馬可仕藉著他所寫的一篇批評鮑伯・迪倫的《Self-Portrait》專輯來激怒偉納，於是偉納就把他給開除了；馬可仕說：「如果你問詹・偉納這件事，他會說當時是我自己辭職的。」不過在《滾石》雜誌做了一年的編輯後，他很慶幸自己離開了那個地方。

　　就當許多作家相信滾石合唱團開始成爲音樂界的媒體寵兒時，偉納正竭力地挽救《滾石》雜誌嚴重的財務危機。哥倫比亞廣播公司的總裁克萊弗・戴維斯和Elektra唱片公司的創辦人傑克・霍智曼預付在《滾石》雜誌刊登一年的廣告預算給偉納，以幫助他度過財務危機。自此，偉納開始告誡他所有的樂評作家只准「寫跟音樂有關的東西」。換句話說，就是「毫無限制、肆無忌憚的樂評已不再受到本雜誌歡迎」。於是，波克斯、藍登・溫納、以及其他幾位《滾石》雜誌的編輯都陸續辭職。對《滾石》雜誌的政策轉變，溫納如是說：「我強烈地感覺到原本代表流行文化的搖滾樂，現在卻徹底地被媒體當成商品來利用。」波克斯對這樣的改變也說出他的看法：「現在，《滾石》雜誌裡有二種評論作家，一是受詹・偉納重用的那一種，都是一些妄自尊大的人；其他像是萊斯特，就是屬於另外一類樂評作家，他是唯一對這種情形不屑一顧的人。」

　　萊斯特於一九八二年說出他當年對於《滾石》雜誌政策轉變的感受，他說：「一九七○年當偉納正處於他怪異行爲時，我寫的樂評也

開始被退稿。」「在那之前，我是如此地愚蠢，一直以爲我應該對
《滾石》雜誌忠心耿耿，身爲自由投稿作家卻只允許自己把稿子投給
《滾石》雜誌，而他們也只是付給我每篇十二美元的稿費！在我寫的
樂評被《滾石》退稿後，我開始把稿子寄給其他的雜誌，其中包括
《Fusion》、《Creem》以及其他一些雜誌，於是我和《Creem》雜誌
的合作關係就這樣開始。」

　　一九七○年，許多新創辦的雜誌開始和《滾石》雜誌競爭。以波
士頓爲基地的《Fusion》是一本時髦、有趣的雙月刊雜誌，它經常刊
登理查‧梅爾哲以及梅爾哲的朋友尼克‧拓齊斯寫的文章。《Creem》
雜誌則發跡於底特律，這個城市也是MC5樂團和白豹黨的誕生地。
《Creem》雜誌的創辦源起於當時在毒品用品店和Mixed Media唱片行
工作的東尼‧瑞伊（Tony Reay），他用辦地下音樂雜誌會賺錢的點子
說服有事業雄心的年輕企業家貝瑞‧克萊莫（Barry Kramer）。當年
二十五歲的貝瑞‧克萊莫以一千二百到六千三百美元的資本投資創辦
《Creem》雜誌，這個金額比偉納當初創辦《滾石》雜誌所投入的資
金少。取名《Creem》的靈感是因爲奶油合唱團是瑞伊最喜歡的樂
團，因此他想用奶油（Cream）做爲雜誌的名稱，但怕相同的名字會
引起混淆，他便採同音不同字的《Creem》做爲新雜誌的名稱。

　　《Creem》雜誌創辦一年後，它由零散發行的小報開始轉變爲頗
有影響力的音樂雜誌，而二十歲又超級活躍的戴弗‧馬須（Dave
Marsh）則是雜誌當時實質上的編輯，因爲當時平等主義的盛行風
氣，《Creem》雜誌裡所有的工作人員都沒有正式的職銜。一九七○
年八月，馬須第一次在《Creem》雜誌刊登萊斯特寫的二篇樂評，悶
氣樂團的《Golden Filth》專輯，以及誰樂團的《Anyway Anyhow
Anywhere》專輯；之後的二個月，《Creem》刊登萊斯特回顧雷‧查
爾斯（Ray Charles）音樂所寫的長篇大作。馬須說：「萊斯特寫的文
章正是我要的東西，他寫的文章比我當時自己創作的任何作品有學問
多了。」在他寫給萊斯特的信中，他如此寫著：「聽著！孩子！長久

以來，我已在《滾石》雜誌看到你的文章，你真的寫得非常好。像你這樣的年輕新貴作家，或許能在我們的雜誌找到發揮的空間，儘管你過度濫服許多迷幻藥、又喝太多的威士忌。」

　　當一九八二年萊斯特收到馬須的邀稿信時，他說：「當時我心裡說：『太好了！老兄！』他們竟派我去評論The Stooges樂團的《Funhouse》專輯，於是我洋洋灑灑寫了一大篇分兩部份的專輯樂評，他們也如期地把它刊登在《Creem》雜誌上，於是我心裡想：『嗯！我想我找到屬於我的地方了。』」

第五章
嘿！您好！

　　一九七〇年春天，《嚎叫詩集選》（*Howl and Other Poems*）的詩人兼作家艾倫・金斯柏格到聖地牙哥學院演講。在金斯柏格演講結束還沒來得及走下台時，一位二十一歲、熱情洋溢的書迷朝他走來、對他說：「金斯柏格先生！金斯柏格先生！嗨！我是萊斯特・班恩斯，我目前幫《滾石》雜誌寫稿。」

　　艾倫・金斯柏格的回答令萊斯特大吃一驚，這位「垮派」詩人說：「啊！我讀過你的文章。」

　　於是萊斯特交給金斯柏格一份《Journal of a Blob》原稿的其中二個章節；《Journal of a Blob》可以說是萊斯特第一本自傳性小說《嗑藥龐克》的續集，但也可以當作是《嗑藥龐克》的第二部曲，只是萊斯特尚未決定該如何界定它。二週後，金斯柏格將那二章原稿寄還給萊斯特，並在封面附上一張鼓勵萊斯特的字條，字條上寫著：「萊斯特：儘管你的文章中有輕挑的沙林傑式（Salingeresque）的羞怯，不過你的寫作技巧在許多細節裡展現出靈活、聰慧的特質。凱魯亞克式的自我沈思是成熟圓潤的、展現凡人世界的；你的整體語調清晰，還有你的落寞聖者和人類的好奇心是不朽的；散文本身充滿活力與韻律。試著跟一位老師學習真正的瑜珈，儘管詩的語言就像是一種

瑜珈——而詩的基礎就如同作曲——艾倫‧金斯柏格,一九七〇年五月二十六日。」

　　萊斯特收到金斯柏格的評論後,興奮地說:「管它的瑜珈!」「『垮派』作家讀了我的作品,而且他竟然還喜歡我寫的東西!」

　　萊斯特的女友安迪希望這份金斯柏格的鼓勵能激起男友對寫小說的認真態度。對安迪來說,寫搖滾樂樂評很明顯的是一條死路,她說:「他以為他進入了時髦的圈子,我不覺得他真的明白這樣的工作實際上是一個陷阱。」「他所有時間都花在記錄那些搖滾明星上,而不是過他自己的生活。」儘管安迪如此想,萊斯特卻發現搖滾世界誘惑的魅力越來越令人難以抗拒。這時的萊斯特,已經可以在任何意識狀態下,純熟而快速地寫出適於銷售的專題報導和樂評,而促銷唱片的宣傳活動美差事也恰好增加了他難以否認的微薄收入。

　　那時候,一些大間的唱片公司的宣傳部門已經開始花大筆經費請樂評作家們喝酒吃飯,並且贊助出差旅遊的費用讓樂評家去看一些不怎麼樣的樂手表演,只希望那些樂手的音樂在某些容易接受新事物的場所裡聽起來比較好聽些。一九七〇年秋天,Elektra唱片公司讓萊斯特和安迪飛到洛杉磯、並安排讓他們在瑪蒙城堡飯店(Chateau Marmont)住幾天,就只為了要萊斯特看一個叫做Crabby Appleton樂團的表演。自從那次的出差後,萊斯特每個月都會到外地出差二、三次,甚至有時他出差時幾乎是身無分文的。在他的一個題目為「如何在舊金山用二分錢過一天」(San Francisco on Two Cents a Day)的諷刺性旅遊見聞講座裡,萊斯特還誇耀他在Miyako飯店住宿的豪華生活;當初Impulse唱片公司贊助萊斯特到這個飯店,是要他去幫該公司宣傳唱片的,可是那段出差的大部分時間,萊斯特根本沒去注意過人家花錢請他去宣傳的音樂。後來萊斯特寫的那篇文章卻刊登在另一家 United Artists唱片公司自己出版的《留聲機唱片雜誌》(*Phonograph Record Magazine*),也就是說,他一篇文章賣二次。

　　對萊斯特來說,這樣的工作實在再愉快不過了,他是樂在工作

中，在快樂中工作；天啊！他甚至還被一些跟他一樣對寫作與音樂著迷的同儕頌讚呢！而這個廣佈各地的評論家圈子終於在一九七一年的秋天第一次見面；這次集合眾多樂評家的聚會，是傑佛遜飛船合唱團爲了慶祝它「Grunt唱片公司」的新成立，而煞費苦心舉辦的一精緻宴會；藉著這次的宴會，傑佛遜飛船合唱團廣邀全美各地的樂評家到舊金山聚會；在星期六的晚上，每位受邀者齊聚在親友大廳（Friends and Relatives Hall）裡，樂評家理查・梅爾哲便將這次的派對以聊天的寫作風格記錄下來，這樣的風格和來自澳洲的搖滾樂作家莉莉安・洛克森（Lillian Roxon）在《Fusion》音樂雜誌裡所闢的聊天專欄很相似。

當然那天的派對裡洛克森也受邀在場，並且她還把同儕八卦作家麗莎・羅賓森（Lisa Robinson）的乳頭自她的洋裝裡扯出來；奎爾・馬可仕在《滾石》雜誌編輯工作的接班人艾德・瓦德（Ed Ward）則戴著一頂安全帽子在會場四處走動；至於《Creem》雜誌的編輯戴弗・馬須則穿著皮衣赴會。萊斯特在稍早的幾個月已認識樂迷雜誌《Who Put the Bomp?》的創辦人奎格和蘇西・蕭（Greg and Suzy Shaw）夫婦；當萊斯特到舊金山時，他在他們夫婦位於馬林郡（Marin County）的房子住了幾天，並且以超快速度寫了一篇「James Taylor Marked for Death」做爲對英國the Troggs搖滾樂團的禮讚文章。（奎格和蘇西這對夫婦是採開放式的婚姻態度，因此萊斯特和蘇西之間曾有過一段短暫的戀情。）

《村聲週報》的樂評作家羅伯特・克里斯提高那陣子剛跟他的女友愛倫・威利斯（Ellen Willis）分手，威利斯在《紐約客》雜誌（the New Yorker）裡有一個自己的專欄，叫做「Rock, Etc.」。就在Grunt唱片公司的慶祝晚宴派對上，克里斯提高賭氣地把一個餐盤往薇莉斯丟；後來威利斯對於她和克里斯提高分手這件事，作了這樣的描寫：「很顯然地，他認爲我既然已經決定跟他分手，我至少能做的就是遠離他的視線、地盤，所以當時他要我離開派對。」「我跟他說，如果

他願意，他可以離開現場，於是他就讓一盤裝滿食物的紙盤子飛過來。或許，你可以把我們這樣的互動看成一種隱喻，從其中多少看得出搖滾樂評界的男女關係是什麼樣子，不過……」

對在派對上看到的不愉快事件，萊斯特和安迪早已忘得一乾二淨，他們二個人在舞池裡，用他們自己戲稱為「時髦企鵝」（the funky penguin）的舞步自由地舞動——就像二個從郊區來的年輕人，燃燒著滿腔毫不做作的搖滾熱情。然而在派對裡，就算是第一次見到萊斯特的人以及一些他的同事，都注意到他在派對上的一些激烈行為；梅爾哲描寫他看到萊斯特的情形：「天啊！萊斯特·班恩斯的酒量真的很大，他一次可以喝很多酒。」「他可以將囉靡樂和龍舌蘭酒同時喝下去，就算吐了、宿醉他也不在意；奎格和蘇西·蕭夫婦也在場，奎爾說如果萊斯特以這樣的速度喝酒，從現在開始，他預測萊斯特在地球上活不過二年。」

在Grunt唱片公司的開幕派對結束後沒多久，回到愛爾卡航市的萊斯特開始思考自己的未來。安迪和諾瑪不斷地耳提面命要他「好好地規劃一下自己的人生」。在令人擔憂的一九七〇年美國徵兵抽選制中，萊斯特抽到163號，這是一個相當前面的號碼，因此他必須到徵兵局報告他的體能狀況。更何況他不太可能申請到學生延期的證明去辦理徵兵緩期，因為在聖地牙哥州立學院五年後，他還是大一的新生。就和他以前讀國司蒙特學院的情形一樣，萊斯特只選修文學院的課程；上學期他退選四科，還當掉一堂課。如果他還是耶和華見證人教派的教徒，他便可以基於宗教或道德方面的理由拒絕服兵役（conscientious objector），但是對萊斯特來說，就連去越南也比去天國殿堂好得多，萊斯特寫道：「我大概會先喝了囉靡樂或是梅太得林（Methedrine），然後假裝是男同性戀或是油腔滑調的人到徵兵局自首。」不過他不確定徵兵局的人是否信他那一套說辭。

更糟糕的是，萊斯特已經破產。在一趟到洛杉機的旅行中，萊斯特跟哥倫比亞唱片公司宣傳部主管麥可·歐克斯（Michael Ochs）的

梅爾哲偷放口香糖在萊斯特的耳朵

朋友借車；就在日落大道（Sunset Boulevard）上開車的時候，他因為看到一位美麗的女子而分心，結果他從車尾撞到另一輛車子；歐克斯自己先付了那筆七百八十九美元的修理費，不過萊斯特跟他發誓有一天一定會把錢還給他。歐克斯說：「雖然他要經過很多年才還清這筆錢，不過他從不用我提醒這件事，而且他把每一分錢都還給我。」「也就是因為這樣，我們最後成為好朋友。」

　　就在這前途不定的時候，萊斯特接到戴弗‧馬須一通電話，馬須告訴他華納兄弟公司贊助一個宣傳活動，問他願不願意到底特律訪問赫赫有名的艾利斯‧庫柏。這時候，萊斯特已經以自由投稿作家的身分爲《Creem》音樂雜誌寫了十三個月的樂評；而這二年來，他也爲《滾石》雜誌寫了許許多多每篇四百字的唱片評論；現在他覺得自己找到了一個可以讓他無拘無束、自由發揮的論壇。在他的二篇大作，一篇標題爲「psychotic Reactions and Carburetor Dung: A Tale of These Times」向數五下樂團致敬的長篇大作、以及另一篇中對the Stooges樂團分上、下集的宣言「Of Pop and Pies and Fun」，他認爲他的寫作已經把強硬的批評與小說裡自由流動的想像融合在一起，因此他覺得自己已經達到他在一九六九年時答應奎爾‧馬可仕的承諾。於是萊斯特接受馬須提出的任務，飛到底特律和庫柏以及他的樂團一起混幾天。

　　三十年後，庫柏聊到萊斯特，他如是說：「萊斯特‧班恩斯對我出的第一張唱片說了一句最棒的話。」「他用『這是對塑膠最悲慘的浪費』（a tragic waste of plastic）來形容它，我愛死那句詞了，直到現在，我還在用這句話。」在萊斯特爲《Creem》雜誌寫封面故事之前，他已經對庫柏的驚悚搖滾（Shock-rock）感興趣，他形容庫柏的音樂就像是Looney Tunes卡通跟電視午夜時段播放恐怖長片的混合體。唯一讓萊斯特驚訝的是，他發現在滿臉劇場彩妝的扮相下，庫柏原來是一位敬拜神、尊敬父母的美國好男孩。

　　萊斯特原本預計在密西根州待二個禮拜，沒想到最後竟待了二個月。馬須回憶到：「在那二個月的期間，大家都覺得萊斯特是一個很不錯的傢伙，認爲他應該搬到底特律居住，只有我是當時唯一反對的人。」「我之所以不支持他搬到底特律，是因爲我想要跟我的競爭者保持一個距離。萊斯特是我見過的年輕作家裡，最具有寫作天份、寫作技巧渾然天成的的一位。」

　　一九七一年十一月，萊斯特從底特律回到愛爾卡航市，他這趟回

來唯一的目的是打包他的所有財物、準備搬到底特律，因為他已經答應《Creem》雜誌的發行人貝瑞·克萊莫將要接下《Creem》的助理編輯的工作。安迪對萊斯特當時的決定這樣說：「當時我真是心煩意亂，不過對我也是一種自由的機會，因為在那之前，我的生活都是跟萊斯特在一起的。」他們二個人計劃等萊斯特在底特律安頓好後，安迪將會到底特律看看，再決定是否要搬到那裡跟萊斯特住在一起。萊斯特的母親對他搬到底特律則沒說什麼。萊斯特的朋友吉姆·包維說：「那時我們連一個送別派對都沒辦，他就這樣走了。」「我們當時都還在震驚的狀態中，不過我想我們大家都知道有一天他終會離開這裡的。」

　　鮑伯·豪頓就這樣看著萊斯特像大力士般地把他所有收藏的唱片裝箱、寄到《Creem》雜誌社。萊斯特煞費苦心地特別把一些最老舊怪異的唱片放在箱子的最上一層，若是有人打開那些箱子，可能會想這是什麼樣的人會收集這樣的唱片，因為萊斯特想要混淆別人對他的看法，他說：「我真的想讓他們懷疑自己到底僱用了什麼樣的怪人。」

♩ ♪ ♪ ♫ ♪ ♩ ♫ ♪

　　萊斯特帶著他慣有的傻呼呼露齒笑容抵達底特律，他的樣子看起來就像是一個卡通裡的鄉下佬。他兩腮留著長長的鬢角、嘴上留著濃密的八字鬍，身上還是穿著他上次去見《滾石》雜誌的那件褐色西裝外套，他那塞爆的棕色行李箱還是靠著一條繩子綁住才沒散開。

　　MC5樂團的吉他手偉恩·克萊莫（Wayne Kramer）第一次見到萊斯特是在卡司大道（Cass Avenue）上的廢倉庫裡，他當時第一個反應，就是想對幾乎毀了他音樂生涯的那個人狠狠地踢上一腳，克萊莫說：「一般人對我們的攻擊多半是批評我們的政治立場，而我們也已經很習慣這類的評論。可是萊斯特的批評是踢到我們賴以維生的音樂。」「他的樂評說我的吉他音調得不準，說我連彈都不會彈。」

MC5的第二張專輯唱片《Back in the USA》於一九七○年出版，這第二張專輯他們找《滾石》雜誌的編輯約翰・藍登幫他們製作，找藍登當製作人的主要原因是為了回應萊斯特對他們第一張唱片的批評；克萊莫說：「我們想藉著這張唱片證明我們的音樂是緊湊精鍊的、吉他的音調是精準的、我們的演奏是精彩紮實的。」「我們的第二張唱片全都是約翰・藍登的構想，而不是附和約翰・辛克萊爾的思想；不過那時候，辛克萊爾還正忙著和警察周旋。」

　　一九六九年七月，辛克萊爾因為他的「二個換十個」的判刑而聲名大噪，所謂的「二個換十個」是指他因為被警察逮到攜有二支大麻煙，而被法官判以十年有期徒刑。辛克萊爾在監獄服刑期間，他和另外二位同夥又因為一九六八年九月在密西根州安阿柏市中央情報局辦公室爆炸案（bombing of the Ann Arbor CIA office）被起訴。白豹黨對美國文化的總體攻擊在那時算是停擺。直到一九七一年秋天，MC5的團員還花了一年的時間釐清他們跟辛克萊爾的關係，因為辛克萊爾在入獄前是他們的經理和啟蒙老師，不過他們也沒忘記當初那位指出白豹黨革命理念的人是名花言巧語的樂評作家。

　　於是當克萊莫和萊斯特第一次見面的時候，他主動走向萊斯特並自我介紹，心裡期待第一次見面認識的興奮能使接下來的寒暄比較容易一些。沒想到，他們二個人不但沒有吵架，反而肩並肩一起到一家叫做Cobb's Corner的波西米亞式酒吧，像二個喝酒的伙伴一般地喝起酒來。二十五年後，克萊莫這位吉他手仍舊不確定當時怎麼會變成這樣，他回憶說：「當時他真是勇氣十足，」「因為這個世界上很少人願意承認自己是錯的。」

　　萊斯特不但在跟克萊莫第一次見面的時候承認自己的看法是錯誤的，而且那次的會面讓他彷彿重生一般。萊斯特之所以會改變他對MC5的看法，是因為在萊斯特遷居底特律沒多久後，他在底特律一間叫做Frutcellar的地下室酒吧看到MC5的演唱會，對他們的音樂讚不絕口，他說：「他們不只是了不起，他們簡直是如洶湧洪水般奔騰；現

在我才知道爲什麼有那麼多的人爲這個樂團失去冷靜而瘋狂，而且還失去客觀性的看法。」在寫給住在愛爾卡航市的羅傑・安德生的信上，萊斯特這樣寫著：「這個世界上，再也沒有比MC5更棒的樂團了。」

克萊莫說：「那種感覺就好像被平反、證明無罪一樣。」「當萊斯特說：『眞的！MC5樂團眞是表裡一致，這個樂團就跟他們的音樂所表現出來的一樣，像這樣的樂團，我們還有什麼好爭論的呢？』在他說這段話後，我們自此就把他看做是自己的伙伴了。」

萊斯特私下稱底特律爲「低墮特律」（Deeetroit）。在萊斯特的眼中，底特律市的居民若不是咬著牙飆車的瘋子，就是收集口水裝在下巴小盒子的僵屍。當地下漫畫家羅伯特・克朗到底特律拜訪《Creem》雜誌時，他則稱這個城市爲「鎭靜劑之城」（Trank City）；《Creem》雜誌的發行人貝瑞・克萊莫則開玩笑地說在機場迎接訪客的巨大火石輪胎（Firestone tire）模型應該換成超大的安眠酮藥罐（Quaalude）雕塑。萊斯特對這個城市做了如此描寫：「這整個城市就像一個長了一口爛牙的巨大嘴巴，已經很多年沒有看牙醫，也沒有牙醫願意過來看，因爲沒有人在乎它。」然而底特律市居民卻倔強地把這些外人眼中的缺點視爲他們的驕傲；他們炫耀地在汽車保險桿上貼著「底特律——犯罪城市」（DETROIT, THE MURDER CITY）的貼紙；當剛搬進城的新到者不明白爲什麼沒有人出面想辦法處理高速公路旁那一大堆鏽壞的遺棄破車時，當地人便指出說至少那些被廢棄的車是美國製的車型——這就是底特律市的精神。

一九七一年秋天，約翰・藍儂（John Lennon）到底特律附近的安阿柏市參加支援釋放辛克萊爾的音樂會，這位前披頭四的成員說：「無動於衷並不是這個城市的精神。」「我們總是會想出方法的。如果嬉痞精神（Flower Power）行不通，那又怎樣？我們可以從頭再想別的辦法！」

貝瑞・克萊莫是開始做些令人值得驕傲的事的當地人之一。在

　　《Creem》雜誌還是一個新聞小報的時候，它和當時其他的地下刊物
沒有多大的差別，它的內容大多是混合著過度熱切的政治評論、對當
地樂團的奇怪頌讚、以及克萊莫的唱片行和毒品用具店的廣告。在創
辦時期的編輯東尼・瑞伊離開《Creem》雜誌後，《Creem》雜誌的
風格開始走向一個較有文化性新聞寫作報導的特色，而維持《Creem》
這樣的風格則是靠它三個獨特的靈魂人物的寫稿，這三個人物就是貝
瑞・克萊莫、克萊莫的表哥納森尼爾・拉瑞內（Nathaniel "D-Day"
LaRene）以及當年十九歲的戴弗・馬須。

　　克萊莫出生在一個底特律工人階級的猶太家庭裡，他的父親在斜
倚地板上跟小嬰兒貝瑞玩的時候，突然心臟病發作，他去世的時候，

貝瑞・克萊莫、大衛・馬須與萊斯特攝於1971年首次前往底特律的途中

懷裡還抱著小貝瑞。貝瑞長大後，成為一個身材短小、焦慮不安的年輕人，他留著一頭難以馴服的棕色粗毛髮、一雙熱切銳利的雙眼、還有著嚴重的迫害性情結。貝瑞相信你必須在別人有機會出手揍你之前先揍人，他典型的招呼語是這樣說的：「嘿！操他媽的混帳東西！你真是個蠢蛋！」

出生於一九四四年六月六日的納森尼爾，小名叫「D-Day」。「D-Day」拉瑞內於一九六八年畢業於芝加哥大學法學院（University of Chicago Law School）。他退出青雲直上的晉升之道，去幫助他的表弟克萊莫創辦《Creem》音樂雜誌。拉瑞內寫的樂評詼諧、銳利，並且深獲同事的讚譽，但是當《Creem》的營運開始上軌道後，他就離開《Creem》雜誌，再度回到法律界執業。他以法庭裡炫耀浮華的辯論風格和一頭如愛因斯坦長而濃密的灰髮，在當地頗具知名度。但是很不幸地，他幫一位惡名昭彰的顧客用錢買通一家爭取動物權利的社服機構，最後他因為幫那位出名的歹徒維托・比利傑克・吉亞卡龍（Vito "Billy Jack" Giacalone）在國稅局逃稅四十一萬美金而被判一年有期徒刑。

《Creem》雜誌智囊團的第三位首腦人物戴弗・馬須則在底特律北邊三十英哩外，龐帝克（Pontiac）汽車廠第十六條裝配線的陰影下成長。當戴弗十四歲的時候，美國通用汽車公司（GM）為了找地方蓋一大片的停車場，把裝配線那一區所有的房子全都買下來。戴弗・馬須卻因為當時他的父親連抗爭的仗都沒打，就把房子給賣掉這件事而不原諒他的父親。戴弗經常是他的父親狂怒下的受害者，因此，他便在WPON-AM廣播電台播放的音樂裡尋求慰藉。有一天他聽到黑人歌手史莫奇・羅賓森（Smokey Robinson）唱的〈You Really Got a Hold on me〉而讓他突然有所領悟；他後來寫道：「那首歌就像是一條生命線，它建議我勇敢地說出：『不！』——我堅持認為——那些歌手不僅是『為』我唱歌，而更是『對』我唱歌。」「歌手的感受、以及他們所要克服的困境，都在他們的音樂裡汩汩地流出他們的悲

慟、悔恨、憤怒、慾望、憐憫，這一切抑鬱的感覺也都是我能夠感受得到。」

馬須於一九六八年進入韋恩州立大學（Wayne State University），但是他很快就被當時白豹黨和MC5樂團的事件所吸引。他對政治、音樂、新聞寫作瘋狂，並且以高度的熱情投入其中。馬須在《Creem》雜誌時代的女友羅貝塔・羅比・克魯格（Roberta "Robbie" Cruger）則用「著魔的小精靈」（a possessed elf）來形容她的男友。一九六九年時，馬須替底特律的地下報紙《The Fifth Estate》評論多倫多流行音樂節（Toronto Pop Festival）和報導約翰・辛克萊爾的審判。後來他發現《Creem》雜誌未徵求他的許可便擅自轉載他寫的多倫多流行音樂節評論，於是就跑去跟辛克萊爾抱怨這件事，辛克萊爾說：「走！我們去找克萊莫談，把這件事給弄清楚。」「他們目前沒有其他的作家幫他們寫文章，你可以過來幫他們寫評論。」

於是克萊莫便以每小時五十分錢的工資僱用馬須到《Creem》雜誌工作，其實這樣的工資實在不能在生活上帶來什麼經濟上的保障，但是馬須知道自己不會再回到大學去讀書，所以他也就接受這樣的工資。一週之後，辛克萊爾被載到監獄服刑，當時克萊莫盡自己所能去幫助釋放這位白豹黨的領導者，並且還舉辦一場支援釋放辛克萊爾的慈善音樂會，不過，他跟萊斯特一樣，他也從不相信辛克萊爾那套革命的理論。克萊莫是資本主義者，馬須是理想主義者——雖然他比較喜歡用「激進專業」這個詞來代替理想主義的名稱。克萊莫和馬須都喜歡辯論，他們二個人獨特的風格再加上拉瑞內傲慢式的幽默，便形成《Creem》雜誌的特色。

一九七〇年一月，《Creem》雜誌發表一份自負的使命宣言，這份宣言是這樣寫的：「底特律市是一個非常獨特的搖滾樂溫床，因為住在這裡的年輕人是如此地投入其中，搖滾樂是他們生活的全部，而他們也不知道其他的生活方式。」「但是在這一片搖滾樂之中，我們

又該如何界定《Creem》這本雜誌？在這個社區裡，我們應該就像是流動於次原子間的粒子物質，是緊密結合、帶動這個地區的搖滾樂的力量團體……；我們的樂團就是人民的樂團，同樣地，《Creem》雜誌也自我期許能成為人民的雜誌。不論就訊息的取得、使用，或有效率地製作出刊來說，我們的雜誌都是非常『專業的』。我們並不想成為另一個《滾石》雜誌。我們是一本搖滾樂雜誌，我們的內容包含搖滾樂的東西，《Creem》是不折不扣的搖滾樂雜誌，我們的文化是搖滾樂文化，我們是搖滾樂的子民。」

　　在萊斯特到《Creem》雜誌工作的幾個月後，那一大串的宣言已簡縮成幾個不算太謙虛的字，這些字就印在該雜誌的報頭欄上：「美國唯一的搖滾樂雜誌」。

　　萊斯特剛在《Creem》雜誌工作的期間，雜誌社的辦公室是位在卡司大道3729號（3729 Cass Avenue），也就是離一九六七年底特律暴動中心不遠的一棟由大間倉庫改裝鑄鐵製的三層樓建築物裡頭。那時候，克萊莫是米奇‧瑞德與底特律汽車合唱團（Mitch Ryder and the Detroit Wheels）的經理人，於是合唱團常在《Creem》雜誌的辦公室的頂樓排練，用〈Devil with a Blue Dress On〉歌曲的旋律猛烈搖動整棟建築。《Creem》的辦公室裡，過期雜誌堆滿各樓層的樓梯，放在二樓柱腳平台上的一台損毀的打字機則象徵著《Creem》雜誌對專業新聞報導寫作的執著。至於那台打字機，有一些關於它的各種說法：有一天馬須被惹毛了，便拿起它朝窗戶丟過去；也有人說是馬須被惹火了，於是拿起那台打字機丟向克萊莫，結果打字機卻朝窗外飛去；另外一個最普遍的說法，則是克萊莫被惹毛了，就拿起打字機朝馬須丟過去，差一點就打到馬須的頭，幸好克萊莫沒瞄準，於是打字機便撞上牆壁。

　　在萊斯特搬到密西根州的幾個星期後，《Creem》雜誌的辦公室又搬到另一個地方。因為那棟倉庫改裝的辦公室已經被洗劫好幾次；在萊斯特剛搬進去的那一段時間，有人在他睡覺的時候，把整台電視

機偷走，但是克萊莫並不畏懼，並誓言要繼續把辦公室設在那棟建築物裡；直到有一天，一群黑人歹徒揮舞著自動手槍衝進辦公室，克萊莫才決定要搬家。當時的雜誌藝術總監查理‧歐林傑（Charlie Auringer）說：「那幫歹徒是要來找米奇‧瑞德與底特律汽車合唱團裡的一員，因為他們有一些生意談不攏。」米奇‧瑞德與底特律汽車合唱團的團長米奇‧瑞德說：「我不是故意亂說話，不過那樣的事是有可能發生的。」基於妻子的要求，克萊莫終於追隨其他白人老闆搬離底特律市，雖然克萊莫自己比較喜歡把這次的搬家看做如同六○年代舊金山那群爵士樂迷搬去如田園般的馬林郡，以取代已經過於商業化的黑特－阿什伯里地區（Haight-Ashbury），是同樣的象徵意義。

　　克萊莫在底特律市三十英哩西北方，就是位於十三英哩路和海格提路（Thirteen Mile and Haggerty roads）上，買了一塊一百二十英畝、附有兩座農舍的農場。那座農場位在渥德湖鎮（Walled Lake）上，土地貧瘠荒蕪，偏遠到足以稱作「鄉野」；在萊斯特的眼中，渥德湖鎮就像漫畫人物利樂‧艾波納（Ii'l Abner）住的破爛多格帕奇小屋（Dogpatch），但又沒有多格帕奇小屋的迷人風采。克萊莫和他的太太康妮（Connie）及查理‧歐林傑、瑞克‧西格爾（Ric Siegel）住在農場裡其中一座狀況較佳的農舍裡；瑞克‧西格爾是克萊莫的密友與親信，並替《Creem》雜誌鋪貨。另外一棟農舍則是有二間臥室的破爛建築物，它位在四分之一英哩遠的小山坡上，俯瞰著杳無人煙的原野，於是這棟建築物便用來做為雜誌社的辦公室兼其他員工的住處。

　　雖然萊斯特和馬須都喜歡音樂，但是在於其他方面，他們兩個人則是南轅北轍、完全相反的典型例子。就外觀上，萊斯特比馬須高；就個人而言，萊斯特不修邊幅，馬須則是有潔癖的；就政治觀點來說，他們也是不同的。萊斯特對政治觀有如此的描述：「馬須曾告訴我說，雖然我自稱為新左派份子，但是實際上我是最有政治色彩的作家，而自己卻又不自覺如此。」「不過我通常認為所謂的革命運動，其實整個都是一堆狗屎。」

　　當辛克萊爾終於被釋放，萊斯特還開玩笑地說他們應該再舉行一個音樂會好把他再歡送回監獄。儘管當時的美國國務卿季辛吉（Henry Kissinger）宣布和平在望，越戰卻還是如火如荼地打下去；而當時的尼克森總統也正為下一任總統選舉作準備，並期待輕易地獲得連任。冷嘲熱諷的言論與行動似乎是最適合回應當時的局勢。《Creem》雜誌的編輯同事珍・優黑斯基（Jaan Uhelszki）寫道：「當時，在馬須的眼中，我們是反主流文化革命的步兵；至於萊斯特，他則覺得我們是坐在巴士裡四肢發達、頭腦簡單的人。」「我們自己常常說《Creem》是介於《瘋狂》漫畫雜誌（*Mad magazine*）與《紳士》雜誌（*Esquire*）之間的刊物；而馬須和萊斯特則是負責維持荒謬與異端這二種微妙平衡關係的主要人物。」

　　在那段渥爾德湖鎮的日子，要過著平衡的生活實在不容易，因為《Creem》雜誌員工們的工作與生活全都在同一個空間裡，而且是必須一天二十四小時、每個禮拜七天的在一起生活。馬修和萊斯特的關係雖然因此而日漸密切，但這並不代表他們之間的關係有改善。對於這樣的關係，馬須說：「主要的原因乃是因為萊斯特佔用了許多原本屬於我的空間。」而萊斯特則寫出他的看法：「戴弗・馬須的情緒是如此地火爆，害我大半的時間都無法在他附近走動。他是一個自以為無所不知、自命不凡、脾氣暴躁的人，而且又是一個過度知識化的小混蛋。不過儘管如此，我還是像兄弟般愛他。」

　　一起生活在那樣的小農舍裡，是不可能隱藏什麼秘密的，也不可能有什麼個人隱私。萊斯特寫道：「我們生活的空間是如此地共有，這樣的公社生活讓我甚至無法一個人在浴室看著《花花公子》打手槍，因為每當我的小弟弟正要搖旗吶喊的時候，馬須就好死不死地衝進來。」「雖然至少他還算有禮貌地避開，但重點是我連打手槍都不得安寧，而且那天晚上害我啥都沒得到。」

　　事實上，住在渥爾德湖鎮的《Creem》員工可能沒想到他們的隱私比他們想像中的還少。一九九九年春季，依據美國的資訊公開法

（Freedom of Information Act），美國聯邦調查局公布一份長達三十頁關於貝瑞・克萊莫與《Creem》雜誌的檔案。根據這份檔案，一九七一年年尾的時候，兩個未署名的消息來源告訴位在底特律聯邦調查局的聯邦探員，說他們發覺或許克萊莫是做為聯邦調查局在白豹黨活動的內線通報者，才願意為他們工作。於是聯邦調查局的探員開始調查克萊莫，並很快地發現他的真實本性，他們在記錄上這樣寫著：「目標人物並沒有政治取向，而僅只是透過他的生意往來和對音樂的興趣，在現有持續的基礎上，或多或少地與新左派文化有密切聯繫……如果我們的目標人物願意合作，他可以提供關於白豹黨或與該組織相關非常有價值的資訊。」大約就在那段時期，另一個不具名的消息來源告發說《Creem》雜誌的辦公室很可能是地下氣象台（Weather Underground）成員的「安全聯絡屋」（safe house），於是聯邦探員開始監控《Creem》雜誌所有的電話紀錄和雜誌的訂戶名單，以查出他們是否和地下氣象台以及其他的激進團體聯絡；那份檔案裡並沒有說明探員們如何獲得這些資料，其中只記錄一九七二年三月到七月之間，聯邦調查局特務偶爾躲藏在渥爾德湖鎮附近的樹林裡拿著雙筒望遠鏡監視農場的動靜，卻聽到震天嘎響的搖滾樂從農舍傳進樹林裡；探員們希望在樹林裡能抓到不合群的破壞份子或是能在樹林裡巧遇克萊莫而和他友善攀談，不過當探員終於遇到克萊莫時，他們的希望卻破滅了；聯邦探員在紀錄上這樣寫：「根據刻意安排的會面與監視期間的觀察，我們的結論是目標人物似乎並不願意合作。」「並且他所顯示出的敵意很有可能會為聯邦調查局帶來難堪窘境。」這句話的意思就是，克萊莫叫他們少管閒事。

對間諜監視活動毫不知情的萊斯特仍舊每天晚上不睡覺，然後偷聽馬須和女友羅比做愛，而且他還邊聽邊打氣地說：「加油！戴弗！加油！」想當然爾地，他和馬須之間的緊張氣氛越升越高。

《Creem》雜誌的編輯同事班・愛德蒙斯（Ben Edmonds）說：「萊斯特知道馬須的每一個致命地雷，而且他還特別愛去按那些致命

（左起）瑞克‧西格爾、萊斯特和他的小狗鬆餅；馬須和他的小狗葛羅莉亞；
珍‧優黑斯基、查理‧歐林傑，攝於1972年渥爾德湖鎮

按鈕。」「戴弗在任何時候總是對他正在做的事情如此地認真投入，
而萊斯特卻老愛適時地戳破氣球，惹毛馬須，讓事情爆發開。」萊斯
特和馬須都各有一隻狗，就連他們的小狗也都是彼此競爭。馬須的狗
叫「葛羅莉亞」（Gloria），是一隻服從又隨時跟著主人的狗；而萊斯
特的則是科克普品種（cockapoo），一隻名叫做「小鬆餅」（Muffin）

的撒野小狗；不過萊斯特幫他的寵物取個小名，叫做「操他屄」（Buttfuck）；而且Buttfuck還特別愛在馬須的書桌底下拉屎。有一天，怒氣沖沖的馬須拿著一堆狗大便倒在萊斯特的IBM Selectric電動打字機上，於是他們二個人便扭打起來，撞到牆壁，一路打出屋外，甚至還打到車道上，最後因為馬須的頭撞進一個剛好打開的車門，這場打鬥才告結束。

於是同事們宣布萊斯特是贏家，並封他為「大力班恩斯」（Big Bully Bangs）。萊斯特在寫信給羅傑・安德生的信上，自嘲地說：「當我讀高中的時候，又瘦又蒼白，老是看起來一副很疲倦的樣子。現在我在這裡，和我工作的同事都是侏儒，所以當克萊莫拿一罐酸黃瓜來，對我說：『嘿！肌肉男，幫我打開這個蓋子，好嗎？』真是令我感到興奮訝異。」

在那場打架之後，萊斯特和馬須的關係反而漸有改善，彼此的相處竟然比以前和諧。不過新的戰線卻在萊斯特和克萊莫之間升起。在《Creem》雜誌工作，除了提供免費的住宿和食物外，克萊莫還每週給每位員工22.75美元的零用錢，好讓他們自己買想要喝的啤酒或是毒品麻藥之類的東西。馬須說：「克萊莫讓我們住在一起的公社生活，其主要目的是因為他要把有才華的人跟外界隔絕。」「他這樣做是很聰明的權力集中方法，因為他是控制我們每個人唯一經濟收入的人。」

為了增加自己微薄的零用錢，萊斯特也幫其他的雜誌寫文章，其中包括《滾石》雜誌、《留聲機唱片》雜誌、《Fusion》雜誌、以及女同性戀雜誌《Penthouse and Ms.》。萊斯特寫道：「我比《Creem》其他的同事自由投稿都多，但是克萊莫很討厭我這樣做，因為他認為我在用他的時間賺自己的錢。」「是喔！當然，這些自由投稿的文章是我利用晚上的時間，用漩渦般的速度寫的，要不然這些時間我也是浪費在睡覺上，這樣，克萊莫才不會咬住我的把柄不放。」

有一天晚上，萊斯特睡著了、忘了關掉他的打字機，於是克萊莫便在打字機上敲出這幾個字：「關機！關機！關機！關機！關機！你

這個卑鄙、矮呆病患、軟弱的作家！」

對克萊莫這樣的舉動，他如此寫道：「相信克萊莫自己也會承認的，他的嫉妒是因為他把所有的精力全部投入這個雜誌，但是從未得過任何讚美，因為所有的美譽都被我們這些作家貪婪地掠奪了。」「沒什麼大不了的！」於是萊斯特拒絕吃這個餌，並且拒絕放棄投稿到別家雜誌社，但是這樣做只有使克萊莫更生氣。

♩ ♪ ♪ ♩ ♪ ♫ ♪ ♪

對工作同仁來說，在渥爾德湖鎮的日子或許如地獄般難過，但是這樣緊繃的張力卻創造出《Creem》雜誌非比尋常的內容，因為他們使《Creem》真切地表現出搖滾樂的精神與能量，並且又同時拒絕把自己和其他的事物看待得過於嚴肅。

萊斯特對一位前來訪問的記者說：「在文化的面前，《Creem》就像是一顆覆盆子莓（raspberry），」「但就某種意義來說，覆盆子莓所面對的就是自己。」此外，出於彼此之間那份親密的感覺，《Creem》雜誌卻很尊重它的讀者；不過萊斯特選擇叫讀者們「反對反主流文化反對者」（the counter-counterculture）以及那些喝「Boone's Farmers」牌子的酒鬼，不過當有人給他這樣一桶甜酒時，他也是從未拒絕過的。對任何分享它的熱誠的人，《Creem》雜誌鼓勵這類生氣勃勃的對話；儘管它態度傲慢，它也從未對任何人用高人一等的口氣對話。它的內容或許愚蠢，卻永遠是活潑伶俐的，而且就算一篇文章寫的只是空談，也不代表它沒有任何好點子。

愛倫‧威利斯曾在《紐約客》雜誌寫道：「不像《滾石》雜誌把自己看成在舊金山地區，能夠視搖滾樂為藝術的正宗反文化堡壘，《Creem》雜誌所堅定致力的是流行音樂的美學理念。」「它是為那些有自覺地，將搖滾樂視為代表郊區青年文化的樂迷所創辦的雜誌。」

至於這樣的文化基石當然就是指搖滾樂、毒品、性。而那時候的

搖滾樂，看起來就像是在新年縱酒狂歡宿醉的人一樣，因為無法適應六〇年代後期的社會狀況而略呈疲態。當時橫霸流行音樂榜的大多是像〈A Horse with No Name〉、〈Joy to the World〉、〈Song Sung Blue〉這類的歌曲，至於宣稱是「革新進步」（Progressive）的調頻廣播電台則是塞滿自我膨脹、高傲自大的藝術家，像是詹姆斯・泰勒（James Taylor）、Crosby, Stills & Nash、Jethro Tull、芝加哥合唱團（Chicago）等，他們都是《Creem》雜誌的敵人，因此《Creem》很樂意地把這些看起來人模人樣的新聞讓給《滾石》雜誌報導。至於《Creem》雜誌自己則在別處找到它的知音——底特律的地下音樂場景，它透過the Stooges樂團、MC5樂團、鮑柏・席格（Bob Seger）、米奇・瑞德的音樂找到知己；在特價商品櫃裡，有萊斯特最愛的車庫樂團；在特立獨行的個人主義裡，有馬克・波藍（Marc Bolan）、里昂・羅素（Leon Russell）、約翰博士（Dr. John）、強尼・溫特（Johnny Winter）的樂聲；尤其還有從變體的白人藍調所誕生的新類型，重金屬搖滾。

　　《Creem》雜誌對麻醉毒品的強調與它對音樂的投入是一樣熱切的。它有許多關於毒品的封面特別報導，包括，一篇描寫年輕人一窩蜂狂熱於白板、紅中的〈Sapor Naiton〉；〈香菸公司和毒品的關係〉（The Tobacco Companies and Dope）；及〈駭人的街頭毒品完整概論〉（A Luridly Complete Compendium of Street Drugs）。而對酒類頗有研究的尼克・拓齊斯則寫了一篇〈威士忌是聖誕節的精神：平民百姓的高級酒類指南〉（Whiskey Is the Spirit of Christmas: Your De-Luxe Guide to Your Yuletide Econo-Hootch）。除了去頭蝨殺蟲洗髮精（A-200 Pyrinate Liquid）的廣告以外，《Creem》主要的廣告廠商包括Boone's Farm酒商、郵購毒品用具店、煙夾子訂做店、還有一種叫做煙斗煙罩的產品廣告。

　　至於性的主題，《Creem》雜誌就以比較巧妙的方式呈現。在《Creem》雜誌刊登的人物介紹欄裡，它模仿高級雜誌裡的一些個人

廣告的「Dewar's Profile」介紹格式，冠以「Creem Profile」的名稱，再加上具性誘惑的字眼或詞句來表達性的訊息。例如萊斯特說服葛雷絲・史利克（Grace Slick）在雜誌裡刊登她露胸的照片；還有《Creem》的電影專欄也常找些藉口刊登一些有裸露身體的相片，例如他們就找來安迪・渥侯製作的電影《熱浪》（Heat）中的女、男演員希薇亞・麥爾斯（Sylvia Miles）和喬・達列山卓（Joe Dellesandro）為他們拍攝裸照刊登在電影專欄中；或是把電影《深喉嚨》（Deep Throat）女主角琳達・拉弗雷絲（Linda Lovelace）淫蕩的相片刊登在萊斯特評論的深喉嚨專輯樂評旁邊。而這樣的呈現方式，就讓人想起作家亨利・米勒具爭議性的小說《北回歸線》（Tropic of Cancer），只是那張相片給人的感覺又很滑稽，雖然看起來是表現出性感，但它的性感卻讓人疑惑，當然更遑論感官的感受了。至於很得女人緣的藝術總監查理・歐林傑也很喜歡找當地大胸脯的女孩子當模特兒，來為《Creem》雜誌拍攝自家廣告，尤其是那些印有漫畫家羅伯特・克朗

克朗當初設計Boy Howdy時，其實是在畫一個牛奶瓶而非啤酒瓶

為《Creem》設計的卡通吉祥物T恤更是如此。

　　被《Creem》雜誌冠以「聲名狼藉的性變態漫畫家」的羅伯特‧克朗於一九六九年四月拜訪《Creem》，同時他只收四十美金的酬勞來替他們畫了一個代表《Creem》雜誌的吉祥代表物和一期雜誌的封面設計，不過克朗授與的印刷出版許可權卻更有價值；而克朗的漫畫作品在每一期《Creem》雜誌的出現則更具有象徵性，因為那代表《Creem》已經取代舊金山地區那些過度吹噓的地下刊物的地位。克朗替《Creem》畫的吉祥物是一個嘴裡說著美國南部的招呼語：「嘿！您好！」（Boy! Howdy!）的矮胖卡通罐子。很快地，那個卡通罐子被認為是代表《Creem》雜誌精神的象徵。「Creem Profile」裡的人物介紹照片便開始常看到模特兒手裡拿著一罐印著「Boy! Howdy!」的啤酒罐照片，而且很多讀者也都以為「Boy Howdy!」是一個啤酒瓶子，但是事實上克朗當時畫那個圖案時，他心中想像的是一瓶傳統的牛奶瓶或是酸酪奶瓶。

　　事實上，克朗畫的圖案很明顯地是含有更多層雙關語。大胸寬臀的女人向來是克朗漫畫裡典型的克朗式女人。而他為《Creem》雜誌封面畫的那個卡通圖畫的內容是一個卡通噴漆罐朝一個大胸寬臀的女人臉上噴出一大團似鮮奶油的黏性物質（gloop），於是一位驚恐的母親問：「他對我們的女兒做了什麼事？」接著，另一位女孩喊著：「夢幻鮮奶油先生！下一個換我！」而那個滿臉被噴上鮮奶油的女孩則說：「哇噢！」至於《Creem》的男性編輯則從未特別對克朗具男性射精幻想的性暗示漫畫封面表達任何意見，倒是貝瑞‧克萊莫很喜歡那幅封面，所以他把那幅漫畫刊登在兩期不同的《Creem》封面，分別是《Creem》第二期的黑白印刷封面和一九七一年十一月出版的彩色印刷封面。

　　其實在《Creem》雜誌工作的男性並沒有比其他反主流文化機構的男性員工性感，但是他們仍舊讓《Creem》雜誌的女同事感到沮喪。《Creem》裡面最好的二位女作家羅比‧克魯格和珍‧優黑斯基

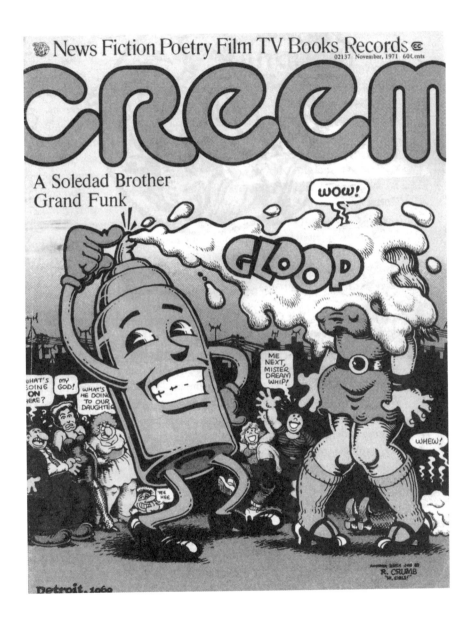

貝瑞・克萊莫很喜歡克朗的設計，所以用了兩次這個封面

萊斯特覺得優黑斯基文章寫的很好；因此便說服克萊莫，讓她從
負責管理訂閱客戶資料的工作，換成編輯的工作

都不是從編輯工作開始的。羅比・克魯格當年因為把愛的珠鍊（love
beads）別在學校制服裙子上而被天主教學校退學，退學後，她便開
始找工作，當她看到《Creem》的徵人廣告要找一個喜歡搖滾樂的打
字員時，她便前去應徵，於是她就被僱用當克萊莫的秘書；至於珍・
優黑斯基則是當年決定退出秘書學校，到大舞廳（Grande Ballroom）
去賣蘇打汽水並等待好時機到來，直到克萊莫僱用她，才開始到
《Creem》工作，優黑斯基說：「我一直期許自己有一天要做《Creem》
雜誌裡男生做的工作，」「我要做搖滾樂的布蘭達・史塔（Brenda
Starr；港譯「橫衝直撞俏嬌娃」）。」布蘭達・史塔是刊登在報紙漫畫
裡一位衝鋒陷陣採訪的女記者人物。

　　優黑斯基剛開始在《Creem》的工作是負責管理訂閱客戶的資料，但是萊斯特很欣賞她寫的文章，因此便說服克萊莫讓優黑斯基做編輯的工作。而克魯格則從剛開始的秘書升為辦公室經理，並且以「film fox」的筆名不間斷地寫電影評論專欄。對於男女平等的議題，優黑斯基說出她的看法：「我向來不同意羅比對《Creem》辦公室內歧視女性的觀點。」「我總是讓身為女性的本質與事實成為我的優勢，善用身為女性的好處；否則，一切都只是空談的論調。」然而，縱使優黑斯基的看法跟她相反，二十五年過後，克魯格依舊反對社會上對於男女平等這件事虛偽的態度與行為，克魯格說：「當你回顧七〇年代初期，那個年代的男人明顯地會以提倡男女平等主義為藉口，然後去得到他們想從女性那裡得到他們想要的東西。」「例如，就好像男性對女性說：『你怎麼不跟我上床？你不是要性解放嗎？』這個社會上對男女有雙重標準，而對於女性權利的維護，只有口惠而不實的空談而已；一般的男性並不瞭解何謂女性主義或爭取女權運動是什麼東西，這是一個永不停止的持續教育，而且這樣的社會實在是讓人精疲力盡。」

　　就某一層面來說，萊斯特在《Creem》雜誌社裡，比較起來算是已被啟蒙的男性。他會傾聽女性抱怨她們的工作和男朋友，而且還建議女性朋友要為自己站出來。一九七二年八月，提倡女權運動的主要刊物《小姐》雜誌（Ms.）刊登萊斯特寫的文章，其內容批評美國搖滾樂充斥男性搖滾歌手與樂手的現象，是男人的天下，他並稱此現象為「陽具搖滾」（cock rock），同時，他也呼籲大家注重女性平等權，他在文章中這樣寫著：「很顯然地，我們需要一個能創造出那種大聲、迷惑、野蠻音樂的女子搖滾樂團到男性的地盤挑戰他們的音樂本事。」雖然萊斯特寫了那篇批評搖滾樂界男性現象的文章，但是大家都知道他老愛幫克魯格取了像是「乳頭」或是「中西部來的擠乳女工」的綽號，不過克魯格總是不跟他計較，因為她認為萊斯特是一個來自男同性戀區、生性善良的怪人，況且很難有人真的會對他大發雷霆的。

　　萊斯特也常常抱怨自己的感情生活，要不就是抱怨自己沒有感情生活。在萊斯特搬到渥爾德湖鎮後，他和安迪之間，起初還彼此每週通信、通電話，當然講電話的次數比寫信多得多，但是他們之間的溝通卻漸漸地越來越少。雖然他們二個人都不急於承認，但是彼此心中都知道他們遲早會分手的。安迪說：「我們仍舊見面、還是朋友，其實在他到《Creem》雜誌工作之前，我們的戀情就已經結束。」「我們都怕跟對方說我們沒有共同的未來，可是那時候我已經二十一歲了，正興奮終於有機會自己面對這個大世界。我已經照顧萊斯特七年了，然後我好像喝了一杯酒後，突然醒來問自己：『啊！我以前怎麼從來沒有這樣做？現在是我自己找樂子、過自己生活的時候了。』」

　　自從萊斯特離開愛爾卡航市後，安迪在一個聊天酒吧（lounge bar）裡的樂團演唱，也繼續在大學參加戲劇演出，而且還試了生平第一次的迷幻藥，並搬出她父母親的家，自己一個人住。在一九七一年年末的時候，她信守先前對萊斯特的承諾，到渥爾德湖鎮住了六個星期，但是她實在討厭那個地方；在渥爾德湖鎮的那段期間，有一天安迪出去買菜，看到一位女生把一包絞肉塞在自己的襯衫裡，於是她當下決定《Creem》雜誌的公社生活絕不適合她的生活方式。而且安迪和她的高中心上人萊斯特，對於重新認定彼此的成人愛情關係有不同的定義，安迪問道：「在經過七年的擁抱接吻關係後，你該如何開始進入熱烈的性關係呢？」

　　雖然萊斯特心裡受傷，但是他從容面對分手這件事。一九七二年春天，在他寫給羅傑‧安德生的信上說：「我不會因為安迪不想跟我住在渥爾德湖鎮而怪她，因為這裡的生活跟地獄一樣無聊；要不是為了替《Creem》雜誌工作，我一分鐘也待不下去。」與安迪分手後，萊斯特分別和一位漂亮的加拿大女孩以及一位已婚婦人有過短暫的戀情，雖然後來那位已婚婦人告訴萊斯特她是女同性戀者。但是這些邂逅仍舊無法減輕他日漸加深的寂寞感，他寫道：「我一直希望，有一天『有意義』的事情將會降臨到我身上。」「或許我只是自悲自憐，

但是如果我這輩子沒找到一個好女人去愛，我想我大概要不就是死了、要不至少變成嗑藥鬼。我這是什麼亂七八糟的態度啊！」

　　為了逃避寂寞，萊斯特越來越將自己沈浸在一瓶瓶的加洛牌波特酒（Gallo port）、一大堆的白板和如酒神般喧鬧吼叫的重金屬搖滾樂當中。那時他寫了一篇分上、下二集刊載的黑色安息日合唱團（Black Sabbath）的樂評，將該樂團的樂聲讚美形容成令千萬人恍頭暈眩、砰砰作響的聲音而頗受好評，他那篇樂評的標題是這樣寫的：〈帶你媽媽到毒氣行刑室：難道黑色安息日合唱團真的是新來的巫醫？〉然後引用貝羅斯的小說《新星列快車》（Nova Express）中的字句做開場。《新星列快車》這本小說中有一個叫做「重金屬小子」（Heavy Metal Kid）的人物，然而萊斯特卻從未在他的文章裡用過「重金屬」這個字眼；其實「重金屬」第一次出現在《Creem》雜誌是比當時再更早一年前――也就是一九七一年五月出版的那期《Creem》雜誌，其中一篇由樂評人麥可・桑德斯（Mike Saunders）評論Sir Lord Baltimore樂團的《Kingdom Come》專輯時用到這個字眼；當然在那之前，Steppenwolf合唱團的〈Born to Be Wild〉歌詞中也用到「重金屬」這個詞；還有它也是悶氣樂團自組的唱片公司名字：重金屬音樂公司（Heavy Meal Music）。桑德斯認為「重金屬」這個名詞的靈感，是來自他和萊斯特的談話中，曾經討論如何形容捕捉一個即將興起的新音樂風格，但是他也不確定是否這就是「重金屬」這個名詞的起源。

　　不管「重金屬」這個音樂類種名詞源自何處，萊斯特無疑地擁抱它的喧囂嘈雜。黑色安息日合唱團是由來自英國伯明罕（Birmingham）工人階級的硬漢所組成的樂團，他們融合恐怖電影的影像和預示不祥的樂聲成為該團的特色。萊斯特喝采頌讚他們的音樂，稱他們為「搖滾樂的約翰・彌爾頓」（the John Milton of rock 'n' roll）。接下來的幾個月，萊斯特更是對Deep Purple、Dust、Black Pearl以及Grand Funk Railroad（不過他對此樂團略帶保留）這些重金

屬搖滾樂團如錘擊似的節奏、吼叫似的吉他演奏、和狼嚎似的唱音擁護有加，而這些樂團卻受到其他樂評家的鄙視。萊斯特對重金屬搖滾樂這樣描述：「就如同它的誹謗者向來所宣稱的，說重金屬只不過是一大堆噪音罷了。」「重金屬不是音樂，它是一種扭曲的表現，而就是因為這樣，它的擁護者才覺得重金屬是如此的有魅力。」

　　就像萊斯特喜歡的重金屬專輯一樣，滾石合唱團陰鬱的新專輯正好反映出那個時代的倦怠無聊和它那未表達出來的能量。萊斯特在他評論滾石合唱團的《流亡大街》（*Exile on Main Street*）專輯時，如此寫道：「當你想要大聲喊叫，沈緩地錘擊自己心中的沮喪，卻又無法喊出口的時候，如果手上有這張高聲喊叫的機器替你嘶喊出心中的抑鬱，你會發覺它真是再方便不過了。」本來當萊斯特剛聽到這張專輯時，他恨透了那張唱片，並稱它是「一沱眾所皆知的熱糊泥粥」和「滾石合唱團出過最差的一張唱片」；不過在那篇樂評於一九七二年夏天擺在報攤上賣之前，萊斯特卻已經改變了他對那張專輯的看法，於是他在一九七三年一月又寫道：「剛開始你會覺得《流亡大街》很難入耳，它那隱藏在幽暗含糊背後的精確與狂怒，是為了確保你每次聽它的時候，還會回頭再去聽幾遍。」「《流亡大街》說的是死亡災難以及在死亡面前的派對狂歡；狂歡派對是明顯可見的，而死亡災難是無法避免的。」

　　萊斯特這篇第二次評論《逃亡大街》的樂評對他這一生有著重要的意義，而這篇樂評也收納在他替滾石合唱團做的特別報導中的一部分；他還做了一個說明滾石合唱團從美國自艾爾塔蒙特鎮巡迴表演開始，如何隔離團員和歌迷之間距離的隨從人員八層圖表。當時紐約的樂評作家羅伯特‧克里斯提高發表一篇散文分析滾石合唱團的音樂；同時，還有一位叫做佩蒂‧史密斯的年輕作家寫了一篇關於滾石合唱團吸引人的主要因素的重要分析文章，最後再加入羅伯特‧克里斯提高的分析散文一起完成整個報導。

　　史密斯看到滾石合唱團第一次出現在《蘇利文電視秀》（*The Ed*

Sullivan Show）時，她如此描述自己的心情：「我當時簡直是緊張呆了。」她興奮得連大寫字母都忘了打，繼續寫道：「主唱對觀眾演唱時，露出他第二層肌膚，看起來比美味的鮮奶還要鮮美；我透過光學的X光掃描感覺到他的長褲，這是個淫蕩傢伙。這五個白人大男孩就跟任何黑人男性一樣的性感，他們的神經是詭異的，他們的第三隻腿在六分鐘內就抬了起來；這五個精力充沛、色慾橫流的景色在我貞潔的褲子裡帶給我第一次黏稠的感覺。」

　　在紐澤西州郊區長大的佩蒂‧史密斯，這時候開始在紐約市贏得詩人的聲名，她經常寄自己寫的詩給萊斯特和馬須，而他們也都很樂意地把史密斯的詩刊登在《Creem》雜誌上。史密斯跟搖滾樂的接觸是透過她的男友，也就是藍色牡蠣膜拜樂團（Blue Oyster Cult）的吉他手艾倫‧賴尼爾（Allen Lanier），以及她的好友兼吉他手藍尼‧凱（Lenny Kaye）；但是除此之外，她心中還有更大的計畫，於是，史密斯於一九七二年夏天，自己去密西根州見她的編輯們；當她到《Creem》的辦公室拜訪時，萊斯特便開始興奮地大喊：「嗨！我們以前在藍色牡蠣膜拜樂團在長島（Long Island）辦的派對上見過面！當時我已經被傑克丹尼爾威士忌給灌醉了，於是我朝你走過去問你：『你唱歌嗎？』你回答說：『不。』於是我說：『哦！這你不用擔心，我們所有的搖滾樂評家都會寫說你會唱歌，而且會說你有全世界最棒的嗓音，然後大家都會相信我們寫的，而你也就會跟著相信自己真的會唱歌，最後你就會成為全世界最棒的歌手。』」

　　馬須真不敢相信他當時聽到萊斯特跟史密斯說的話，於是他抱怨地跟萊斯特說：「你當時並沒有對她那樣說。」而史密斯也認為萊斯特只不過是一陣呼嚨而已。事實上，史密斯和萊斯特有著相似的成長背景；小時候，史密斯也和萊斯特一樣，跟著她那耶和華見證人教徒的母親挨家挨戶地賣《守望台雜誌》。在訪問《Creem》雜誌的那幾天，史密斯跟雜誌社的一群人一起去看藍迪‧紐曼（Randy Newman）在派恩那柏音樂廳（Pine Knob）舉行的音樂會，在萊斯特給羅傑‧

安德生的信上提到這個音樂會，他寫道：「第一個表演的是一個叫做吉姆・克羅斯（Jim Croce）的呆子在台上演唱，他長得像法蘭克・札帕，但唱得像詹姆斯・泰勒。」「你可不要對吉姆不禮貌……於是，在觀眾群中，我和佩蒂開始做一些令人討厭的事，我們大聲喊叫說：『鮑伯・迪倫在哪兒？』然後我像個蠢蛋似地粗聲大唱：『I'VE SEEN FAHR AND I'VE SEEN RAAAAAAIIIIN！』」

看到史密斯和萊斯特這樣做，馬須當場覺得很丟臉，於是便衝出音樂會，離開會場，至於史密斯和其他的《Creem》雜誌的人則度過了一段愉快的時光。在史密斯回到紐約之前，她幫萊斯特安排了一個約會，介紹她的好朋友茱蒂・林（Judy Linn）給萊斯特認識。茱蒂・林是一位攝影師，她幫當地一家郊區社區報紙工作。在渥爾德湖鎮舉辦的一個派對上，茱蒂・林跟萊斯特坐在同一張沙發裡，她對萊斯特說她曾經在WABX-FM電台裡聽到他當來賓DJ的事，她對萊斯特說：「你那天播放的音樂實在是垃圾，我對自己說：『哇！這傢伙淨懂得這些東西。』於是我便想打電話到電台給你，然後跟你說：『嗨！寶貝，我是你的了，把我領回去吧。』可是我後來膽怯，打了退堂鼓。」有一陣子，萊斯特以為他找到了真愛，他不敢相信他的好運，就如他自己寫道：「這可不是每天都會發生在我身上的事。」「起初，我們每天晚上都見面，唯一沒見面的時間就是我們都在各自工作的時候，這樣的情形大約維持了一個禮拜。接著第二個禮拜開始，我們每隔一天見面，於是有一個晚上我試著不要顯露傻蠢樣子地對她說我愛她。」

但是萊斯特的表白對茱蒂・林來說卻太快了，於是這段感情就這樣早早結束。而萊斯特的生活又再度回到往常的例行工作，他在渥爾德湖鎮的室友們經常在半夜醒來時，看到他在客廳裡四肢大開地躺在一張以前理髮店常用的老舊椅子上，一個空酒瓶在他的腳下，而黑色安息日合唱團的《Master of Reality》唱片則在唱盤上兀自旋轉著，雖然萊斯特戴著耳機聽音樂，但是從耳機傳出的音量大到整個屋子裡

的其他人都睡不著，然而對萊斯特來說，那喧鬧的聲音就跟搖籃曲一樣的柔和，而他，就在自己的打鼾聲中愉快地微笑睡著。

第六章

持續狂歡直到一九七五年

　　一九七三年萊斯特回加州過聖誕節時，應聖地牙哥當地搖滾樂電台KPRI-FM之邀，到他們位於第五大道（Fifth Avenue）的錄音間接受訪問；就在萊斯特與DJ閒聊的同時，有個叫做卡麥隆・克羅（Cameron Crowe）的年輕人站在錄音間對面、透過玻璃帷幕看萊斯特播放Dust、Savage Rose、Hawkwind等樂團狂野、吵雜的唱片。當時克羅只有十五歲，還不能考駕照，所以是由他母親開車順道載他到電台附近的；回程則必須自己搭公車。

　　事後克羅將自己做的簡報寄到《Creem》雜誌給萊斯特看，萊斯特回了一封信，信上這樣寫著：「就一個來自聖地牙哥的男孩來說，你的文章寫得很不錯」，同時還附上一個任務，要克羅寫一篇陽春餡餅合唱團（Humble Pie）合唱團的採訪報導。萊斯特那時候還不知道他的崇拜者只有十五歲，是不被允許進入俱樂部的；不過克羅卻有辦法混進陽春餡餅合唱團表演的俱樂部，並成功採訪到他們。這篇報導在一九七二年十月刊登在《Creem》雜誌上。過了幾個月，有一天當萊斯特走出KPRI-FM廣播電台的錄音間，有一個從對街跑過來的男孩到他面前向他自我介紹，那就是克羅。於是他們便一起到漢堡店吃東西，並聊一些音樂、寫作、和感情的事。

　　克羅事後回憶道：「當時萊斯特提到一位仍住在聖地牙哥的女孩傷了他的心。那時候，萊斯特還愛著她。」「當時我見到他的第一個感覺就是，這傢伙本人實在不像the Stooges樂團的風格，反倒比較像The Left Banke合唱團，他對那位女孩依舊念念不忘，實在是一位很浪漫的人。看到萊斯特這樣，讓我確信，即使你的模樣很具侵略性，如果有一顆善良的心，你看起來還是很酷的。」

　　萊斯特那天穿著一件印著「Guess Who」的T恤，他告誡克羅要小心音樂界一些危險的騙局，他對克羅說：「不要成為一個到每個宣傳派對裡免費吃喝的人。」可是克羅這輩子卻還沒喝過任何酒。克羅回憶道：「他對我說我將會被邀請到洛杉磯，然後那些人會對我誇大其詞；他說他們會收買我、使我墮落，他要我小心這些陷阱。那時候我就像電視影集《天才小麻煩》裡面的主角小麻煩畢佛·克利佛（Beaver Cleaver），而萊斯特則像艾迪·哈斯凱爾（Eddie Haskell）和威利（Wally）——畢佛·克利佛哥哥的混合體。」

　　克羅問萊斯特關於《滾石》雜誌的事，萊斯特告訴他要小心《滾石》雜誌的伎倆，他對克羅說：「他們會改你的稿子，更改你寫的內容。」

　　對萊斯特來說，跟克羅會面是這次回到聖地牙哥唯一令他感到愉快的時光。至於母親諾瑪，則對他喋喋不休地傳遞世界末日即將到臨的訊息。耶和華見證人教派在那陣子又預言出另一個新的世界善惡決戰日，並且說那個日子就快要來臨。因此到天國會堂聚會的教友人數達到五百萬人的最高峰，其中一些忠貞的教友已經開始賣掉他們的房子、不去上學、延緩婚期、用光他們的養老積蓄；耶和華見證人的教友們喊著一個口號——「照著教規湊合著過日子到一九七二年；你就可以活到一九七五年。」

　　萊斯特試著跟諾瑪講道理，說她的教會到目前為止已經對世界末日的預言做了兩次錯誤的宣告，但是諾瑪就是不肯接受萊斯特的勸告，於是萊斯特只好隨便打發敷衍她。

　　而萊斯特和安迪的見面再也不像以前一樣愉快了。新年期間，他

們兩個人到安迪的朋友舉辦的派對，萊斯特這樣描寫著：「派對裡大部分的人都是性開放的單身男女，或者他們試著裝做是這樣的人。」「所以當我跟派對女主人跳著性感挑逗的舞時（就像《醫生的太太》（*Doctors' Wives*）那部電影一樣），我的前任女友對我輕挑的言行感到非常生氣，她說道：『你在乎什麼？你沒種跟我做愛！』接著就哭了；後來在車裡，由於醜陋猛烈的酒精作祟，充滿性沮喪的我，用力地把指甲戳進她的手腕裡，直到她流血為止，她罵我是一個娘娘腔的傢伙，我的確是的。」之後，萊斯特回到密西根州，內心比以前更加孤單。

在渥爾德湖鎮，萊斯特經常以超快的速度幫《Creem》雜誌大量寫樂評。除此之外，他還寫了十幾篇詩、歌詞、還有給他朋友的信。他依舊還在增添修改《嗑藥龐克》和《小斑點的日記》這兩本自傳性小說；而這段期間他唯一寫的新小說，是叫做《約翰·科川永存不朽》（*John Coltrane Lives*）的滑稽好笑自傳式故事，其內容主要敘述自己藉由吹薩克斯風去搔擾、惹惱他在愛爾卡航市的女房東。另外還有一篇未發表的故事，則是講述一個年輕人對滾石合唱團過度著迷，導致對自己的人生產生不良影響；萊斯特打算把這篇故事跟他寫過所有關於滾石合唱團的文章，一起收錄成一本關於滾石合唱團的文選集；那時候作家馬克·須柏（Mark Shipper）已寫了一部關於披頭四的幽默小說，書名叫做《平裝本作家》（*Paperback Writer*）；在訪問須柏之後，萊斯特決定寫一本關於滾石合唱團的主唱米克·傑格和他的合唱團的小說，他寫了第一句開場白「狄恩·馬丁亢奮流鼻血」（Dean Martin had a hard-on），不過這本小說卻從未完成。

在萊斯特寫給他的第一位編輯奎爾·馬可仕的信上，這樣寫著：「我大概從來沒有像現在一樣，那麼地喜愛寫搖滾樂的東西；我也從未像現在這樣有如此多的時間，更從未如此充滿寫作慾望。」「就份量與重要性來看，搖滾樂已經不足以讓我投入所有的時間去寫。」萊斯特渴望能夠把時間跟精力專心投入去寫一本真正的小說——一本與

音樂無關的小說。

　　根據自我吹噓的「新新聞」工作者湯姆·吳爾夫（Tom Wolfe）的論調，著迷於寫小說已是過時的作法，在他一九七三年出版的文選集《新新聞學》（*The New Journalism*）裡頭，他這樣寫：「你很難在四〇年代、五〇年代、以及六〇年代初期，解釋寫小說是一個美國人的夢想。」「小說僅只是文學裡的一種表現方式，它是一個心理學的現象。」從一九六〇年代中期，不少作家，包括蓋·塔利斯（Gay Talese）、諾曼·梅勒（Norman Mailer）、瓊恩·狄迪翁（Joan Didion）、喬治·皮林姆普頓（George Plimpton）、楚門·卡波惕（Truman Capote）、泰瑞·紹仁（Terry Southern）、杭特·湯普森、當然還有吳爾夫本人，都開始在《紳士雜誌》、《紐約先驅論壇報》（*New York Herald Tribune*）、《紐約雜誌》（*New York magazine*）等刊物用傳統新聞報導寫作方式的寫文章；吳爾夫寫道：「這樣新的寫作方式，或許一開始你會覺得它是審慎、謙卑、恭敬的，讓你發覺或許新聞報導也可以寫得讓它像讀起來像讀小說一樣。」

　　在一九七三年之前，新新聞學的寫作技巧幾乎可以說已經在搖滾樂舞台邊緣搖筆起舞。早在一九六五年的時候，吳爾夫就已經替《紐約先驅論壇報》撰寫過唱片製作人菲爾·史貝克特（Phil Spector）的人物報導；三年後，他又替死之華樂團的好友「快樂的惡作劇者」（the Merry Pranksters）記錄他們的強烈自助迷幻藥試驗（The Electric Kool-Aid Acid）過程。而樂評作家羅伯特·克里斯提高替吳爾夫的文選集寫的一篇文章竟不是關於搖滾樂的內容，而是一個關於一位女孩因為使用延壽飲食法（macrobiotic diet）而餓死的特別報導；還有一九七一年十一月的《滾石》雜誌刊登杭特·湯普森寫的《賭城迷幻之旅》，這本小說就像是重寫凱魯亞克寫的《旅途上》，只不過湯普森用迷幻藥代替酗酒，但是文中卻鮮少提到音樂。因此，現在已經到了該是有人給新新聞學一個搖滾衝擊的成熟時機了。

　　萊斯特替《Creem》雜誌所寫的專題報導當中，像是「Jethro Tull

in Vietnam」、「Screwing the System with Dick Clark」、還有一篇標題爲「Blood Feast of Reddy Kilowatt!」的文章是以搞笑版本來終結 Emerson, Lake & Palmer合唱團的樂評，他認爲這幾篇作品所呈現的寫作技巧已經到達可以根據音樂的聲音與語言寫出評論性的新聞報導。爲了證明自己能夠跟吳爾夫一樣地自誇自擂，萊斯特於一九八二年提到，說「這幾篇文章和其他的作品將影響這整個世代的年輕作家，或許連音樂家也都將受到這個影響。」但是萊斯特所有的作品當中，沒有一個比他記錄他和路・瑞德訪問報導的文章來得更具影響力。

　　萊斯特第一次寫路・瑞德的報導刊登在一九七三年七月出版的《Creem》雜誌上，其標題爲「在電話亭裡的聾啞人士：跟路・瑞德見面的好日子」（Deaf Mute in a Telephone Booth：A Perfect Day with Lou Reed）。這篇文章的內容主要是報導一九六九年萊斯特第一次在洛杉磯與路・瑞德見面，以及一九七一年一個未公開的電話訪談。

　　一九七二年，瑞德錄製了他第一張個人同名專輯《路・瑞德》，該專輯是由搖滾樂評人理查・羅賓森（Richard Robinson）製作，並由英國專業的錄音室樂手參與爲他演奏，就如萊斯特寫的「這張專輯雖然不會讓整個地球燃燒起來，但是就我們這一代的流行歌曲作曲者來說，路・瑞德可以說是最棒的一位。」接著的下一張專輯於一九七三年由大衛・鮑伊（David Bowie）製作，這張專輯裡帶有爵士風格的單曲〈Walk on the Wild Wide〉成爲當時的暢銷曲，不過這首曲子降低了原有地下天鵝絨樂團那種處處描繪安迪・渥侯複雜而頹廢的樂風，轉而成爲輕鬆而略帶誇張的諷刺歌曲。而且就在這同時，瑞德也藉由大衛・鮑伊那張《Ziggy Stardust》專輯裡所創造出的科幻人物，重新塑造自己成爲一位打破性別界線，深具中性魅力的華麗搖滾歌手。

　　萊斯特對跳脫傳統男女兩性選擇的第三類性別概念非常著迷，他一直追問他底特律的雙性戀朋友，詩人唐納・詹寧斯（Donald Jennings）這類的問題。詹寧斯說：「萊斯特對所有的異類都很感興

趣，」「毒販是社會異類，同性戀者也是社會異類，這也是爲什麼他會喜歡地下天鵝絨樂團第一張唱片的原因，因爲那張唱片正是異類的寫照。」但是當發現華麗搖滾風格將一切都簡化成裝腔作勢的模樣時，萊斯特感到非常驚訝；於是他將一九七三年八月出版的《Creem》雜誌封面報導標題訂爲「搖滾樂裡的雌雄同體」，同時在文中問道：「能不能請真正的同性戀挺身站出來？」

　　如今「名人專訪」的標準格式，都是報導作家與名人會面的情形。萊斯特沈浸在這些名人的風采裡，用他機智的妙語記錄每一次的訪談，然後帶著一篇幾千字的草稿離開飯店。而這些內容都是由受訪名人預先準備好，以增加他們閃亮形象的問題答案。不過萊斯特在底特律訪問瑞德的時候，卻採用了不同的方式。他如是寫著：「你充滿期待地走進假期飯店的晚宴大廳，終於見到不論在音樂與心理學方面都是我們這一代最偉大的先驅領導者之一。」「你坐在那裡，很快地警覺到那位坐在附近，看起來面無表情，不太客氣的胖男人，身邊圍繞著許多人，其中包括他的新任金髮老婆貝蒂（Betty）。」萊斯特朝瑞德走近，準備將「真正的」路·瑞德介紹給大家：一位臉色蒼白、雙手不停地顫抖，有如住在療養院的的藝術家；他的太太和隨從們則隨時滿足他各種不同的需求與奇怪的念頭，其中包括他對約翰走路黑牌（Johnnie Walker Black）威士忌永不滿足的渴求。

　　英國新聞作家尼克·坎特（Nick Kent）也坐在當時的訪談會上，他回憶道：「當時瑞德完全瞧不起萊斯特。我想我現在要說的事情可能會引起爭議，瑞德雖不可能是雙性戀者，但是他那天就是覺得萊斯特怎麼也無法吸引自己去多看他一眼；如果那天萊斯特像貧窮的英國人一樣掛兩條圍巾在脖子上，或跟我一樣是穿得像迷死人的搖滾巨星，那麼瑞德可能或多或少跟他有所牽連，至少是基於外表的風格假象而讓彼此有所關連；那段時期，瑞德的《Transformer》專輯正在市場上賣，他那陣子就只賣那些中性風格的玩意。誠如大家所說的，萊斯特看起來就像導演羅伯·瑞納（Rob Reiner），只不過頭髮比較

長、嘴上還留著八字鬍，況且他喝酒喝得太凶，甚至還有些微讓人不太好受的體臭問題。」

瑞德不喜歡萊斯特探討真相的意圖，而萊斯特則拒絕接受瑞德刻意製造的新假象。在瑞德的音樂會結束後，萊斯特到瑞德的飯店套房做第二次的訪問，這次他配合瑞德的每一個步驟，開始對瑞德丟出誘餌：「嘿！路，你不覺得茱蒂·嘉蘭（Judy Garland）是一個超爛的歌手，還不如趁早隱退嗎？」

結果瑞德回答說：「不！她是一位偉大的女士，是一位非常聰明、風趣的女士。」

萊斯特又問：「嘿！你不覺得大衛·鮑伊是一個沒有才華的蠢蛋嗎？」瑞德回答：「不！他是一位天才！他才華橫溢！」

萊斯特又刺探性地問：「哦！拜託！那麼那些外太空怪事又是些什麼東西？」「那些只不過像是保羅·坎特納（Paul Kantner）一樣的陳腔濫調罷了！」

瑞德氣急敗壞地說：「不！那是一個曠世傑作！哦！你真是滿口胡言亂語！」

萊斯特還不放棄，反而問瑞德一些私人、具誹謗性的問題，他問瑞德：「嘿！路，你怎麼不再注射毒品了？那麼你就又可以創作出一些很棒的東西！」

瑞德說：「我還在注射，是我的醫生給我的，」「嗯！不是！事實上，他們給我注射的只是梅太得林（Methedrine）和維他命的混合劑……哦！不是！事實上，那些只是維他命C注射劑……」

萊斯特如此記錄他和瑞德的訪談：「我們就這樣一來一往地對話一陣子，」「最後，整個訪談像飄落的片片雪花般漸漸轉為寂靜，然後他的一位女助理必須進來抬他進臥室，但是我將永遠帶著他留在我腦海中的最後一幕，他像一袋馬鈴薯一樣掉到椅子上，永遠搖頭晃腦地吸吮著他那慾求不滿的蘇格蘭威士忌，讓自己的身影消失在陰影中，看起來就像一位在電話亭裡講電話的聾啞人士。（儘管如此，瑞

德在我心目中還是很酷的；還有，前一句話是我借用他的詞的）如果我這些話讓你開始同情瑞德，那麼恭喜你，你已成為路‧瑞德的歌迷，因為那正是他所想要的。」

於是兩人對抗的第一回合由萊斯特獲勝；當時也在場的尼克‧坎特則以旁觀者的立場全部看在眼裡，並且對當時現場的狀況感到震驚，因為他這次來底特律的目的就是為了見他心目中的偶像，他想要見到的不是瑞德，而是他仰慕已久的萊斯特。

被英國牛津大學以及倫敦大學踢出校門的坎特，因為看到萊斯特在《滾石》雜誌和《Creem》雜誌寫的樂評而得到啟發，他於一九七二年開始替《新音樂快遞》（New Music Express）週刊寫文章。坎特說：「萊斯特是一位詩人。」「他寫的東西可不是什麼沒頭腦的瞎扯淡，他對有一種操控文字的神奇力量。」當這位英國人於一九七三年春天突然出現在《Creem》雜誌的辦公室門前，他如此描寫那天的心情：「我在造訪萊斯特之前，先吞了兩顆白板，以為這樣會讓我消除一些心中的緊張。」「對萊斯特溫暖寬廣的心胸，再多的讚美也不足夠，因為當我結結巴巴地問萊斯特這位當代最偉大的作家，如果不方便傾囊相授的話，是否至少可以給我一些建議，指引我如何達到像他那樣如此強烈的創造力，不要說跟他完全一樣，但是至少大約接近他的寫作強度，沒想到出乎意外地，他竟然很好心地回答：『當然，沒問題。』」

有一天早上，坎特發現他的啟蒙老師一個人坐在廚房裡哭泣，原來是因為他讀到《滾石》雜誌刊登卡洛琳‧卡薩迪（Carolyn Cassady）寫的一篇批評凱魯亞克的文章，裡頭形容凱魯亞克的一生不過是一場可憐可悲的現實壓迫；坎特說：「他對那篇文章的內容非常生氣，很明顯地，凱魯亞克對他有很深很重要的意義。」跟隨在萊斯特身邊二個月後，坎特帶著新的寫作觀點回到英國，他說：「我瞭解到我必須整合自己的才華，」「我不能再隨便亂寫一通，那段一起生活的日子，班恩斯已經告訴我該怎麼做，做你自己，要有穿透真相的能力，

不要到處閒扯瞎混。」

♩ ♪ ♫ ♪ ♫ ♪

　　在第一個搖滾樂評寫作風格建立的七年後，大部分的美國搖滾樂評作家可以區分為四大派別。第一類稱為學院派，其代表人物為羅伯特‧克里斯提高、約翰‧藍登、奎爾‧馬可仕、愛倫‧威利斯。這些人的寫作風格多以緊密、有時甚至難懂的寫作風格為其特色；第二類稱作歷史學者派，其主要代表人物像是藍尼‧凱（Lenny Kaye）、圭格‧蕭，這類樂評家頌讚一些名不見經傳、沒沒無名的樂團與歌手，而且他們大多以熱情歌迷的心態去寫樂評，並且儘量避免負面批評的字眼；第三類樂評人是一點都不批評的樂評寫手，他們的樂評大多是寫一些關於歌手的八卦消息，這類作家包括莉莉安‧洛克森和麗莎‧羅賓森為代表人物，他們是搖滾樂評界的希妲‧哈波斯（Hedda Hoppers），用八卦作家沿街叫賣巨星們的猥褻隱私；最後一類樂評作家是一些不按牌理出牌、愛爭論、與眾不同且特立獨行的樂評家，評論作家詹姆士‧渥寇（James Wolcott）稱這類的搖滾樂評人為「噪音男孩」（the Noise Boys），其中以約翰‧曼德爾頌（John Mendelssohn）、理查‧梅爾哲、尼克‧拓齊斯、還有萊斯特‧班恩斯為代表人物。

　　雖然「噪音男孩」也投稿到許多報章雜誌，但是他們卻在《Creem》雜誌得以發揚光大。他們把自己的寫作看做是一種藝術的表現，雖然他們像宮中弄臣般地不喜歡承認這個事實——不過至少在他們的心中，寫作的地位和音樂是同樣重要的。至於作家杭特‧湯普森，他常自稱為剛左博士（Dr. Gonzo），他們的讀者常常無法將作家與小說中的人物分開，以致於作者本身也常常把自己和自己創造出來的故事角色混為一體。

　　以洛杉磯為基地的約翰‧曼德爾頌是一位奇怪的人，並且頗不受

到同儕的喜愛。他是狂怒自負與神經過敏的精神官能症怪異混和體。他頌讚瀕臨死亡、詭異風格的樂手，像是英國的The Kinks合唱團、大衛·鮑伊，但卻又用像木棒似的文字戳刺齊柏林飛船合唱團（Led Zeppelin）和Grand Funk Railroad樂團這類的硬式搖滾樂手。在他精神躁狂的時候，他用「洛杉磯之王」來形容自己，而他也因為讚揚自己成立的一個不怎麼樣的「Christopher Milk」樂團而成為第一位從美國西岸聲名遠播到東岸的樂評作家；而且他對只大肆宣傳自己的樂團、卻大力撻伐其他樂團的作法並不以為意，也因為如此，他身兼樂手與樂評者的矛盾角色漸漸地不受到搖滾樂界的歡迎。

　　曼德爾頌於一九九七年說：「對我來說，批評就是對有權勢的人加以嚴厲抨擊，好把他們嚇得全身顫抖。」「寫作，在我看來，就是炫耀賣弄自己和享受它光榮的成果。現今的樂評作家可分為三類，像是由馬可仕和克里斯提高為代表的學者派；還有像東岸那一堆無法無天、不修邊幅的酒鬼；最後，就是像我這類的樂評作家，我之所以出類拔萃，是因為我的穿著像洛·史都華，況且別的樂評作家可不像我一樣常洗澡。」

　　雖然不像萊斯特那樣不像話，有些時候，大家公認理查·梅爾哲也是喝得爛醉如泥的。自從他那篇〈搖滾樂之審美哲學〉（The Aesthetic of Rock）於一九七〇年發表後，梅爾哲便開始稱自己為「紐約市的次要名人」。他替《Creem》雜誌和《Fusion》雜誌寫的樂評都是用本名署名，但是他也用其他的筆名，像是Borneo Jimmy、Audie Murphy, Jr.、Fort Gray O'Hunky、the Night Writer的名字投稿到別的出版刊物；但是不管用什麼樣的筆名，梅爾哲寫的文章大多還是寫關於梅爾哲的故事，儘管有時候他偏離這個主題去評論他認為具不同音樂種類與文化現象的議題。但或許是因為他曾就讀耶魯大學的緣故，他後來很厭惡學院派式的語法；到了七〇年代中期，他開始用像是街頭龐克式的口語筆調來寫作，後來他這種寫作風格也被其他作家大量地模仿。

　　萊斯特曾於一九八二年說：「我認為唯一影響我的搖滾樂樂評作家，就只有梅爾哲。」「事實上，他還曾經指控我，說我整個寫作風格都是從他那裡偷學來的，但是我認為他說的並不是事實。」

　　萊斯特和梅爾哲之間最大的不同點在於，萊斯特從來沒有忘卻他對噪音的喜愛；至於梅爾哲，則依舊保持他對搖滾樂的熱愛，然而他至愛的那種搖滾樂卻早已在一九六八年就不復存在了；就如他自己寫道：「在七二、七三年之前，搖滾樂就已經不太活躍了。」「在那時候，我還可悲地堅持對搖滾樂的堅定信心，在它還沒有變成百萬美金賺錢大生意之前，而這樣的堅持卻讓我在雜誌社、唱片公司諂媚者、唱片出版公司、唱片宣傳人員的眼中成為不受歡迎的人物。在這樣的假設之下，他們的理論基礎是說我「高度不合作」，但「高度不合作」卻是真正搖滾樂經驗所無法縮減的核心，而今如果我不經常以這樣的態度去做的話，沒有其他人會去這樣堅持，所以，再會了！搖滾樂。我將只會在滾石合唱團的媒體宣傳派對上跳進噴泉裡、或是在Bitter End酒吧裡朝那位惱人的歌手丟雞骨頭、或是嚴苛地批評自己從未聽過的唱片專輯或音樂會、或是把一篇文章中字的順序前後顛倒、或沒有任何理由地每讀四個字後刪掉一個字。」

　　而向來浪漫的萊斯特，則視梅爾哲、拓齊斯以及他自己為「垮派」的繼承者，他宣稱自己是凱魯亞克的衣鉢繼承人，而梅爾哲則自封是繼承尼爾‧卡西迪的衣鉢，至於拓齊斯則選擇作為威廉‧貝羅斯的繼承人，他們當中竟沒有人願意選擇艾倫‧金斯柏格當他們的先師。

　　出生在紐澤西州紐瓦克市（Newark, New Jersey）的拓齊斯，則在父親經營的酒吧裡長大。他選擇不上大學，而到位在哈德遜河（Hudson River）對面曼哈頓區（Manhattan）的可愛內衣公司（Lovable Underwear Company）做剪貼藝術家的工作。但是一九七二年一月某一天中午，他出去吃午餐後，就再也沒有回去公司工作了。不過，在那之前，他早已開始寫作投稿，其中以唱片樂評和散文居多，他最拿手的是替一些被埋沒的搖滾樂手做人物報導，而這些文章

正是模仿希臘悲劇戲劇性張力以及《舊約聖經》的華麗散文體,而這兩種文體正是啓發他寫作的根源。他希望能找到幫他出版小說或詩集的出版公司,但在等待機會的同時,他就靠寫搖滾樂評賺一些零用錢,而且還會有讀者對他寫的樂評給他回應。多年後,拓齊斯說:「我很幸運當時活在一個特別的年代,因為那個年代的環境允許我做這樣的事。」「當時我只不過是一個心中不知所措的年輕人,那時候也有很多其他不知道該做什麼的瘋狂年輕人,但我卻很僥倖地找到允許讓我用我喜歡的寫作風格去寫我所想要寫的東西,而且還會有讀者反應,說喜歡我寫的文章。」

當萊斯特到東岸替《Creem》雜誌做報導時,常常不住唱片公司幫他安排的飯店,反而跑去梅爾哲和拓齊斯的住處,跟他們擠在一起。因為他痛恨一個人獨處,他覺得自己與紐約這樣的大都市格格不入,而他在紐約的朋友們則覺得他是鄉下人。有一天他們一起在百老匯的White Rose酒吧喝酒,拓齊斯偷拿萊斯特的皮夾,然後拿出皮夾裡的錢借給萊斯特付計程車費,拓齊斯說:「我不記得他後來有沒有把錢還給我。」另外一次,萊斯特在紐約市的地下鐵裡醒來,不確定自己那整晚曾去過哪裡,於是他滿頭都是乾稻草地跑去按拓齊斯的門鈴,拓齊斯還在納悶萊斯特怎麼會在紐約市找到稻草呢!

拓齊斯說:「我和萊斯特之間有一些共通處。」「我們兩個人都沒有大學文憑可以當靠山或後路,而且我們兩個人都是酒鬼。但在其餘各方面,我們兩人就如同水與火,我們喜歡不一樣的書、音樂、毒品,就連喜歡的女孩子也是不同類型的。」而喝酒則把他們和梅爾哲串連成一個三方通向的友誼,梅爾哲說:「萊斯特是我的朋友,在我的印象中,我跟他比較像是酒友,反而不像是同儕作家的關係。」「那時候我和拓齊斯曾討論過這個話題,我和他都不把萊斯特當作家看,因為我們覺得他老是把『作家萊斯特‧班恩斯』的身份掛在臉上,而這在我們看來實在有一點昏庸,所以我們還是把他當作酒友比較合適。」

　　雖然萊斯特幾乎在每一期的《Creem》雜誌裡都刊登梅爾哲和拓齊斯的文章，但是那並不代表他們在工作上沒有任何磨擦。七〇年代初期，梅爾哲在《Creem》雜誌裡有一個叫做「Dust My Pumice」的專欄。一九七三年某一天，萊斯特寫信給梅爾哲，希望他能夠寫得再好一點，萊斯特的信中這樣寫著：「身為你的讀者和朋友，我真誠地請求你好好地寫些好文章。」梅爾哲是一位熱切的棒球迷，因此他以模仿嘲弄《紐約時報》列出全美前兩百名最佳打擊者名單的方式，在《Creem》裡另闢一個新的專欄，他說：「我根據兩百個字的音節列出美國職棒大聯盟前七百位球員的名單。」「但是萊斯特並不欣賞這樣的幽默。他認為我是在愚弄讀者，而他並不想欺騙讀者們。他對我這樣做很不高興，因為他覺得我沒有對他喜歡的樂團投入和他相同的心力。」而最後梅爾哲的新專欄也以不體面的方式收場。

　　一九七四年春天，這三位「噪音男孩」的代表人物參加在水牛城（Buffalo）一個由大學贊助的搖滾樂評人座談會（Rock Critics' Symposium），這個座談會是一群年輕作家，包括蓋瑞・史派羅札（Gary Sperrazza）、喬・芬巴赫（Joe Fernbacher）、比利・奧特曼（Billy Altman）等人策劃的。在萊斯特的敦促下，主辦單位也邀請MC5合唱團的前主唱羅伯・泰納與會。萊斯特和羅伯・泰納第一次見面的情形就跟他和該樂團的吉他手偉恩・克萊莫第一次見面的情況很相似；當羅伯・泰納一見到萊斯特，他就說：「你就是那個幾乎毀了我音樂事業的混蛋傢伙。」但這句話卻也是一段美好友誼的開始，泰納於一九九〇年寫道：「我後來因為認識他的才華與敏銳機智而尊敬他，」「他是一位充滿龐大好奇心、以熱切的慾望用各種可能的方式去追求真相的人。」

　　萊斯特和泰納在水牛城見面的那一天，他正好犯酒癮，於是他便和泰納一起到機場裡喝起Wild Turkey酒來，直到三天後才飛離機場。在水牛城那幾天的日子，其他的樂評作家都是到希爾頓飯店（Hilton Hotel）去住雙人房，只有萊斯特和泰納跑去住在水牛城州立大學的

宿舍。當他們一進宿舍房間，萊斯特一邊巡視只有衣櫥那麼大的房間，一邊說：「噯！終於到家了！」然後便搖搖晃晃地走進浴室，準備爲當晚的派對做一番清洗打理，當他抹好滿臉的刮鬍慕斯從浴室走出來借刮鬍刀的時候，一位女學生正好跑進來看到他、又馬上尖叫跑出去，這時萊斯特還不曉得他和泰納進去的竟然是女生宿舍。

　　後來，梅爾哲和拓齊斯也跑過來跟他們會合，希望能在派對裡左右逢源釣到馬子，但很可能是因爲他們唱的歌曲〈水牛城的女孩，今晚跟我出遊好嗎？〉（Buffalo gals, woncha come out tonight?）令人退卻，因此派對裡的女孩子似乎不太搭理他們。在派對裡混一陣子、沒有斬獲之後，他們決定放棄派對、前往一個頗受當地大學生喜愛的地下酒吧Mr. Goodbar去試試運氣。儘管當晚下著不小的雨，但是Mr. Goodbar的門口已經排滿等待進入的人群。當這群搖滾樂評作家抵達Mr. Goodbar的門口時，一位長得很像貓王的保鏢不讓他們進去，於是梅爾哲問：「他媽的，爲什麼不可以進去？」結果這位保鏢用手指著正站在雨中搖擺打鼾的萊斯特，然後說：「因爲那個傢伙已經睡著了！」

　　這時候，不愉快的氣氛在討論小組的成員裡蔓延開來。圭格・蕭因爲前一晚其他作家放他鴿子而感到不悅。而萊斯特看到約翰・曼德爾頌的索羅式八字鬍（Zorro mustache），劈頭就說：「你看起來就像一個糟糕的墨西哥人。」曼德爾頌說：「我想你們可能覺得我應該把那句話當作是天才作家鄙視別人的特權，但是在我聽來卻很傷人刺耳。」那時候，其中有幾位樂評作家嚴厲抨擊曼德爾頌的樂團，曼德爾頌回憶說：「那時我經歷了一個短暫、愚蠢的大男人時光，他們大聲嚷嚷說我應該朝尼克・拓齊斯的鼻子狠狠地揍下去。」「但是當時佩蒂・史密斯和藍尼・凱跟我保證說，如果我真的打下去，我等於是替自己簽了死刑執行令。那時候，佩蒂在那裡演唱，我覺得她實在非常討厭，我現在仍這樣認爲。」

　　史密斯和凱從一九七三年年末就開始一起演唱，他們唱的曲子包

括〈Piss Factory〉、還有〈Hey Joe〉，這首曲子當中還有一段報業鉅子女繼承人佩蒂‧赫斯特（Patty Hearst）的獨白。那陣子，萊斯特開始迷戀史密斯，在那整個座談會的週末，萊斯特就常常在校園裡追逐她的身影，但是史密斯用惱怒又開玩笑的方式拒絕萊斯特的熱情；藍尼‧凱說：「佩蒂喜歡開玩笑，但是萊斯特實在不是她喜歡的類型。」在座談會上，史密斯和凱在現場唱了幾首歌為座談會打開序幕，接著，樂評作家們在講台上一字坐開來，那個畫面看起來就像《耶穌最後的晚餐》，由於當時沒有人告訴作家們該如何進行，因此萊斯特和梅爾哲就開始大聲叫起來。

梅爾哲開始說：「嗨！你們好嗎？」萊斯特接著粗聲地說：「吉姆‧莫里森本來計劃要來參加這個座談會，但是他沒辦法來。」當然，那時候這位「門戶合唱團」的主唱已經過世將近三年了。

傑夫‧尼辛（Jeff Nesin）當時在水牛城大學的美國研究系講授一門關於搖滾樂的課程，因此他便做為這次座談會的主持人，他說：「這只是一般座談會的暖身。」「管他的！萊斯特，聽說你來自愛爾卡航市，是真的嗎？」

萊斯特回答說：「是的，我來自愛爾卡航市，那是加州聖地牙哥市的一個郊區。」萊斯特用像機器人快速說話的方式來模仿藍尼‧布魯斯的樣子，意圖以這樣的方式羞辱在場所有的人，他接著又說：「我來自一個住著都是講西班牙話的郊區，那裡住的都是每天吃塔可捲餅（taco）的墨西哥人，我們以前經常在那裡開著雪佛萊車（Chevrolets）到處晃蕩。我曾在那裡的一家鞋店工作，並且藉機看了許多女生的內褲。後來我搬到底特律市，替《Creem》雜誌工作，而且跟一大堆黑鬼、酒鬼、販毒者一起住在貧民區。」

接著，梅爾哲打岔說：「他的母親是耶和華見證人的教徒！」當然，萊斯特這位安非他命機器人絕對是不會錯過任何一個小細節的，於是他說：「是的，我母親是一位耶和華見證人教徒，謝謝大家。我後來離開我母親，搬到底特律住，我想這是我做過最棒的事情，因為

在那之前，我都是住在郊區的公寓裡。」

　　梅爾哲又接著問萊斯特：「你是怎麼在提華納市得到淋病的？」萊斯特說：「是的，我是在提華納市得到淋病的，我也是在那次的旅遊中失去我的處男之身，那又怎樣！」「我們來這裡是要討論搖滾樂的，但是好像沒有人關心這個主題。大學生並不關心搖滾樂，他們只想在學校得到好成績，他們現在都正在為明天的期末考讀書，對不對？」

　　聽到這番話的在場約一百位左右的聽眾開始鼓譟起來表示不滿，於是藍尼·凱便唱起路·瑞德在《地下天鵝絨合唱團1969年音樂會實況》（Velvet Underground's 1969 Live）那張唱片裡的一段曲子，並問現場有沒有人有敲打鐘；接著，拓齊斯建議座談會模仿電視《新人新婚猜猜猜》（The Newlywed Game）的遊戲節目來進行，並由台下的聽眾回答問題，拓齊斯說：「這是唯一讓你們值回票價的方式，因為在場的每一個人，包括我在內，都是混蛋，但是我們還是要不停地在現場說話，好讓這個座談會繼續進行。」於是這段話引起更多的掌聲。

　　這時，萊斯特開始開曼德爾頌的玩笑，但是梅爾哲給萊斯特一個新的任務，要他揭露、責難一些不在座談會現場的樂評作家，於是梅爾哲說：「萊斯特，坐在這舞台上的每一位，對羅伯特·克里斯提高而言都沒用的人，現在讓我們把他好好地修理一頓。」

　　萊斯特開始說：「克里斯提高是一個愛炫耀的混蛋！」「他幫《Creem》雜誌寫的專欄叫做『克里斯提高的消費者指南』（Christgau Consumer Guide）！而且他還給黑人放克歌手寇提斯·梅菲爾德（Curtis Mayfield）替黑人女歌手葛萊蒂絲·奈特（Gladys Knight）做的曲子打了一個『A-』的評分，只因為那是該死的黑鬼音樂！」

　　梅爾哲又大聲叫著說：「羅伯特·克里斯提高已經三十一歲。」「他三十一歲了，還幫紐約娃娃合唱團（New York Dolls）寫評論，而且他還說他們是一個好樂團，因為他們都是『青少年』，他還說希望自己也是一個青少年，但是他早已過了那個年紀，而且再也不可能

回到那段時光。克里斯提高是一個蠢蛋，他自十九歲後就沒有打過手槍，這是他跟我說的。」

萊斯特突然改用電視影集《輪椅神探》（*Perry Mason*）男主角律師低沈的聲音說：「克里斯提高和那些證據都證明了搖滾樂評作家都是患有迷戀狂的愚蠢青少年。」接著，萊斯特把聽眾的注意力轉到《滾石》雜誌。

在那一年之前，萊斯特寫了一篇又惡毒又好笑的樂評，內容是關於不羈（boogie）搖滾樂「Canned Heat」樂團的評論，而《滾石》雜誌的發行人詹·偉納向來不喜歡萊斯特寫的樂評，於是他很不高興，便順水推舟地下令，要《滾石》雜誌永遠不再刊登萊斯特的文章；《滾石》雜誌的唱片評論編輯約翰·藍登告訴萊斯特這個消息，並責罵他，說他「經常不尊重樂手」，譬如說，藍登問萊斯特，最近寫那篇關於布魯斯·史賓斯汀（Bruce Springsteen）的處女作專輯《Greetings from Asbury Park, N.J.》樂評是肯定讚揚還是否定批判呢？萊斯特告訴他說那很顯然是一篇肯定他們的樂評，接著藍登問說：「可是你在樂評裡說他的歌詞寫得跟白癡一樣！」萊斯特回答說：「沒錯，那些歌詞的確是很蠢，但那就是他們傑出之所在。」藍登聽了嘲笑地說：「噯！萊斯特，我認為你寫的這種評論，我們的讀者是看不懂的。」

藍登在當時寫了一句相當有名的句子，「我在布魯斯·史賓斯汀的身上看到搖滾樂的未來。」而後他還成為史賓斯汀的經紀人。二十五年之後，藍登並不記得曾經跟萊斯特提過關於《滾石》雜誌永不刊登萊斯特文章的對話；不過，藍登說：「我認為那種毀謗樂團個人特色的樂評不是一種好的寫作方式，要是我，當時也是會跟他這樣說的。」「如果你認為坐在打字機前面，就有權利利用文字來發洩你對別人的不滿，這種作法我是不認同的。」

一九八二年，萊斯特表達他對《滾石》雜誌的看法，說道：「我一直都認為《滾石》雜誌是狗屎。」「我幫他們寫的樂評都是我絞盡

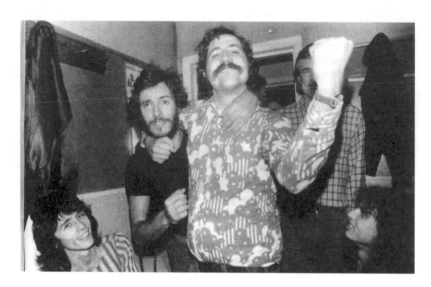

萊斯特向布魯斯・史賓斯汀嗆聲（攝於1975年紐約）

腦汁寫到手酸的作品，而詹・偉納跟我向來不對頭，因為他喜歡那種
可以幫他帶來廣告利潤的文章，他不喜歡有自己風格的人，除非那個
人是可供他利用的，像是諾曼・梅勒（Norman Mailer）和楚門・卡
波提（Truman Capote）之流的人。」

　　一九七四年春天，萊斯特心中對《滾石》雜誌禁刊他文章這件事
的不滿與憤怒還記憶猶新，因此決定在這場座談會裡藉由讀一篇
「Canned Heat」樂團經紀人寄給《滾石》雜誌的抱怨信，來娛樂水牛
城的聽眾們，那封信是這樣寫的：「各位先生，貴社六月出版的雜誌
中，刊登了一篇由萊斯特・班恩斯評論『Canned Heat』樂團的樂
評，那篇樂評是你們這本傑出刊物所刊登過最劣等的一篇文章之一，
那篇樂評簡直是對我們的侮辱。真是太可惜，班恩斯先生的名字是如
此地適合搖滾樂，卻沒有好好發揮他在搖滾樂的潛能，而竟然只是在
專欄裡分配他寫的樂評……」

　　此時，拓齊斯打破萊斯特的冗長議論，好讓討論小組得以繼續進行。佛羅里達州的《動物世界雜誌》（*Zoo World*）編輯亞瑟‧雷斐（Arthur Levy）試圖以遊戲的方式引導座談會對搖滾樂新聞寫作提出嚴謹的檢視與討論，但是梅爾哲卻打岔進來問雷斐最喜歡哪一個猶太節日。

　　這時藍尼‧凱說：「讓我來告訴你們我對搖滾樂新聞寫作的看法。」「那種感覺就好像你替改裝高速汽車雜誌做報導，當你聽唱片寫樂評的時候，就好像是給它一個路上駕駛的測試一樣。」

　　佩蒂‧史密斯終於把麥克風抓到手上，用她詩裡慣有的狂亂節奏說：「我曾於一九六六年到紐約寫搖滾樂評，因為紐澤西州南部的搖滾樂雜誌，讓我度過一段愉快的時光。」「每當我看到這些很棒的搖滾樂手的相片，就很驕傲自己跟滾石合唱團、吉姆‧莫里森、吉米‧漢崔克斯活在同一個時代——這是我們的世代！他們是我們這一代的神，我以生在這個世代為榮。搖滾樂還沒有死！我還沒有死！對我而言，搖滾樂就是理查‧梅爾哲所做的一切事情，理查交給你了！」

　　梅爾哲剛剛跑到舞台旁邊撒尿到自己水杯裡，他正好走回講台上的討論桌，然後他就開始說：「我在紐約州洛克威市（Rockaway, New York）出生。我母親是法洛克威高中的手球冠軍……，我父親是一個笨蛋。反正這禮拜我最喜歡的音樂是披頭四的《Something New》專輯。」他在唱了幾小節披頭四那張專輯的歌曲後，又接著說：「現在請歡迎和我共同寫作的作家，尼克‧拓齊斯，他就是那個有辦法請得動紐約作家艾德‧桑德斯（Ed Sanders）寫一本關於連續殺人魔查爾斯‧曼森（Charles Manson）這本書的那位傢伙。」

　　然後拓齊斯冷冰冰地接口說：「討論會結束後，會有一個派對。」「在場的每一位都應該去參加這個派對，至少這個派對會比較有趣些。」「現在，我把麥克風轉給一位以發表無聊長篇大論著稱的傢伙，萊斯特‧班恩斯。」

　　萊斯特開始說：「我以前曾上過大學，我本來打算將來當一位老

師的，直到有一天我發現我討厭學院派人士，而且我無法忍受大學生，因為大學生是完全與世隔絕的。後來我投入搖滾樂報導評論寫作這一行，才發現這一行比學術界更孤立。我對搖滾樂的感覺是，搖滾樂是一大堆垃圾！它是你父母親說的那種討厭的東西，它是讓你左耳聽右耳出的音樂，搖滾樂是廢物——今天來、明天去，但那又怎樣？這個世界上不需要搖滾樂，但這個世界上還有比它更不需要、且完全可以被取代的就是搖滾樂評人，因為誰在乎他們呢？我覺得整個搖滾樂評論界就是一件荒謬的事，不過我很高興能參與這次的座談會，我在這裡度過一個愉快的時光，希望你們也是一樣。」

　　這場座談會進行得就像一個喝醉酒的人在一個陌生城市裡找尋汽車旅館一樣。後來聽眾席裡面有人反應說想知道專題討論小組的成員如何定義搖滾樂，於是萊斯特說：「爵士薩克斯風手艾瑞克‧達爾菲（Eric Dolphy）曾說音樂從他的氣息呼出來、經由他的薩克斯風傳出去，然後就消失了。這句話雖然我只是闡述它的意思，但卻是真切的描述，音樂是逐漸消逝的，你永遠無法再抓住他，音樂是構成你生命中的某一個片刻，它是你生命中最棒的一件事。」

　　梅爾哲搶著叫囂說：「但也是最糟糕的一件事！」「搖滾樂是化學作用，有時候你會遺棄它，但是多年後，你又會想起它，而你竟沒辦法把它趕走。搖滾樂是一種心態，是一個誓言，它總會震撼你的心，而你卻對它束手無策，但你又能對它做什麼呢？在你最想不到的時候，搖滾樂總是會出其不意地抓住你。」

　　然後佩蒂‧史密斯像女生版的尼爾‧卡薩迪般吆喝著：「是耶！」接著，主持人傑夫‧尼辛說：「我們現在要離開了，因為這正是你們現在想要的。」最後他說：「搖滾樂就是你們，你們就是搖滾樂。」便就此結束這場座談會。

　　萊斯特於一九七五年三月寫了一篇標題爲〈現在讓我們頌讚著名的死矮人，或是談談我如何跟路・瑞德一決雌雄，卻仍然保持清醒〉（Let Us Now Praise Famous Death Dwarves or How I Slugged It Out with Lou Reed and Stayed Awake）裡的樂評這樣寫著：「自我意識？這個名詞或許不是二十世紀最偉大的發明，但是它絕對是流動在每一位流行音樂巨星身體裡的一個強勁毒藥。」至於《Creem》雜誌裡其他的同事，則把這篇文章看做「萊斯特對抗路・瑞德的第二回合」。這段期間，瑞德正爲他單飛以後的第五張個人專輯《Sallly Can't Dance》做巡迴演唱。相較於他前面的《Transformer》專輯，這張個人唱片則稍微偏向流行曲風，並且就萊斯特看來，《Sallly Can't Dance》比《Transformer》更像憤世嫉俗的卡通。萊斯特在樂評中讚揚瑞德的前一張錄音專輯《柏林》（Berlin）是一個豐富但又沮喪的歌曲，不斷重複地唱著一個有受虐傾向的海洛因嗑藥者故事，萊斯特稱這張專輯是「一九七三年最噁心的傑出作品」，並且說它是搖滾樂對作家田納西・威廉斯（Tennessee Williams）和休柏特・塞爾畢二世（Hubert Selby, Jr.）的回應。但是萊斯特還是搞不清楚哪一個才是「真正的」路・瑞德，是演唱《Sallly Can't Dance》和《Transformer》的這位路・瑞德，還是錄製《白光／白熱》和《柏林》的那一位路・瑞德，因此他決定要找出真相弄個清楚。

　　當萊斯特抵達底特律希爾頓飯店（Detroit Hilton）的時候，只見怒氣沖沖的路・瑞德在飯店大廳前前後後地走來走去，原來是因爲裡的偉克商人餐廳（Trader's Vicar）領班認爲路・瑞德的黑色Ｔ恤穿著不得體，故而拒絕讓他進入餐廳，但是在此之前，就算是密西根州最邊遠的新聞記者也從未被那個爛地方給拒絕過。

　　儘管如此，萊斯特還是趨前跟瑞德笑著打招呼：「嗨！路，我相信你一定還記得我。」瑞德懶懶地說：「很不幸的，是的。」

　　訪問剛開始沒多久後，瑞德就突然說要離開去買報紙，但是他竟一去不復返，這也使得這次的訪談維持不到幾分鐘就結束了。瑞德的

公關人員答應要重新安排另一個會面，因此萊斯特便在瑞德的巡迴音樂會結束後，到他下榻的飯店的房間裡跟他見面。當萊斯特見到瑞德時，他已經慵懶地躺在一個燈光昏暗的套房臥床上，而且四周還擁簇著巡迴樂團道具管理員、樂團團員、還有取代他第一任老婆的新伴侶瑞秋（Rachel）。瑞秋是一個長得很高的變性人，萊斯特這樣形容她：「你很想把視線移開不看她，但卻又忍不住很想偷偷地、痴呆地瞪著她看。」「那種感覺很奇怪，她就像是一位母親，同時又蘊藏罪惡似地令人敬畏。如果要把《柏林》這張唱片融化在一個大缸子裡、然後再重新把它塑造成人類的形體的話，那麼這個人類就是像她這個樣子。」

　　萊斯特也有他自己的隨行人員，那天跟他一起去訪問瑞德的人，包括好友愛絲特‧寇林斯基（Esther Korinsky）和他的新女友南西‧亞歷山大（Nancy Alexander）。南西描述她那天看到瑞秋的心情：「我只是一個從底特律來的一般女孩子，然後突然進入一個邪惡的洞穴裡。」「在那天之前，我從來沒看過這樣的事。」訪問結束後的第二天，那些女孩子開始稱呼瑞秋為「那個東西」；至於萊斯特，則在文章裡稱瑞秋為「有鬍子的女士」；後來萊斯特為此舉感到萬分內疚，因為他聽說瑞秋因為這個稱呼而感到受傷；但是因此狂怒的瑞德也不是省油的燈，他很快地就幫瑞秋討回公道，當他在《Zig Zag》雜誌接受訪問時，他說：「萊斯特只不過是一個從底特律來的邋遢傢伙，他很胖，而且還留著八字鬍。要是我，連到他鼻孔上拉屎我都不願意。」

　　在那段訪談中，當南西看著萊斯特和瑞德互相叫罵的景象，讓她確信這兩個傢伙實際上是彼此欣賞對方，南西說：「他們朝對方大聲吼叫、彼此控訴對方是騙子。」「那個場面看起來實在很奇怪、很富戲劇性。」後來萊斯特喝了瑞德最愛的約翰走路黑牌威士忌喝到醉，還扮演著貴族智者、一邊跳舞一邊唱著地下天鵝絨樂團的歌曲〈I'm Waiting for the Man〉。於是瑞德開始出擊，他對萊斯特說：「你知道

嗎？一般來說，我還蠻喜歡你的，儘管我自己並不相信會喜歡你。」
「如果根據一般的常識判斷，我會認爲你是個白癡，但是不知道爲什麼，有時候你所表現出來的那種知識論，又會讓人覺得你是一個會擬聲的地底下爬蟲類動物。」

　　於是萊斯特喊回去說：「該死！你聽起來就像艾倫・金斯柏格一樣。」瑞德又回敬說：「而你聽起來就像金斯柏格的爸爸！」「你應該跟金斯柏的情人彼得・歐拉夫斯基（Peter Orlovsky）一樣去接受電擊治療算了。你現在並沒有比你剛出道時懂得多，你只是像狗一樣一直在追逐自己的尾巴。」

　　萊斯特聽了大笑、然後說：「這才正是我想要跟你說的話呢！」「你會不會覺得你是在醜化嘲弄你自己？」

　　「才不！如果我聽你的話！我才會變成一個笑柄！你才像是連環漫畫裡面的人物。」

　　萊斯特說：「沒關係，我不在意當連環漫畫裡面的角色。」「《Transformer》專輯就是一個連環漫畫集，但是它超越了自己。」接著萊斯特問瑞德關於毒品的使用和華麗搖滾運動裡的性別實驗這兩件事情，但是瑞德用他那無聊、沒有高低的聲調回答，說他跟這些事情都沒有任何關連。

　　萊斯特說：「狗屎！是你自己先開始唱什麼海洛因、變裝女皇等等這些東西的。」

　　於是瑞德瞪著萊斯特說：「那些有什麼不好？又跟墮落有什麼關係？」

　　萊斯特又說：「好，那麼讓我們來定義什麼是墮落。」「你先告訴我你認爲墮落是什麼。」

　　瑞德回答說：「你，你本身就是墮落，你以前是很會寫的，但是你現在卻只是一堆大便。」說完，瑞德便開始提他下一張新唱片的計畫，並且答應萊斯特那將會是一張重金屬搖滾的新極致，他說：「一般人可能只能聽五分鐘就受不了了。」但是萊斯特馬上打斷他的話，

並且指控他不過是在販賣消毒過的墮落罷了。

　　萊斯特又說：「在你最糟糕的唱片裡，你的音樂聽起來就像是一個模仿田納西・威廉斯的失敗作品。」

　　瑞德聽了這話停頓了幾秒鐘、並思考著該如何對萊斯特做出最後一擊，於是他說：「你的意思是說，這就像是你最爛的評論作品，是你對自己做過最差勁的模仿。」

♩ ♪ ♪ ♫ ♪ ♪ ♫ ♪

　　由於再次受到太太敦促，一九七二天秋天，貝瑞・克萊莫又將《Creem》雜誌從渥爾德湖鎮搬到底特律市西北十七英哩遠的伯明罕市（Birmingham）。那時候，伯明罕市正逐漸從一個有漂亮舊式房子、好學區的中產階級郊區發展為一個被私有住宅公寓、精品店、古董店圍繞的雅痞（yuppie）城市。就跟愛爾卡航市一樣，這裡的房地產業者也被質疑正進行著排擠黑人住進這個城市的祕密計畫，動機是害怕當地房地產貶值。康妮・克萊莫愛死伯明罕市這個環境，但是除了她以外，其他人都覺得對一個以「全美國唯一的搖滾樂雜誌」自稱的《Creem》雜誌來說，伯明罕市實在是一個有點奇怪、不適宜的地點。

　　搬到伯明罕市後，《Creem》雜誌的員工第一次不用再跟其他同事在同一個空間裡生活、一起工作。克萊莫在布朗街416號（416 Brown Street）租了一棟宏偉堂皇的舊式房子當做住家。這棟房子後來被稱做「克林姆之家」（The Creem House）。至於《Creem》雜誌的辦公室，克萊莫則選擇離他住的房子幾個街區遠的伯明罕劇院大樓（Birmingham Theatre）的二樓為辦公室；這棟大樓的一樓是一間毛皮商店，至於二樓則是由《Creem》雜誌跟一個牙醫和一對同性戀的理髮師共同分租第二層樓面。那二位美髮造型師免費替《Creem》雜誌的作家們剪頭髮；至於那位牙醫則對他的雜誌社鄰居不太高興，因為有一天晚上喝醉的萊斯特竟在牙醫的信箱縫裡撒尿，於是那些

《Creem》雜誌的編輯們只好儘快用消毒劑消毒，再想辦法去除消毒劑的味道，並試圖用海報及著色劑去混淆那個污印，最後還用成堆的唱片郵件、過期雜誌、垃圾堆在木頭地板上以做掩飾。而萊斯特的書桌下則是塞滿堆積如山吃剩的墨西哥塔可包裝紙、《閣樓雜誌》（*Penthouse*）、可樂罐、裝滿雲思頓（Winston）煙頭的煙灰缸、丟棄的媒體新聞稿、一些未開封的咳嗽糖漿，這些糖漿是他的讀者送給他的禮物，他還發誓說他再也不要喝這些糖漿了（才怪！）。

其實克萊莫把《Creem》辦公室搬到伯明罕市是另有計畫的，他想要把《Creem》雜誌的專業版圖擴大到更多相關方面的事業。在一九七三年年初，月刊《Creem》的月銷售量達十三萬份——但是跟雙週刊《滾石》雜誌每兩週賣三十萬份的銷售量來比——《Creem》的銷售量並不算高。但是克萊莫並不在意這一點，因為他心中已有擴張他的《Creem》事業王國的計畫，這其中包括《Creem》的唱片出版公司、一個《Creem》雜誌的電台節目、還有發行出版英國版的《Creem》雜誌，但是這些計畫都沒有實現過。還有一些其他計畫的進度則更是遠遠落後，像是製作出版一本、書名訂為《搖滾樂變革史》（*Rock Revolution*）的概述搖滾樂演變歷史的平裝書——《Creem》原本是想以這本書和《滾石》雜誌的搖滾樂百科全書相抗衡的，但是它的內容卻是由一個《Creem》雜誌的員工在一個週末裡工作過度地用快速、大量生產的方式寫出來的。

但是克萊莫依舊意志堅定地繼續替《Creem》尋找其他的擴展可能性。當《告示牌雜誌》（*Billboard*）跟克萊莫提出以七十五萬美金購買《Creem》雜誌的時候，克萊莫問道：「我們要怎麼用這筆錢？」「我們還是會重新再辦一個新的搖滾樂雜誌的。」但是《Creem》雜誌從它在底特律市卡司大道發跡到現在，是走了很長一段路才達到它目前的地位，就連約翰‧辛克萊爾也認不出來它今日的面貌，辛克萊爾說：「《Creem》開創之初對當地新聞專題報導和對政治的關切已不復存在，」「他們現在支持比較粗糙刺耳的音樂，但是這樣的作法

並不會把整個《Creem》雜誌帶往更高一層的成就，它最後只不過成為音樂市場上另一個部分片斷罷了，等到我出獄的時候，他們也將不過是在稱頌『KISS』合唱團這類音樂團體罷了。」

其實《Creem》雜誌風格的改變也是反映出當時的音樂市場狀況。在七〇年代初期，搖滾樂已經是娛樂界第二大賺錢事業，僅次於娛樂界巨人，好萊塢。在一九七三年的時候，音樂工業的年銷售總額達二十億美金，這個金額遠超過美國人在體育項目銷售總額的三倍，這些體育項目包括足球、曲棍球、籃球和棒球。這時候，很多人都把寫搖滾樂評當作非常嚴肅的事。這個曾經被萊斯特稱為「狂熱歌迷用狂熱看法去強加於他人」的搖滾樂評已經變成一個你可以賴以維生的職業，儘管那職業所賺得的稿費非常微薄。而且這時候一群野心勃勃的新族群也開始湧現，這個現象則可由一九七三年五月於美國陣亡將士紀念日（Memorial Day）那個週末在田納西州曼菲斯市（Memphis）舉行的全美國搖滾樂作家協會第一屆年度大會（the First Annual National Association of Rock Writers Convention）看出端倪。

這個名不符實的會議事實上是Ardent and Stax唱片公司以公差費用的名義出錢請所有的搖滾樂評人前來參加的，實質上它是為了推銷該唱片公司的兩個樂團，Big Star和Black Oak Arkansas。於是《Creem》雜誌所有的員工便由伯明罕市前往曼菲斯市與會，同行者當中還包括一位叫做「下流愛德」的人來充當貝瑞・克萊莫的保鑣。在田納西市的瑞佛蒙特飯店（Rivermont Hotel）裡，湧流不盡的各式酒品免費提供給在場人士飲用，而與會的樂評作家們大半的時間則根本忽略主辦單位幫他們安排的樂團宣傳活動，不過他們倒是參加了曼菲斯皇后號（Memphis Queen）的遊河船航，以及坐巴士到貓王的家Graceland參觀，不過當貓王拒絕到大門口迎接這群搖滾樂作家時，萊斯特和梅爾哲竟然在他家的車道上撒尿做為回應。

事實上，這個會議的另一個計畫與目的，就是在全美卡車司機工會（Teamsters）的支持下，藉機組織一個全美國搖滾樂評人工會；

但是此活動在圭格・蕭和鍾・提芬（Jon Tiven）的領導下，他們在此次的會議所達成的任務就只是為此工會訂一個名稱：世界搖滾樂評人協會（the Rock Writers of the World）。至於克萊莫，還特別為此次的會議製作《Creem》雜誌的 T 恤——前面印著寫有「嘿！你好！」的牛奶瓶、後面印著「搖滾評論」（ROCK CRITIC）的字眼，他原本只是想藉這件 T 恤開個玩笑，但是沒想到許多人竟以此口號為榮。《Creem》雜誌的評論作家、同時也是萊斯特的朋友安迪・麥克凱伊（Andy McKaie）說：「萊斯特看著這些年輕人像在糖果店裡的小孩子般在會場到處亂竄的情形，覺得非常反感，」「那些年輕人把萊斯特當作神一樣地崇敬，但是他對我說：『我到底做了些什麼？』」對現場情況感到厭惡的萊斯特儘量在會議期間保持低調，但是儘管如此，他還是找得到時間墜入情網——他跟紐約樂評作家透碧・高登史坦（Toby Goldstein）在這個會議期間有一段短暫的戀情，她說：「萊斯特是我第一場婚外情。」

曼菲斯之旅結束後沒多久，戴弗・馬須就辭職，離開《Creem》雜誌，前往紐約市發展，他說：「對我來說，如果《Creem》雜誌同時結合漫畫書和非常嚴肅的兩種截然不同的風格是很好，但是它目前的走向卻只偏向漫畫書的編輯風格。」「萊斯特是一位天才，所以他能夠把大憲章（Magna Carta）這東西融入漫畫書的風格裡，但是《Creem》裡面的其他人並不是天才，因此就我看來，《Creem》雜誌的風格已經變得矯飾、不自然、只是靠模仿萊斯特寫作的雜誌，而這些並不是好現象。我知道要離開《Creem》很困難，但是繼續和這些人待在《Creem》雜誌，就知識、新聞報導寫作或文學創作等各方面來說，我不認為對我個人是有助益的。我想要成長，但是他們不想。」

在《Creem》雜誌工作期間，萊斯特鼓勵十幾位年輕的樂評作家。他們把自己的看法和寫的文章寄給萊斯特看，並且收到來自萊斯特長篇又富有思想的回信。有時候，那些年輕作家們還接到萊斯特深夜打來的電話，跟他們在電話中滔滔不絕地暢談兩小時。而萊斯特也

不斷地傳遞他們一個很重要的訊息：「發展你自己的寫作風格，用你的心去寫出自己的東西。不要用『《Creem》的風格』寫作。還有，不要模仿我。」

大塊頭羅伯特‧胡爾（Robert "Robot" Hull）來自曼菲斯市，他從在羅德島州（Rhode Island）讀大學時開始投稿寫作，他說：「有許多人模仿萊斯特的寫作風格，因為他解放搖滾樂評論寫作的方式和語言。」「他總是對人與事提出問題，把你引導到另一個方向去看事情。」瑞克‧強生（Rick Johnson）當時正在伊利諾州西部（western Illinois）的大學裡胡亂應付他的學業，而且還在餐廳洗盤子打工，在閒暇之餘，他還抽空寫樂評；有一天他的電話鈴響，是萊斯特打來的，強生說：「他非常鼓勵我在寫作上努力，但是我納悶想著：『為什麼像他這樣高段的人會打電話給我？』」「他在電話裡面的口氣聽起來好像很寂寞，他打來的那時候已經是晚上十點鐘，辦公室只剩下他一個人，而他的聲音聽起來有一點絕望。」

理查‧瑞格爾（Richard Riegel）當時就讀印第安那州（Indiana）———一所桂格教會學校（Quaker school），他基於宗教的理由拒絕接受國家的徵召到越南打越戰；他後來成為萊斯特最喜愛的樂評作家之一。他於一九七五年寫了一篇關於「Mahogany Rush」樂團的樂評，該篇文章尖酸有趣，並且還引述吉米‧漢崔克斯生前抱怨他的作品被剽竊的話。瑞格爾這篇樂評刊出沒多久後，萊斯特也寫了一篇關於吉米‧漢崔克斯這位生前頗受爭議、已於一九七○年過世的吉他手的報導，但是瑞格爾不但不覺得萊斯特偷竊他的點子，反而覺得受寵若驚，他說：「我並不認為這是抄襲，因為萊斯特是如此地瞭解爵士樂，就我的感覺，他寫這篇文章就好像是一位爵士樂手信手拈來地拿一段旋律，即興創作或加以擴充一樣。」

對許多讀者來說，萊斯特就等於《Creem》雜誌，每年萊斯特都被讀者選為最受喜愛的樂評作家；珍‧優黑斯基說：「萊斯特和我總是故意把投票箱塞滿，但他其實是不用這樣做的，因為他每年總是被

選爲最受歡迎的樂評作家。」在每一期的讀者來信當中，其中一半的信若不是對萊斯特報以一些不合理的輕蔑，要不就是把他捧成一位萬事皆知的智者。有一些自我解嘲的樂手覺得被萊斯特的文章羞辱是一件光榮的事，而且其中還有很多人覺得如果是別人取代萊斯特來訪問他們，他們會覺得被忽視怠慢了；Mott the Hoople合唱團的伊恩·杭特（Ian Hunter）說：「我很喜歡萊斯特訪問路·瑞德的報導，在他訪問路·瑞德後，我會很生氣，如果他沒有在文章裡抨擊我。」

一九七三年，萊斯特飛到喬治亞州亞特蘭大市（Atlanta）聽一個新組成的樂團Lynyrd Skynyrd合唱團的音樂，這個合唱團的試聽會由艾爾·庫柏（Al Cooper）製作，庫柏是鮑伯·迪倫的前任伴奏、並且也是Blood, Sweat & Tears合唱團的鍵盤樂手。庫柏說：「萊斯特是那種能夠正好把你逮個正著的稀有動物，也就是說，他是能夠真正捉住你精髓的人。」「那些曾被他批評的人痛恨他那種令人咬牙切齒的評論，但是我卻喜歡萊斯特這種方式，因爲他文章裡大部分的內容不是關於我個人的隱私。」在Lynyrd Skynyrd的晚會上，庫柏看著萊斯特在現場跳舞、吃免費的食物、喝免費的傑克·丹尼爾威士忌直到派對結束，庫柏稱萊斯特爲「大學版的杭特·湯普森」（the college Hunter S. Thompson）。

雖然那一年唱片公司提供好處多多的宣傳美差事已經逐漸地減少，但是位在喬治亞州的摩羯座唱片公司（Capricorn Records）依舊每年邀請十幾位樂評人參加他們在該州梅肯市（Macon）舉辦的年度公司烤肉野餐。該唱片公司的老闆菲爾·瓦爾登（Phil Walden）是一位百萬富翁和傳統好男人，並且和當時的喬治亞州州長吉米·卡特（Jimmy Carter）是好朋友。瓦爾登把公司的烤肉野餐辦得很盛大，並且邀請不少知名嘉賓，於是萊斯特就與同時受邀到場的歌手貝蒂·蜜德勒（Bette Midler）、喜劇演員馬丁·穆爾（Martin Mull）、雪兒（Cher）等人成爲好朋友。摩羯座唱片公司的公關宣傳人員麥克·海蘭德（Mike Hyland）說：「我和萊斯特相處得很好，但是我不知道

我是否要一整個屋子裡都是像萊斯特這樣的人，尤其當他和尼克·拓齊斯攪和在一起的時候，他們二個的言行就變得有一點過頭，他們什麼東西都要我們免費提供，他們會說：『給我唱片！給我食物！哪裡有吧台？』當樂評作家的收入並不多，因此他們唯一可以好好享受這些醇酒美食的機會就是唱片公司舉辦的宣傳活動派對，所以他們也就毫不猶豫地在這機不可失的場合裡盡情享用他們的權利。」

　　當卡麥隆·克羅和萊斯特同時在一九七五年摩羯座唱片公司舉辦的年度烤肉野餐裡享受派對生活時，克羅發覺他們當時在現場的所作所為正是一年半以前他和萊斯特第一次見面時教導他千萬不要做的事；同時，克羅也不顧萊斯特當初建議他小心《滾石》雜誌擅改作家文章的警告，開始投稿到《滾石》雜誌，並且很快地成為當中最受歡

（左起）萊斯特、高登弗來契、卡麥隆·克羅、麥克·海蘭德和珍·優黑斯基以及奈爾普斯頓在摩羯座唱片烤肉的合影（攝於1975年）

萊斯特和SLADE的成員吃飯（攝於1973年）

迎的樂評人之一。克羅說：「我記得當時我感到一股內疚，因為我在萊斯特一點也不覺得酷的領域裡找到我的天地。」

　　在底特律市，打鬧聚餐已成一項訪問樂手之後的傳統活動，而萊斯特通常是第一個開始在餐會裡丟麵包嬉鬧的人。有一次，某人帶一個蛋糕到後台慶祝Mountain合唱團的吉他手萊斯理‧威斯特（Leslie West）的生日，於是萊斯特便乘機朝威斯特丟一大塊蛋糕，而威斯特也高興地加入這個歡鬧的遊戲。由於跟萊斯特那次愉快的打鬧時光所留下的交情，後來在萊斯特寫的一篇名為「全美最佳漢堡攤販指南」（Consumer Guide to American Burger Stands）的文章裡，威斯特答應萊斯特配合該篇文章充當《Creem》雜誌的中間插頁模特兒，圖片中他狼吞虎嚥地吃漢堡而且還被一大堆吃了一半的漢堡圍繞著。

　　英國泡泡糖搖滾樂團（bubblegum-rockers）和Slade合唱團，對萊斯特那種瘋狂作樂的行為就沒辦法接受。有一次，華納兄弟公司的唱片業務代表帶Slade合唱團和大家到偉克商人餐廳吃飯，在用餐

時，萊斯特就不斷逗弄創作〈Mama Weer All Grazee Now〉和這首曲子的Slade團員，過沒多久，一大堆鳳梨塊、魚排、蝦等之類的食物更開始在餐桌上到處飛揚，當時也在場的珍・優黑斯基說：「納迪・侯爾德（Noddy Holder）和他的團員把萊斯特的瞎鬧當真，因為他們不相信竟然會有人跟他們說那種話。」於是《Creem》雜誌的同事和華納兄弟公司的代表馬上就甩掉Slade合唱團，跑去騷擾正在希爾頓飯店樓上開石匠代表大會（Mason convention）的人；而萊斯特則朝一對穿著燕尾服和晚禮服的六十歲的夫婦走去，然後油腔滑調、微笑有禮貌地說：「去吃一碗公的屎吧！」「先生，扯爛你媽的奶子！」

　　有時候萊斯特的俏皮話並不被欣賞，而且還得到反效果。萊斯特和米奇・瑞德是於一九七一年在底特律認識的，那時他的伴奏樂隊底特律汽車合唱團（the Detroit Wheels）借用《Creem》雜誌在卡司大道由倉庫改裝的辦公室預演練習時；瑞德跟萊斯特承認當初是自己以假名寄一封破壞他名聲的信給《Creem》雜誌，好惹惱萊斯特以便認識他的。瑞德說：「我們的關係就是一起去酒吧俱樂部，然後喝到爛醉。」一九七二年十二月，萊斯特替《留聲機唱片雜誌》寫了一篇熱情洋溢、概述底特律搖滾樂界現況的文章，他在文章中提到米奇・瑞德的原名是比爾・布萊德辛寇（Bill Bradshinkel），並且將瑞德描述成「波蘭人（Polacks）吸迷幻藥時所製造出來的異端文化極致證據」，當時米奇・瑞德認為這樣的形容很有意思，但是後來萊斯特卻更進一步地繼續寫，在其文章中說接連幾次的喉部手術已使得這位優秀的藍調樂手再也無法唱歌，對此瑞德表示他的意見：「萊斯特說的並不是事實，他這樣寫是不懷善意的，我真的考慮要控告他毀謗。」「他寫這篇文章的時候，正好是我沒有經紀人或是演唱合約的生涯空窗期，因此當時任何有關於我的負面消息都會對我的演唱事業有很大的衝擊。雖然他後來跟我道歉，但是我們之間的友誼就到此結束，那件事情之後，我就再也沒有見過他。」

　　然而萊斯特還是維持他一貫的嬉鬧作風，他說：「如果他們開不

起玩笑，去他的！」萊斯特拒絕把搖滾巨星當作特權人物看待，而且每當搖滾巨星顯現出第一個妄自尊大的跡象時，萊斯特便馬上湧現他那罵人批判的態度與立場，他於一九八二年說：「基本上，我從我所能想得到的任何最具侮辱性的問題開始我的訪問，」「訪問搖滾巨星這整個事件根本就是一件噁心爛透的事，人們對這些並不比平常人特別的搖滾樂手卑躬屈節地行屈膝禮，但是真的，他們也只是個人，沒有什麼了不起的。」

　　一九七五年，萊斯特拖著他的朋友麥可‧歐克斯到洛杉磯一起去做了兩個截然不同的訪問。他們的第一站是訪問琳達‧拉弗雷絲，這位《深喉嚨》電影的女主角還需要花很多年的時間才能擺脫她拍色情片的昔日經歷，歐克斯回憶到：「琳達‧拉弗雷絲當天穿著一件透明的上衣，她的乳房很美，而我和萊斯特則敬畏地看著她。萊斯特對她一點都沒有挑釁的味道，他就像一隻小狗一樣地溫順。但是卻是用完全相反的態度面對下一個詩人查爾斯‧布考威斯基（Charles Bukowski）受訪的。」

　　在一九七四年之前，布考威斯基、貝羅斯以及凱魯亞克並列為萊斯特最喜愛的作家之一。翌年——也就是一九七五年，《Creem》雜誌派萊斯特報導滾石合唱團的巡迴演唱會，就像以前《滾石》雜誌的詹‧偉納求助於楚門‧卡波提一樣；但是萊斯特相信，布考威斯基是故意藉由扮演常赴酒吧的好鬥者角色來迎合取悅他的崇拜者萊斯特；於是在訪問布考威斯基的時候，萊斯特和布考威斯基兩個人喝光布考威斯基的六箱啤酒，然後開始朝對方嘶聲吼叫，在場的歐克斯說：「當時就好像游擊隊戰爭，」「聽起來好像他們就要爆發開來，但是他們並沒有，很明顯地，他們彼此尊重對方。」最後，終於因為萊斯特要去洗手間上廁所而暫停這場叫罵，布考威斯基問歐克斯說：「這傢伙還好吧？」「他好像真的有點誇張得過頭。」

　　萊斯特也曾想過有著粗暴人格形象的危險性，一九七六年，他對一位採訪記者說：「雖然有一段時間，大家好像是看到『萊斯特‧班

恩斯又喝醉，並且又羞辱另一位流行樂巨星』了，但是我並沒有故意
幫自己設計這樣一個形象。」「發展另一個與自己本性不同的人格面
貌是有危險性的，對我來說，其中好玩的部分就是你可以說：『什麼
細緻風格！管他去的！』但是當你開始覺得這樣的作法很無聊的時
候，這個遊戲也就玩完了。」

　　但是萊斯特所表現出來的並不都是在演戲，米奇‧瑞德對萊斯特
這樣的性格特徵表示說：「萊斯特有一個對自己的看法，而這種眼神
我以前在吉姆‧莫里森的眼中看到過。」

　　地下天鵝絨樂團的貝斯手約翰‧凱爾（John Cale）於一九七三年
冬天拜訪《Creem》雜誌時，也看過萊斯特那特有的人格面貌，他
說：「就某方面來說，萊斯特是一位讓人挺害怕的人；我是一個會對

萊斯特1976年與保羅‧麥卡尼和琳達‧麥卡尼在奧林匹亞運動場的合照（攝於底特律）

著四面牆壁亂撞亂打的人，但是萊斯特卻是對著他自己的心牆四處撞擊，此次我跟他談話的時候，他讓我感覺他是一個逍遙自在的人，他讓我覺得我們的對話是個理性又充滿活力的談話；但是當他把訪談的內容在紙張裡轉成文字之後，整個狀況就完全不一樣了，那是一種很驚人的表現方式。他那種在內心掙扎、讓自己在腦中扭曲蠕動，然後將其呈現在寫作之中的特別能力，不是一般人能夠做到的，就好像他試圖當一個背叛自己的通敵者一樣。」

　　一九七五年夏天，凱爾的前任團員路‧瑞德出一張由RCA唱片公司的經典紅封條（RCA's Red Seal classical label）發行的個人專輯《金屬機器音樂》（*Metal Machine Music*），這張專輯是路‧瑞德在上一次與萊斯特訪談時，對萊斯特允諾的實現；在專輯裡，路‧瑞德超越〈Sister Ray〉這首曲子的實驗風格，整張唱片裡儘量避免顯現任何旋律、節奏、人聲、歌曲結構的跡象，而且，以兩張四面的唱片規格呈現，每一面都是長達16分鐘01秒的密集回應噪聲；大部分的樂評人認為這張專輯是路‧瑞德為了擺脫合約束縛而設計的一個騙局或陰謀，但是萊斯特卻很喜歡這張專輯，並且還常常聽它，從開車載同事回家或是從《Creem》辦公室載室友回家。

　　萊斯特寫道：「一九七五年的夏天，有一天我從宿醉中醒來，然後立刻播放《金屬機器音樂》這張專輯，」「從早到晚、還有通宵達旦的派對裡，我都不停地播放這張唱片，在這聽這張唱片的時光，我再度喝干邑白蘭地酒及啤酒喝到醉，然後把我大半的唱片收藏給敲碎，打爛我家大門的紗門，長時間騷擾我好朋友的女朋友，然後因為在餐廳裡翻倒一大堆啤酒，潑在桌上、自己和朋友的腿上，並且製造現場的混亂後被餐廳給轟出去，還對我一位很有天分的詩人朋友說他什麼也不會寫，接著跑去另一位朋友的家，肢體侵犯她，而且像機器人一樣地不停吼叫說：『我知道你在衣櫃裡藏著脫氧麻黃鹼（Desoxyn）興奮劑，把他們全拿給我，我全部都要，我馬上就要！』；然後把所有的白蘭地酒空瓶子往高處丟，為的只是因為我高

興看著它們摔碎灑在地面上；最後我終於突然昏倒失去知覺、陷入昏迷僵直的麻痺狀態。但是這樣的昏迷仍舊不能阻止我躺在沙發裡扭曲著身體、狂扯自己的頭髮、嘶聲力喊直到警察於早上七點鐘到我家門前，於是我藉機告訴他們，是我的朋友跑到街上摔破啤酒瓶，並對著我的臥室窗戶大喊：『機器！機器！機器！』而讓事情狀況變得有些粗暴喧鬧，因此我願意從現在開始，為他們的行為負責。」

一九七六年二月，萊斯特再次訪問路·瑞德，萊斯特寫道：「這次可不是我和路·瑞德的第三回合。」這一次，他們兩個人在電話裡平和地閒聊，瑞德聲稱《金屬機器音樂》這張專輯包含隱藏在唱片溝痕裡的交響樂聲；但是萊斯特告訴瑞德，說他以為那張專輯是一個巨大而誠實的「滾你媽的！」──雖然是一種病態、扭曲的誠實，但是仍舊是誠實；然後萊斯特問瑞德：「嘿！路，你有沒有對著《金屬機器音樂》這張專輯瞎攪過？」

瑞德回答說：「我從來不瞎攪的。」「我已經很久沒幹那件事了，我連上一次是多久以前做的都想不起來。」

萊斯特又接著說：「聽著，有一天我正一邊開車一邊大聲播放《金屬機器音樂》這張專輯，在等路口紅綠燈的時候，一位美麗的小姐穿越馬路時對我微笑又眨眼。」

瑞德咯咯地笑說：「你確定那是一個女孩嗎？」

當時經過萊斯特的允許，他讓珍·優黑斯基的妹妹裘安·優黑斯基（JoAnn Uhelszki）在另一個電話分機聽當時萊斯特和路·瑞德的電話訪談內容，裘安非常崇拜瑞德，但是聽到這次的訪談內容後，她很失望，她說整個談話內容非常的無聊，只是兩個傢伙閒聊一張這個世界上似乎沒有其他人會喜歡的唱片。至於替《Creem》雜誌工作的附加福利之一，就是貝瑞·克萊莫幫他的雜誌編輯們支付心理治療諮詢的費用。萊斯特的心理醫師曾經建議說《金屬機器音樂》這張專輯代表著萊斯特對父親死於烈焰之火的感受；然而在和路·瑞德的整個訪談中，萊斯特只是過份熱情地聽瑞德講述他喜歡這張新專輯的理

由，卻忽略去提《金屬機器音樂》這張專輯與他父親的死亡對他產生
的心理關連。

第七章

我聽到她在叫我名字

　　萊斯特開始厭倦《Creem》雜誌單調乏味的工作之後，便經常穿越水勢險惡的底特律河（Detroit River）到加拿大安大略省溫莎市，（Windsor, Ontario）買「222's」可待因阿斯匹靈（222's codeine aspirin）。第一次他是和珍·優黑斯基一起去的，後來每當《Creem》雜誌的編輯們面臨截稿壓力，就會抓一大把「222's」吞下去，好繼續熬夜趕工。溫莎市是酒禁時期一個違法的走私中心，那裡喧鬧的酒吧使它保留了以前留下來的邊疆城域氣氛。從上半島（Upper Peninsula）來的伐木工經常和汽車工廠的工人聚在一起看曲棍球賽，這些汽車工廠是克萊斯勒及美國通用汽車設在加拿大的生產線。他們常常抱怨黑鬼們老是越過河來喝加拿大的Molson牌和Labatt牌啤酒，這二個牌子的啤酒被萊斯特讚譽為全世界最棒的啤酒。

　　艾倫·尼斯特（Alan Niester）是溫莎市人，他也幫《Creem》雜誌寫稿子，他說：「我相信我最大的成就，就是介紹萊斯特喝這二個加拿大啤酒。」溫莎市的The Golden House酒吧賣十五分錢一份的啤酒，並且還有一個叫做Blues Train的樂團手裡揮舞著漢堡和可樂在現場演奏，而該團的幾位團員則是尼斯特的好朋友。他們兩個經常爬上舞台，拿著牛鈴和鈴鼓客串擔任〈Honky Tonk Woman〉這首歌曲的

背景和聲與演奏。這段期間，萊斯特仍然繼續作曲，而且他很喜歡在開車回家的路上，敞開喉嚨大聲地演唱自己創作的歌曲。尼斯特對萊斯特這位朋友的印象就是——在夜晚開著快車、迎風呼嘯，手裡還揮舞著漢堡和可樂。尼斯特說：「那是我看到萊斯特最開心的時候。我想他在《Creem》雜誌的日子大概也是這樣美好吧。」

　　一九七三年春天的一個夜晚，萊斯特在The Golden House酒吧認識了一位叫朵蕊（Dori）的女孩，她長得很可愛但不是很細緻，是一位健美活潑的年輕女孩。這位早熟的高中女生常常刷著長長的黑睫毛、穿著皮衣偷偷溜進The Golden House喝sloe gin fizz雞尾酒。萊斯特深深地迷戀上她。他們在萊斯特柏明罕市的臥室裡度過不少纏綿激情的夜晚，而那裡的凌亂骯髒，朵蕊竟然一點抱怨都沒有。萊斯特給羅傑·安德生的信裡這樣寫著：「我有一個新的寶貝，她很漂亮，而且我愛她。她把愛爾卡航市叫成艾爾·卡彭（Al Capone），她是一個可愛的法裔加拿大人。她說：『艾爾·卡彭那兒有些什麼動物？』我說『有響尾蛇、慾火中燒的蟾蜍、西拉毒蜥怪獸，在海灘則有鯊魚、水母。』然後她說：『哦！原來你來自怪獸大地。』」

　　萊斯特不少朋友都說朵蕊當他的女朋友太年輕了一點。有一次萊斯特帶朵蕊和《Creem》雜誌的同事一起參加為艾利斯·庫柏辦的派對，但是雜誌社裡的同事都認為朵蕊只是想藉機去接近搖滾巨星而已。在一九七三年秋天，朵蕊告訴萊斯特一個令他震驚的消息：她懷孕了；萊斯特提出要跟她結婚，並負責照顧小孩，但朵蕊心中卻另有打算而拒絕了。

　　萊斯特於一九七七年說：「於是我們就去墮胎。」「說『我們』好像是很奇怪的說法。雖然是她去墮胎，但是我卻沮喪了一段很長的時間，甚至還因此去看心理醫生。對我來說，墮胎就好像經歷了一場謀殺。」當時，萊斯特給朵蕊墮胎手術的錢，但是在開車載她去診所的路上，自己卻忍不住哭起來。那時萊斯特依舊相信和朵蕊會有將來，但卻不懂朵蕊為什麼一直把他推開。最後，朵蕊終於跟萊斯特

說，她再也不要跟他有任何牽扯，因此萊斯特只好再重新開始他尋找人生伴侶的探索之路。

萊斯特很快有新戀情，但是他的新戀情來得快、去得也快。有時候他的暴飲暴食、或是不良的衛生習慣、或是激烈的感情表達方式會嚇跑一些女人。他的同事珍‧優黑斯基說：「他總是給你一個大黑熊式的擁抱，然後試著講俏皮話引起女生的注意。」「他總是想要親別人，就好像土匪親吻幫一樣。」但當情況反過來時，他竟無法以同理心來對待主動跟他示好的女性。

就來自澳洲的搖滾樂評人莉莉安‧洛克森就是如此。理查‧梅爾哲形容洛克森是「一位道德高尚的人」。一九七三年萊斯特來紐約，洛克森主動跟他調情；梅爾哲說：「不顧別人的嘲笑，洛克森為萊斯特這個畜生流露無限的情意，她幫萊斯特訂購一個鈕釦，然後請萊斯特投宿的飯店轉交給他，但萊斯特竟對這最純真的獻禮，做了這樣的回應：『那個討厭的胖女人想要從我這裡得到些什麼？』」沒想到幾個月之後，洛克森死於急性突發氣喘病。梅爾哲說：「當我罵萊斯特是混蛋的時候，很可能我自己也是一個混蛋，但他就是會在不同的時間，顯現出完全不同的性格。」

然而萊斯特偶爾說這種沙文主義空洞大話，只不過是想掩飾他內心深處的不安全感。一九七四年，在一趟到水牛城做訪問的旅程中，萊斯特到梅爾哲和拓齊斯的飯店房間去，他一面仔細翻閱色情雜誌，一面問：「你們覺不覺得對著色情圖片打手槍比跟女人打砲更容易得到滿足？」他們二個人回答說：「那當然，經常都是這樣的。」

多年後，在一份從未出版的手稿中，萊斯特寫道：「我並沒有特別地去探究這個問題，但是跟他們兩人聊過這話題後，總算放下心中那塊大石頭，因為我一直害怕自己是一個受壓迫的怪異人士、同性戀者、或是躲在衣櫥裡的人，隨便你們要怎麼叫它。因此我總是不放過任何可以跟女人打砲的機會，甚至連我覺得這樣做實在很沒品、或是有些女人的肉體實在讓我感到不自在的時候，我也不放過。這種時

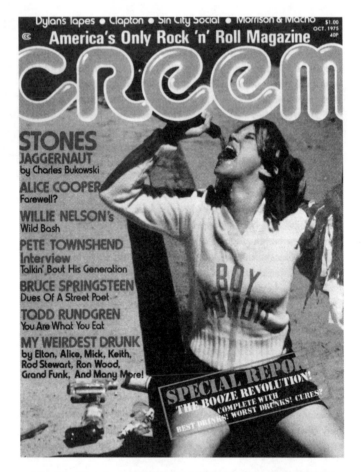

1975年10月，《Creem》以酒為主題的特刊封面（模特兒是萊絲莉・安德森）

刻我其實無法得到滿足——像自慰或者如夏日陣雨般狂亂短暫的衝刺快感，反而使我更困惑、迷惘、悲傷，並且害怕跟世界上任何一個人傾吐心中祕密。儘管我依舊可以正常勃起，可是在女人面前，我已經沒有感覺了，而且事實上我是苦於所謂的陰莖異常勃起，也就是說，我可以連續打砲好幾個小時，並帶給某些女人一些性高潮，其中甚至

有些女人還告訴我，我是她們碰過最棒的情人，但這樣的情形卻只有讓我感到更加悲哀。」

在伯明罕市，萊斯特建立了一個彼此互相信任的朋友圈子，在這些朋友面前，他可以說任何心中想說的話，更不用扮演偉大的剛左搖滾作家的角色。而他也很願意傾聽這些朋友們訴說自己的恐懼與憂慮，不論任何時間，他們都可以不停歇地聊上好幾個小時。萊斯特的好友約翰‧摩斯藍德（John Mothland）說：「對萊斯特來說，他能夠成為某人的好朋友這件事是很重要的，而他能夠成為我的好朋友是因為你可以跟他說任何事情，他並不會用主觀的是非意識去批判你，就是因為這樣，我們兩個人可以敞開心胸、無所不談地聊好幾個小時。」

比萊斯特年長一歲的摩斯藍德，也是在靠近南加州莫哈維沙漠（Mojave Desert）邊境長大，讀高中的時候，他就開始幫《聖柏納迪諾太陽電報》（San Bernardino Sun-Telegram）每週的青少年專欄寫文章，而且他很早以前就做過滾石合唱團的採訪報導。一九六五年他進入加州大學柏克萊分校就讀，透過當時的室友藍登‧溫納，認識了奎爾‧馬可仕，而他開始替《滾石》雜誌寫評論的那一期，也正好就是《滾石》刊登萊斯特批評MC5合唱團那一篇樂評的時候。詹‧偉納對摩斯藍德那時做的滾石合唱團獨家報導印象非常深刻，因此便於一九六九年尾請他到《滾石》當編輯。在滾石合唱團於艾爾塔蒙特鎮巡迴演唱會結束後的一個禮拜，摩斯藍德就到《滾石》雜誌工作，但是工作十個月後他就辭職不幹了，因為他覺得那份工作已不再有趣。

一九七四年，摩斯藍德是《Creem》雜誌的自由投稿作家，然後有一天貝瑞‧克萊莫打電話給他，請他到《Creem》雜誌擔任編輯的工作。那時候，摩斯藍德正打算搬離舊金山灣區、前往東岸發展，而伯明罕市正好在東、西兩岸中間，因此他便接受克萊莫的提議，但是他只答應替《Creem》工作六個月，不過最後他也做了七個月才離開。摩斯藍德說：「當時克萊莫想要找人替《Creem》建立某種程度

的專業工作態度。」在低調的行事風格下，摩斯藍德引介較詳盡的編輯工作，並加強編輯們對截稿日的重視與遵守。以前克萊莫也請過其他人做這份工作，但是都被萊斯特以及其他的同事整得很慘，以致於幹不下去而辭職。面對《Creem》雜誌這些頑皮的同事們，摩斯藍德依舊能夠維持酷樣卻仍被同事愛戴；而當他開始把幸運牌（Luck Strike）未過濾香菸猛抽到煙屁股的時候，大家就知道他在心煩了。

　　儘管萊斯特和摩斯藍德是兩個完全相反的人，但他們終究成為好朋友。個性安靜又神秘莫測的摩斯藍德就像柏格曼電影（Bergman film）裡面的經典人物一般；當萊斯特言行像個混蛋般過於誇張越軌時，他是少數能夠適時地制止他的人。就摩斯藍德而言，萊斯特是少數能夠使他發笑的人，摩斯藍德曾寫道：「萊斯特本人跟他的文章一樣有趣，而且他講的一般笑話就跟他的黑色笑話一樣高明好笑。」在克林姆之家，當其他人早就醉倒，他們兩個人還常常坐在客廳放唱片、聊天。他們兩個人在音樂與文學方面有相似的偏好，而且都同時認為——像他們這樣好的男人是很難找到真愛的；當然除了這些共通點之外，對酒的喜愛也是他們共同的嗜好。

　　《Creem》雜誌的合夥發行人哈維·朱波齊（Harvey Zuppke）說：「他們兩個人加起來所喝的酒，是我這輩子見過最多的。每次我們去酒吧，大家已經醉到眼睛都看不清楚的時候，這兩個傢伙卻還在喝，而且他們還會跑去激怒陌生人，卻從來不覺得這樣很危險。」

　　理查·沃斯（Richard C. Walls）是萊斯特的另一位酒友。在《Creem》雜誌初期，他寫過一些爵士樂樂評，一九七一年他在《Creem》雜誌倉庫改裝的辦公室中認識了萊斯特。沃斯說：「有兩件事使我們臭氣相投，一拍即合。我們兩個人都不切實際地認為自己出生得太晚，未能來得及當垮掉的一代（垮派）；我不是說當嬉痞不好，但是老兄，垮掉得一代可是有文化的人嗳；至於另外一點則是——我們都是世界一流的酒鬼。」全身毛茸茸、身軀龐大的沃斯總是親自到《Creem》雜誌辦公室交稿，然後又消失在陰影裡，他是卡司迴

廊的大毛腳傢伙。他後來被診斷患有焦慮失調障礙，是一種類似曠野恐懼症的疾病。

在《Creem》搬離渥爾德湖鎮後，理查‧沃斯就跟雜誌社的人失去聯絡，直到一九七三年某一天，他在卡司大道的Bronx Bar地下室酒吧偶然再度遇到萊斯特。萊斯特對他說：「你應該繼續幫我們寫文章！」正好那時沃斯手裡帶著已寫好的幾篇具嘲諷性的評論，包括一篇評論電影《I Eat Your Gore》和一篇評論the Black Badass Mystical Art Band樂團的前衛爵士樂專輯的文章，他把這兩篇稿子交給萊斯特，而萊斯特則一字未改地將他們刊出，自此以後，沃斯的文章便出現在每一期的《Creem》雜誌當中。

某次難得的機會，萊斯特和沃斯從沃斯的屋子裡走出來時，萊斯特向沃斯炫耀一瓶昂貴的干邑白蘭地酒，那是唱片公司送給他的禮物。於是沃斯一坐萊斯特剛以五百美金買來的1969年份美國通用汽車製造的Camaro車的後座，就把那瓶白蘭地拿在手裡，拆開瓶口封條。萊斯特見到大喊：「你偷我的酒！」沃斯一副漠不關心地承認他的確偷了那瓶白蘭地；事後他回憶道：「他當時真的好像很生氣，那時我想：『天啊！他真的以為我是一個善良的人！』很多時候他的幽默和尖銳是出自於他覺得這個世界並未按照他的理想來運作。」

搖滾樂評人羅伯特‧克里斯提高的妹妹喬琪亞（Georgia）在《Creem》雜誌擔任文字排版的工作，她說：「萊斯特似乎被一種寂寞所佔據，是一種連至交知己都無法為他抒解的孤寂。有一次他從機場酒吧帶兩個生意人到他家去聽the Stooges狂暴的第三張專輯，那時候克林姆之家正好存放著三十五張哥倫比亞唱片公司寄給萊斯特的唱片，那是哥倫比亞應萊斯特的要求而提供的試聽片，其目的是為了改變樂評人的看法，但是那兩個生意人在離開克林姆之家的時候，竟然帶走了其中兩張唱片。另外一次是《Creem》的同事在從高速公路上開車，萊斯特竟把頭伸出車窗外、大喊：『一堆蠢蛋！』（fuckwad），那是萊斯特對他人稱謂的新用詞，於是我們當場捧腹大

笑。」她接著說：「我們大家在一起的美好時光，就是當萊斯特是一個令人驚訝、大膽、無拘無束，但又同時也跟大家一樣是普通人的時候。」「他具有把任何平凡的事物變得有趣好笑的能力。」

　　萊斯特是一位絕對可靠、忠實、又慷慨的朋友。他的朋友愛絲特・寇林斯基說：「當你很想找人傾訴時，你可以在任何時間打電話給他，而且不管你在哪裡，他都會過去跟你碰面，他是我認識唯一能夠為朋友這樣做的人。而且就算是他口袋裡只有五塊錢，他也會把自己擁有的最後一分錢借給你。」萊斯特的寵物「小鬆餅」走失時，他悲傷不已，但是幾天後，他那隻科克普品種小狗跟一位老婦人一起出現在他面前，萊斯特一路跟隨他們走到老婦人住的拖車活動屋，當他看到那位老婦人如此疼愛他的「小鬆餅」時，便淚眼盈眶地堅持要她把「小鬆餅」留下來。

　　萊斯特和珍・優黑斯基小她七歲的妹妹裘安・優黑斯基一些朋友特別親近。裘安的一些高中朋友死於一場車禍，而其中幾位車禍倖活者雖然僥倖地逃過死劫，後來卻沈溺於毒品和酒精之中，而其他的倖活者則意圖自殺。馬克・寇根（Mark Kogan）的父母因為他在店裡偷唱片而把他送到精神療養院治療，於是萊斯特寄給他一個支援包裹（CARE package），其中裝有幾卷錄音帶、一個Hawkwind樂團的證章、一篇他寫的路・瑞德最新樂評。寇根說：「我們這些人都不是一般人，我們都是怪胎。」雖然萊斯特對這些受創的年輕人寄予同情，但是他拒絕讓他們自悲自憐、自甘墮落，他對裘安說：「我們每一個人都是來自亂七八糟的家庭，但是你不能就因此把它當作墮落的藉口，對他們來說，我就是一個活生生的例子。」

　　那時二十七歲的萊斯特頗能瞭解七○年代青少年的各類問題，但是在其他人眼中，這一代的青少年就如同異類外星人一樣，因為他們對歷史、政治、或是宗教不但一點也不關心，而且毫無頭緒。他們或許能夠引述電影《粉紅色火鶴》（*Pink Flamingos*）裡的每一句對話，或是討論特技人員伊維・基維爾（Evel Knievel）飛越蛇河峽谷

（Snake River Canyon）失敗的原因，但是他們卻鮮少注意西貢淪陷、水門案聽證會這類的時事；除了搖滾樂，他們這一代青少年似乎被摒棄於文化的每一個層面。摩斯藍德說：「萊斯特覺得他們是一群被忽略的郊區白人孩子，是真正的局外人族群。」「他總是把他們看做是地下天鵝絨樂團之子。儘管在那時候沒有人像萊斯特這樣認為過，因為那時候沒有人對地下天鵝絨樂團付出足夠的注意力，去思考他們精神上的未來後代會是什麼樣子，不過在那時候，萊斯特已經預見那些郊區的孩子們將會對未來的社會帶來衝擊。」

　　裘安和她朋友們的生活激發萊斯特寫了一份新書企畫案，該書的風格是一本類似口述歷史家及電台廣播人史塔茲‧特寇（Studs Terkel-style）那種透過人物採訪的寫法，他並將書名訂為《遺失的一代：美國青少年說出自己的話》（*Lost Generation: American Kids Now in Their Own Words*）；但是再次地，儘管這是一個很不錯的點子，這本書終究沒有完成。萊斯特寫道：「有趣的現象是，這一代在七〇年代長大的美國青少年，並不曉得他們被這個社會摒除在外。以前青少年的流行偶像象徵著你的憧憬，它所呈現與代表的就是你的夢想；但是今日，大部分的青少年偶像則代表各種不同逃避自我個性以及痛苦情緒感受的管道；然而偶像巨星是假毒品（blanks）。你沈溺其中做為逃避，但是假毒品仍然好一點，因為感覺與痛苦已是無法分開的情緒感受……從許多角度來說，我瞭解這些孩子們，因為我現在依舊覺得自己是他們的一份子。」

　　　　　　　　♩ ♪ ♫ ♪ ⁊ ♫ ♪

　　七〇年代中期是一段短暫呆滯的時期，當許多讀者開始質問搖滾樂是否已死亡的時候，萊斯特卻仍舊在尋找搖滾樂的生機。他並找出幾個新的男、女英雄做為搖滾樂的代表人物，但是他們彼此相距甚遠。一九七五年，佩蒂‧史密斯剛組一個叫做Patti Smith Group的樂

團，他們跟Arista唱片公司簽約並發行它第一張專輯《Horses》。萊斯特在樂評中對史密斯這張專輯如此評論：「這張專輯裡，不可否認地，史密斯超越了對波西米亞生活的崇拜，並且將之昇華爲具正面意義與病理學的一種型態。」。同時，萊斯特也繼續頌讚史密斯未來的合作對象，布魯斯·史賓斯汀，他這樣寫：「每次當布魯斯·史賓斯汀的音樂更邁進一大步時，他的聽眾們不僅拼命地想鞏固一個新的偶像，而且還前所未有地對所有覬覦他王位的假冒者抱以懷疑的態度。」

　　萊斯特並且狂熱讚揚羅克希音樂樂團（Roxy Music），他如此描述這個樂團的音樂：「試著想像，樂團主唱那低音顫抖的歌聲是一種介於大衛·鮑伊、路·瑞德、貓王之間的嗓音，當他演唱時，猶如穿越在一幅幅經過交叉剪輯的寬螢幕影像裡，一名龐克對著四周覆蓋著維多利亞時代浪漫主義的場景與太空噪音抱以嘲笑的態度。」萊斯特也稱讚紐約娃娃樂團，他寫道：「他們將他們心中的不滿藉由該樂團的第一首暢銷曲〈人格危機〉（Personality Crisis）唱出來，而這首歌聽來比那些西裔老美在墨西哥瓜達拉哈拉市（Guadalajara）那邊尋歡作樂還要熱力十足。」他也盛讚德國電子樂團Kraftwerk，以敏銳而知性的手法預見了未來techno這類電子舞曲的發展。不過萊斯特目前最愛的新歡則是來自西印度群島的牙買加（Jamaica）雷鬼音樂（Reggae），萊斯特寫出他對雷鬼音樂的看法：「雷鬼音樂可不是它表面上看起來那樣的慵懶、演奏者敲著椰子殼、滴哩答拉地重覆單調的快節奏而已。」「它就像所有一流的音樂一樣，充滿著熱情、愛、憤怒、痛苦、苦悶、喜悅。雖然大部分的美國聽眾在第一次聽到這種音樂時，無法感受瞭解它眞正的精神，但一旦熟悉此音樂，你會非常喜愛，甚至對它上癮，因爲它可絕不是你所想像中那種表象虛假、趕時髦的自由解放過程。」

　　一九七六年二月，島嶼唱片公司請萊斯特到牙買加待一個星期，他是第一批訪問牙買加的美國記者之一，在他自牙買加返美後，他形

容當地的拉斯特法里派（Rastafarian）是一個介於約翰・辛克萊爾與耶和華見證人教派的一個宗教。雖然萊斯特到牙買加表面上是出公差報導訪問鮑伯・馬利（Bob Marley），但是他決定把這個機會讓給《滾石》雜誌派去的記者去報導這位雷鬼樂之父。但是萊斯特仍舊實詳細敘述他訪問馬利的對話，並且按照馬利的發音方式來記錄這段訪談，只希望能夠藉此傳達馬利具個人特色的當地土語說話腔調。然而在春季出版的《Creem》雜誌中，萊斯特寫的樂評反而報導介紹了當地牙買加較不具知名度的樂手，像是Burning Spear、Toots and the Maytals及「刮碟聖手」李・派瑞（Lee 「Scratch」 Perry）。

　　當鮑伯・馬利倚靠在他的寶馬（MBW）汽車的引擎蓋上時，萊斯特開始他的訪問，於是他問馬利：「你想不想看看美國白人青少年頭髮編非洲長髮綹的樣子？」

　　馬利邊笑邊回答說：「好啊！老兄！」他繼續說：「那是當然！你看，正義將復臨大地，就像海水覆蓋海洋一樣，你瞭解嗎？而目前我們所能做的，就是問心無愧地生活，我們只不過都是大地之子。」

　　接著馬利談到有一天他將要帶領十四萬四千人的拉斯特法里派教徒回到非洲，而「十四萬四千人」是萊斯特自兒時參加聖經研讀會時，就深烙在腦海中的一個特別數字，於是萊斯特問：「但如果製造出許多暴力事件，那麼拉斯特法里派將會有什麼反應呢？」

　　馬利接應著說：「該死，我們可不涉及以色列十二個支派，我們現在可不是在談什麼政府之類的事，政府是不好的。我們提到以色列的十二個支派是指我們要團結起來的意象表徵，而達到團結這個目的唯一的方法就是透過拉斯特法里教派，而目前唯一可以傳遞這個訊息的管道就是雷鬼音樂。」

　　萊斯特根據牙買加當地一位賽車老手那裡得到消息，然後去問馬利是否曾經開車時撞到一隻山羊，結果馬利回答說：「不！不！不！不要這樣想，老兄！」「老兄，人們需要有一個正面的人生目標做為活下去的理由。當你在路上看到一隻山羊，應該要停下來去跟牠溝

通，好讓牠瞭解整件事情可能引發的結果。」

在這個訪問結束後，萊斯特斷言：「這個傢伙是一個嬉痞。」因此，比較起來，萊斯特覺得自己跟牙買加另外一位歌手「刮碟聖手」李·派瑞比較容易產生共鳴。

「刮碟聖手」李·派瑞在製作音樂方面是一個新手，但他不是一位拉斯特法里派教徒，而是一個喜歡在城市廝混、對新潮流敏感的傢伙。在島嶼唱片公司的老闆克里斯·布來克威爾（Chris Blackwell）的陪同下，萊斯特拜訪了派瑞的錄音工作室Black Ark Studio。萊斯特描寫當時看到派瑞的印象：「他像一頭坐在自己王國的矮小獅子，一路跳到我那不起眼的角落，最後終於引起我的注意。」

派瑞一看到萊斯特就說：「你是酒友。我嗅得出你是會喝酒的人。」於是派瑞便遞給萊斯特一個塑膠杯子和一瓶當地產製混和肉汁精華的winecarnes滋補葡萄酒。萊斯特紀錄著他們第一次的見面情形：「親愛的讀者，我知道兩個酒鬼在這個世界上彼此相認，並不是什麼一件多有深度或是不可思議的事情，但是置在這個香草天堂（Herb Heaven）裡，眼前到處都是自以為公正善良的拉斯特法里派教徒，以及趕時髦的美國人，卻還有人能夠跟你一起鄙視蘭姆酒文化，那種感覺就好像再度回到一九六七年，這是一次徹底的心靈感應。」

當長篇報導雷鬼音樂在《Creem》雜誌刊登到第二集的時候，貝瑞·克萊莫派萊斯特到紐約去招募新的寫手，好為《Creem》雜誌注入新血。但是萊斯特這趟紐約之行，都只是待在豪華的聖摩里茲飯店（St. Moritz Hotel）裡，住在克萊莫的個人專屬套房，並且和一票紐約好友掛公司的名義大肆揮霍，其中包括了The Dictators樂團的團員。而除了在飯店開狂歡派對之外，萊斯特這趟出公差似乎沒有做其它的事。

萊斯特第一次見到The Dictators樂團，是該團到伯明罕市安排他們第一次的巡迴演唱會，但伯明罕市這一站在他們還沒來得及表演之前，就因故取消了。該團的第一張唱片《Go Girl! Crazy!》是由前搖

滾樂評人珊蒂・帕爾曼（Sandy Pearlman）製作、理查・梅爾哲替他們撰寫唱片封套說明文字，這張初試啼聲的專輯與一九七五年的主流音樂形成完全相反的對比。《Go Girl! Crazy!》整張快節奏的風格特邑是偷恰克・貝瑞的快速模糊嗓音，與職業摔角選手那種男子氣概，而它的歌詞則充斥著自大而幼稚的幽默。該團的吉他手史考特・坎普納（Scott Kempner）說：「The Dictators樂團是以仍舊活躍存在於美國搖滾樂界的一種精神為基礎，但這個基礎不是被Led Zeppelin、the Allman Brothers、the Eagles這類搖滾樂團所淹沒的搖滾精神。」「The Dictators所代表的精神是透過MC5、the Stooges、the Flamin'Groovies、以及其他合唱團的部份音樂，所表現出來的搖滾精神，而萊斯特則以新聞報導寫作的方式體現這樣的態度。」

　　萊斯特於一九七六年夏天訪問紐約市時，The Dictators合唱團幫他在該團與藍色牡蠣膜拜樂團共用的排練工作室舉辦一個派對，於是萊斯特漫步走進工作室、脫下他的T恤，然後突然間以肩下握頸的擒拿姿勢，夾住該團主唱漢桑迪克・莫尼托拔（Handsome Dick Manitoba）的頭部。這個隨之而起的摔角比賽被在場的蘿貝塔・貝利（Roberta Bayley）拍攝下來，並且把這些照片以連環漫畫相片的風格刊登在第四期的《龐克雜誌》（Punk）裡——這是《龐克》雜誌對萊斯特傲慢的致敬，而該雜誌藉由這樣的方式表達對萊斯特的推崇。就如同該雜誌在創刊號中，把路・瑞德擬化成卡通版的科學怪人，然後用封面故事的篇幅寫成特別報導以表達對他的尊崇之意一樣。

　　卡通畫家約翰・荷姆斯創慕（John Holmstrom）從《Creem》雜誌的文字風格以及《瘋狂》雜誌月刊（Mad magazine）的繪圖藝術表現中得到啟發，而在一九七五年底創辦了《龐克》雜誌。荷姆斯創慕的朋友雷克斯・麥可尼爾（Legs McNeil）從The Dictators合唱團第一張唱片《Go Girl! Crazy!》的封面圖案得到靈感，決定用「龐克」這個名詞做為他們新雜誌的名稱。麥可尼爾寫道：「在那張唱片封套內面，是一張該團團員們站在白色城堡漢堡攤（White Castle）前面的

合照，那張照片裡團員們都穿著黑色皮夾克。」「雖然我們沒有像他們一樣穿黑色皮夾克，但是那張照片似乎很適切地表達出我們雜誌的精神。……『龐克』這個詞似乎涵蓋了我們所喜歡的東西，酒醉、引人反感、不矯情的機靈、荒謬、好笑、諷刺、以及所有與黑暗面有關的事物。」

　　那時候，萊斯特和梅爾哲早已在個人生活中體現這樣的龐克態度，但是「龐克」這詞第一次被當成一個專有名詞，並用來代表搖滾美學，則是在尼克·拓齊斯替七月版的《Fusion》雜誌寫的一篇文章中提到的；而拓齊斯則是在詩人艾德·桑德斯於六〇年代晚期用「龐克」來形容他的樂團the Fugs的文章裡找到這個詞。在那篇〈龐克的靈感泉源：原始性病態扮裝的眞實故事——內容包括那些佔人口比例百分之五，專門製造麻煩的美國青少年祕密〉（*The Punk Muse: The True Story of Protopathic Spiff Including the Lowdown on the Trouble-Making Five-Percent of America's Youth*）的文章中，拓齊斯形容典型

1975年，萊斯特、佩蒂·史密斯和路·瑞德攝於紐約

的「白鬼藍調」（honky blues）是一種「幻想中的贖罪。它身處在自己所建構出的地獄裡，被自己如燒灼般地尖酸廢話燙傷而哭喊著」。也因此龐克的座右銘才寫著，「詩是嘔吐而來的，而不是設計出來的。」（Poetry is puked, not plotted.）

　　一九七○年，萊斯特把龐克這詞用在他的書名《嗑藥龐克》）中。和當初從威廉・貝羅斯的小說裡認識「重金屬」（heavy metal）一樣，他也是在貝羅斯的小說中，第一次看到「龐克」這個字眼。在貝羅斯的《毒癮者》（*Junky*）這本書當中，有一幕是犯毒癮的兩位主角威爾和羅伊（Will and Roy）跟兩個年輕龐克族在地下鐵玩丟骰子喝酒的把戲，但是威爾和羅伊輸了，於是羅伊說：「這些幹他媽的龐克以為這是開玩笑。他們不會得意很久的，當他們在島上蹲了六個月的牢房後出來，他們就不會覺得這麼有趣了。」在此書出版二十年後，貝羅斯說：「我一直以為龐克族是受夠懲罰勞苦的人。」

　　戴弗・馬須被稱為是第一個使用「龐克搖滾」（punk rock）這個詞語的人。當六○年代的搖滾樂團Question Mark and the Mysterians樂團以暢銷曲〈96 Tears〉走紅的五年後，在一九七一年五月出版的《Creem》雜誌裡，Looney Tunes專欄中，馬須提到，「龐克搖滾」乃是從Question Mark and the Mysterians樂團一場具啟發性的表演中得到靈感；當時馬須已厭倦聽到大家用「龐克」做為表述人、事的形容詞，他寫道：「從文化保存的基礎上來看，我認為把這個具侮辱性質的詞語解釋為一個讚詞是比較恰當的作法——特別是面對這樣非傳統性、另類的龐克行為——但是在我看來，龐克卻是有莊嚴的混蛋行為。」

　　在七○年代中期，搖滾樂評人當中，萊斯特、馬須、梅爾哲、拓齊斯、圭格・蕭、藍尼・凱是頌揚龐克態度的樂評作家。一九七二年時，藍尼・凱匯編幾個被遺忘的迷幻車庫樂團——像是the Seeds、the MC5的歌曲——將其重新以兩張一套的套裝專輯發行，並定名為《珍品》（*Nuggets*）；即使這些迷幻車庫樂團的樂手是名不見經傳的

樂手、或是他們的演奏技巧未達臻致、或是再也沒人提起過他們的名字，即使在這些前提之下，在這套專輯裡，這些原始、未經加工的曲子——像是〈Pushing' Too Hard〉和〈Psychotic Reaction〉都依舊經得起時代的考驗而成為經典搖滾樂曲。至於萊斯特所稱的「原型龐克」樂團（proto-punk bands），則以地下天鵝絨樂團、the Stooges、the MC5、the Modern Lovers、紐約娃娃樂團為主要代表，而這些新興音樂潮流也儼然成為另類音樂的標竿。

The Dictators合唱團團員安迪・薛諾夫（Andy Shernoff）說：「當人們閱讀《Creem》雜誌時，不論他們是在加拿大、芝加哥、或是英國，他們會說：『嗚哇！這比堪薩斯樂團（Kansas）和Yes樂團有趣多了，看看這些愛炫耀的團體。』但這些龐克樂團也不過只是搖滾樂文化正在轉衍的部份面貌而已。」

這些所謂的文化轉變，可以從紐約市鮑爾瑞街（the Bowery）上，一間位在廉價旅館旁，已經不再風光的酒吧，看出搖滾樂的變革。這間酒吧原先的業主希力・克里斯托（Hilly Kristal）於一九七四年三月在一間燈光昏暗的地下酒吧從事安排搖滾樂手演出合約的事宜，但是這並非他當初的計畫。他原本的構想是在餐廳裡主打「鄉村、草根、藍調以及能引起美食者食慾的音樂」，並用這些單字的第一個字母構成他這間酒吧的名稱——CBGB-OMFUG（country, bluegrass, blues, other music for uplifting gourmandizers）。但是當時有一位想要成為樂手的生意人泰瑞・歐克（Terry Ork）說服克里斯托讓一個叫做Television的樂團在他的酒吧裡演奏，很快地，一些樂團像是the Ramones、Blondie、the Talking Heads等等都陸續在此固定演唱。這些在CBGB-OMFUG酒吧演奏的音樂第一次被報導出來則是在紐約市的另類刊物，《蘇活新聞週報》（Soho Weekly News）以及《村聲週報》，但是他們的音樂開始受到紐約以外的大眾注意，則是在一九七五年十一月出版的《Creem》雜誌裡，透過麗莎・羅賓森的Eleganza專欄，以「新地下天鵝絨樂團」（the new Velvet

Underground）這名詞來稱呼他們，進而讓許多聽眾開始對這些樂團加以注目；到一九七六年時，這些新興起的音樂需要一個名稱來稱呼他們，而約翰‧荷姆斯創慕才剛創辦的《龐克》雜誌則適時地為他們提供發聲的園地。

萊斯特和他的朋友比利‧奧特曼第一次到CBGB-OMFUG酒吧時，他很訝異地說：「這就是龐克音樂？」當時舞台上一些穿著運動背心的菜鳥正緊張地模仿the Modern Lovers合唱團的演唱，接著則是由the Talking Heads樂團表演，最後才由Television樂團以一首名為〈Marquee Moon〉的長段吉他演奏為節目帶來高潮而結束，而這段吉他演奏則讓萊斯特想起死之華樂團的音樂，於是他不滿地說：「這只不過是舊金山區音樂的翻版罷了！」

替《村聲雜誌》報導音樂現場的作家詹姆士‧渥寇（James Wolcott）說：「當萊斯特剛抵達紐約市的時候，他是帶著「我萊斯特這號傳奇人物，已降臨紐約！」的心態來面對事情。剛開始他一點也不喜歡CBGB-OMFUG酒吧裡演奏的音樂，但是沒多久，他開始漸漸地喜歡上他們，但他畢竟也是先經過這段『那不是伊基‧帕普，也不是MC5，他們並沒有做什麼新的嘗試。』的心態調整，那陣子所有CBGB-OMFUG酒吧裡的樂團都必須通過他那底特律標準後才算合格，而他這個防衛排斥的心態則花了好一段時間才逐漸消失。」

♩ ♪ ♫ ♪ ♫ ♪ ♫ ♪

一九七四年冬天，南西‧亞歷山大（Nancy Alexander）認識了萊斯特，當時她正在底特律市的韋恩州立大學讀四年級。南西是一位高挑、優雅、有著深色捲髮和美麗棕色眼睛的女孩。她的朋友用「時裝模特兒美女」稱呼她，可是她卻鄙視流行；萊斯特則故意叫她「最有女人味的假流浪漢」。因為在還沒開始跟萊斯特約會之前，她就已經背著父母偷吸煙，並且用在外鬼混到深夜的方式，抗議她那管教甚嚴的

希臘裔父母。

　　就跟萊斯特的第一位女友安迪一樣，南西喜愛戲劇甚於搖滾樂。盡管她最終的目標是成為一位演員，但她卻早已和《Creem》雜誌那票人有些關連。她曾和裘安・優黑斯基一起在Bizarre服裝店工作；她的朋友萊絲莉・布朗（Leslie Brown）則剛到《Creem》雜誌負責管理讀者名單，當時萊絲莉正和南西的哥哥約會，兩人最後還結為連理。

　　有一天晚上，南西和萊絲莉一起去看電影，大排長龍的買票隊伍似乎永無止盡，但是萊絲莉正巧瞄到萊斯特也在隊伍當中，並且已經快接近售票口於是請他幫忙。雖然南西之前沒見過萊斯特，但是當晚穿著開斯米毛衣和米色大衣的南西漫步走向萊斯特，然後擁抱他，並謝謝他。事後南西說：「當時我並不曉得萊斯特・班恩斯是哪號人物，也不曉得他是一位頗富聲名的作家，反正我也不在乎他是不是有名。不過我們兩個人倒是一見面就挺合得來。」

　　沒多久，萊斯特開始正式約南西一起去看電影。當電影結束後，南西帶著一副不透光的太陽眼鏡、裝得很酷，萊斯特就故意靠近她、在她的太陽眼鏡鏡片上敲一敲、然後說：「你別想唬我，我知道你是個愛開玩笑的人。」

　　南西還記得萊斯特開車到她雙親位在南菲爾德市（Southfield）的家去接她時，那台沒有消音器的紅色卡馬羅（Camaro）汽車，震天價響地破壞了郊區的寧靜。南西說：「當時我把自己關在臥室、擔心事情會演變得像變調的柏格曼電影情節——我父親走到我的房間說：『你的朋友到了。』」通常，戴著牛仔帽、穿著黑色皮夾克的萊斯特總是悠遊漫步走到南西家的大門口，然後對南西的父親說：「啊！你的女兒真是漂亮！」「來一瓶干邑白蘭地？」聽到他們這樣的對話，南西總是試著憋住笑聲，直到她和萊斯特走出屋外；當萊斯特幫南西拉開那生鏽的車門時，南西問他：「你會不會覺得我的父母親很奇怪？」萊斯特回答說：「他們一定是被搞得頭暈轉向、昏了頭。

他們現在一定抽著雪茄，猛喝白蘭地，然後溫馨入夢。」

　　南西的家人適時歡並迎接納萊斯特。在聖誕節的時候，受邀的萊斯特帶了禮物到南西的父母親家過聖誕節。他送一張晦澀難懂的明格斯演奏唱片給南西的父親，一本叫做《Tales from the Dead》的書送給南西的母親、一個來自越南的縮皺骷髏頭送給南西的弟弟。雖然南西的祖母聽不懂英文，但是她依舊咿咿啊啊地很喜歡萊斯特，她用希臘語跟南西說：「他會永遠握著你的手。」聖誕晚餐結束後，萊斯特和南西便告辭離開，一走出南西家的大門，萊斯特感動得幾乎要哭出來，南西回憶說：「家庭一直是他所渴望的——但也是他所反抗的。」

1975年，南西‧亞歷山大和查理‧奧瑞格攝於Creem House

　　有時候，這對戀人想要測試彼此的耐心。有一次，萊斯特拿一大堆爵士樂唱片放在南西面前，希望她能把那些唱片好好地研究一番，南西是齊柏林飛船合唱團的樂迷，但她還是把那些唱片給聽完，南西回憶說：「幾天之後，我對他說我喜歡唐‧卻利的音樂，他聽到我這樣說時，顯得很訝異，因爲他以爲我喜歡比較古板的音樂。」有一次南西和家人到維吉尼亞海灘（Virginia Beach）度假時看到一隻寵物寄居蟹，那隻小動物讓她想起萊斯特，於是她就把那隻寄居蟹買回去當禮物送給萊斯特。當萊斯特看到這小動物時，只是挖苦地對南西說：「哇！眞是多謝。」但萊斯特終究還是喜歡上這個迷你的甲殼類動物，幫牠取名叫「小鋤頭」（Spud），而且還把克林姆之家的其中一個浴缸裝了沙子讓「小鋤頭」在裡面爬行，好讓牠感覺回到海灘的家一樣。

　　南西回憶著說：「萊斯特的外向帶領我走出自己的世界，而我豐富的感情則安撫他那過動的心靈。」但是那時候南西還不想太早定下來，因此堅持她跟萊斯特還是可以各自跟其他人約會。南西常常被萊斯特的生活方式嚇到，因此他們之間還用一個祕密暗語做警示——當萊斯特不知不覺地脫離正常狀態或是被驅使扮演那臭名昭彰的噪音男孩時，南西便會做這樣的警示；南西回憶說：「我總是會在那種時候對他大叫：『萊斯特‧班恩斯！』這是當他開始變成另一個人格面貌時，我所給他的警示暗號。」

　　萊斯特的朋友約翰‧摩斯藍德說：「南西一點都不喜歡流行音樂界，但是這樣反而對萊斯特有幫助，因爲南西是引領萊斯特活在眞實世界的檢驗標準。雖然南西也喜歡流行音樂圈裡的某些人，但是大體上來說，她眞的不喜歡那個圈子，而且她經常公開跟大家聲明。萊斯特的身邊總是圍繞著一大堆被他那瘋狂寫作風格所吸引的人群，南西也瞭解這個情形，但是她所愛的萊斯特，並不是那個受到讀者崇拜的偶像名人，她對待他、愛他如平常人。」

　　剛開始，南西對酗酒這件事並不太瞭解，但是在她和萊斯特約會

了幾個月之後，便開始懷疑她的男朋友有酗酒的問題。南西說：「萊斯特有一種自我毀滅的傾向，而這種傾向則阻撓他努力對付內在的混亂。」「人們所看到的萊斯特‧班恩斯是派對裡的鋒頭人物，他每到之處，總有人跟他攀關係，而他也就得意起來；當人們像小丑般地慫恿他時，他就開始變得荒謬好笑。但是我也看到萊斯特的另一面──那個必須去看心理醫生的萊斯特──那個內心駝著巨大痛苦與絕對狂怒的萊斯特。」

那陣子，萊斯特去看在伯明罕市的一位女心理醫師，那位女醫師開了一些抗憂鬱的藥給他，但是萊斯特竟然把該服用的藥量跟他常喝的酒混在一起飲用，而且沒讓他的醫生知道這件事；萊斯特的朋友摩斯藍德對他說：「你知道嗎？你這樣是在欺騙隱瞞心理醫師你酗酒的問題，你並沒有對她說實話。」──萊斯特很少願承認他朋友事實上是有道理的，但是這件事情例外；相反地，在他下一次去看那位女心理醫師的時候，他對她發怒、摔傢俱，還罵她「愚蠢的猶太人」，自此之後，那位女心理醫師拒絕再幫萊斯特做治療。

一九七五年期間，南西和萊斯特分分合合了好幾次，萊斯特對南西施壓力，希望南西能對他許下承諾。一九七六年一月，南西和萊斯特一起參加克林姆之家舉辦的派對，沒多久，萊斯特把南西從屋裡追到屋外，原因是南西一直鄙視路‧瑞德，而這件事情一直困擾著萊斯特，並成為他們兩個人之間的心結與爭吵的導火線。當時，正月的雪已下了兩呎高，樹枝上垂掛著重重的冰柱，萊斯特及時地將一張路‧瑞德剛出版的浪漫專輯《Coney Island Baby》唱片丟到南西的腳下，在那張唱片封底，萊斯特筆跡凌亂地寫了一篇充滿詩意的情書──

親愛的南西：
我恨你！我恨你那種態度（很遜）（很愚蠢）
我恨你的工作內容、工作時間，更恨你竟喜歡這樣的生活
我恨你的精神崩潰

我恨〔你的男朋友〕丹尼斯

我恨你的魯鈍

我恨你用情節劇的態度去糟蹋你的萬丈雄心

那隨之而來的沮喪　卻成為你不見我的藉口

而真正使我們分離的真相　卻是你那些奇怪的「道德標準」

我恨不能見到你

我恨你屈尊俯就地對我說：「我知道，我知道」

卻看低我　當我告訴你我恨不能見到你

我恨你住的房子

我恨你的車子

我恨你的弟弟和他的鋼琴課

我恨你的哥哥

我恨你的咿啊祖母

我恨哈洛德‧品特

我恨齊柏林飛船合唱團（我希望他們在飛到底特律時飛機墜毀）

我恨你開始對我作理智的分析　當我每次對你說　我想你

我恨自己如此地思念你

愛你的　萊斯特

　　當他們在屋外爭吵的時候，可以看見寒冷的空氣中飄散著彼此呼出的氣息；他們以前也這樣吵過，不過這次南西卻藉機演起戲來──她對萊斯特說：「我無法真正去愛一個人！」「你看不出來嗎？我是一個冰山女王！別理我！沒有人能衝破我的冰山！」但是萊斯特對她說：「你何不再試試看呢？」聽到萊斯特這樣說，南西忍不住開始哭泣起來。南西回憶說：「他那時真的打破我所有的犬儒哲學。」不過，在那次爭吵後，他們兩個人開始認真地討論結婚的事情。

　　到了一九七六年初，萊斯特已是《Creem》雜誌裡的元老，他是《Creem》在渥爾德湖鎮時代唯一存留下來的員工，當然別提《Creem》

更早在卡司大道的草創時期。萊斯特就好像捨不得畢業的第五年大學生，他稱《Creem》雜誌新進的年輕同事爲「伯明罕青少年俱樂部」（The Birmingham Youth Club）。這些新同事在伍瓦得大道上（Woodward Avenue）找到一家名叫Pasquale's的義大利餐廳，做爲他們平時聚會的場所。Pasquale's餐廳有著不友善的女侍、不入流的威尼斯壁畫、似橡膠的義大利肉丸三明治、還有它唯一的可取之處——供應大量的廉價生啤酒，於是在這個餐廳裡，萊斯特開闢了他的兩性論壇。

給「男生」的建議——這些男生包括羅伯‧鄧肯（Robert Duncan）與艾瑞克‧甘海莫（Eric「Air Wreck」Genheimer），在這裡，萊斯特則提供他的智慧——關於如何討好女生的藝術，甘海莫回憶說：「當時他給鄧肯如何去舔女生下體的建議，他說：『如果那裡的味道不好聞，你就先大口灌一杯啤酒，然後就把頭低下去，直撲洞穴。』」至於給「女生」的建議——這些女生包括蘇珊‧蕙朵（Susan Whitall）、萊絲莉‧布朗、卡蘿‧施婁納（Carol Scholner），萊斯特則給予頗富同情的忠告——在對女生該如何看待異性的話題上，他對女生說：「男生都是狡詐的黃鼠狼，他們對女性唯一的用處就是做愛，而大半的時間，男生要做這件事的唯一理由，就是他們想要藉此證明一些東西。」

有時深夜大家都還在辦公室的時候，他們便開始玩愚蠢的打電話開玩笑遊戲。萊斯特曾試著打長途電話給烏干達的獨裁者依弟‧阿敏（Idi Amin），但是他所能轉接到的最高層級也只是阿敏的皇宮接線生。另外一次，萊斯特則利用三方通話的方式打電話給脾氣不佳的樂評人艾德‧瓦德和羅伯特‧克里斯提高，然後他在第三支電話偷聽瓦德和克里斯提高互相叫罵著是誰打電話給誰、質問對方沒事幹嘛打電話騷擾的對話。甘海莫回憶說：「那時候我和鄧肯都很景仰萊斯特，我們希望能跟他一樣，我們想要跟他寫得一樣好，我們想要盡可能地模仿他。」當這群年輕小伙子試著維持跟萊斯特同樣的上班時間——

（左起）南西・亞歷山大、萊斯特，和他們的朋友攝於1976年。

下午四點到凌晨三點的要求時，卻被貝瑞・克萊莫強行限制，當時克萊莫對他們說：「你們不可能當萊斯特的。」「只有萊斯特能當萊斯特。」

　　一九七五年五月，萊斯特、甘海莫、蕙朵一起去聽《Creem》雜誌向來最喜愛的合唱團──臉譜合唱團（the Faces），而這次是主唱洛・史都華退出臉譜合唱團之前的最後一場巡迴演唱會。事前該團的吉他手朗・伍德（Ron Wood）邀請萊斯特他們一起參加演唱會後的派對，地點在Temptations合唱團的前任歌手大衛・魯芬（David Ruffin）的家中舉辦，因此在演唱會結束後，萊斯特一夥人開車去接伍德，於是伍德便從《Creem》雜誌的箱型客貨車後面跳上車、然後坐在萊斯特身旁的一個煤渣磚上；就當甘海莫準備啟動開走的時候，一位黑人拍打著已上鎖的乘客車門，甘海莫事後說：「在底特律，你一定要隨時把車門鎖上，所以那時我並沒有理他。這在底特律市很平

常的事。」

當時立刻看到那位黑人的朗‧伍德在車內大叫：「嘿，老兄，那是巴比‧渥馬克（Bobby Womack）！趕快開門讓他進來，他要跟我們一起去！」

然後他們便開車到底特律市東邊一棟美麗磚造房子，抵達時，屋裡正進行著派對。蕙朵回憶說：「派對裡每樣事物都很清新純樸，除了我們這群穿著牛仔褲的骯髒白人小孩，在座的每一位穿著都正式、整齊。」那晚，萊斯特全身散發出難聞的體味，身上則穿著一件印著ABBA合唱團的骯髒T恤，那時他抓了一瓶啤酒來喝，然後猛然砰地一聲放在咖啡桌上，於是一位美麗的紅髮女郎便拿著一個茶杯墊走來；除了萊斯特那一票人以外，她是這個派對裡唯一的白人。就當這位紅髮女郎還沒來得及搞清楚怎麼回事之前，萊斯特已經帶著她走進舞池，用討人厭的方式擁抱著她。

當一位體型如後衛足球員的傢伙，朝甘海莫和蕙朵坐的沙發走過去時，他們二個人嚇得蜷縮在一起，那個人對他們說：「你們知道你們的朋友惹上誰了嗎？」蕙朵回憶說：「萊斯特向來可以嗅出哪裡可以製造出火藥味。如果他去參加一個派對，他就表現出一副：『我現在該用什麼最可能的方法，才能惹毛某某人？』所以當我們參加大衛‧魯芬的派對時，他就打算好好地跟派對主人的女朋友當場演個戲。」

最後，萊斯特的同事把他拖到後面的一間臥室，在那裡伍德和渥馬克正一起彈奏樂曲。伍德事後回憶說：「我想有人在我們的飲料裡加迷幻藥，因為那時的吉他頸把看起來像是橡膠做的。」一被拖到臥室，萊斯特就噗通倒在伍德和渥馬克中間，然後唱著他自己做的曲子：「她希望我是一個黑鬼／那麼我的老二就會大一點。（Sho' wish ah wuz a nigger/Then mah dick'd be bigger!）」二十年後，伍德笑著回憶說：「我記得我和萊斯特向來處得很好，他就是那副留著八字鬍的大個兒——看起來很像羅伯‧偉納。」但是派對當時，在場沒有人覺

得萊斯特的言行是好笑有趣的。

　　萊斯特於一九七九年對這件事這樣紀錄著:「我花了好幾年的時間才瞭解當時我是怎樣的一個混蛋東西,更別說當時我是如何幸運地能夠帶著我那身白色的厚皮毫髮無傷地離開派對。」他將對這件事情的領悟,寫了一篇頗負爭議、關於種族歧視的文章〈白人優越論者的蒼白噪音〉(The White Noise Supremacists),不過這並不是他第一次提到這類主題。

　　當他還住在愛爾卡航市的時候,萊斯特就已經在《小斑點的日記》這本自傳性小說裡,刺探性地提出愛爾卡航市當時所謂的禮貌性歧視;從社會諷刺家藍尼·布魯斯和保羅·克瑞司納(Paul krassner)得來的靈感,萊斯特在該書中寫了一個標題為「喝醉的白人龐克假裝他是一個黑鬼」(Drunk Punk Ofay Pretending He's a Nigger)的章節。在寫完那篇章節之後的幾年,萊斯特漸漸地對被他叫做「反主流文化對於種族歧視與性別歧視問題所顯現出的虛偽又模稜兩可的態度」(pious pussyfooting by the counterculture on issues of race and sex)的社會現象表示輕蔑。一九七五年時,萊斯特仔細思考大衛·鮑伊改變樂風,以「削瘦的白人公爵」(Thin White Duke)的稱號轉型成靈魂歌手而風靡英美流行音樂界時,他寫道:「過去這一年,好像每個人都表現出是搞男同性戀的人在統治這個世界;然而在真正的現實當中,是『黑鬼們』在控制與指揮所有的事物,從以前到現在一直都是這樣的——而這樣的情況,理所當然應該如此。」

　　「黑鬼」這一個名詞在〈白人優越論者的蒼白噪音〉這篇作品的初稿裡出現了十二次,當約翰·摩斯藍德編輯這篇文章時,他刪去其中大部分的「黑鬼」用詞,但是萊斯特跟他爭論說:「這就好像藍尼·布魯斯說:『我們必須不斷地重複使用這個字,直到字的本身失去它的意義。』」當時摩斯藍德反問萊斯特:如果這個假設是真的話,那麼為什麼這個字還沒有消失呢?後來摩斯藍德回憶說:「當時我們並沒有敵意,我們只是討論這個議題罷了;我想萊斯特最後明白

人們並不懂他的用意。」

　　萊斯特的朋友兼樂評同事理查‧憑克斯頓（Richard Pinkston）說：「從外在的言行來看，萊斯特或許看起來是一位種族歧視或是性別歧視的人，但是其實他內心並不是的。」憑克斯頓是萊斯特搬到底特律後沒多久就認識的朋友，多年來，他們兩人常常各找女伴然後一起出去約會，並分享對地下天鵝絨樂團、the Stooges、披頭四的熱愛，憑克斯頓說：「我可能是萊斯特第一位並且是最親近的黑人朋友，我想他認識我的這個經驗，幫助他打開眼界，有時候你必須經歷讓事情在心裡沈澱的這個過程。萊斯特找機會當一個混蛋，因為他那時內心正為此議題掙扎著，不過至少他是誠實面對這個掙扎，但很多人則不然。」

　　有一天，一位脾氣暴躁的《Creem》雜誌的同事因為憑克斯頓講了一些讓他聽起來很不順耳的話，便掐住當時只有十八歲的憑克斯頓的脖子，幸好，萊斯特及時趕來解救這位年輕的黑人作家；憑克斯頓回憶說：「當時的情形就好像電視影集《天才小麻煩》裡面，小麻煩的哥哥威利‧克利佛前來解救我這陷於困境的小麻煩。」很顯然地，萊斯特喜歡自己當保護者的角色；另外有一次，萊斯特看到蘇珊‧蕙朵滿臉淚水地從貝瑞‧克萊莫的辦公室跑出來，於是在未全盤瞭解原委之前，萊斯特便立刻衝進辦公室、擊倒克萊莫，然後再跟到女生化妝室，並模仿美國五〇年代全由黑人演員演出的電視情境劇「Amos 'n' Andy」裡的角色說話方式，於是他用誇張的口音對蕙朵說教：「莎法爾，妳對我們是如此地珍貴重要！妳可千萬不要想要離開這裡啊！（Safire, yo' ass is precious! Don' eben be thinkin'o' leaving heah!）」蕙朵聽了忍不住展顏笑開，後來萊斯特竟然還成功地叫克萊莫跟蕙朵道歉。

　　克萊莫向來很精明，但是從七〇年代中期，他逐漸地越來越有偏執狂的症狀，並且變得很不講理。他買了一個電子監聽系統監控員工的往來電話，還經常翻閱員工的信件；有時候他看到削鉛筆機上有一

隻小蟲，他便拒絕進入辦公室，直到有人假裝揮手趕走牠。

那時候，萊斯特對《Creem》雜誌的前途還依舊抱著很高的期望，他還於一九七六年二月，寫了一封長達十頁的備忘錄給克萊莫，其中提到許多各種不同的議題。首先，萊斯特在備忘錄中宣稱當年四月出版的內容是《Creem》有史以來最棒的一期，其內容包括他訪問吉米・漢崔克斯死後出版的專訪報導、一篇他批評鮑伯・迪倫將匪徒喬伊・蓋洛（Joey Gallo）捧爲名人的攻擊文章；他還問克萊莫什麼時候員工們才會有健康保險；他也告訴克萊莫他和南西正計畫該年夏天結婚；並宣稱他對路・瑞德這位樂手已完全失去興趣；並試著清理跟公司一些混亂的帳目。直到那時候，克萊莫還欠萊斯特二百七十九塊七分美元的公務開支費，但是由於之前萊斯特被警察逮到酒醉駕車，而要哈維・朱波齊幫他繳一百美元的保釋金，因此萊斯特欠公司一百塊美元，這樣互相抵銷之後，公司總共還欠他一百七十九塊七分美元，而他那時眞的非常需要那筆錢。

但是克萊莫從沒有付那筆錢給萊斯特，因爲在萊斯特那趟紐約公差之旅回來後，克萊莫收到聖莫里茲飯店寄給他一張超過一千六百美的帳單。那是萊斯特從飯店打電話出去的費用。當時克萊莫威脅要從萊斯特的薪水中扣除這筆費用，從此這兩個人便彼此不說話；他們兩人之間的長期不和，讓人感覺好像一位嚴苛的父親和一位奮力爭取獨立的兒子之間無法避免的磨擦與衝突，《Creem》雜誌的合夥發行人哈維・朱波齊說：「貝瑞和萊斯特之間的嫌隙後來演變成私人的恩怨，他們對彼此的不滿已經跟搖滾樂無關，而是最後任何事的牽扯都變成是跟貝瑞與萊斯特有關係。」

克萊莫於一九七六年夏天接受一個訪問時說：「在萊斯特之前，就曾經有明星編輯／作家，因此在他之後，也還是會有明星編輯／作家取代他的地位。《Creem》雜誌比任何一個人都偉大。」

幾年後萊斯特帶著毫不掩飾的苦澀回憶他在《Creem》雜誌的日子，他於一九八二年說：「基本上，那個地方就是一個在克萊莫控制

1976年，貝瑞和萊斯特攝於伯明罕

下的地盤，那時正逢嬉痞風潮後期，因此一大堆充滿理想的年輕人正
尋求發展抱負的園地，然後一個傢伙走進來看見他可以藉這些年輕人
對理想的憧憬好好地大賺一筆，因此你就會聽到像是這類的話：『一
年之內，我們將會搬進一個大房子，我們將會變成有錢人。』等等這
類的狗屎屁話，問題是，這傢伙是變有錢了，他得到他的大房子和鄉
村度假屋，他喝Courvoisier VSOP干邑白蘭地酒，他開林肯
Continental型豪華房車；而當我在那裡工作五年後，以資深編輯的身
份離開的時候，我的薪水是一週／一百七十五元，而不論《Creem》
雜誌今日的地位與成就如何，我對其所投入、貢獻的無限心力都是不
容否認的事實，同時也是造就它成功的原因之一。」

　　底特律也開始讓萊斯特覺得難以忍受的地方。經過精心計算的市
容振興計畫，即使像是文藝復興商務中心區（Renaissance Center）這
樣的都市重建，也無法讓底特律市回復它往日的風華；當地報紙的頭

條新聞是一則報導來自貧民區的小孩爬上高速公路的築堤、朝駛來的車子丟磚塊的新聞；而底特律警察的「鎮壓單位」（STRESS）則在黑人社區裡任意敲破居民的頭顱。萊斯特後來寫道：「我在底特律待了五年，就像我常說的——還待得「正是時候」。」那時候，萊斯特的前任同事羅伯·鄧肯和約翰·摩斯藍德都已離職，並搬到紐約。紐約市似乎是當時美國唯一搖滾樂依舊興盛的城市，當然更是許多出版公司與音樂工業的大本營。因此萊斯特覺得是到了他該向前走的時候，他不想再當小池塘裡的大魚了。

　　一九七九年夏天萊斯跟大家宣布他和南西要搬到紐約，並且一旦他們在曼哈頓安頓好，就要立刻結婚。於是萊斯特賣掉他的紅色Camaro汽車、把他的唱片收藏寄放到艾瑞克·甘海莫的父母家、並請蘇珊·蕙朵答應有時去看看孤寂的評論作家理查·沃斯。「伯明罕青少年俱樂部」在愛絲特·寇林斯基的父母家幫萊斯特辦了一個離別派對，萊斯特在派對裡喝醉，還跟一個叫Pontiac Punks的樂團一起唱了the Stooges的一些歌曲，之後他特地跑去裘安·優黑斯基的一個女性朋友家，對方用力地把萊斯特推進一個金魚池塘裡（小池塘裡的大魚）。

　　當南西不在萊斯特身旁的時候，萊斯特的朋友卡蘿·施婁納會以一種母親的關心幫忙看著萊斯特，卡蘿說：「人們常會跑來跟我說萊斯特需要幫忙，於是我便會跑去救他。」因此萊斯特還替卡蘿取一個暱稱，「Jah Woman」（如基督普救世人的女人）。在離別派對就要結束時，卡蘿聽到她的弟弟大叫說萊斯特溺水了，然後她就趕快跑去游泳池、只看見在泳池裡的萊斯特臉部朝下浸在水中，於是她大喊：「你給我起來！」而穿著皮夾克的萊斯特只是在水裡翻個身，手臂假裝往後划水，像條魚似地嘴裡發出：「嗝喇噗，嗝喇噗。」的聲音。

第八章
溫柔補給

　　萊斯特與南西抵達紐約時，紐約市正努力從財政破產邊緣，向上奮鬥，而底特律的音樂圈卻越來越旺盛。一年前，聯邦政府拒絕先挪用聯邦資金援助紐約市府，《紐約每日新聞》便用「福特對待這城市的方式：去死吧！」（FORD TO CITY：DROP DEAD）的標題，報導福特總統的作為。之後，新任總統吉米·卡特於一九七七年一月接任白宮辦公室，他曾公開表示他是鮑伯·迪倫的忠誠樂迷，但是他仍然認為紐約這座城市不同於美國其他地方，不論政治、文化，甚至地理上都是如此。

　　萊斯特與南西搬到第六街與第十四街附近介於格林威治村與卻爾西區（Chelsea）的邊界，靠近中國餐館「Gum Joy」附近，一棟每一層有九間住戶的公寓大樓。第十四街是一個沒有街坊鄰居，到處充斥著毒品店、酒品零售店及破敗酒吧的地方，它讓萊斯特想起《裸體午餐》小說裡的那個交會區（interzone），妓女與藥頭互通有無地相互照應，以逃避警察的臨檢騷擾，這樣他們就可以從北到南一直跑貨，而不會誤闖一些警察經常臨檢的區域。

　　前《Creem》雜誌編輯羅伯·鄧肯，是第一位發現他們位在第六街542號公寓的人。他跟他的女友蘿妮·荷夫曼（Roni Hoffman）一

1976年，萊斯特‧班恩斯攝於春天第六大道（蘿妮‧荷夫曼攝）

起共租這靠近第五街後頭的公寓，而蘿妮以前曾是理查‧梅爾哲的長期同居人。當公寓五樓空出來對外招租時，鄧肯便打電話給萊斯特，慫恿他從底特律搬過來當他鄰居，他甚至還寫了一張240元的支票，幫他代墊第一個月的房租。

　　「我一直認為萊斯特應該到更大的舞台去發揮。」鄧肯說：「《Creem》對他而言已經太小了，但他對來紐約這件事一直很緊張。他有點害怕，他擔心他這來自愛爾卡航市的鄉巴佬，對紐約來講太土氣了——他的確是。但這也是他性格裡可愛之處，他喜歡玩那套神氣活現、說大話嚇唬人的把戲，不過我想他是一位好親近的人。」

　　這次搬家，南西與萊斯特互相給予對方精神上的支持。南西從未離開過底特律以外的地區，過去她一直與父母同在底特律郊區的家，

萊斯特協助她蹺家出走，於是她便幫他建立了一個真正屬於他的家，以作為回報。這算是萊斯特離開加州以來，首次有了自己的地方。當萊斯特正來回匆促地忙編輯事務時，她花了一週的時間先油漆整間公寓。他們還把在底特律的車子賣了，然後拿了這筆錢去先鋒廣場（Herald Square）的梅西百貨（Macy's），買了一張沙發、幾張咖啡桌和一套晚餐桌椅。但每當他們一關掉電燈，就會被嚇到，因為會見到成打的蟑螂在牆上窸窸窣窣的快速爬著。

荷夫曼覺得這對住在對面的情侶簡直是在玩這房子。萊斯特去拜訪她跟梅爾哲時，她曾經親眼目睹過萊斯特邋遢的樣子，所以她很高興看到南西在門口掛了一把掃帚，「人們總是說小野洋子與琳達・麥卡尼（Linda McCartney）改變了他們的英雄。」荷夫曼說道：「但我堅信約翰・藍儂與保羅・麥卡尼終於找到一個容許他們做自己的人，或許萊斯特也是如此——他想要成為正常人，並成家穩定下來。」

而萊斯特自從結束第一個長期戀愛關係之後，就很少去發展這種雙方面付出與接受的關係了。在一首名為〈安迪〉的詩作中，他蔑視女友稱讚他是天才，講完後卻去打掃房子的行為。而在一首名為〈沾有便便的褲子〉（Poo Pants）的新歌裡，他想像南西會表現得更加令人討厭，而如此描寫：

我洗著他沾有便便的褲子
當他站在附近　大聲吼叫
跟一位藝術家住在一起　真是美學上的至喜
但老媽從沒告訴過我　怎麼會有這樣的一天

沾有便便的褲子
還穿在他屁屁上晃著
喔，喔，喔，沾有便便的褲子

我真高興他有那些便便
不知怎地　這些便便看起來真可愛

我洗著他沾有便便的褲子
當他正在播放《Sally Can't Dance》
但是當他猛灌小麥釀製的酒精　又嘲弄我時
五天不曾脫下過褲子
他是一位痛苦的在世天才
但我已經搬到另外一間去了

　　南西到了紐約之後，逐漸成長茁壯，享受她的新自由。她覺得自己在系列治療過程及演戲課中有明顯而實際的進步，而且她並不想當萊斯特的老媽，「一開始都很好，但到了一九七七年冬天時，情況就越來越糟。」她說道。萊斯特一直酗酒、嗑藥的問題越來越棘手，雖然她已經學會忍受他對路·瑞德的著迷，但萊斯特演奏的那些新龐克搖滾，她幾乎沒有幾首喜歡過，而且除了極少數幾位朋友如約翰·摩斯藍德及比利·奧特曼外，她也討厭他在紐約認識的大多數朋友。

　　四月，這對情侶開了一個喬遷派對。他們邀請了他們在曼哈頓認識的每一個人，並要他們帶朋友一起來。復活節那天凌晨兩點，萊斯特站在廚房與客廳之間的門口處，拔掉一罐Rheingold啤酒拉環，然後掃視這整個景象——摩斯藍德與樂手彼得·史丹佛（Peter Stampfel）站在音響旁邊，播放著性手槍樂團的新單曲〈Anarchy in the U.K.〉；三、四位穿著黑皮衣的雷蒙斯樂團團員背倚靠著牆，Voidoids樂團的吉他手羅伯·昆恩，則和Talking Heads樂團貝斯手提娜·薇夢（Tina Weymouth）辯論著；藍尼·凱和比利·奧特曼聊著搖滾評論店，而金髮女子樂團（Blondie）的克理斯·史坦（Chris Stain）與黛比·哈瑞（Debbie Harry）就一直坐在沙發上不停地說話；傑瑞·哈理遜（Jerry Harrison）則從人群中擠到電冰箱那裡。

「嘿！你知道，我喜愛The Modern Lovers樂團，但從未眞正喜歡過Talking Heads。」萊斯特說著：「我認爲與圈內其他龐克樂團比起來，你們有點遜。但現在我碰到了你們，我想你們是很棒的！」

老友艾德‧瓦德（Ed Ward）與喬琪亞‧克里斯提高幫忙準備食物，瓦德幾乎花一整晚的時間在攪拌一大鍋秋葵濃湯，這道菜可是他的拿手菜，「這聽起來好像是某部爛電影裡的一幕場景，但那天眞是一個神奇美妙的夜晚。」他說道：「這就像：『嗨，整個紐約龐克音樂圈的人都聚在萊斯特的公寓裡，準備喝你煮的秋葵濃湯！』假如有人不幸海鮮中毒的話，那一定是這鍋湯害的。」

南西手裡拿著一盤巧克力餅乾在人群中穿梭，問大家需不需要飲料服務。然而儘管她在派對上盡力扮演一位優雅的女主人，但其實脊椎卻一直感到疼痛。幾天前，幾個混蛋在表演課上做即興表演，狠狠打傷了她的背部——那幾個傢伙的筆記本像漩渦似的，從她的頸子一直翻滾到背後。脊椎按摩師說那些人害她一節脊椎骨異位了。她現在得照X光。

「看吧，這就是事情的經過——不可置信的高低起伏，正直接降臨在每一個人身上。」萊斯特在一封寫給底特律好友理查‧沃斯的信上寫道：「加入這派對吧！沒有人是混蛋，沒有人喝的醉醺醺、傷到任何人或打破東西，我們敞開我們家大門，歡迎完全不認識的陌生人，結果隔天我所有珍貴的唱片收藏都還在，這樣感覺很優雅——人們一直在說：『復活節總要做點事，不是嗎？』」

萊斯特搬到曼哈頓不久後，接到了一通新貨上架的電話通知。打電話的這傢伙曾經在聖路易市一家唱片上架、囤放批發商那裡工作，有一天深夜，他打電話到《Creem》辦公室跟萊斯特聊爵士樂，後來兩個人一起到聖馬可仕廣場逛唱片行。對方顯得非常高興，但奇怪的是，那傢伙似乎很討厭女人。後來萊斯特也邀請他參加來那次派對。他提早到了，並且在房子裡走來走去，然後挑剔著萊斯特的牛仔褲，並霸佔著音響。過不久他坐到南西旁邊，問道：「我聽說你生病了。

萊斯特有拿囉靡樂讓你興奮起來過嗎？」

接著他們談起善與惡這深沈的命題。這位批發商極力主張人應該不擇手段去獲得想要的事物，但南西不同意，表示人應該尋求、彌補生活中欠缺的部份。後來，當他起來換唱片時，南西趕緊轉身到沙發另外一邊，悄聲對萊斯特說：「不要離開我。」「這傢伙正忙著。」

萊斯特說她反應過度了。不過他倆都被當時流傳的一則故事嚇得疑神疑鬼：聽說在蘇活區附近，舉行過一個施虐受虐狂派對，十二名男女聚在餐桌旁邊，拿著十二杯飲料，其中一杯有毒。這種派對會一直開下去，直到其中有人喝到毒藥而死去為止。

到了十一點半整，這位批發商跑到角落去，脫掉他的白襯衫，然後穿上一件黑色套頭高領衫，他偷偷走到南西旁邊，狡猾地拿一筒注射器，噴擠東西到她杯子裡。他沒注意到他射偏了，把這團黏黏的液體射到她的手上，南西狠狠地瞪著他，倒掉那團黏液，然後緩緩走進廚房。

到了半夜，這傢伙更從水果盤裡抓了一個橘子丟到南西腳下，她撿起來並丟到垃圾桶裡。「我是因為你才把它扔了。」南西冷不防地冒出一句。沒想到他卻咯咯地笑了起來：「我很高興我沒吃下毒藥。」他說道。惱怒的南西伸出中指，用力地在他胸膛戳著，邊把他逼到門外，邊說：「你失敗了！」這傢伙則裝得像一隻受傷的小狗，假笑地說：「我現在是在妳手掌心裡耶。」「萊斯特，我不知道她在說什麼！」他對著屋內喊：「我沒有給她吃任何毒藥！」

「隔天，我非常驚訝他又可以馬上恢復正常。南西覺得他拿著那一小條、狀似陰莖的毒藥噴向她時，簡直就是一個可惡的挑釁者，不過面對我的時候，卻裝得好像一個小『女人』。」萊斯特寫道。南西將那傢伙趕出去後，他還從公寓附近的街角打電話上來要夾克。而萊斯特就從五十層樓高的地方，將那件夾克往窗戶外面丟。

「那次真是我參加過最危險的派對。」南西兩天後說道：「這些人都不這麼想，但我真的這麼認為，那次派對讓我瞭解到，應該要趕快跟他們劃清界限。」

　　「我不太確定這個事件眞實的意義哪裡，但我們剛到紐約時的前六個月，甚至連出門都不必鎖公寓大門。」萊斯特寫道，「如今我們在惡魔面前，卻是非常明顯的目標。危險就圍繞在我們四周。現在即使在家，我們也都鎖上門。我們不得不說，當你面對存在這世上的惡魔時，最好立刻拒絕，背過身來，不理會那些毒藥；要不然就是像南西這樣，狠狠地把它甩出去。」

♫ ♩ ♪ ♫ ♪ ♪ ♫ ♪

　　在首次造訪CBGB酒吧後的一年，萊斯特開始對鮑爾瑞街（the Bowery）上散發出來的聲音產生濃厚興趣。自從一九六九年寫過信給奎爾・馬可仕後，他就已經成爲龐克音樂的擁護者，他認爲龐克代表了地下天鵝絨樂團的子嗣們，他們製造出模糊嗡嗡的吵雜聲音與非傳統美感。萊斯特展開新生活，讓自己投身其中，成爲一位自由投稿作家，他不管在《Circus》、《村聲週報》、《音響評論》，或者《Screw》雜誌……，都無不大力讚揚這些龐克樂隊的音樂。

　　「你們是不是寧可被兔寶寶所駕駛的一輛高速行進、沒有油門、沒有煞車的狂暴火車給碾到山坡下？」萊斯特有次這樣詢問雷斯蒙樂團。至於Talking Heads樂團，他則認爲他們是「最具人性的突變團體……是對立相反的結合體，放縱與壓抑，焦慮與輕鬆，自由與癱瘓。」而對於Television樂團那種有如連枷的樂風結構，他稱之爲是一種「持續強加於神經末稍的感應，但他們的動作卻又看不太出來；很接近一種抽搐痙攣，但聽起來又不像地下天鵝絨那樣。」而當金髮女子樂團的喧鬧樂風試圖模仿六○年代英國入侵時期（the British Invasion）的老式樂風時，他認爲其團員，「對於這些老搖滾的瞭解算是夠聰明，且委婉地讓聽者接受這樣的樂風。」

　　許多第一代的搖滾樂評人將披頭四所帶動的覺醒樂風，與傳統「搖滾樂」（rock 'n' roll）做了區別──過去那些梳著滿頭油髮，玩著

像是恰克・貝瑞或小理查風格的音樂——與六〇年代那種充滿誠意的
「搖滾樂」（rock）藝術是不同的。對這些搖滾樂評人而言，龐克就如
同之前的重金屬音樂一樣，只是各項音樂類別當中的一個新樂種而
已，是從那些老搖滾樂的基本形式再分裂產生的。然而，萊斯特不管
這些差異，對他來講，這全部都是搖滾樂（rock 'n' roll）。他抱持著
同樣的態度，列出他所愛的音樂——從瑞奇・瓦倫斯（Ritchie Valens）
的〈La Bamba〉，到The Kingsmen的〈Louie Louie〉、The Kinks的
〈You Really Got Me〉、The Stooges的〈No Fun〉，再到雷蒙斯的
〈Blitzkrieg Bop〉。「全都在那裡：二十年的搖滾樂歷史都濃縮在這
些三和弦的音樂裡，只不過在每一次循環中，玩得更簡單、粗糙而
已。」

　　萊斯特還因此得出了一個結論：他自己的「龐客生涯」早在到聖
地牙哥的Ratner's 唱片行，很不情願地掏出三塊五美金去買數五下樂
團的專輯時，就開始了。而到了二十八歲時，覺得自己就像是一個混
在年輕人搖滾圈子裡的老伯。但即使如此，他自認還是站在完全支持
的立場，描述龐克音樂的美學觀，並解釋它的推動力。「重點是，我
將搖滾樂（rock 'n' roll）視爲一種終極的平民藝術形式，一種付諸行
動的民主。沒錯，任何人都可以玩。」他寫道：「演奏搖滾樂，或者
龐克音樂，怎麼稱呼它隨你高興。只有一個條件：膽量。搖滾樂是一
種態度，只要你抱持著那個態度，你就做得到。不管任何人怎麼說，
因爲熱情就是一切——所有音樂講的都是熱情。」

　　萊斯特離開底特律後，希望能在紐約繼續爲《Creem》雜誌撰
稿。然而他與貝瑞・克萊莫之間的緊張情勢，讓這個計畫無法實現。
克萊莫堅持要萊斯特付清他那次在聖莫理茲（St. Moritz）要求客房
服務時，所簽下的帳單，而萊斯特拒絕了。於是克萊莫威脅要抵扣他
的稿費，並禁止他重印任何一篇他在這本雜誌上發表過的文章。萊斯
特最後一篇出現在《Creem》雜誌上的文章，是一九七七年三月裡的
一則「傑佛遜飛船」報導。他認爲這是自己寫過最糟糕的一篇文章，

幾個月後，他在一封給編輯室的信裡向《Creem》雜誌的讀者道歉，並表示未來幾年，《村聲週報》將會持續刊出他努力撰寫的新作。

　　《村聲週報》在一九五五年創刊，與垮派是同一時代背景製造出來的產物。他們聲稱它在美國新聞業界裡，是史上第一份內容涵蓋政治、藝術，同時在語言使用上不作任何設限的刊物。它是一份在六〇年代開始迅速激增的地下刊物，內容充實，雖然偶爾牽涉到一些革命主題時，會滔滔不絕地講一堆廢話，但在政治上它仍屬於保守派。一九七四年，克里斯提高成為音樂版主編，他試圖讓這份持續成長、發展的異議刊物，在那些玩世不恭的菁英份子（elitist bohemianism）與民眾意識（popular consciousness）之間，找出一個平衡點。「身為一位編輯及作家，我傾向更敏銳、知性且更出乎意料的內容編輯方向，採用如萊斯特・班恩斯在《Creem》雜誌裡的那種帶有剛左（gonzo）寫作風格、讓人感動的文章，而非《滾石》雜誌中那種尊敬音樂家、沒有自我風格、大同小異的文章。」克里斯提高曾如此寫道。

　　克里斯提高自己的文體並未有太多的剛左風格，這位來自皇后區法拉盛（Flushing, Queen）的消防員之子，是在達特茂學院（Dartmouth）拿到學位的。畢業後先到紐澤西紐瓦市的一家新聞通訊社，當一名特稿記者。而後又到《紳士》與長島市的《Newsday》分部當樂評；最後則在《村聲週報》落腳，成為全職的音樂編輯。在那裡，他驕傲地宣稱自己是「美國搖滾樂評界的院長」，並在《村聲週報》的專欄「消費者指南」上，為專輯打分數。七〇年代，《Creem》雜誌經常會轉載他的「消費者指南」。

　　克里斯提高喜歡把自己塑造成一位曾當過老嬉痞的大學教授，終日專注研究偉大的思想，以致於沒時間浪費在那些日常生活的瑣碎趣味中。萊斯特有次去克里斯提高的公寓，這位學院派院長全身光著身子開門跟他打招呼後，便繼續埋頭編輯他的文章，直到樓上的鄰居文斯・阿列提（Vince Aletti）來敲門。阿列提在《Creem》的一個專欄裡，經常以很浮誇的同志角度撰寫有關搖滾樂的文章，所以克里斯提

高趕緊跑去穿上衣服才讓他進來，「他不想讓那位同志傢伙有勃起反應。」萊斯特說道：「不過他不介意讓我看到他鬆垮垮的屁股。」

「我從未宣稱我是萊斯特的親密好友。」穿著整齊的克里斯提高坐在他住了十二年的公寓裡說道：「他面對生活的態度是跟我是非常非常不一樣的，我跟他的關係主要仍是編務上的往來⋯⋯基本上，我認為我是他遇過的編輯當中最好的一位。」

萊斯特經常稱讚克里斯提高的編輯功力，他在紐約的第一年，寫了一系列驚人的文章投給《村聲週報》。他質問為何當 The Stooges 樂團的現場盜錄專輯《Metallic K.O.》聽來充滿了「扭曲蠕動、淫穢下流的活力」，而伊基・帕普個人演唱的《The Idiot》專輯聽起來卻像個死人。此外，他重新評價橙夢（Tangerine Dream）樂團那種嗡嗡的電子合成器音響，說聽來猶如「喝下一整瓶囉嗎樂所產生的幻覺」，也大致評斷了 Big Youth 的混音雷鬼樂。一九七七年，貓王被發現橫屍在葛瑞斯蘭（Graceland）家中浴室，萊斯特重新回顧他的傳奇事蹟，頌揚他的貢獻。一九六九年，萊斯特謹遵奎爾・馬可仕的建議，買了全套由 RCA 唱片公司出版的貓王作品全集，不過萊斯特從來就不是貓王的忠實樂迷。他認為貓王的逝世是一種美國文化現象，對搖滾樂的意義不算重大。

「如果真心關愛將永遠過時的話——雖然我不太相信——那麼我們在這已經相互漠不關心的養成環境裡，將會更加瞧不起那些冷漠以對的人所崇敬的對象。」萊斯特寫道，「我認為是伊基・帕普，你以為是瓊妮・米雪兒（Joni Mitchell）或者其他任何替妳隱私說話的人。而完全與外界阻隔，只會造成痛苦而不會有喜悅。在這樣的態度下，我們會持續被撕成碎片，因為現在是自我本位盛行的時代，這種自我中心主義，比起貓王當年受歡迎的程度是有過之而無不及。但我可以跟你保證的一點是，我們將不會再像現在對貓王意見相同一樣，對任何事情有一致的看法。」

萊斯特在創作上遇到了困難，這是他寫作生涯當中首次遇到的狀

況。不僅大量重寫稿子，也常被《村聲週報》退稿，「以前在《Creem》的時候，他總是隨心所欲地駕馭著文字，在《村聲週報》他遭遇了強烈挫折。」南西說道：「那是他的過渡時期，而我沒把握他是否真能從那樣的狀態中走出來。」

南西有事到加州兩星期，而萊斯特的前女友安迪提供了一個明亮的住處給她。這是南西在那裡過的第一個冬天，她與安迪相處融洽。她們兩位都喜愛劇院、笑聲與萊斯特。在萊斯特二十八歲生日時，她們上了妝，一起表演了一齣愚蠢的音樂小喜劇「一號呆瓜打敗二號呆瓜，但沒有人可以打敗三號呆瓜」。如同萊斯特新同事感到苦惱一樣，「紐約許多經常與萊斯特混在一起的朋友，都很傲慢自大。」安迪說：「噢，老天！自我意識。」

南西記得他們跟克里斯提高與他妻子卡羅拉‧蒂貝兒（Carola Dibbell），有過一次折磨人的晚餐經驗：「克里斯提高因萊斯特沒上過大學而指責他。他說，『你想到的那些點子，我們都已經想過了！』萊斯特痛恨克里斯提高的寫作方式，說那就像是在『享受那該死的一夫一妻制關係』——他運用的文字都缺乏敏感度。傲慢的判斷力與自大，再加上他掌握的編輯權力，逼得萊斯特無路可退。」然而萊斯特對他的專業能力最大的憂慮是，他跟讀者之間不再有聯繫了，他說：「自從離開《Creem》之後，我跟讀者之間就再也沒有那種我非常樂在其中的，一對一互動關係了。」他在寫給《Creem》的寫手麥克‧桑德斯信上說，「尤其是把稿子投到像是《村聲週報》或《Circus》這樣的刊物，你會懷疑到底有誰像你一樣會去閱讀它們。」

不管他們認為他是否跟他們一樣，許多紐約龐克圈子的人都在歡呼萊斯特的到來。當他跟南西抵達紐約市，打開行李的第一個晚上，八名穿著暴露且又塗了過厚眼影的年輕女生站在「Gum Joy」中國餐館前面，開始對著五樓的窗戶大叫，由於那棟建築物沒有門鈴，所以訪客必須從街角打電話上去叫人或直接站在行人道上大叫，而住戶才趕緊慢跑到樓下開門，或者直接丟鑰匙下來。

　　這些女孩本來想帶著名的萊斯特去他的新城到處逛逛，但當他拖著運動襪走下來時，他害羞的向女孩子們道歉，並解釋他不能跟她們一起出去，因為「我必須待在家裡，陪我的女友。」他說道：「我們正在模仿電影《鬥氣夫妻》（*Barefoot In The Park*）裡面的情節。」

　　對於這些邀約，萊斯特並未忽視太久，一九七七年，他幾乎每晚都把錢花在CBGB酒吧，「對於那些全身穿戴皮衣與狗項圈、懦弱沒骨氣的傢伙而言，這裡真是一個避風港，他們終於覺得自己是屬於塵世的一小部份。」在這裡，他被一群崇拜他的年輕讀者所包圍，而這些年輕人很樂意請他喝杯酒或分一些藥丸給他，因為「重金屬」這名詞是他命名的，是他擁護龐克美學的，同時也是他跟路‧瑞德在那裡一對一地單挑對打。「許多人都在利用他這個外在形象——『萊斯特‧班恩斯』這個粗暴、可惡的角色。」南西說道：「有時我非常痛恨他在CBGB的這些酒肉朋友。他會到那裡晃，那些人就會請他喝酒，然後唆使他，讓他處在最破壞、毀滅性的狀態，開始不停地亂罵人。我實在很討厭那樣。」

　　在極力拒當布爾喬亞中產階級後，龐克擁抱對立相反的一面，骯髒取代乾淨，醜陋取代美麗，笨拙取代了成就。然而有時候，這樣的對立有點過頭了。萊斯特並沒有用太多誇張、嚇人的戲劇效果，比如戴刀片耳環、納粹黨徽及綑綁道具之類的玩意。但他為這種自己動手的精神，以及不會有什麼搖滾名人出現的理想環境拍手叫好。「如果不需知道如何學好樂器，就可以當搖滾明星，那麼這世上每一個人都可以成為搖滾明星。」 他寫道。而正當這個音樂圈，假裝著脫離社會階級，以及自以為是心態的同時，也推舉了屬於這圈子的反英雄。

　　路‧瑞德、約翰‧凱爾、伊基‧帕普、佩蒂‧史密斯都對這樣的環境裡感到適意。每當他們一踏入這個幽暗的CBGB領域、這故意唱反調的龐克世界中，他們就是被欽佩的人物。至於萊斯特，則讓自己成了最後的『噪音男孩』，他經常在吧台尾端喝醉倒下，臉上的鬍子還掛著一絲啤酒液。理查‧梅爾哲逐漸對音樂、新聞報導及紐約不再

抱持幻想，所以一九七五年他離開了紐約前往洛杉磯。尼克・拓齊斯同時也開始對搖滾音樂文字書寫冷淡了起來，他到過納許維爾後，就寧可到其他酒吧，也不想再回到CBGB跟那些小鬼廝混在一起。「萊斯特從不知道他們並非真如他所想的要把他偶像化。」拓齊斯說道：「那些龐克小鬼弄得亂七八糟後，就會回到他們位在郊區的舒適小窩。但萊斯特卻是弄得一團亂後，還繼續搞砸。」

　　萊斯特這種舉止對他與南西之間的關係傷害很大。一九七七年春天，一次戲劇性的爭吵之後，他們分手又復合好幾次。有天南西怒氣沖沖走出公寓，她大聲嚷嚷著再也不要回來了。可是當她走到某個街角時，才發現自己無處可去，一小時後，她回來了，發現萊斯特坐在他的IBM打字機前，打了幾行字在上頭：「她丟下我，用力關上大門，然後走了出去。」

　　「我們兩個都笑了起來，因為我們對彼此都還有許多、感情。」南西說道：「但我已經受夠這一切了。」

　　那年夏天，南西再度離開，這次再也沒回來過。萊斯特接受了，因為是他的行為把她趕跑的，但他不能瞭解，為何他們深愛彼此，卻必須分手。他試圖將這件事合理化，在寫給南西的信上，他說：「我們做過最大的一件事情，是創造了我們自己，並且接著創造了彼此。我瞭解所有的事都在控制之中，但卻仍無法控制我的生活，因此現在我渴望做到這件事，勝過我渴望妳出現。」

　　「對萊斯特來講，與南西的感情結束後，所有的事都改變了。」他的朋友約翰・摩斯藍德說道：「她提供的的安全感是他從未體會過的。」他毫無節制的濫飲越來越嚴重，雖然他知道這樣不好，也試圖去抑制這惡習。毫無疑問地，與南西分手對他的生活造成了巨大的衝擊。而且也影響了隨後發生的事。

♩ ♪ ♪ ♫ ♪ ♫ ♪

　　南西離開數週後的某一天，萊斯特靠在CBGB的外牆上，跟提許與史奴基‧貝爾羅莫（Tish and Snooky Bellomo）講話，這對姊妹開了一家名為「Manic Panic」的龐克精品店。她們曾替早期的金髮女子樂團擔任過合音天使，現在他們自己組了一個名叫Sic F*cks的團體。同時她們也嘗試報導寫作，替《紐約搖滾客》一篇名為「龐克性行為」（punk sex）的文章，訪問了這音樂圈子裡的男性。

　　「我覺得〈龐克性行為〉根本就是一堆狗屎，就像所有跟龐克扯上關係的事一樣。」萊斯特在她們還沒開始發問前就先說了：「大多數的人只是做他們覺得應該要做的事。不管是在浴室裡打一砲，或過著無性慾的生活，都是狗屎，我對那些有著綠色頭髮，身穿垃圾袋的女孩不感興趣。」

　　「喂，你說什麼！」提許用她濃濁的布朗克斯腔調說著。

　　萊斯特聽了她的話之後，變得有點笨嘴拙舌，「我是說，我對你沒有興趣，如果你穿著一個垃圾袋的話，因為你是如此性感。」他拖長了語調說著。

　　「我們是在台上穿垃圾袋！」史奴基大叫。

　　「噢，那不一樣。」萊斯特說道：「我不是在說妳們，我是在說一般人。」

　　「好，萊斯特。」史奴基嘲諷的說：「替你自己打個分數吧！」他毫不猶疑的說：「我是非常溫柔的。」他說。女孩聽了齊聲發出驚訝的聲音。「我相信溫柔。」萊斯特繼續說道：「就像是溫柔的給予。但很多人對性的觀念都不正確，以為性不需要溫柔。性行為裡的粗暴動作，就是一記冰冷的打擊。像有人往我臉上打過來，我就絕不會有高潮。」

　　Dead Boys吉他手奇塔‧柯隆姆（Cheetah Chrome）此刻正好來了，提許與史奴基已經訪問過他了，「等妳們搞清楚萊斯特的小弟弟尺寸多大時，就告訴他裡面有瓶啤酒正等著他。」他邊說邊瞄著那台訪談錄音機。「嘿，班恩斯，趁我還在這裡，快告訴我，它到底有多

大？」

「我從沒量過。」萊斯特說道：「我在書裡讀到站在公共廁所撒尿的男人，如何趁機快速偷瞥其他人的老二，看誰最大時，簡直不敢相信有人會這樣做。成人雜誌上老是寫著：『我的老二有十吋長，為何我從未跟女人上床過？』假如你不溫柔也不懂得愛人的話，即使有九十三吋的老二也一樣——就像昨天，我跟我前女友相遇，正好有三個運動員走過來，其中一位說：『我今天心情真是棒透了，我很想找些女人來強暴！』那並不是酷。我不是在自吹自擂，或說自己是個大情聖，但我不想那樣，龐克青年有時被鼓勵以那種粗暴的方式性交，而我痛恨那樣子。」

此時六台哈雷機車的轟隆聲直衝到鮑爾瑞街區，掩蓋了談話的聲音，紐約地區的地獄天使將總部設立在CBGB街區的下方，有時候一些騎士會晃進這酒吧裡。CBGB的老闆希力‧克理斯托（Hilly Kristal）讓他們免費喝酒，好讓他們不去騷擾這些龐克青年，「再見，男孩們！」當這些騎士加速時，萊斯特對著他們大喊：「幫我們向Studio 54說嗨！告訴楚門‧卡波提和畢安卡‧傑格（Bianca Jagger）我跟他們說聲嗨！」

機車騎士們已經騎到庫柏廣場（Cooper Square）了，萊斯特轉頭繼續講：「我認為整個龐克圈子充滿著性壓抑。」他說道：「像有些男人就很怕他們自己是同性戀。於是開始戴狗項圈之類的狗屁玩意，並且不容許自己露出一絲脆弱人性，而有許多女人竟然可以忍受那樣的狀況。所以到底有哪個男人因為做錯事，女人就會饒過他、放他一馬？一般的龐克女人真是滿口胡說八道，龐克男人也是，那都只是在裝腔作勢，他們甚至不知道自己是誰，也不想知道。為什麼有時候男人就不應該敏感一點？那就像是某種盔甲，這些龐克就只會說：『噢，這世界很爛，而我是混蛋，你也很爛。所以誰會在乎啊。』好吧，我對此很抱歉，但那真是塞滿了一堆狗屁。」

♩ ♪ ♫ ♪ ♬ ♪♪

　　一九七九年的一個夏夜，The Cramps樂團的鼓手米莉安・莉娜（Miriam Linna）閒逛到布利克街（Bleeker Street），當時她跟一位朋友有說有笑，而萊斯特快速走向她。早在克里夫蘭時，她就已經認識萊斯特了，當時她還是一位青少年。

　　那時她跟夏洛特・普芮斯勒（Charlotte Pressler）曾替《Creem》報導過佩蒂・史密斯，普芮斯勒曾嫁給萊斯特的朋友彼得・勞夫納（Peter Laughner），而莉娜曾經管理過一個樂迷俱樂部，那是勞夫納的樂團「死亡火箭」（Rocket from the Tombs）。

　　「妳怎麼還笑得出來？」萊斯特大吼，而她不知道他在說什麼。「彼得・勞夫納已經死了，但我當時不知道這件事。」莉娜回憶道：「他以為我知道，即使我知道了，我一樣會上街玩個痛快。但那可能是我這生當中最可怕的意外了。」

　　一九七三年四月，勞夫納寫了一封信寄到《Creem》雜誌，被登了出來。這位年僅二十歲，外表亮眼、身形瘦長如皮包骨的年輕人，覺得他在克里夫蘭快要無聊死了。「我夢見我從宿醉中酒醒，躺在一個奇怪房間的地板上，四周被一堆唱片封套弄得亂七八糟，然後一位美麗的紅髮女子向我打招呼。」他寫道，「她告訴我：『萊斯特可能不希望你待在這裡，但你看起來沒問題，等他回來時我會問他。』在夢中我想：『萊斯特是誰？』於是我接著問：『我到底在哪裡？』她笑得很溫暖，並說：『密西根州的瓦利湖（Walled Lake）。』」

　　之後更多的信寄到雜誌社，於是萊斯特開始邀請勞夫納為《Creem》雜誌寫稿。他們分享了許多共同的狂熱，包括了路・瑞德、威廉・貝羅斯、性愛、酗酒及白板。一九七五到七六年間，勞夫納到伯明罕好幾次，這哥倆在週末的時候便一起喝酒、嗑藥、練吉他和嗓子。勞夫納那如迪倫式的旋律與萊斯特的歌詞正好很搭配，一夜，他

們在《Creem》雜誌辦公室錄製了兩首創作曲〈藥店牛仔〉（Drug Store Cowboy）及〈Bye-Bye Lou（Reed）〉，外加兩首翻唱曲，迪倫的〈Knockin'on Heaven's Door〉及地下天鵝絨的〈Sister Ray〉。

有個週末，萊斯特與勞夫納寫了一篇對瑪麗昂·蘿絲（Marion Ross）的熱情性幻想文字，這位老牌女演員曾在電視影集《快樂時光》（*Happy Time*）飾演男主角理奇·康寧漢（Richie Cunningham）的老媽。另外還有一次，他們合寫了一篇黑色的諷刺文章，講述跟嬰兒發生性關係的樂趣——嬰兒可愛又小巧，所以你可以把他們黏在你的褲子上。他們把這篇稿子寄到《Screw》雜誌，但即使是像《Screw》這本如此低級庸俗的雜誌，也拒絕了這篇稿子。

勞夫納尊敬萊斯特，而萊斯特羨慕勞夫納的驅動力。「對萊斯特而言，勞夫納有股硬幹、敢衝的特質。」成為遺孀的夏洛特·普芮斯勒說道：「這是他的特殊魅力，如果他腦中顯現出什麼，就會成為真的。萊斯特則是比較能反映自己的想法，他們行動的模式很相似，有鑑於此，便能互相建構幻想，成為實際的東西。只要萊斯特一有點想法，勞夫納就會想達成。」

他們都夢想能帶領自己的樂團，但勞夫納不是光說而已，他加入了他朋友，也是搖滾樂評人大衛·湯瑪士（David Thomas）的死亡火箭樂團，這樂團是抱著好玩的態度而組成的。當這個自稱「世界上唯一笨金屬且腦死的搖滾樂團」（World's Only Dumb-Metal Mind-Death Rock 'n' Roll Band）解散時，勞夫納與湯瑪士另組了一個名叫Pere Ubu的新團，並立即錄了一張力量強大的單曲唱片，在一九七五年十二月發表，這張由湯瑪士自己發行的單曲唱片包含了〈黑暗之心／三十秒越過東京〉（Heart of Darkness/ Thirty Seconds Over Tokyo）這兩首曲子，這也是全美最早的龐克唱片之一。勞夫納在唱片封套介紹文字中呼籲大家擁抱新一代的樂團：「用你的力氣，用你的腦袋，你的微薄組織，現在！開始行動！」

萊斯特認為勞夫納如火一般燃燒的吉他獨奏，是這張單曲的精華

所在，同樣另外一首名為〈Final Solution〉，後來收錄在標題為
《Max's Kansas City 1976》現場合集的曲子亦是如此，然而這位吉他
手卻無法駕馭他趨於自我毀滅的衝動。一九七六年三月，勞夫納寫了
一篇路·瑞德《Coney Island Baby》專輯的樂評，回應萊斯特寫的
《Metal Machine Music》專輯評論。「我在一次練團的時候，先吐，
然後又尿在自己褲子上，最後全身發冷暈了過去。」勞夫納自誇地寫
道，「後來我的主唱把我踢醒，叫一位長期受我折磨的好友送我回
家，然後我被他母親強迫餵食。她的微笑讓我猶如處在一個絕對無藥
可救的分解狀態，而她的好心腸是如此觸動我內心深處，以致她發現
了我那自我毀滅的傾向。」

　　Pere Ubu樂團在一九七六年中開除了勞夫納。後來，他跟
Television演奏過一段時間，但這樂團也因他充滿能量，會產生過於
刺激的巨大漩渦，而限制他出場表演。「在這之前，各方對我們之間
的友誼都有不少意見，我都予以保留。但在他做出下一次舉動之前，
我跟他劃清界限。」萊斯特寫道，「我告訴他，我覺得他是在自殺，
因此我不能因為想得到快感和刺激，而再資助他任何東西了。」

　　一九七七年春天，他們在萊斯特的公寓與提琴手彼得·史坦菲
爾（Peter Stampfel）花了一個下午的時間練團，史坦菲爾曾經組過
The Fugs及the Holy Modal Rounders這兩個樂團，算是一位老手。當
史坦菲爾離開後，萊斯特打破誓言，從勞夫納那裡拿了一些鎮定劑服
用。「我剛給萊斯特一些戴爾曼鎮定劑（Dalmane），所以你最好上
樓看看，檢查他一下，因為他可能會死！」勞夫納跑出來告訴南西。
接著說：「我必須要去看佩蒂·史密斯了！」

　　《龐克》雜誌舉辦了兩晚義演演唱會活動，佩蒂·史密斯樂團
（The Patti Smith Group）排在第一晚，勞夫納想爬上舞台上跟他們一
起玩一段，卻被佩蒂的哥哥兼器材管理員陶德踢下了舞台。於是那
晚，勞夫納張著一雙猩紅的眼睛站在附近，瞪著現場每一個人。隔
天，他與萊斯特在第六街吵了起來，兩人為了一頂勞夫納從萊斯特公

寓偷來的黑色人工皮製帽而爭執，這頂帽子只值五塊美元，不過萊斯特還是讓勞夫納雙手空空地回到克里夫蘭。六週後，勞夫納被發現死在他父母親的屋子內，只活了二十四歲，死於急性胰臟炎。這同時也是龐克搖滾圈內的第一起不幸事故。

「那自我毀滅的傾向或多或少都在我內心裡，也同樣存在你心裡。」萊斯特在《紐約搖滾客》上頭的訃文寫道，他說他再也不要嗑藥了，這並非是侮辱彼得，而是猛烈抨擊那些冷酷無情，嘲笑他浪費生命的人。「彼得・勞夫納有他自身的痛苦與難以抵抗的強迫症，但至少他部份死亡的原因是因為他想成為路・瑞德。」萊斯特寫道，「今天我不會在街上朝路・瑞德吐口水，不是因為彼得，而是因為彼得的死，對我而言是一個年代的結束——一個極度崇拜虛無主義，而且連死亡之旅都可以銷售的時代。」

理查・黑爾為此穿了一件上面印有「請殺了我」（PLEASE KILL ME）字樣的T恤，作為紀念，但被萊斯特抱怨。儘管萊斯特喜愛黑爾那如脫臼般無條理的吉他演奏風格、驅動性強的節奏，及從靈魂深處發出的吶喊，但他認為黑爾似乎無法超越他自身的自我憎惡。「誰說活著是美—美—美好的？」黑爾在一首歌詞中這麼唱著：「那不美好，那是永恆的沈淪。」

生於肯塔基州的理查・邁爾斯（Richard Meyers）抵達紐約時，正逢「愛的夏日」活動舉辦，這是一個如何成為傳統法國象徵派詩人的說明會。受到紐約娃娃的影響，他與一位寄宿學校的朋友湯姆・米勒（Tom Miller），組了一個名叫The Neon Boys的樂團，而這個The Neon Boys樂團逐漸發展後更名成Television樂團，米勒化名為湯姆・瓦連（Tom Verlaine），邁爾則變成為理查・黑爾。「有一個我想帶進搖滾樂的精神，是如何創造自己的知識。」他說道。而這也是他在舞台上的性格，混雜法國詩人韓波（Rimbaud）與楚浮（Truffaut）電影《四百擊》（The 400 Blows）裡被逼到死角的那位小孩的形象於一身。後來，黑爾追隨垮派創出了一個結合新浪潮作家、藝術家及樂手

的「茫然世代」（Blank Generation）名稱，這名稱同時被加進了他著
名的歌曲裡：「我屬於這茫然世代。」他唱道，「而我要不就全然接
受它，要不就拉倒。」

　　因爲不願與人分享這媒體的注目，瓦連於一九七五年三月把黑爾
趕出Television樂團，一年半後，黑爾自組他的空虛者樂團（The
Voidoids）。此時，一些大廠牌立刻跑到CBGB，試圖挖掘明日之星，
而黑爾便與Sire唱片公司簽下合同，並於一九七七年中發表了首張專
輯。萊斯特宣稱《茫然世代》是美國龐克圈製造出來的最好的專輯。
爲了慶賀這張專輯出版，萊斯特特地幫《Gig》雜誌與黑爾做了一次
很長的專訪，只是這篇人物特寫報導最後呈現出來的內容泰半都是在
講他自己。

　　「我不認爲生命是永恆的沈淪，我很願意讓那些在乎生命的人知
道這點，就算是，也僅限於這張唱片。」萊斯特寫道，「但即使如
此，它還是很令人驚嚇。我不認爲理查·黑爾對死亡的著迷是一種愚
蠢。我懷疑自己每一天都徒然地活著，我沮喪，而且感到自己正在自
我毀滅，甚至大半的時間，我不喜歡我自己。還有，與他人親近常會
讓我感到無比焦慮，我同時也發現這不穩定的知覺能力是我們所僅有
的，或許他過份簡化他所看到的，但開發自己內在的潛力是每一個人
的責任義務。」

　　黑爾後來因這篇文章獲得眾人的尊敬——而且在隨後的幻想裡，
萊斯特想像他驕傲地站在約翰·藍儂的位置上，就在小野洋子的旁邊
——不過，黑爾第一次看到這篇文章時非常生氣，認爲萊斯特只是利
用他作藉口，去寫一些心裡想講的話而已。後來他甚至避開萊斯特，
藉以表示他這毒蟲對這酒鬼某種程度的厭惡。「每當我一想到萊斯
特，就彷彿看到這位有著鬥雞眼、搖搖晃晃而且還流著口水，嘴巴發
出臭味的巨大傢伙，透過他那骯髒且沾有污漬的八字鬍對我一直微
笑、一直微笑，然後口齒不清地不停說話，一直把我逼到CBGB某個
陰暗的角落。」二十年後，黑爾如此寫道，「他是一位巨大而笨拙、

可愛的傻小子，但他老是醉醺醺的，而且其真誠的程度幾乎讓人無法忍受，讓你想戲弄他、利用他。他和彼得·勞夫納在這些方面非常相似，只是勞夫納更難應付，更加喜歡自我毀滅。追憶當時，我瞭解到他們兩位的確是比我更出色的音樂家，遑論其他更正派的人。」

萊斯特被邀請上台來搞笑，這成了他在CBGB首次的登台表演，這是他上次跟勞夫納一塊練習之後，第一次音樂性的演唱。一九七七年五月，在《龐克》雜誌義唱會第二天晚上，他的名字出現該晚的演出名單上：「萊斯特·班恩斯的音謀論」（The Lester Bangs Conspiracy），而且還是排在The Cramps、海倫·蕙爾絲（Helen Wheels）、The Dead Boys、安雅·菲莉普（Anya Phillips）、理查·

1977年6月，萊斯特·班恩斯攝於CBGB酒吧（Bob Gruen攝）

黑爾與空虛者樂團及金髮女子樂團的前面,正當萊斯特嘶啞地吼叫時,他後頭的伴奏樂隊可說是眾星雲集,其中包括了佩蒂・史密斯的鼓手傑・狄・道勒提(Jay Dee Daugherty)、Television樂團的貝斯手佛瑞・史密斯(Fred Smith)、The Dictators的安迪・薛那夫(Andy Shernoff)以及金髮女子樂團的克理斯・史坦、吉米・戴斯崔(Jimmy Destri)及克連・波克(Clem Burke)。這場演出的翻唱曲目則包括了Sir Douglas Quintet的〈Mendocino〉、The Troggs的〈Wild Thing〉以及一定要唱的地下天鵝絨樂團的歌曲〈Sister Ray〉。

演出時,《龐克》雜誌的雷克斯・麥可尼爾塗了眼影,並裝成一個喝醉的地獄妖魔,躺在萊斯特的兩腿之間,克理斯・史坦朝麥可尼爾丟東西,結果正好打中麥可尼爾的睪丸,惹得現場觀眾哈哈大笑,而麥可尼爾則痛得躺在地上暈了過去。萊斯特後來嚴厲責怪他分散聽眾聽音樂的注意力,「我以為萊斯特只是在開玩笑。」麥可尼爾說道:「我不知道他是這麼嚴肅地看待他的音樂,那時每個人都笑了起來,而萊斯特非常生氣。他的音樂真的很糟糕,一點也不好玩,我一直認為如果萊斯特有辦法的話,他就可以把我們都放在集中營,然後就像吉姆・瓊斯(Jim Jones)牧師一樣,對我們發表長篇大論。」

在演唱慾望的驅策下,萊斯特決定付諸行動,他要實現長年的心願,組一個自己的樂團。「這是一個大家都在創造的時代。」佩蒂・史密斯曾在〈Horses〉一曲中如此宣稱過,而萊斯特常說那觀點就是熱情,而非技巧熟練。「這一切都從我收到《Max's Kansas City 1976》這張專輯開始。」他在給理查・沃斯的信上寫道,「有天我在做菜的時候,邊煮邊注意聽這些狗屎樂團,我想到我們都會想到的事:『狗屎,這些傢伙根本一點才華也沒,我也沒有,所以為什麼我不也出一張我自己的專輯?』」

圈內活躍份子泰瑞・歐克(Terry Ork)提供了一次機會,願意在他的獨立廠牌歐克唱片幫萊斯特出一張單曲唱片,而前Box Tops樂團及Big Star樂團團長艾力克斯・契爾頓(Alex Chilton)則願意擔任製

作，「我對這整件事情的態度是，我很嚴肅地去做，但不能讓自己太過嚴肅。」萊斯特寫道，「我想我至少可以做出一些成果，好在將來告訴自己的小孩說：『看吧，我年輕時，實現了自己的夢想，現在你可以照這樣，做你想做的事。』」

歐克還經營了一家影迷書店叫做「Cinemabilia」，而且雇用了理查‧黑爾與空虛者樂團吉他手羅伯‧昆恩來當店員。萊斯特需要一位不僅能瞭解他的企圖心，而且還能耐心地將他清唱的旋律轉換成恰當樂句的樂手。歐克推薦昆恩給萊斯特，昆恩頂著一顆光頭腦袋、穿著過時的西裝外套，還留一把骯髒的落腮鬍，在CBGB裡頭總是引人注目，大多數人覺得他看起來像是一位保險推銷員。事實上，一九六九年他曾通過律師考試，而在開始追求真正的興趣前，他亦曾執業過幾年。

一九四二年生於俄亥俄州阿克隆的昆恩，是透過巴迪‧哈利（Buddy Holly）及瑞奇‧瓦倫斯而愛上搖滾樂的，而他的吉他彈奏技巧，是透過一邊撥彈一邊聽完一整面音樂，而學會的。從James Burton一直到Dale Hawkins再聽到貓王。在大學，他興趣轉到藍調與自由爵士，但一九六八年，聽過地下天鵝絨的音樂後，又再度燃起對搖滾樂的興趣。他自創出一種吉他風格，是結合了他內化後的地下天鵝絨樂風、藍調好手吉米‧瑞德（Jimmy Reed）催人入眠的摩擦聲，以及麥爾斯‧大衛在《On The Corner》專輯裡的狂野創新。他在《茫然世代》裡那尖銳而讓人喘不過氣來的吉他獨奏，讓萊斯特覺得他的風格是成功的。

「總有一天昆恩會認清他在他的樂器上，扮演的是一個樞紐而重要的角色。」萊斯特寫道，而他們互相欽佩：萊斯特是昆恩唯一尊敬的搖滾樂評人。一晚，昆恩在CBGB裡走向萊斯特，含糊不清地喃喃說著自己收藏了一個三十五小時的地下天鵝絨的現場錄音，但這些萊斯特早已聽過了，於是打了個哈欠就走開了。他們第二次碰面是一、兩個月後的事，他們在Gramophone唱片行，來回在九十九分錢的CD堆中尋找唱片。空虛者樂團在加入Sire唱片公司前，曾在歐克唱片發

行過一張迷你專輯。於是昆恩問萊斯特是否喜歡那張唱片，萊斯特回答說那張迷你專輯很爛。

「呀，那張眞的很爛。」昆恩說道：「我們正在錄一張專輯，將會比那張好很多。」

「那回答顯然讓萊斯特印象深刻。」昆恩說道：「他跟人們相處總有一堆問題。他曾盛讚佩蒂・史密斯首張專輯是最好的作品，然後當《Radio Ethiopia》出來時，他卻不是那麼熱衷。佩蒂與藍尼・凱便對他不滿，這種事經常發生在他身上，而他總是有點受到傷害，而且覺得有點困惑。」

他們第三次碰面時，萊斯特請求昆恩在他的單曲裡彈電吉他，傑・狄・道勒提已經同意擔任鼓手，而昆恩則從一個名叫The Loose Screw的樂團再招募了第二吉他手茱蒂・哈理斯（Jody Harris），及貝斯手戴夫・荷夫斯特拉（Dave Hofstra）。他們在東格林威治村的一間舊倉庫練習〈Sister Ray〉，而萊斯特用他的迷你手提音響錄下他們的練習過程，隔天下午，他打給昆恩，邀他一起散步。

「哇喔！這傢伙是我的英雄，我一定要跟他耗上一整天。」昆恩這麼想著，但他的期望並沒有達成。萊斯特到位在華盛頓廣場公園附近的一家日常雜貨店買了兩個六瓶裝十六盎司的百威啤酒，他們坐在公園的長椅上，四周被垃圾、藥頭以及許多鴿子所包圍，而萊斯特則猛灌啤酒，並大聲放著那天錄下來的帶子。

「你知道，這對我來說不算有趣。」昆恩說道，但他們終究成爲朋友。萊斯特喜愛昆恩那種乾到有如撒哈拉沙漠的幽默感，以及銳利的音樂眼光；而昆恩則尊敬萊斯特的智慧與熱情，不過，他覺得他被迫要先立下一些基本守則才行，「基本上他一喝醉，就是世界上最糟糕的事了。」昆恩說道：「不管是什麼事，一旦打擾到他，他就會開始發作，有幾次我跟他在外頭，就遭遇了很痛苦而不爽的經驗。有時候我會說：『你要怎麼做是你的事，但假如你喝醉了，就別打給我。你讓人很不愉快，且常常失去控制。』他在喝止咳糖漿時，比較溫

戴夫・何夫斯特拉、萊斯特、傑・狄・道勒提、茱蒂・哈理斯以及羅伯・
昆恩攝於CBGB酒吧（Bob Gruen攝）

和，那種狀況我可以應付。」

　　幾位樂手們跟著萊斯特一起在演唱會及練團之間來回演唱，並一
起譜寫出一打他的創作曲。有次在一首名叫〈Live〉的歌曲練習時，
昆恩先起了個開頭，他建議直接抓奧提斯・瑞汀（Otis Redding）的
一首曲子〈I've Been Loving You Too Long (To Stop Now)〉裡頭的橋
段，當作他們這首曲子的橋段，萊斯特就露出了可怕的表情盯著他
看：「那種表情我從未見過，之後也沒再見到他這樣子。」昆恩說
道。他假設萊斯特是被這種露骨的剽竊嚇到。然而萊斯特卻從未提過
這首歌，已經提供給愛爾卡航市的地獄天使幫派，作為他們集體顏射
的背景原聲帶了。

　　有次，當吉他手即興彈奏了一段特別激烈的獨奏後，萊斯特問他
是怎麼「寫」出來的，「我就是這樣彈出來的啊！」昆恩說：「那你
覺得詹姆士・威廉森（James Williamson）在『Raw Power』裡頭那

即興的吉他獨奏是怎麼出現的？」昆恩不能理解為何萊斯特當樂評人這麼久了，還對這音樂創作流程這麼驚奇。

五月初，樂團進大蘋果錄音室（Big Apple Studios）錄製萊斯特最激烈的兩首歌，〈Let It Blurt〉及〈Live〉，不過樂團放棄了請艾力克斯・契爾頓擔任製作的想法，而道勒提則說服萊斯特，請他監控整個錄音過程。不幸的是，這位鼓手只想無情地利用其他人，來嘗試他那套對錄音工程的雛形理論。而且昆恩與哈利斯在一起彈奏時，很少會替對方著想，所以他們為〈Let It Blurt〉這首曲子完成了兩個不協和且互相糾纏的吉他部份。只是當道勒提告訴他們，必須想出更加和諧的調子時，緊張情勢突然爆發開來。

這案子進行到一半時，歐克唱片已經用光所有的錢，於是這盤帶就一直停擺在錄音間，直到一個名叫Spy的新廠牌同意買下這張唱片。Spy是由約翰・凱爾與佩蒂・史密斯的經理珍・佛萊德曼所創立的，而凱爾介入這次錄音的混音部份，以避免這些樂手間發生更多的口角。凱爾身為前地下天鵝絨樂團的貝斯手，乃至The Stooges、史密斯及Modern Lovers的製作人，甚至還是這次幫他們出錢的資助者，公信力理應是無可爭論的。但昆恩仍然找到理由發牢騷，因為他和哈利斯本來計畫是讓〈Let It Blurt〉最後在兩把電吉他的獨奏下結束淡出的，但凱爾卻選擇用兩軌、分別錄製昆恩獨自彈完兩次的方式，來代替原本的構想。

注定要放在第一面，〈Let It Blurt〉意外地由輕鬆的中板節奏開始整個曲子。而這首輕快活潑的曲子以扭曲的旋律，對比歌詞中講述三年多以前，他跟朵蕊之間的關係，而激發他寫這首曲子的原因是來自於星期三他遇見一位樂手，這位樂手愉快的告訴他說，朵蕊在那個墮胎後的下午，到處嚷嚷說那小嬰兒不是他的。萊斯特從未告訴南西這件意外，所以當她聽到這首歌時，以為這首歌是他對母親帶入他生命中幽閉恐懼症的抗議。「那叫嚷聲——那部份關於『賤人、賤人、賤人』——他總是在他喝酒時會突然經常插進來的。」她說道：「很

多女人操控他、利用他，但我總是回到最根源的地方，他母親。」

　　至於這張單曲唱片翻過來另一面，是緩慢的抒情曲，先由昆恩不斷循環的吉他撥彈開始。而萊斯特則展現出另一種具戲劇效果的嗓音，因為這首歌以「活著」（Live）這個字做副歌與標題，來支撐整曲的張力嘶吼，聽來猶如在對一具早夭的屍體，或者病奄奄的軀殼下達命令。

　　「這張唱片是讓我感到真正驕傲的。」萊斯特寫道，「雖然只有南西同意我的看法。」事實上，凱爾對這兩首歌都非常喜愛，「那是一個大膽的突破。」凱爾說道：「像是萊斯特想把頭伸進獅子口中一樣，但我想他頭還是收回去了。反正這次好玩極了，這全都充滿萊斯特的風格。」

Let It Blurt/ Live的封面

　　封面是由萊斯特設計的，唱片前頁是包含了一張他梳理過、睜著大眼表情的攝影照片，好似回到高中完成學業後的畢業照。封面雙兩色套印，類似路·瑞德《Transformer》專輯的封面做法，然後他拿他第一位女友安迪的名字開玩笑，變出一個虛構的唱片公司名稱——安卓麗雅維京音樂（Andrea Virgin Music）——在背面，他放了一張五歲時的照片，是他跟著母親到聖地牙哥一個耶和華見證人教派的集會中心時照的照片，他們一起提著一個標牌，上面寫著，「你的命運是什麼？」然後在唱片背面有另外一張小海報照片，上面寫著：「今天沒有樂團演唱。」

　　一九七七年的六月十日到十二日這三天，樂團為了慶祝錄音完成，在CBGB舉行了連續三天的演唱。但這五人組合的隊伍卻還沒來得及想出合適的樂團名稱，昆恩想要叫它為「萊斯特·班恩斯紀念樂隊」（The Lester Bangs Memorial Band），但萊斯特不接受這提議，他提出「溫柔補給」（Tender Vittle）這名字，這名稱是最近市場上剛推出來的貓咪乾糧牌子。大家聽了都不置可否，所以最後樂團還是沒有名字。

　　這十首歌的曲目安排，包括了幾首翻唱曲及自創曲，有Little Milton的〈I Feel So Bad〉、The Stooges的〈TV Eye〉及門戶合唱團的〈Five to One〉；至於自創曲部份則有〈I Ain't Pouting〉、（我已經三十歲了，但我不在乎／流行明星的憂愁聽來像是肯德基的火腿）及〈I Sold My Body/ Flash For Sale〉，一首有著多部旋律並包含了對貝瑞·克萊莫的嘲諷歌詞（坐好快寫一千萬字出來／將它們如一群小鳥似地寄出去／我不在乎版權／現在某些變態的混蛋擁有我的度假飛機票）

　　「你唱的真爛！」一名搗亂份子在週日那場演唱會中途時，大聲地吼叫著。

　　「誰管那麼多？」萊斯特吼回去：「我現在做的事，你都會做！如果你不喜歡，你給我滾上來，你自己來唱！」

　　有次在一個連唱兩晚的演唱會上，樂團與The Cramps及雷蒙斯樂團同在第一天的表演名單上，前來的聽眾將CBGB塞到爆。第二天晚上則是由艾力克斯・契爾頓當開場演出團體，當晚的聽眾就少了許多。那晚，萊斯特已經克服了神經質狀態舒緩下來，而樂手們認為這次演出已達到最佳狀態。之後他們和萊斯特在一張撞球桌旁的一個隔間座位區，一起坐了下來，昆恩鬼祟地看著萊斯特的臉，聯想到迪士尼卡通裡米老鼠的小狗布魯托（Pluto），那晚，吧台掃光了他們所有賺得的錢。

　　「我想他沒法繼續是因為他還欠他們錢。」昆恩說道：「他有道德感，他知道這是不對的。在那之後，我很坦白地拒絕再跟他一起演出。萊斯特來找過我好幾次，說想要再錄一次音，而我說：『聽著，你幹得很好，而你真的能寫出好歌，如果你想要再繼續做下去，你就應該去做。但就是不要找我跟你一起做。不管你做什麼，都不要賣掉你的打字機。然後去買把電吉他吧！』」

♪ ♪ ♪ ♪ ♪ ♪ ♪ ♪

　　給樂評用的新專輯公關片，每天持續寄到萊斯特住處的門階上，但是寄到他信箱裡的稿酬支票卻越來越少。他投入於音樂創作的時間，也比寫稿的時間來得多。一九七七年九月，詹姆士・蓋爾侯茲（James Grauerholz）捎給他一個紙條，斥責他居然忘記通知他有重要的作品發表。「現在我沒有什麼很重要的稿子要寫。」萊斯特回道，「不過這週我必須補貼一下經濟，要不然到十一月，就只有省吃儉用過活了。」

　　萊斯特將蓋爾侯茲看成是威廉・貝羅斯的秘書。貝羅斯到西班牙坦及爾（Tangier）、巴黎、倫敦自我流放了幾年，之後一回到紐約，就被大家擁簇成龐克教父。他在離CBGB南邊三個街廓之遠處，一個他稱之為「地下碉堡」（the Bunker）的地方定居下來。

1975年，萊斯特・班恩斯攝於「地下碉堡」（凱特・賽門攝）

一九七五年時，萊斯特為了幫《Creem》寫稿而飛到紐約去訪問佩蒂・史密斯。在攝影師凱特・賽門（Kate Simon）的鼓勵下，他們一起去拜訪兩人都從未見過的貝羅斯。蓋爾侯茲在旁邊看著賽門拍攝照片，而萊斯特與史密斯兩人則試圖讓他們的偶像貝羅斯印象深刻。「佩蒂從頭到尾都表現的很高興、有點疏遠且帶點女孩子氣。」蓋爾侯茲說道：「萊斯特則很狂躁，當我們談到堪薩斯州的勞倫斯（Lawrence）時，他真的有點話太多了，而且想一股腦爆出來的樣

子。」

　　當閃光燈拍攝萊斯特的時候，萊斯特倚靠著「地下碉堡」那片光溜溜的牆上，擺出仿照耶穌基督的站姿、手勢，而他T恤上面印著的字樣則宣示了他就是「最後的白皮膚黑鬼」（LAST OF WHITE NIGGERS）。那行字是直接呼應，並改寫垮派作家諾曼・梅勒著名的文章〈白皮膚黑鬼〉（The White Niggers）。史密斯首先引爆這概念是在她的詩作〈neo〉中提出藝術家本質是「黑鬼」的主張。之後她在第二張專輯《Radio Ethiopia》裡某首歌的歌詞，再延伸這個概念，而後第三張專輯《Easter》她亦錄了一首名為〈搖滾樂黑鬼〉（Rock 'n' Roll Nigger）的曲子。

　　萊斯特、史密斯與貝羅斯對於藝術家作為最終的圈外人（outsider）這概念，有著相當熱烈的討論，而當大夥把傑克・丹尼爾威士忌輪流對嘴喝到第五回時，萊斯特拿起酒瓶愉快地向《Creem》致意。過了四十五分鐘後，這些訪客向主人致上他們恭敬的道別。「威廉沒有特別強烈的負面反應或任何正面反應。」蓋爾侯茲說道：「那就像：『就只不過是另一次心靈冒險罷了，現在，我們要去那裡吃晚餐？』」

　　兩年後，蓋爾侯茲一直刺激貝羅斯完成他的小說《Cities of the Red Night》，並且試圖代理新潮文學的出版，所以找了艾德・桑德斯、凱西・愛克（Kathy Acker）、馬丁・李（Martin A. Lee）、佩蒂・史密斯和萊斯特等人，成為他旗下的作者群。而在這些出版計畫中，最令人氣餒的就屬他希望能跟貝瑞・克萊莫達成協議，讓他願意釋出萊斯特在《Creem》時代寫的文章。因為過份誇張但也很典型的作風是，克萊莫強迫他的員工簽下一份同意書，讓出作品的永久使用權，才可領取報酬和「其他利益及有價的酬金」——他們住在克林姆之家的租金及冰箱裡的臘腸。反正當時的著作權法，保障了這本雜誌擁有所有文章的版權。

　　「貝瑞・克萊莫擁有我在《Creem》時候寫的每一個字句。當我

打算要集結出書時，如果有必要，我會拼了命去爭取。」萊斯特在給老友理查‧沃斯的信上寫道。

　　一九七七年初，萊斯特完成了一個有關於龐克文化書籍的企畫案。他希望在他忙著寫小說及音樂創作的時候，這企畫案能快點賣出，好把錢拿去付房租。這本還未定書名的巨冊包含了幾篇他稱之為「精選集」的文章——其中有〈約翰‧科川永存不朽〉、〈精神病患反應與汽化器堆肥：一則這時代的故事〉、〈如何在舊金山用兩分錢過一天〉及〈全美最佳漢堡攤販指南〉——以及理查‧梅爾哲、雷克斯‧麥可尼爾、安迪‧薛那夫（Andy Shernoff）等其他作家的作品文選。蓋爾侯茲於一九七七年一月開始寫信給克萊莫，試圖解決版權問題，克萊莫則不情願的同意讓萊斯特自由使用他自己的作品文字，但克萊莫要求回報的問題卻一直沒有解決，因為蓋爾侯茲一直未找到出版商願意出版這本書。

　　萊斯特不打算繼續承受自由撰稿的煎熬，他母親及同母異父的姊姊安從他零星的信件及電話中感覺到他的沮喪，於是她們每次寄《守望台雜誌》給他時，都順便夾了十塊錢在裡面。眼看事情開始面臨拮据之時，他接到了一份意外的邀請，去幫《滾石》雜誌寫稿。之前「終生永不採用」的禁令只差一個月就滿五年了。

　　「保羅‧尼爾森（Paul Nelson）成為唱片評論主編時，曾告訴詹‧偉納，希望能夠邀請某些特定人士為雜誌寫稿。」萊斯特後於一九八二年說道：「偉納問：『像誰？』然後尼爾森就說：『嗯，這個，像是萊斯特‧班恩斯。』偉納說：『門都沒有！』尼爾森就說：『好吧，假如你不用他，你也得不到我。』保羅‧尼爾森就是這種正直、講義氣的朋友，不像約翰‧藍登那樣。」

　　在北明尼蘇達州長大的保羅‧尼爾森在幾位同儕的搖滾作家中，算是頗具聲望，這是因為他曾經演唱過歌手勞伯‧辛墨曼（Robert Zimmerman）早期創作的自寫曲。當時明尼蘇達州這位名叫勞伯‧辛墨曼的年輕民謠歌手，仍在Dinkytrown咖啡館裡演唱哈利‧貝拉方鐵

（Harry Belafonte）的歌曲，而後這位年輕民謠歌手便發行了他第一張受到傑克・艾略特（Jack Elliott）與伍迪・蓋瑟瑞（Woody Guthrie）影響的首張專輯。在一九五〇年代末期到一九六〇年代初期這幾年，尼爾森曾在他自己的樂迷誌《The Little Sandy Review》裡，寫了不少關於當時民謠圈發展狀況的報導。當辛墨曼——即現在的鮑伯・迪倫——開始將他的吉他插電演唱後，尼爾森也跟著做。而早期的搖滾評論文章中，他所寫的幾篇算是最為博學且資料豐富的。

一九七〇年，尼爾森接受了Mercury唱片公司的職務，跑去當公關宣傳人員。他和萊斯特是在公費旅遊及公關派對上認識的，而他總是很願意帶這位飢餓的作家去吃中飯。後來他從公關部轉任藝人及產品行政人員（A&R），經常跟小臉譜樂團（The Small Faces）及歌手洛・史都華還有龐克先驅團體紐約娃娃，有非常緊密的工作關係。「這是我做過最棒也是最糟的事，因為他害我被開除了。」尼爾森說道，他感謝萊斯特對樂團的支持，而這也是他們成為朋友的部份原因之一。

髮線頗細的尼爾森戴了一頂花格圖案帽子，這讓他看起來像是住在郊區，態度冷靜、沈著而且週末下午會在高爾夫球場打球的老爹。「有人曾說我和萊斯特之間根本沒有共通點，除了我們一致認為音樂是一切之外。」尼爾森說道：「我們是完全相反的兩個人，但我認為我們對自己都有種浪漫的情懷——就是那種天真的浪漫情調。」

佔著他在Mercury唱片公司職位的優勢，尼爾森繼續為《滾石》雜誌寫稿。當一九七六年《滾石》雜誌搬去紐約以後沒多久，約翰・藍登離職而由他的朋友戴弗・馬須成為第四任唱片評論主編，而後當馬須於一九七八年辭職跑去寫書後，偉納便提供尼爾森這個職位。沒多久，萊斯特的評論文章再度出現在《滾石》雜誌上，而那篇復出之作則是評論鮑伯・馬利的《Kaya》專輯。而如同他在九年前寫的MC5樂評一樣，他再度對那些媒體炒作對象展開他的憤怒對抗。

「因為是自己花錢買的，所以老實說，Toots and the Maytals樂團

比利‧艾特蒙、李察‧羅賓森、萊斯特，以及
保羅‧尼爾森攝於1978年（Bob Gruen攝）

其實才是Stax/ Volt廠牌中真正讓人興奮鼓舞的高潮，但他們卻未被大
力宣傳。」萊斯特寫道，「無論怎麼說，馬利的雷鬼音樂總讓我覺得
太過悠哉，聽來幾乎等於是開車時聽的音樂（MOR）。而《Rastaman
Vibration》已是他們的最後一次機會：這張專輯顯然是刻意為了讓迪
斯可鮑伯‧馬利可以全力進入美國電台市場所做的音樂，整張專輯都
是那種有如小雞嘰嘰喳喳的背景和聲在哼唱著「pos-i-tive」，而他們
本來資料準備豐富，做的好像是給泰山用的巴掌大的茅草公關宣傳
品，現在看起來卻像是為看起來很像《Gilligan's Island》電視影集裡
那群都市鄉巴佬而服務的避難所。

　　島嶼唱片（Island Records）買下一篇廣告以回應各大樂評對這
張專輯的正面評論，那廣告摘了幾句正面的句子放在一邊，然後把萊

斯特猛力批判的句子放到另一邊去。幸運的是，詹‧偉納不是雷鬼音樂迷，而後，他又對藝術搖滾樂團冥河合唱團肆意批評：「他們自我陶醉的濫情汁液，讓音樂毫無張力，簡直就跟衛生紙沒兩樣」；同樣也抨擊迪斯可英雄隊伍Village People合唱團：「他們證明了同志也可以笨到這般地步，平庸到跟任何人一樣」。不過這些都算是安全標靶，「他知道如果他寫了一篇非常狂放的唱片評論，我是絕不可能它放進雜誌裡的。」尼爾森說道：「你是打不贏詹‧偉納的，如果他下了封殺令。所以萊斯特絕不會讓那種事發生。」這本雜誌付的稿費遠高於其他所有的音樂刊物——從優渥的每一字兩毛五美金到一般一字一毛美金——而萊斯特需要這份工作。

　　一九七七年，在事業高低起伏的劇烈變化中，他與南西之間的關係也陷入最低潮，同時更登上音樂創作的高峰。這年夏天，成了萊斯特生命當中最難以忘懷的歲月。七月十三日，就在用電量最高峰的時候，紐約遭受有史以來最大規模的跳電。Con Edison能源公司的北部電纜線在星期三那天晚上被閃電擊中，造成之後二十四小時的電力中斷，街上到處發生搶劫掠奪的事件，結果有八百五十處地方失火、三千四百起逮捕案件。基於某種原因，位在七十七街與萊辛頓大道之間的街廓，在幾小時後就迅速回復供電，尼爾森恰好就住在這幸運的地區，於是萊斯特便徒步走到上城區，順勢沾沾他朋友的好運氣。

　　尼爾森一直被稱作「石頭切割機」（stone cutter），這是新聞工作者給那種做事極端緩慢，凡是按部就班進行的作家的暱稱。在大停電的那段期間，萊斯特對於人際關係這議題有些想法，他向尼爾森借了打字機，然後在一小時內猛烈敲打出十六頁的文字稿。「我的老天！」尼爾森在一旁看著他朋友文思泉湧的模樣，「平常我不寫文字，除非不得已。而且我恨寫作！」他說道。

　　萊斯特一直不停重複放性手槍樂團的〈God Save the Queen〉直到尼爾森插進一張The Pretenders的唱片為止。萊斯特抗議說他討厭傑克森‧布朗（Jackson Browne）的音樂，但尼爾森不同意。「這張唱片

談的全都是有關愛與失落——這些正是我們一直在談的主題——而且有些曲子聽來是非常令人心碎的。」尼爾森說道，最後，萊斯特終於同意願意去聽他的音樂，後來這張專輯也成爲他最喜愛的唱片之一。

　　一會兒之後，萊斯特與尼爾森一塊爬到屋頂上，他們看到布朗克斯區的大火，而萊斯特開始擔心起來：南西爲了上表演課跟朋友住在那區，但是電話全都斷線，也沒有其他方法可以知道她是否安全。這兩個人靠著屋頂看著夜晚的天空，開始聊起愛與生命這些話題，看著這如天啓般的大火照亮這這黑暗城市的底層。

第九章
一個男人站在那裡

　　一天下午四點三十分，萊斯特雙腳重重地踏入地獄鐘聲酒吧裡，身穿著他平時最典型的服裝打扮，牛仔靴、骯髒的牛仔褲、木匠T恤以及黑色皮夾克。他直接省去平常慣用的玩笑話，雙手砰一聲重重地拍打在吧台上，酒館老闆彼得‧麥爾斯（Peter Myers）與往常一樣冷漠而沈穩地問他想要喝點什麼。

　　「我心情很糟。」萊斯特帶著脅迫的口吻問道：「我說真的！我的心情糟透了，你覺得我該喝哪種酒？」

　　麥爾斯建議他喝蘇俄黑牌威士忌。聽起來不錯，萊斯特便一口飲盡。然後繼續喝遍所有他與麥爾斯所能想得到的黑色瓊漿玉液，包括黑牌約翰走路、黑與白蘇俄威士忌（Black & White）、愛爾蘭黑色灌木威士忌（Black Bush）、黑色天鵝絨（Black Velvet）、黑草莓白蘭地（blackberry brandy），再一路喝到黑棕威士忌（Black & Tan）；一杯由愛爾蘭威士忌加乾苦艾酒、彼諾酒（Pernod）及濃生啤酒（bitters）所調合成的黑刺李酒（Blackthorn）；以及由蘇格蘭威士忌加柑桂酒（curacao）、白蘭地、檸檬片及一小根薄荷枝混合而成的黑色瞭望（Blackwatch）；跟一杯茴香酒（Sambuca）加卡魯哇香甜酒（Kahlua）混合製成的黑色甘草酒（Black Licorice）。

　　晚上八點，對於地獄鐘聲酒吧的老主顧來說仍嫌太早，一位女孩打電話過來問道：「萊斯特・班恩斯在那裡嗎？」麥爾斯說有。「我可以跟他講話嗎？」她問道。「這是不可能的。」這位酒保以他粗厚的北方英國腔回答道。她失去耐性的說著：「我以為你說他在那裡的！」麥爾斯解釋著班恩斯先生正不舒服地橫躺在一張長椅凳上，下巴還勾著一大串濃濁的口水。

　　「萊斯特是個好客人。」麥爾斯說道：「他其實可以離開，他那晚並沒有真的不舒服，我本來在等他吐出來，但他沒有。」

　　地獄鐘聲酒吧最早是座落在十三西街一百〇五號，老闆麥拉奇・麥考特（Malachy McCourt）是一位非常健談的人，後來他改行成為傳記作家。當時麥爾斯是利用假日的時候到美國玩，順道在他店裡的吧台上喝酒聊天，沒想到之後他就沒離開過。之後酒吧生意蕭條，麥考特便關了那個地方，但麥爾斯和他的合夥人買下店面並重新開幕，而且他們維持地獄鐘聲原店名繼續營業，那是麥考特引用歌手布藍登・畢漢（Brendan Behan）在舞台演唱〈Borstal Boy〉歌曲的一段歌詞：「地獄鐘聲叮鈴叮鈴的響，那是找你而不是我。」

　　除了西格林威治村一堆怪胎跟附近街坊的酒鬼外，地獄鐘聲還吸引了許多澳洲和英國的記者聚集。因為自從魯波特・梅鐸（Rupert Murdoch）在一九七六年買下《紐約郵報》後，這些記者大量湧進紐約市，頓時讓整份報紙立刻變成右傾的八卦報。至於酒館其他圈子的客人則是為各大小出版商辛勤工作的寫手，有些還甚至是價值立場搖擺不定的騎牆派。況且這些常客對那些傳統報業從業人員常聚集的獅子頭酒館（The Lion's Head）而言太年輕也太時髦。然而儘管這些三十出頭的年輕記者都是搖滾樂迷，但相較於CBGB酒吧這類過於喧鬧的場所，他們決定另闢其他幾個較安靜的地方作為聚集地，這些常在酒館廝混的客人包括了《國家諷刺報》（National Lampoon）的寫手狄恩・拉提瑪（Dean Latimer）、泰德・緬恩（Ted Mann）及後來終於寫出電影《動物之屋》（Animal House）劇本的道格・坎尼（Doug

Kenny）。此外還有《怪獸時報》（*Monster Times*）的通訊特派員裘·
肯恩（Joe Kane）、多產的自由撰稿人南西·納林（Nancy Naglin）、
南西·道根，與曾是夷痞（yippie）並參與過趣味書籍《烏茲塔克音
樂節人口普查》（*Woodstock Census*）編輯工作的迪安尼·史迪爾曼
（Deanne Stillman）。

　　有些作家與《週六夜現場》（*Saturday Night Live*）節目的演員會
經常會進來晃晃喝一杯，但其他顧客則是搖滾樂評人。萊斯特與羅
伯·鄧肯就住在酒館附近幾步路可到的街角而已。這些作家總是互相
刺激對方並提供許多的點子，他們可以一隻耳朵來聆聽面前的談話，
另一隻耳朵則大膽的偷聽任何有趣的點子或文辭用語。萊斯特發現了
這裡是可以提供他撰寫長篇大論文章的討論場所，在這裡，高談闊論
是被鼓勵的，而發言者也很清楚他隨時會被他的同儕給予強烈而粗魯
的反駁。

　　「萊斯特其實有點像是大家的小丑，而他痛恨這樣的角色。」瑞
克斯·威勒（Rex Weiner）說道：「他其實不是一個很有天分的小
丑，基本上他只是像在『嘿，看我如何自我毀滅！看我如何激怒大
家！讓我來羞辱主持人！』這樣子，他並不總是都那麼地機智或聰
明，但當大家都在悶得發慌或打發時間時，那麼所有人就會站起來煽
動並大聲叫好。」

　　然而除了這些持續的戲弄，這些作家卻會慷慨的相互借點零錢花
用，相互通報哪些編輯比較有同情心，或者確保誰會安全回到家。一
晚，鄧肯醉醺醺地跟一名拳擊手爭吵了起來，萊斯特與南西跑去搭
救，「他們兩個請我喝酒，但我那時候疼痛不已，然後萊斯特對著我
說：『拿好這個。』」鄧肯回憶道：「我不知道他們在幹嘛，但隔天
清晨我發現我躺在萊斯特住所的床上，然後我轉頭看到旁邊正躺著萊
斯特的女友，於是我想，喔，天啊，到底發生什麼事了？接著我才理
解到萊斯特就躺在床的另外一邊，而我則全身衣服穿的好好地擠在中
間，我就開始很幹地覺得他們兩個根本讓我動彈不得。」

　　然而更多時候卻是鄧肯背著萊斯特回家，只是將一名兩百零五磅的身軀掛在六尺一吋高的骨架上卻是件苦差事，地獄鐘聲酒館在打烊前一定會對那些乾渴的靈魂持續提供服務，連客人喝到醉倒不醒都不例外。有一次，尼克・拓齊斯接到酒保尼克・布朗（Nick Brown）的電話說，萊斯特想要喝酒，然後記在拓齊斯名下的帳單，「每個人都欠這家酒館一些酒錢，」拓齊斯說道：「你可以留意那家酒館，那裡從來就沒什麼錢。」拓齊斯問酒保布朗他喝的是什麼酒，布朗回答：「黑草莓白蘭地。」拓齊斯說好，但要求布朗讓他喝到十杯就打住。

　　「你可以身無分文地走進地獄鐘聲，在那裡喝得爛醉，嗑藥嗑到掛點，甚至找個女人打一砲，然後帶著錢走出來，因為那裡有個名叫艾爾・菲爾茲的傢伙，他會願意跟你玩丟骰子賭博，但他總是輸，從沒贏過。」拓齊斯說道：「那裡就是這樣的一個地方。」

　　此外，前廳的點唱機可說是紐約市最屌的一台，這得感謝那些搖滾樂評人，他們在那裡放置了性手槍即將上市的搶鮮版單曲、歐克唱片測試壓模版本的黑膠唱片，成堆雜亂而未整理過的藍調、鄉村、搖滾專輯，甚至有些唱片旁邊的時間刻文可追溯至五○年代。大家最喜歡的一首稀有珍品是由洛杉磯一個名叫執行者樂團（the Executives）所錄製的一張怪異單曲〈Stickball〉，這首曲子一開始是清純的可以，一名加了回聲效果的男孩聲音，問一名女子是否願意出來玩，然後這主唱立即以一連串足以讓黑人演員理查・普萊爾（Richard Pryor）臉紅的髒話唱出。而這樣的情況通常都是當有不知情的小姐們恰好走進酒館裡時，泰德・緬恩便會從容不迫地走到點唱機前點播這首歌曲。

　　「那地方幾乎都是男性。」南西・納林說道：「有次我在那裡，一群女生在店前的窗口那，正考慮要進來，」尼克・拓齊斯就聯合了這群男生跑到窗子玻璃後面，對著女生扮鬼臉把她們趕跑。這群男人興奮地坐了下來，開始談論有關醜化女人的話題，有些甚至是非常粗俗而色情的玩笑，到今天都還時有可聞。

地獄鐘聲後面的房間每個週末都會擺幾張桌椅及一座小舞台，牆上畫了阿富汗、印度、巴基斯坦及哥倫比亞國旗，全都是毒品最大出口國家，但真正的毒品交易卻都是在地下室的小房間裡，「這些時日，我們賣了不少安非他命（crystal meth）。」《國家諷刺報》發行人的兒子麥可・賽門（Michael Simmons）提到：「大多數的人都是用鼻子吸食，而且最常來這兒嗑藥的大都是搖滾樂評人跟樂手。藥頭會先抓一個長凳將安非他命粉倒成一條條的，接著大家排隊吸食你那條白粉，然後再回到樓上繼續喝酒，整個酒館就這麼讓安非他命不斷侵蝕他們的腦袋。」

賽門帶著一個名叫「Slewfoot」的鄉村樂團定期在國旗屋裡表演，他喜歡跳離舞台，穿越聽眾，然後彈一個長長的吉他和弦，再快速地一桌一桌掃過去喝光聽眾的酒。另一個名叫「King Rude」的樂團偶而也會上來表演，而他們經常會有瑞克斯・威勒、裘・肯恩及迪安尼・史迪爾曼的姊姊南西上台插花演出，有時萊斯特會加上口風琴，然後大家便一起高聲齊唱一首名叫〈Rock Critics Roll〉的歌曲，威勒便開始報出在場參與活動的作家名字，「然後我看到比利・奧特曼開始跳舞。」接著一個手電筒照在他們身上，直到他們開始賣弄地演出。

其他在舞台上施展才藝的，還包括愛爾蘭兄弟檔「Turner and Kerwin」，他們後來籌組Black 47樂團；另外還有一對同時身兼喜劇演員及樂手的潘與泰勒（Penn and Teller），「他們經常在中場休息的時候站起來表演，但我實在無法忍受他們倆。」麥爾斯答道：「他們每次都表演同樣的木偶雙簧秀，就是一個傀儡小人坐在大個子的膝上。我從未付給他們半毛錢。」「當然緊接著就是換艾爾・菲爾茲（"the Reverend" Al Fields）牧師，又名『格林威治村的傳奇』。」

菲爾茲是一位滿頭銀髮的黑人紳士，在紐約中城區一家漢堡店擔任侍者，菲爾茲一邊彈著鋼琴另一隻手拿著短筒啤酒杯，喝著他稱為「克洛辛」（kerosene）的伏特加調酒。他凌晨兩點就來了，結果一直

玩骰子而輸掉了他那晚賺得的所有小費，於是他將他的伏特加調酒放在直立式鋼琴的旁邊，開始哼起秀場旋律與奇怪的自創曲，譬如這曲〈生日快樂協奏曲〉（The Happy Birthday Concerto），是一首將生日快樂歌巧妙融入其中的複雜演奏曲。結果有些識貨的聽眾喜歡他的演唱，不僅搖滾歌手尼克·洛伊（Nick Lowe）及艾維斯·卡斯提羅（Elvis Costello）一起在「底細」俱樂部（The Bottom Line）跟他合唱一曲後向他歡呼致意，就連前紐約娃娃樂團和正在籌組Buster Poindexter樂團的吉他手大衛·喬涵森（David Johansen），也加入他一起演唱一曲〈向百老匯致敬〉（Give My Regards to Broadway）。

　　一九七八年，英國龐克勁旅The Clash樂團與他們的製作人珊蒂·帕爾曼到紐約錄製他們第二張專輯《濫用私刑》（*Give 'Em Enough Rope*），帕爾曼曾是搖滾樂評人，後來轉而成為藍色牡蠣膜拜樂團與獨裁者樂團（The Dictators）的獨裁製作人，帕爾曼帶The Clash樂團的吉他手喬·史楚墨（Joe Strummer）跟他的團員到地獄鐘聲玩，他們加入菲爾茲一起演唱了一首名叫〈Julie's in the Squad〉的歌曲；可是菲爾茲覺得這首曲子的旋律不怎麼樣，因為它只有三個和弦！但是這群英國佬卻付給他工會訂定的全額酬勞（union scale），於是他就拿這筆錢請酒吧裡所有的人喝了一巡酒，連帶The Clash樂團下次來紐約表演時，比利·奧特曼還帶菲爾茲去後台看他們。而且那一晚，所有樂手都圍繞著他大聲呼喊：「艾爾·菲爾茲，格林威治村的傳奇人物！」結果那晚的騷動還引起另外一位鼎鼎大名的顧客安迪·渥侯困惑地在一旁打聽：「艾爾·菲爾茲到底是誰啊？」

　　地獄鐘聲裡的常客經常會討論幾個全美流行文化的議題，但其中最被關切的就是全國社會對名人的迷戀逐漸擴大發燒。時代生活公司（Time-Life, Inc.,）於一九七四年創刊發行《人物》雜誌（*People*），但這本雜誌卻在一九七六年到七八年間發行量突然暴增，於是全國各大日報紛紛仿效他的成功做法，而增闢了喜歡窺人隱私、蜚短流長的「名人」版面，接著許多搖滾樂評人便開始聽到更多內容紮實的獨立

報導與評論文章的喪鐘。「《人物》雜誌改變了整個事情的本質。」
《Circus》音樂雜誌的唱片評論編輯約翰‧史雲生（John Swenson）說
道：「突然間，《Crawdaddy!》與《滾石》雜誌也開始想模仿他
們。」

　　唱片評論文章開始變短，膚淺卻更討好的正面報導增加，而這些
特別報導的內容也從原本的音樂探討轉變成人物個性的描繪。「對我
而言，搖滾樂文字書寫最充滿生命力的部分已經死去，這些自詡正統
的雜誌已經只把搖滾樂視爲最基本的常態，而不想去瞭解這整個現
象。」拓齊斯說道：「《人物》、《時代》以及後來的《滾石》雜誌，
在內容上的書寫都朝這種風格轉變，這讓這些刊物變成了音樂工業的
附屬品，就像其他型態的綜藝事業一樣。這時我才瞭解到早期這個曾
經僥倖爲我而開創的個人事業已經不在，它隨著龐克那年輕的世代又
重新開始，那裡有許多樂趣，但在七○年代早期，這些樂趣是出自一
種自然自發的感覺，但隨著龐克音樂的到來，這些卻變成了強迫式的
樂趣。」

　　許多樂評人都將龐克風潮視爲自六○年代以來最令人興奮的搖滾
樂運動，但在一九七八年它卻還未引起美國大眾的注意，相對的，人
們還在購買那些被品味鑑賞家唾棄，比早期如B. J. Thomas或三犬之
夜合唱團（Three Dog Night）作品更乏味的音樂。一九七七年的十二
月，電影《週末狂熱》（Saturday Night Fever）這張兩片裝原聲帶終
於賣出兩千萬張，而且更污辱人的是，這部電影事實上是改編自一位
樂評人用「新新聞」體裁撰寫的作品，都柏林出身的搖滾作家尼克‧
科恩（Nik Cohn）事後承認，他是從《紐約》雜誌（New York）上的
文章去拼湊這個電影故事，然後再發明幾個人物的性格，比如約翰‧
屈伏塔（John Travolta）所飾演的東尼‧馬內羅（Tony Manero）這
角色。

　　當迪斯可舞曲橫掃排行榜時，唱片工業也開始改變他們過去操作
商業的做法。當昂貴的公費旅遊及鋪張浪費的聆賞試聽派對次數逐漸萎

縮到讓人覺得他們幾乎不存在時，這些大唱片公司終於理解到，平面媒體並不能像廣播電台或電視那般有效果地幫助唱片銷售，於是一個新品種的專職公關人員，隨著新崛起卻極有野心的搖滾樂文字工作者而誕生，而他們丟出一個實際的問題：為何要讓藝人去忍受萊斯特・班恩斯或理查・梅爾哲這些人挑釁侵犯的拷問與青少年似地誇張賣弄？而何不讓那些願意乖乖配合的年輕寫手去寫一些奉承文章及可以建立良好名聲的人物特寫？這樣不是皆大歡喜嗎？

萊斯特的女友南西後來不再去地獄鐘聲鬼混，在還沒搬去布朗克斯區之前，她對這些議題的一再爭論非常熟悉，而這些爭論也早已超出了議題本身及《人物》雜誌所帶來的威脅幻影。「萊斯特與約翰・摩斯藍德以及他們那一夥人都對這議題有過非常激烈的討論。」她回憶道：「他們說：『我們再也無法照我們想寫的意思去寫了，一切都只是照統計數據衡量而已。』萊斯特稱之為新聞報導寫作的結束。他總是如此勇敢地對抗這一切，以尋求更偉大的真理。對我而言，它標示了一個新時代的開始，而或許萊斯特・班恩斯對這一切將適應不良。」

♩ ♪ ♪ ♫ ♪ ♫ ♪

在南西離開之後，萊斯特開始熱中約會，他又開始像個青少年似的，但他討厭這樣子。「我覺得我是一位非常浪漫的人，一位真正的性情中人。」他寫道：「我多麼渴望能夠和一位女人成功發展一段長期的親密關係，而我能在情感上瘋狂而熱情地愛上她，並在肉體上與她狂野地交合在一起。這要求並不過份，對吧？當然不！結果我整天到處墜入愛河，期盼能尋覓到一位我預期中的女友，或者至少，能成為砲友吧。」

許多年輕的龐克喜歡從CBGB酒館跟隨萊斯特回到他的住所，他們躺在沙發上嗑藥直到天亮，談論他們的成長過程，談論對於其他人

無法表達溫暖關懷的困難。結果有一次，一位女孩向他展示她剛結痂的刀疤時，他發誓他再也不要經歷同樣的經驗了。另外有時他醒來時身旁躺了較成熟的女性，而這些女人是他從地獄鐘聲的狂歡派對中釣回來的馬子。只是很不幸的，這些女人老是建議他去沖個澡，要不就是當他準備要出門為這些青少年搖滾樂忙碌時，問個不停。「這些優雅的都會女子。」萊斯特寫道：「就只會坐計程車到任何她們想要去的地方。我第一個交往的女子甚至還有看門的管理員，那傢伙以為我是無賴，而且痛恨我的膽量，因為沒有一個已經三十歲的男人，沒有工作，又一天到晚穿著黑色皮衣到處走來走去。」

在跟一名女畫家及女酒保珍・荷拉博（Jean Holabird）調情幾個月後，萊斯特期望他的一篇文章能夠刊在《村聲週報》當作封面故事，而他獲得了珍的幫助。這篇文章的標題是「街頭口角」（Street Hassling），是他借用搖滾歌手路・瑞德最新專輯名稱而來的，「萊斯特決定成為一位女性主義者。」荷拉博說道：「他籌畫一個行動，是讓我走過一條街，然後要我從正常的穿著一路改換成性感的衣服，他好從旁照時間記錄男人們是如何跟我搭訕、吹口哨。但結果根本沒人理我們，而我們走完後，感覺卻像是走了一個小時之久。」

《村聲週報》拒絕了這篇故事，但萊斯特與荷拉博卻開始約起會來，「他非常窩心。」荷拉博說道：「我們一起去義大利餐廳吃晚餐，然後手牽手一起在街上散步。這是在他不需要工作的甜美時光。」但是當一談到音樂，萊斯特開始變得令人難以忍受。「我記得有一次我在底細酒館的牛心船長演唱會上睡著了。」「這對他等同於背叛，他開始對我大喊：『你怎麼可以這樣？你到底是哪種女人啊？難道你不能瞭解這音樂嗎？』他變得非常喜歡教訓人，你要不就忍受這一切，要不就掉頭走開。」

萊斯特開始陷入一種兩難，他遇到了另一個女人，女作家辛西亞・黑梅爾（Cynthia Heimel），那是他在一家新開的「Hurrah」搖滾酒吧上遇到的，「那時我剛喝了半杯的安眠酮調酒（Quaalude）及三

杯蘇格蘭威士忌，我根本無法為我的任何行為負責。」她說道，不過，萊斯特立刻就愛上她了，「她豐腴的身材完全就是我夢寐已久的女性軀體。」他寫道：「她替不同的時尚雜誌寫稿，這真是讓我既嫉妒又羨慕，我覺得她有最狂野的個性及幽默感，太棒了！我一直期盼有一位女性能跟我有互動關係，你知道的。」

一九七八年初，萊斯特試圖欺瞞自己的出軌，直接就在兩張床之間來回穿梭，「這種情況大約持續一週後，「我因為突然的陽痿不舉而感到無比困惑，甚至拉它一把，讓小弟弟自己挺起來往上抖一抖都不行，我的老二實在比我聰明多了。」萊斯特這樣寫著，於是他跟荷拉博分手，不過如同他過去眾多的女友一樣，他們保持著朋友關係，而荷拉博也還會繼續深情的想念著他。

如同荷拉博，辛西亞發現萊斯特可以成為一位溫文儒雅的男友，可以在看完痛苦的牙醫門診後，帶她去Rumplemeyer店吃冰淇淋聖代，甚至可以一邊玩猜字遊戲還可以一邊閱讀對方正在撰寫的文章。當她為一篇專欄文章苦思寫不出來而跑去外頭商店時，他趁機以他慣有的萊斯特式風格完成那篇文章，「我當然就這樣交稿了。」辛西亞說道，而且在這些親密活動中，最美妙的事是他倆棒透了的性關係。十九年後，黑梅爾驕傲地揭露這段故事時說道，她是無名的「原始地球女神處在一個骯髒的船塢碼頭上。」萊斯特後來在一篇煽情的文章中這麼描寫著，後來還隨著《精神病患反應與汽化器堆肥》（*Psychotic Reactions and Carburetor Dung*）一書的初版付梓。

「當然我告訴她，我愛她。」萊斯特這麼寫著，「而且她幾乎隨後就立刻警告我說，她是非常神經質的女人，而我還不是那麼的瞭解她。」

「他幾乎沒什麼自知之明。」黑梅爾說道：「他從未意識到他可以花十六個小時一直反覆講路‧瑞德的事。我覺得萊斯特非常的可愛，也非常討人喜愛。每當我想跟他依偎在一起時，他就會伸出他的手臂圍繞住我，讓我覺得很有安全感。當然也有很愚蠢荒唐的事。我

記得有一次我因爲某種很女孩子氣的理由想躲他，而提出分手，結果他跑到我房子亂摔東西，他說他決定：『要開始發脾氣了。』然後他就眞的發了，但他就只是一直摔東西——可是沒有一樣東西是摔得破的——突然間，他就像是苦行僧似地杵在那裡，然後就離開了。他根本就不可怕，反而在那當時讓我覺得有點可愛，又有點感傷。」

萊斯特在「Hurrah」俱樂部裡，在當初與黑梅爾相遇時完全一模一樣的地點，遇見了同是搖滾樂評人的黛博拉・蕾・科罕（Debra Rae Cohen），他們之後約了好幾個月的會，而他決定要更負責任地滿足她的需求，他的異性好友凱西・米勒有時教他一些如何寵女人的招數，於是他就跑去旅館租了房間，地板鋪滿了玫瑰花瓣，然後弄好泡泡浴跟有香味的蠟燭，黛柏拉很喜歡，因爲這樣就不用去他那簡直像是垃圾場的公寓。「那眞是一件很甜、很浪漫而美好的事。」她回憶道：「但當兩人之間的關係繼續發展下去，一下子就到了窒息的狀態。那就像是活在衣櫥裡或探照燈下，或這兩種混合在一起的奇怪組合一般，他愛的如此地強烈，結果卻在這樣窒息的情況下結束。」

科罕試圖避免正面衝突，而且就這樣簡單的結束這段戀情。挫折感在萊斯特的牆上與打字機上怒吼著。而接下來的幾個星期，他的文章都沒有「E」這個字母，「去怪黛博拉吧。」（Blam- it on D-bra Ra-,）他在寫給一位編輯的信上這麼寫著：「最好再寄給她維修帳單，這卑鄙無恥的婊子，反正她以後就將會變成跟電視聯播網裡的費・唐娜薇一樣。」（B-ee-r y-t, s-nd h-r th- r-pair bill; sh-'s a wr-tch-d cunt who's gonna grow up to b- Fay Dunaway in N-twork anyway.）

萊斯特開始整理他那本一直拖延的小說稿。而他斷定他被這位美籍猶太裔大小姐深深吸引，「大家都知道這眞是比死還慘的命運，除非我沒被她煞到，」他寫道：「因爲我是在加州這種居民同質性很高的環境下長大的，甚至不知道猶太人是怎樣的種族，直到搬去底特律後，才了解猶太人的文化。」

在黑梅爾與科罕這兩段戀情期間，萊斯特還跟自由投稿記者蘇

珊‧透佛（Susan Toepfer）與女歌手噶蘭‧布蘭特（Galen Brandt）約會，噶蘭還幫萊斯特一起寫了一篇關於布萊恩‧伊諾（Brian Eno）的特別報導，因為伊諾這位音樂家，是非樂手出身中最棒的一位英雄人物。透佛認為萊斯特之所以會把異性關係搞得這樣差，是源自於幼兒時期，「那是非常非常複雜的情感問題。」她提到。而布蘭特相信萊斯特是相當脆弱且容易受傷的，而那麼多女人願意跟他約會是因為她們只是想尋找刺激玩玩而已，「我們某種程度上都只是那種上層中產階級的白人女性。」她說道：「我們需要一位天才，我們需要一個壞男孩，因為這時代就是這樣子，而同時我們又需要一個好男生會真心愛我們——除了上述這些因素外，還有就是，萊斯特一直有一道微弱光輝從他身上散發出來。」

如同往常一樣，萊斯特相信他已經找到真愛，「我對噶蘭有種很深的感覺。」他在寫給老友南西的信上熱淚盈眶地寫道：「這不僅是對她聰明才智上的尊敬或肉體上的需求（有時那是最後才會考慮的事），而是某種不需言語，某種原始的心靈聯繫——或許應該是不可言說的。當你看到她時就會明白。」可是，再一次因為他的飲酒過量及嗑藥問題，讓親密關係一直觸礁。「我總覺得他像是快要死掉的樣子。」布蘭特說道：「我愛他，但我不是花上我一生大部分的精力去拯救他，要不就是讓他自生自滅，然後繼續過日子。」

在跟孟菲斯市（Memphis）與水牛城搖滾樂評圈的人混很熟後，比利‧奧特曼成了萊斯特最親密的好友之一，同時他也成為萊斯特選為接替《Creem》雜誌的唱片評論編輯。有次萊斯特跟他說，他希望他所有的女友都看到他最糟糕的時候，結果奧特曼當面嘲弄他的想法。「但那就是我！」萊斯特說道：「我就是這個樣子！他們大可接受我或乾脆就離開，但至少我對她們是非常坦承的。」

一九七七年，這對難兄難弟都還是光棍，當時南西一時心軟，邀請他們到她家共渡感恩節大餐時，他倆頓時替自己難過了起來。結果當南西開始有了一位準備認真談感情的新男友時，沒想到萊斯特不肯

鬆手，「我們這圈子是很緊密的／不知怎地別人似乎無法加進來。」後來他在自己寫的一首名叫〈Nancy Two〉的歌詞中提到。

在回布朗克斯區的地下鐵月台上，萊斯特醉醺醺地大聲宣稱南西是他的心靈知己，而他們終將會重逢，「因為萊斯特的緣故，南西為自己建立了另一種生活。」奧特曼說道，「起來！」萊斯特突然揮了他一拳，結果兩人開始扭打了起來，從自動電扶梯一路打到月台上，兩人扭成一團，離月台邊緣只差幾吋而已。

當地鐵火車駛達的時候，他們兩個跟蹌上車，幾乎無法克制他們的怒氣，一對老黑人夫婦在一旁看著這些白人傻蛋所製造的奇景而吹口哨叫好，最後，萊斯特與奧特曼終於開始大笑，握手言和，然後抓穩提手拉環，試著站穩腳步，隨著搖晃的列車駛向家的方向。

♫ ♩ ♪ ♫ ♪ ♩ ♪ ♪

萊斯特為了替《Creem》雜誌寫稿，曾經到過英國好幾次，題目從七〇年代回顧到Slade樂團、大衛・艾克塞斯（David "Rock On" Essex）等，他非常感激英國有這些含可待因加強劑量的阿斯匹靈與「Night Nurse」止咳糖漿———一種類似美國囉靡樂止咳糖漿的藥。但是除了幾個零星的例外，他發現那裡的音樂真是糟糕，而且那邊的搖滾樂評更是爛透了。

英國最好的搖滾音樂刊物《新音樂快遞》週報在六〇年代幾乎每週銷量都高達上百萬本，但如同他的競爭對手《Melody Maker》一樣，在七〇年代初期的後嬉痞時期，《新音樂快遞》的發行量驟降到六萬本，因為讀者已經不想再讀到有關三流樂手艾爾文・李（Alvin Lee）、瑞克・威克曼（Rick Wakeman）與凱斯・愛墨生（Keith Emerson）的長篇沈悶報導了。

一九七二年，尼克・羅根（Nick Logan）被指派擔任主編，要領導雜誌開始遠離那些恐龍級的前衛搖滾（progressive-rock），改報導

正興起的華麗搖滾，像是大衛‧鮑伊及羅克希音樂樂團（Roxy Music）。此外他又與《Creem》雜誌取得授權協議，可以轉載他們的文章，於是乎，萊斯特的文章開始定期出現在《新音樂快遞》週報上了。同時羅根還讓英國一票擅長華麗風格的新寫手來自由駕馭雜誌的風格走向，這些人包括了尼克‧坎特、查爾斯‧夏爾‧摩瑞（Charles Shaar Murray）與米克‧法倫（Mick Farren），而他們全都非常仰慕萊斯特的風格，「我們都非常擁載萊斯特，因為他是能打破成規的一流好手。」法倫說道：「毫無疑問，在新聞報導寫作的領域裡──不要管什麼搖滾報導寫作了──他就是那種能打破既定寫作成規的人。」

同時身為搖滾樂迷及《新音樂快遞》的特約記者，萊斯特從俄亥俄州搬到倫敦市居住。女同事克理斯‧海德（Chrissie Hynde）被指派以獨特的身份評估萊斯特所帶來的影響。「在這些英國寫手的心目中，萊斯特有著偶像般的地位。」她說道：「就如同伊基‧帕普、紐約娃娃樂團及那時期的偉大人物一樣。毫無疑問地，萊斯特幫助這些樂團、歌手受到任何媒體的注意，當時根本就沒有人會注意到這些樂團，是萊斯特首先報導了他們，而他當時對這批英國寫手實在有著巨大的影響力。」

當萊斯特一抵達英國，他非常驚訝那裡頂尖的寫手可以和樂手一樣的知名，「翻翻我們的姊妹刊物，《新音樂快遞》，那裡的記者都是流行文化明星。」他在一九七五年替《Creem》雜誌寫道：「論機智，尼克‧坎特穿的像是The Stooges樂團的史考特‧安歇頓（Scott Asheton），而查爾斯‧夏爾‧摩瑞每次到辦公室都穿的活似路‧瑞德一般。不僅他們確實如此打扮，就連雜誌上都刊載他們的照片，好讓全英國的年輕小鬼可以看到他們，然後讓自己迅速走紅。」而且讓萊斯特更驚訝的是，他發現英國聽眾允許作家可以戴兩頂以上的帽子。

搖滾樂評人同時身兼樂手的現象並未在美國引起多大的衝擊與影響。奎爾‧馬可仕與藍登‧溫納所組的「Masked Marauders」樂團只

有在惡搞的時候才會引起別人注意，這樂團連番諷刺性地模仿鮑伯·迪倫、保羅·麥卡尼、米克·傑格在六○年代末期發行的現場會實況盜錄（bootleg，又稱靴子腿），這些超級冗長的現場演奏被許多樂迷誤以為應該就是這些歌手的作品，結果在惡作劇事跡敗露之前，還賣出了好幾千張。此外還有洛杉磯的樂評人約翰·曼德爾頌跨界幫「Christopher Milk」樂團到處亂吹噓，但大多數的樂迷根本就不鳥這團體。而《紐約時報》的樂評家勞伯·帕莫（Robert Palmer）同時也是一位聲譽卓著的黑管好手，但那也只僅限於前衛爵士圈內而已。此外還有獨裁者樂團與Pere Ubu樂團創作出好幾張非常重要的專輯。但相較之下，幾乎沒幾個人曾讀過獨裁者樂團團長安迪·薛那夫所創辦的樂迷雜誌《青少年荒原公報》（*Teenage Wasteland Gazette*）或者Pere Ubu樂團主唱大衛·湯瑪士在《克里夫蘭場景週報》（*Cleveland Weekly Scene*）所寫的專欄文章。

　　然而在英國，事情就有點不一樣了，米克·法倫在六○年代曾與The Deviants樂團有過一段多采多姿的演出歷史；尼克·坎特曾與性手槍樂團的史帝夫·瓊斯（Steve Jones）、保羅·庫克（Paul Cook）及葛藍·瑪辣克（Glenn Malock）曾經一同演奏過，只是他們的經紀人嫌他自己的主意太多而把他從樂團陣容裡踢出去；甚至後來克理斯·海德跑去組了偽裝者樂團（The Pretenders），而《新音樂快遞》的寫手鮑伯·葛德夫（Bob Geldof）還領銜自組了Boomtown Rats樂團。

　　在一九七五年十一月，一次公費出差中，萊斯特依然發現英國缺乏好的演出場所，「英格蘭真是一個屎爛到不行的地區，應該跟加州一起沈到大西洋裡去，還虧他們曾經威脅美國搖滾樂這麼多年。」他寫道，「我從未見過這麼多人將他們的憤怒隱藏在像是〈唐尼與瑪麗兄妹〉（Donny and Marie）這種表面最溫和的音樂。」然而，事情即將開始轉變。

　　受到紐約娃娃樂團的啓發，自創風格、後來也成為他們經紀人的挑唆者馬孔·麥可拉倫（Malcolm Mclaren），鼓勵性手槍樂團盡可能

的無法無天，「我們不是熱中音樂，我們是熱中混亂。」吉他手史帝夫・瓊斯曾如此告訴過《新音樂快遞》。龐克樂讓英國的經濟蕭條更加對立分化，當那些失業者猶如被褫奪公權的青少年，開始擁抱新音樂時，音樂中的憤怒與能量便把英國撕裂成兩半。一九七六年十一月，性手槍發表了《無政府狀態在英國》專輯（*Anarchy in the U.K.*），而且隨後他們惡名昭彰、帶有猥褻外表的風格在英國的《今日》（*Today*）節目中短暫出現。從那時開始，往後兩年時間，他們幾乎天天都出現在頭條新聞版面上。

「當初老美以為強尼・洛騰（Johnny Rotten）那一文不值的表演會對性手槍已經堆得天高的各式評價會有影響，但這種魯莽的推論是錯的。」萊斯特在《新音樂快遞》中寫道，他從未覺得他是被迫公開表明這樂團的首支單曲是有史以來最偉大的唱片。「更進一步地說，強尼・洛騰是我聽過最憤怒的聲音，他甚至比伊基・帕普還要憤怒，而你知道那已經說明了某些事情。」

在強尼・林登（Johnny Lydon，即強尼・洛騰）放棄搖滾樂的二十年後，他回應當初萊斯特的賞識，「萊斯特是位狂人，我曾經非常喜歡他的文章。」這位主唱說道：「儘管有時他的文章讀起來很討人厭，但他的文筆仍有許多趣味在裡頭。這就是為何那些英國記者喜歡模仿他的風格，但卻都學得不像，因為這些英國記者的文章讀起來就只是惹人厭而已。萊斯特會質問事情，而大多數人卻不會去質疑那些他們視為理所當然的事。」

當性手槍隨後發行的單曲更加鞏固林登在廣大樂迷心中的地位時，萊斯特卻開始對其他的英國龐克隊伍提出警語，「The Clash樂團發行的那張唱片是垃圾。」當他評論The Clash樂團這張〈White Riot／1977〉單曲時做出這樣的結語，然而他終究喜歡上他們。他稱讚他們融合車庫樂隊的激進、憤怒與雷鬼樂的沈著冷靜的風格是「銜接黑人音樂與白人搖滾最缺乏的一環。」這群年輕人對搖滾樂歷史有著相似的看法，「我們的音樂既非龐克，亦非新浪潮音樂（New

Wave）。」吉他手米克・瓊斯在《新音樂快遞》訪問裡，說出他對他自己音樂的看法：「隨便你怎麼稱呼它吧，反正所有的名稱用語都很爛，就叫它老式搖滾樂（rock 'n' roll）好了。」

一九七七年十一月哥倫比亞廣播公司把萊斯特送到倫敦去陪The Clash樂團一起巡迴他們的「Get Out of Control」演唱之旅，原本公司是希望藉由他的新聞報導，可以說服頑固的美國分公司願意出版The Clash樂團第一張同名專輯，但這項計畫卻也要等到一年半後才會真正實現。萊斯特希望他的文章標題命為「The Ice Age」，這是從瑪格麗特・德拉博（Margaret Drabble）的同名小說借來的靈感，因為萊斯特很喜歡這部小說，而他期待這趟英國之旅。事實上，儘管經濟蕭條帶來許多不便，但卻緩和了許多民眾的焦慮狀態。萊斯特驚訝地發現，英國龐克青年比美國龐克在紐約更加地活躍，並對政治議題的參與更加積極。

萊斯特花了六天的時間跟The Clash樂團一起到處跑，結果萊斯特洋洋灑灑地寫了一份史無前例、需要《新音樂快遞》花九頁篇幅連續三期才刊登得完的大作，「誰有辦法可以編輯這篇文章啊？」法倫回憶道：「這可是這份刊物有史以來最大手筆的一篇。」它的故事主要先從萊斯特坐在紐約機場裡，閱讀一篇〈The War Against the Jew 1933-1945〉的文章開始說起，他在那裡遇到一位坐在輪椅上的英國女孩，但他慚愧地自承他無法面對那女孩的凝視；而人們總是困難地不願以基本禮節對待他人的相關主題，便成了貫穿全篇文章最重要的部分。

一開始，萊斯特以為The Clash樂團跟其他樂團不一樣——因為他們似乎比較「有正義感」。但其實不然，他們甚至還很自命不凡。通常The Clash樂團會讓一些樂迷睡在他們的房間，於是他們也希望萊斯特比照辦理，結果當他試圖考考米克・瓊斯關於政治及他跟樂迷之間的關係時，這位吉他手當面嘲笑他：「噢，這些問題是不是你之後要寫這篇故事的誘餌啊？」

「事實上，米克之所以會開這玩笑就已經透露出，他想展露出他們已經往所有我們曾對搖滾樂所期望的烏托邦夢想之路邁進，而他們對此夢想所必須面臨的現實已經有相當體悟。」萊斯特寫道：「如果搖滾樂是眞正民主的大眾藝術，那麼這民主精神必須先從家裡開始。也就是說，這道完全令人作嘔、介於藝術家與聽眾之間的恆久之牆必須倒塌，菁英主義必須被消滅，這些大明星必須人性化、去神話，而且聽眾必須獲得更多的尊重，否則這一切都是毫無價值的東西，只是一種偷竊、剝削，而這些就只是死的音樂，就如同滾石合唱團和齊柏林飛船他們所變成的樣子。」

在那個巡迴演唱會週末，理想幻滅的醒悟出現在故事裡。在旅途中一如往常的狂歡作樂裡，意外已在未預期的狀況下悄悄地發生。一晚，萊斯特散步到旅館的大廳，發現有人正在爲食物爭吵，隨後他發現樂團的司機停止胡鬧後，居然開始粗暴地毆打一名年輕樂迷，可是一名The Clash樂團團員經過，卻只是站在一旁大笑袖手旁觀。後來，萊斯特陪那位瘀青男孩一整個晚上，反覆思量這整件意外，和那位團員的行徑。這與樂團本身所投射出來的公共形象是相抵觸的。直到隔天清晨，他才發現當時他其實也沒有幫助這位男孩解圍，他同樣只是坐在那裡袖手旁觀，然後讀了三遍〈The War Against the Jew〉這篇文章而已。正義之聲總是遲遲才出現啊。

「如果只靠著時尚及一堆各種裝腔作勢的舞台動作就可變成像龐克運動現在這個樣子的話，那麼每位聆聽者就將可以用他們的雙手玩出各種可能性，並實現他們自己。」萊斯特寫道：「若不想那樣搞，要不就學嬉痞一樣，乖乖地成爲下一世代新的父母親監護人，因爲不管他們有什麼樣的動機，那幾個人的所作所爲就如同殺人魔查爾斯‧梅森（Charles Manson）或約翰‧辛克萊爾所做的事是一模一樣的。」

《新音樂快遞》的編輯對這篇故事感到與有榮焉，但他們不認爲這篇文章會去除The Clash樂團的神秘面紗，或是教導這樂團樂迷任

何新的東西。「我想小朋友大概都知道這類事情。」法倫說道：「只有萊斯特不知道。但這正也是迷人之處──看他對這事件如此投入，而且他就是無法接受這些就不過只是一般的商業運作罷了。這就是為何路·瑞德可以前一天對他很好，但隔天立刻就詛咒他，把他趕出去。同樣的，The Clash 樂團的情況也是如此，而我很驚訝的是他從未對此現象有所覺醒。」

不再抱持任何幻想，萊斯特回到美國後，開始仔細檢閱他曾如此推崇、熱心支持的運動。尤其他特別想努力處理種族歧視與性別歧視的問題，因為這兩個問題在他的音樂烏托邦世界其實就如同一般社會一樣普遍，而且其實還包括他自己。

在「Get Out of Control」巡迴演唱旅行期間，理查·黑爾與空虛者樂團（Richard Hell and The Voidoids）擔任所有的暖場演出。萊斯特如陣風般地闖入這群紐約佬的更衣間，由於樂團還沒適應那些英國龐克喜歡對他們「吐口水」的惡習，使得整場舞台演出的狀況跟他們平常的演出水準相比簡直軟趴趴，萊斯特試圖要他們振作起來，於是對著他們大喊：「黑鬼（nigger）！」結果空虛者樂團的黑人節奏吉他手朝他回丟一罐啤酒罐。「不要在我的更衣間發生這種事！」樂團的第二吉他手愛文·朱立安（Ivan Julian）大叫著：「滾出去！」萊斯特為了緩和衝突就羞愧的離開，而他和朱立安依然一直都是好朋友。

回到美國後，萊斯特打電話跟朱立安說他想訪問他，然後寫篇文章刊在《村聲週報》上。「他在電話上開始問起許多問題，比如像是『在龐克圈內有誰對你有差別待遇嗎？』」這位樂手回憶著：「我說：『呀，有啊，有些人，而且我知道「他們」是誰，但是又能怎樣？』」但這段話卻沒有出現在文章裡；事情就是這樣，然而這就是生活，你應付這些事，然後繼續過日子，當我讀到這篇文章時，那幾乎像是他試圖想洗滌淨化自己的罪惡，他想企圖指出自己的觀點，但這觀點卻不在那裡。」

一九七九年十二月十七日，《村聲週報》首頁版頭條上刊登了一

（左起）托普函登、保羅席門、和喬‧史楚墨攝於1977年

篇該刊物有史以來最具爭議性的音樂文章，名叫〈白人優越論者的蒼白噪音〉（The White Noise Supremacists），該篇文章點名幾位龐克音樂場景的推手，並且質疑他們的言行舉止。萊斯特懷疑將樂手瑪麗安・李娜（Mariam Linna）的照片放在「白色人種聯盟」的派對上推銷宣傳是為了什麼；問問安迪・薛那夫在《龐克》雜誌上開波多黎各人該關在像是「魯那馬克集中營」（Camp Runamuck）電視節目裡演的地方，直到他們學會如何當人類的玩笑；而且仔細想想為何《龐克》雜誌的約翰・荷姆斯壯（John Holmstrom）和雷克斯・麥可尼爾可以在他的復活節舞會裡叫萊斯特立刻換下奧提斯・瑞汀的唱片，只因麥可尼爾認為那是「黑鬼做的迪斯可垃圾音樂」。

「當他寫這篇龐克種族歧視的文章時，就某種層次而言，有點像是在自我認錯。」摩斯藍德說道：「他有點在用自己的方式來懲罰、洗滌自己的過錯。這樣的行為以前從來沒有過，而他也從中覺醒過來看到這過錯。我想在他的心裡及腦中希望他文章裡的其他人——不管有沒有被點名到——會有相似的反應。但是顯然他們那些人沒有一個做到。」

「我知道我不是一位種族主義者，我當時只是開一個很沒品的玩笑。」幾年過後，薛那夫後來說道：「我那時有點自由隨便過頭了些，而且這是在政治正確言論出來前講的話。」當文章刊登出來後，李娜怒氣沖沖地打電話給萊斯特，因為他試圖開一個玩笑，將李娜的一張照片刊出來，上頭把她畫成一位種族主義者的模樣。「當《村聲週報》文章登出來後，我相當震驚。」她說道：「我立刻憤怒地對他吼：『你知道那完全不是真的！』而他連忙道歉地說：『假如你寫一篇回應，我保證《村聲週報》他們一定會登出來。』而他們也真登出來了，但是在那時候，政治正確的言論力量已經造成他們的破壞效果了。」

二十年後，李娜對這件插曲仍有著混雜的情緒，「有段時間，這件事把我逼到牆角，甚至到現在仍然有人逐字鑽研萊斯特所寫的那篇

文字。」她說道：「我懶得理會他們這些人，我只有仰望著天堂，微笑著，然後說：『總有一天我會逮到你們。』」

許多在CBGB酒館裡的人相信〈白人優越論者的蒼白噪音〉這篇文章是受到萊斯特的編輯羅伯特·克里斯提高的影響而寫的，克里斯提高對於龐克音樂場景總是抱以輕蔑嘲笑的態度，「萊斯特是受到紐約這種族熔爐大環境，與《村聲週報》的政治立場所影響，但我並不認為他是特別受我影響的。」克里斯提高在一九九七年時仍然記得這段往事。「就如同其他的搖滾客一旦去碰政治總是無法完全契合，但我個人認為這篇文章是百分之一百成功的——呃，或許沒有完全成功啦——但至少是百分之九十五。有時道德上的尷尬是非常強大的，因為那是真誠的標記，有時也是不恰當的訊號，但他的做法沒有什麼不恰當。」

一九七八年十月，隨著性手槍的追星族南西·史龐真（Nancy Spungen）遭到謀殺及隨後貝司手席德·威西爾斯（Sid Vicious）嗑藥過量而暴斃的意外發生後——這兩件案子萊斯特都分別為《村聲週報》撰寫了封面特別報導——萊斯特開始從龐克圈子退出。〈白人優越論者的蒼白噪音〉這事件是讓他決定退出的導火線，而他第一本書《女髮女子樂團》的出版，則促使他永久與這圈子劃清界限。

一九七九年，詹姆士·蓋爾侯茲與威廉·貝羅斯搬去堪薩斯州的羅倫斯市，蓋爾侯茲一心想要出版一些當代風潮的文學作品（hip literary），可是他終究沒有將任何由萊斯特所提供的出書點子付諸實現。萊斯特那時寫了十本不同書的企畫案，包括大冊開本講述龐克文化的書、他個人作品的精華選集、他在七〇年代還是小孩子的口述歷史書、以滾石樂團為主題的小說、一本以小說為體裁，標題為《Rock Through the Looking Glass: A Book of Fantasies》的書，裡頭則描述有關約翰·藍儂、洛·史都華、貝瑞·懷特以及其他樂手的故事；此外還有以作家史倍爾曼的《Four Lives in the Bebop Business》為藍本，另外寫一本名為《Beyond the Law: Four Rock 'n' Roll

Extremists》是針對女歌手瑪麗安・費絲佛（Marianne Faithful）、作曲家布萊恩・伊諾、藍調歌手丹尼・費爾茲（Danny Fields）及「嘶吼狂人」傑・霍金斯（Screamin' Jay Hawkins）四人的故事；再加上一本名為《They Invented It (You Took It Under)》內容是嚴厲檢驗披頭四樂團的書、一本叫做《A Reasonable Guide to Horrible Noise》是有關噪音搖滾的、名為《Woman on Top: Ten Post-Lib Role Models for the Eighties》則是報導各種「後女性主義表演者」，例如莉迪雅・郎區（Lydia Lunch）這類樂手的生平故事。可是蓋爾侯茲瀏覽了半天，卻幾乎沒回覆萊斯特的電話。

　　不過萊斯特確實還為其他幾本書作了不少貢獻，他為滾石雜誌出的《圖解搖滾樂歷史》（The Rolling Stone Illustrated History of Rock & Roll）寫了五個章節，然後允諾為奎爾・馬可仕一九七九年的文選集《Stranded》寫一篇他認為他心目中的荒島專輯評介，而他所選的這張荒島經典是范・莫理森的《Astral Weeks》專輯，一張曾幫助他艱困度過那段目睹地獄天使輪暴事件的偉大作品。「《Astral Weeks》這張專輯裡頭歌詞所闡述的不僅是事實，更是真理。」他寫道：「這是一張講述人們被生活瑣事搞得完全渾渾噩噩，他們被他們的皮相、年齡及自我意識所綑綁住，完全癱瘓在每一刻鐘他們所面臨、所能理解的種種巨大感知能力。」莫理森的哲學精髓是「一種體悟生命奇蹟的智識」，假如他們有所覺醒的話。不過萊斯特並未提及莫理森他母親是耶和華見證人教派的教友，她曾經一路拖著她的小兒子，一邊傳述一個非常特別的心靈訊息。

　　正當萊斯特繼續為他那些企畫案尋找新的出版代理商時，意外接了一本描寫金髮女子樂團故事的豪華圖文書的案子。這樂團自從萊斯特在《村聲週報》替他們的首張專輯叫好後已經發行了三張專輯了，而他們成為第一個也是最後一個從CBGB酒吧崛起的冠軍單曲隊伍，〈Heart of Glass〉單曲還曾經拿下排行榜冠軍。得利拉通訊中心（Delilah Communications）是紐約一家替許多出版社「打包整理」搖

滾書籍、完稿文案、圖片傳遞服務的小公司。「在七〇年代末、八〇年代初沒有人做過搖滾音樂書籍。」編輯卡倫‧莫林（Karen Moline）說道：「直到得利拉的創辦人史丹佛妮‧班耐特（Stephanie Bennett）出版了戴弗‧馬須的《Born To Run》才開了先河。」現在班耐特想要利用金髮女子樂團的成功賺一筆，於是莫林指定萊斯特執筆。

莫林公開承認自己是「俱樂部婊子」，她經常混跡紐約鬧區的搖滾樂音樂場所，因此對那圈子頗為熟悉，「她是紐約市最不屈不撓、也可能是身材最治豔的女人，而她也是我的好友。」萊斯特如此稱讚她。「我想萊斯特只是因為有一個可以揮灑的舞台而正高興著。」莫林說道：「這案子沒別人在負責管，就除了我自己這個二十五歲的白癡。我當時想：『我會想辦法讓他擺脫這案子。』我是如此仰慕萊斯特的才華。」

而萊斯特試圖要擺脫的事就是要寫一本有著漂亮圖片及深度描寫報導的樂迷書。「我告訴得利拉公司的人說：『這類的樂迷書籍已經被誤解了。』」他在一九八二年間說道：「當你寫一本樂迷書籍時，你不需要去諂媚奉承。他們聽了我講的話後說：『噢，我們想要出版一本給樂迷看的書。』他們以為所有的小孩都會接受那種愚蠢又沒內容的垃圾。但依據我多年的經驗，我知道那不是真的。基本上，這些圖書公司的心態就跟唱片公司很類似，他們寧可要那種垃圾，也不要那些能在文字上表現點活力的書，所以你只有跟他們爭論，好讓他們接受你的建議。」

龐克圈內謠傳萊斯特拿了得利拉六千美元的預付金——相當於他一九七九年一半的年收入——然後他花了四十八小時快速的完成這本書的撰寫。約翰‧摩斯藍德相信他可能實際上花了七十二小時——「了不起最多九十六小時。」——但是他提到，萊斯特大多數最好的作品都是在這樣的速度及方式下完成的。金髮女子樂團的主唱黛比‧哈瑞跟他的搭檔克理斯‧史坦並不願意配合，但是萊斯特依然在書裡附了樂團的許多歷史資料，而且有一章節還是將樂團歷史相對應到整

個紐約龐克運動發展的脈絡。

此書較有趣的部份是萊斯特精準地討論到樂團具諷刺意味的姿態，以及到底是誰真正在幕後操控，讓一位聰明女人決定用她的性魅力行銷她的音樂市場。因為三年後，這些議題將被許多樂評人不斷地拿黛比·哈瑞與另一位金髮美女相互比較、衡量，而這名金髮美女就

卡倫·莫林攝於1980年金髮女子樂團的新書簽名會

是瑪丹娜（Madonna）。但早在一九七九年，萊斯特就已經在思考為何哈瑞所拍的一張半裸海報無法引起他的亢奮，而這張聲名狼藉的海報上面還寫著這樣一行廣告詞——「把她撕成碎片」（RIP HER TO SHREDS）。「我想大多數的美國人如果拿他們所喜愛的海報女郎放在床頭，然後完全允許他們可以有一個下午去對這個傳奇胴體做任何事情的話，至少這國家有百分之七十五的男人會選擇好好地痛打她一頓。」他寫道，此外，他還在別處寫了一些別人都想不到的新用語詞彙，「金髮女子樂團符合後現代主義論述，而且後現代主義亦符合該樂團的時尚感，這就是為何即使他們最無趣的歌詞都可以被《村聲週報》拿去引用在文章標題上。」他這樣寫道。「這對兩方都非常方便啊，而方便就是這遊戲的名字，否則幹嘛什麼事都這樣麻煩？何不讓它省事、乾淨又快速。總歸一句，不要期望它，我是說真的，那裡啥都東西都沒有，空無一物。呆坐在那裡的恍神狀態（cathode trance）是最完美的生命能量（orgone）隔離法，其穩定狀態比貝羅斯的迷幻藥物神遊寫作還厲害，耐久力媲美紐約Con Edison公司所能提供的能源，只不過這些歌詞也是僵硬無比，沒有廉價的感傷或手淫的快感，熱情在這些文章脈絡是毫無用處，就像是擱淺在撒哈拉沙漠的豪華郵輪一樣……這些人可真是超越了圈內笑話（in-jokes）、超越了羞怯，甚至比他們自己的超越還要再更超越，這些鬼扯都跟達達主義手法一點關係也沒，再見這一片混亂拼貼雜音（clutter）。」

　　奎爾・馬可仕替《滾石》雜誌評論了《金髮女子樂團》這本書，他稱這本書是「一本反後現代主義者的宣言。」黛比・哈瑞與克里斯・史坦更是將這本書罵得更難聽，「即使過了一年半載，每次克里斯與黛比在作訪問時，他們總是說：『胡扯！萊斯特寫的那本書根本就是狗屎！』」萊斯特在一九八二年時說道：「我是處在這樣的論點上寫信給他們，並感謝他們可以讓這本書賣出這麼多本。」哈瑞跟史坦氣瘋了，於是他們決意以自己的觀點記錄自己的歷史，而後交給維克特・巴奎斯（Victor Bockris）撰寫另一本名為《Making Tracks:

The Rise of Blondie》的書，而且他們企圖藉由《龐克》雜誌裡頭的一部〈突變怪物的海灘派對〉（Mutant Monster Beach Party）改編漫畫，把萊斯特描繪成一位偽君子，這篇連環漫畫把萊斯特抹黑成一位地獄天使背著尖叫的哈瑞，一邊好色的伸出鹹豬手撫摸哈瑞的屁股。

　　兩個十年過去了，這兩位樂手苦澀的感覺還未消退，「那真是一本齷齪下流的書。」哈瑞說道：「他真是在我們背後捅上一刀，當時萊斯特發失心瘋了！他後來自己當主唱，組了自己的樂團，還真是一件可怕的事。然後他口頭上收回他所寫的一切文字，告訴我們說：『我從不知道這是多麼地艱苦難熬。』他一直不停的講，甚至還在CBGB酒館的地板上爬行，而他也還樂在其中。但這些對這世界一點意義都沒有。」史坦同意說道：「終究歷史會證明他所寫的那本垃圾書根本就是極為愚蠢而荒唐的。」這位吉他手談到：「我的意思是說，他居然花了十二頁的篇幅在談論黛比的內衣，某些人認為他是一位純粹主義者和誠實先生，但他只是一個蠢蛋，至少查爾斯·布考斯基（Charles Bukowski）知道他是一位蠢蛋。萊斯特以為他就是上帝。」

　　當萊斯特的生命經歷過許多女人之後，他經常對他音樂上的英雄無法達到他的理想標準而感到失望。路·瑞德是最顯著的例子，但還有其他人也是如此。一九七三年，牛心船長在錄製《The Spotlight Kid》專輯時，曾邀請萊斯特到他的錄音室坐坐，他們一直坐在那兒喝石榴糖漿直到早上七點。「起初前兩、三個小時，我以為這是我遇過最能相互激迸火花的談話了，然後我才發現他只不過是另一個自以為是的頑固酒鬼罷了。」萊斯特寫給奎爾的信中寫道：「我認為這也是藍登·溫勒的錯，哼！《滾石》雜誌要負實際上的錯誤，而且我們全都有錯。我們就是那些一直反覆大聲嚷嚷說牛心船長真是個天才。很快地，他開始相信我們說的那些鬼話，然後從最巔峰時期一位有著各種稀奇古怪想法的天才，變成一位晦澀難以理解的鄉巴佬。」

　　一九七六年尾，正當佩蒂·史密斯的《Radio Ethiopia》專輯出

萊斯特和黛比‧哈瑞攝於1977年（模仿地獄天使）

版時，萊斯特也對她充滿了懷疑。就音樂上，他認爲樂團雖然自詡融合了搖滾樂與自由爵士，但他覺得他們做得不夠深入。「我想佩蒂‧史密斯應該作一張如路‧瑞德那張《Metal Machine Music》專輯一樣難以理解的音樂，而《Radio Ethiopia》這張卻連那樣程度的邊都沾不到。」他寫道。但當他聽到史密斯另一首自我神話歌曲〈聖十字軍〉（Holy Crusade）時，他批判得更嚴厲，他針對這張專輯寫了一篇嚴苛的唱片評論投到《村聲週報》，但是克里斯提高拒收那篇稿子，「他以爲他被退稿是因爲我受史密斯左右，所以他非常生氣。」克里斯提高說道：「他說：『這是一篇傑作。』然而，並不是，那只是他在耍刻薄，我覺得那篇太過個人情緒，而且不是萊斯特最好的一面，那篇裡頭只有怨憤，而這對任何人都不是一件好事。」

　　然而縱使這篇文章從未出版過，但史密斯與吉他手藍尼‧凱（Lenny Kaye）仍覺得他們遭背叛了，「萊斯特轉而對抗我們，因爲

他認爲我們發行《Radio Ethiopia》這張專輯是違背我們自己的原則。」之後一九九五年，史密斯告訴訪問者梭斯頓‧摩爾（Thurston Moore）說道：「每個人都以爲我們準備要改玩重金屬了，那時這張唱片只賣出三萬多張，只因那篇評論上頭寫著『把那張唱片丟到河裡，然後對它撒泡尿。』結果造成沒有人願意從唱片架上買回家聽。」

凱是認爲他的同輩應該更能瞭解體會他們才對。「我們對這些搖滾音樂的文字書寫非常支持，而且那些搖滾作家都是我們非常好的朋友——所以我的感受就是『嘿，老兄，你就算不喜歡我們的唱片，但至少試著去瞭解我們在做什麼吧！』」他說道。這位吉他手相信，當萊斯特看著史密斯演唱時，他知道就樂手才華而言，她沒有比他更多會些什麼，她會的他全都會，所以對她成功地成爲一名音樂家的這個事實而感到憤恨。「他之所以嫉妒，是因爲我們能夠越過概念上的搖滾樂，而有膽量跳進去玩。」「萊斯特從未超越他這些音樂文字的書寫，他從沒去寫他的小說。有哪位評論家或對藝術有許多意見的人，就表示他們等同那些藝術？」

對於萊斯特而言，他覺得他受到侮辱，因爲他的朋友們無法接受他的批評。「你把它變成了『你要就跟我們同一國，要不就給我滾一邊去！』的典型案例。」他在一封寫給史密斯的公開信上寫著：「妳也不過是認識五年的朋友，而且我曾經跟妳的好友出去約會，剛開始妳甚至還想撮合我們在一起。此外妳在《Creem》雜誌寫稿的時候，我還做過妳的編輯，但我們之間的關係更像是好友一般親密，事實上，我珍惜妳的友誼，而且當妳第一張專輯出版時，我亦是那一千名喜愛妳專輯的樂迷中的一位，那時一切都很美好，直到我基於某種原因，堅持我那不可饒恕的原罪，並恰好認爲《Radio Ethiopia》這張唱片不是繼歐涅‧柯曼（Ornette Coleman）及傑克森‧波拉克（Jackson Pollock）以來最偉大的前衛經典傑作爲止。但我仍然不能理解的是，當我第一次在信箱收到這張專輯時，妳正處於痛苦的掙扎，妳決定寧可選擇當一位古怪的彌賽亞救世主，甚至在這整個勢力

演變及如此巨大的尺度中，妳已經成為一種現象及超凡之人，卻已不願甘於過去那位偉大的凡人音樂家。

　　媒體吹捧是一流人物的敵人。萊斯特做出如此結論，它常常濫用了藝術家所主張擁護的一切——特別是當她們開始相信這一切的吹捧。

　　一九八〇年六月二十七日，約翰‧林登參加《明日》（Tomorrow show）電視節目的訪問談談他的新組樂團「Public Image, Ltd.」，，可是主持人湯姆‧史耐德（Tom Snyder）卻無法忘懷林登過去的團體性手槍樂團，而介紹得相當聳動。「好噁！」萊斯特打電話給他在底特律的朋友羅伯‧泰勒（Rob Tyner），並要他轉到這令人嘆為觀止的NBC頻道，「真是狗屎！老兄，你要如何期望在你臨終時，發現這位人稱這整個風潮的『領袖』是由那些世界各地的渾球所擁載支持，而你曾為他們所說、所做的事卻相對地無足輕重？」萊斯特問道。這位前MC5樂團的主唱笑道：「嘿，兄弟，我就是在那一模一樣的位置上。」

　　「曾有過被欺騙的感受嗎？」林登在性手槍最後一場位於舊金山Winterland體育場的演唱會上，這樣問在場的聽眾。一九八〇年，萊斯特在一份未發表的手稿上回答了這問題。「啊，我好苦悶，因為我一直在兜圈子，搞不好已經來回好多趟了。」他寫道：「這樣的情況會讓我成為第三個傳奇人物，假如你算算在我時代之前的『垮派』作家就知道，這份做了十年的『自動回帶』（self-con）工作，想想其實真的沒那麼糟。但它顯然是如此微不足道而毫無希望的，假如是一直處在這種到處評論專輯的情況下，那有什麼了不起，你只不過有個嗜好罷了。對我來說，我似乎已經到了一個不可避免的僵局，而這僵局就是（也是我只會做的）到處做無效的叫嚷，及激烈的胡言亂語。也就是說，我現在必須去尋找一些事情來做，對我而言，至少我的基本構想是，我從未說服我自己去跟一批顯著的人一起去創造或達成某些真正有用的事。而這從任何的固定團體、組織或俱樂部，到唯一我所能想得到且可以加入的就是，組一個搖滾樂團。」

♫ ♩ ♪ ♫ ♪ ♫ ♪

　　「請享受由萊斯特・班恩斯新組的Birdland樂團為你帶來飛行聲響，他們的唱片及演唱會即將在各大城鎮發行、售票。」讀著〈Let It Blurt〉單曲封面上的說明，緊接著在CBGB酒吧與他命名的Tender Vittles樂團一起表演過後，萊斯特又另外與米奇・連（Mickey Leigh，本名Mitch Hyman）重新組了一個團，而龐克圈內都知道米奇・連是龐克樂手喬伊・雷蒙斯的么弟。

　　萊斯特與連同時遇到喬伊的女朋友羅賓・魯斯曼（Robin Ruthman），她和萊斯特經常在CBGB酒吧比較詩詞創作，「我不能說我自己是在賣大麻的藥頭，所以我自稱作家。」魯斯曼說道。她陪雷蒙斯（The Ramones）樂團到英國做首次登台演唱，並在台上幫忙販賣T恤，米奇跟著去當樂團器材管理員，而且在他青少年時候就在樂團裡擔任支援樂手，況且他的演奏技巧還是其他雷蒙斯成員中較好的一位。此外他們還靠他去抓他們的歌再記在樂譜上，好讓他們的歌可以去登記版權，而這些事情也成了他嫉妒他哥哥們成功的部份原因。魯斯曼聆聽萊斯特與連分別抱怨他們的音樂挫折感，於是她就撮合他們兩個一起組個團。

　　當這對搭檔發現他們都聽過剛斯納・舒勒（Gunther Schuller）的《Jazz Abstractions》專輯時，立刻一拍即合，萊斯特已經想好這樂團的名字，是從紐約著名的爵士俱樂部及佩蒂・史密斯《Horses》專輯裡頭的歌曲而得來的。他想像中的Birdland俱樂部是結合了狂野的自由爵士實驗曲、有如范・莫理森的《Astral Weeks》那種超乎體驗的卓越品質，以及讓人可以在悠哉時光哼上幾句的泡泡糖搖滾樂（bubblegum rock）綜合體。這是一個高標準，他和連兩人花了一年的時間在作詞譜曲，然後一個個的找尋鼓手及貝司手，「我們盡可能的填補這些斷層，但這真的很辛苦。」連說道：「萊斯特不是一位很

棒的樂手。」

Birdland樂團最終的鼓手下了一個簡單明瞭的結論：「萊斯特唱起歌來像是躺在海灣上的海象。」這位曾在布魯克林學院（Brooklyn College）主修打擊樂器的鼓手馬修・波士尼克因為他喜愛快速敲擊的癖好，而獲得了「快手馬提」（Matty Quick）的暱稱。而Birdland也因為他的加入，讓這樂團在一九七八年的秋天真正組成起來。此外還有歌劇歌唱家羅伯・牟洛（Robert Merrill）之子大衛・牟洛（David Merrill）也填補了貝斯手的位置，連續幾個月，這四位團員在快手馬提位於春天街的住所裡，每天練習三到四小時，同時萊斯特找了一位發聲老師，而且經常直接到唱歌教室練唱。

「我一些朋友認為我加入樂團就像是『噢，你又退回到青少年時期啦，你怎麼都長不大？』」萊斯特說道：「但他們無法瞭解的是，這個該死的樂團卻是我有生以來做過最負責任的事。」

每位團員都對這組團計畫相當忠誠，但是他們彼此有一些音樂上及哲學上的基本差異。「我只是要你告訴我，你對這段吉他獨奏的看法。」一晚，練習的時候，萊斯特問連這問題，接著他彈起地下天鵝絨樂團的〈I Heard Her Call My Name〉，其他團員晃到廚房拿啤酒，並問道：「這傢伙是誰啊？」而歌曲結束時，連回答：「他真是我這輩子聽過最偉大的吉他手。」

萊斯特聽了眉開眼笑。「然後我捕捉到他眼神裡的一絲閃光，於是整個事情就崩解了。」他寫道：「我就是人們常說的那種易受騙的蠢蛋——他開始笑了起來，去他的，他們全都笑了起來，我的團員輕蔑地嘲笑我——他們在背後重重地打我一記耳光，然後說：『聽著，萊斯特，我不能彈這段獨奏；大衛不能彈那段獨奏，但你可以在三天內彈會那段獨奏，我會秀給你看怎麼彈！好啦，哈哈。』然而米奇不想彈那段獨奏是因為他覺得那不對他的口味。他有次告訴我：『那段獨奏感覺好像有人抓起一團顏料，猛力的甩到帆布上一樣。』我把這情形告訴布萊恩・伊諾，結果他和我做出同樣的反應：『那有什麼不

對？』」

　　從一九七八年十二月到一九七九年春天，Birdland樂團參加了一打的演唱會，從在紐澤西州海岸的潛水俱樂部所舉辦的派對，到為雷蒙斯樂團在Palladium做開場表演。比利・奧特曼擔任現場混音的工作，最精彩的表演是在面對一群充滿敵意的聽眾的時候。在CBGB酒吧表演時，有一群聽眾一直在為The Dead Boys的頭條新聞叫囂，於是萊斯特想了一計，以奚落的語氣道：「說出三個可以與『低能進化』（de-evolution）押韻的字！」讓他們閉嘴。起初，萊斯特激動地反對他的團員建議他穿得亮眼一點，因為他通常穿他的家居服直接上台演唱，然而當他開始學史丹利・庫伯力克（Stanley Kubrick）電影《發條橘子》（*A Clockwork Orange*）裡頭那位男主角，穿一身全白的緊身服裝後，人們便給予他正面的鼓勵。於是他進一步延伸，多加了一個超大尺寸的鐵路工人手套，好強化姿勢，並讓自己看起來像一個巨大的卡通人物。

　　雖然萊斯特通常都是先喝了酒才上場，或因為喝了囉靡樂而腳步亢奮靈活起來，但這種放縱的狀況造成團員們的不便，有一次他對快手馬提大叫，要他幫連加快一些速度，然後轉頭向鼓手問說，可否借他一罐安眠酮藥，「他在這邊到處亂晃，呼吸點新鮮空氣，而我只是在另一邊亂晃，他就批評我。」馬提說道：「他是那種有點寂寞的傢伙，那時我正跟許多女人享受人生，萊斯特就老批評我是個男性沙豬。『什麼，就只因為我跟女人有性關係，而你只能跟一些蠢蛋鬼混？去找個女人上床吧，萊斯特！』通常我會狠狠的回他嘴，只是我已經像是人造衛星一般繞著整個樂團打轉了，而他就像是那顆地球。」

　　貝斯手羅伯・牟洛平常在第八街上的Electric Lady錄音室打工，這間錄音室是當年吉他手吉米・漢崔克斯一手建立的。一九七九年春天，他們這樂團有時趁下班時間偷偷的溜進去使用。他們一共錄了八首創作曲及一首翻唱巴比・富勒的〈I Fought The Law〉曲子，但是

萊斯特覺得冗長的多軌錄音工程扼殺了歌曲的能量。「嘿，你們覺得
山姆・菲利普（Sam Phillip）會將農莊借我們用嗎？」他突然蹦出一
句。萊斯特比較傾向他們找一天週日清晨宿醉之時，在倉庫裡用四軌
機器錄製他們第一支試聽毛帶。然而正當他們偏離《Astral Weeks》
那種精緻品質時，這捲毛帶卻隨著萊斯特歌詞裡特別顯著的元素，捕
捉到了一種緊密而生氣勃勃的車庫樂隊風貌。

　　〈I'm In Love with My Walls〉是一首比Bo Diddley超級動感節奏
還要動感的快板歌曲，萊斯特跟著哼唱這首關於歌中主角放棄夜生
活，開始過著如隱士般生活的歌曲。然而他以前一些在《Creem》雜
誌的老同事則猜測這首歌的標題是萊斯特向他同患恐曠症
（agoraphobic）的老友理查・沃斯致敬的雙關語。此外在小眾崇拜電

Birdland樂團成員：快手馬提、米奇・連、大衛・馬利、和萊斯特（攝於1979年）

影《Freaks》裡出現的一些怪誕行爲——後來給了雷蒙斯樂團他們創造吉祥物傻蛋及口頭禪「Gabba gabba hey!」的靈感來源——至於萊斯特的〈Accident of God〉歌曲則是從這部電影的精神去描寫一位撿場小丑的痛苦心路歷程。萊斯特捨棄他信賴的短口琴而給了這首〈反情歌〉（antilove song）一個狂暴的開頭引介；正當歌中的主角「Kill Him Again」發現他的一生其實是一個巨大而苦澀的戲劇事件後，他決定黯然離開。在這些艱苦的詞句中，他描繪了一位嗜血的暴民下決心復仇的故事，而正當主角撲向被害者時，曲中橋段的旋律則同時揚起。萊斯特說這首歌的靈感是取自最近發生的「山姆之子殺人事件」（Son of Sam Killings），但詞中提到的老人們，他則完全否認與他過去跟耶和華見證人教派劃清教友關係有任何關聯。

　　在所有Birdland樂團所做的歌曲中，要算〈There's a Man in There〉這首曲子最引人注意。萊斯特告訴比利·奧特曼他寫這首歌的歌詞時，根本不知道他自己在寫些什麼。之後他把這歌詞都拿給他的心理醫師費爾·薩賓恩札看，結果薩賓恩札稱讚他這是一篇描述他死去父親的藝術佳作。「萊斯特說他聽了之後突然微微地戰慄了一下，然後發出一聲長吁：『噢～』」奧特曼回憶著。即使二十年過後，薩賓恩札對這首歌的意象依然記憶猶新，「那眞是萊斯特一生當中最揮之不去的陰影。」他說道：「他一直不斷地回到那夢中的一幕——自己被火燒死，而且包括所有人及他的父親。」

　　薩賓恩札是他的繼子們，也就是米奇·連及喬伊·雷蒙斯所推薦的，從一九七八年初起，萊斯特便開始去他那邊掛診。「他就是一屁股躺坐在長沙發上，然後說：『好，讓我們開始進行吧。』」這位心理醫師回憶道。薩賓恩札特地爲萊斯特降低收費，並且持續一年半的時間在診斷他的問題。而即使不是在診療室，平常時候他們亦結爲好友，有時萊斯特還參加薩賓恩札的家庭晚餐聚會，跟他和他的妻子夏羅特·蕾徐兒（Charlotte Lesher）及兩個兒子一同用餐，週末的時候，萊斯特則跟他們一起到薩賓恩札在麻薩諸塞州的鄉村別墅度週

末。有一次，喝醉酒的萊斯特跟蹌地撞到樹叢中的一塊石頭，他的鼻樑被劃開一道很深的傷口，薩賓恩札趕緊幫他包紮。

「我有一種感覺，覺得我是坐在一位小男孩的旁邊。」薩賓恩札回憶道：「萊斯特一生在情感上從未被寵愛過——沒父親，沒母親，每當他一生氣，我就有一種感覺他是因為這個原因，他不知道如何去要求關愛、愛人與寬容。那時候，他就只是坐在廁所裡讓傷口滴血，因為那樣最容易，他沒有請求幫忙任何事，我從沒忘記陪他一起在廁所的那十分鐘裡，在這十分鐘裡，我是他的父親，也是他的母親、他的姪子班。他是個嬰孩——還是很孩子氣的。」

在診療室裡，薩賓恩札與萊斯特開始處理他的飲酒及藥物問題，他的教育、他跟女人之間的關係，以及他的工作。「他的創造力是他這些問題非常重要的一部份。」薩賓恩札說道：「他是一位評論家，那是他的專業，但他渴求他自己的創作力，他其實不是真的很清楚他該往哪個方向走，有段時間他是樂團的一份子，但那並不成功，他又想寫小說，但它不知道該如何著手。」

為了尋找開啟小說創作的鑰匙，萊斯特開始閱讀杜斯妥也夫斯基（Dostoyevsky）及托爾斯泰（Tolstoy）的作品，煩惱著估算他無法成為偉大小說家這件事。薩賓恩札告訴他，忘記想寫出一本終極小說這檔事，只需要去動筆寫他的小說就好了。「他做每件事都是這種想法。」這位心理治療師說道：「不是只有終極小說，還包括他的終極羅曼史、終極演出及終極藝術作品。這就是他觸及每件事的方式。」

Birdland樂團的團員們體會到萊斯特的文字力量，「〈There's a Man in There〉是一首非常驚人的歌曲——每當我想到這首歌時，我頸背的毛髮就不禁豎起。」馬提說道。連與萊斯特試著花數小時的時間試著幫他的歌詞譜曲，「他會跟我講一些故事而非單純只是講歌詞的意思。」「大家都知道他是一位偉大作家，他對文字的駕馭能力很強，這也是有些聽眾欣賞這位主唱的原因，但是當事情搬到舞台上時就會變得非常不成熟。」

　　那些曾被萊斯特嚴厲批評或大力讚揚的樂手發現他們自己現在處於一個很奇怪的位置在看萊斯特的音樂。「上次我遇到萊斯特,他要我到Max's Kansas City俱樂部看他的樂團演唱。」搖滾歌手伊恩‧杭特(Ian Hunter)回憶道:「我被他嚇到了,作為一名樂評人,這傢伙有很棒的音樂品味,但當他成為一位樂手,那真是我所見過最糟糕的樂團,我甚至不知道該怎麼跟他說,因為真的實在是太爛了。」

　　有幾次,Birdland樂團與Talking Heads樂團被安排在同一天的演

1979年,萊斯特攝於費爾‧薩賓恩札醫生的農莊

出名單裡，而Talking Heads的鍵盤手傑瑞‧哈理遜是CBGB酒吧裡最典型的樂手，有次他說道：「我們都很景仰他的寫作，但很顯然地，他的音樂震撼力跟他的文章簡直不能相比。」

事實上，萊斯特無法區別寫一首像〈There's a Man in There〉這樣的歌曲跟他寫一篇The Clash的長篇鉅作差異在哪？「這兩邊他都有重要的話想表達，而且他都希望人們能傾聽。」約翰‧摩斯藍德說道：「然而，這是兩種非常不一樣的創作媒介。」而當初他的團員以為萊斯特身為作家時的惡名是他們樂團的一項重要資產，但現在他們相信，這項資產開始成為他們發展的阻礙。

一九七九年四月，Birdland樂團宣告解散。而自從樂團請了一位經理瑞克‧許奈德後，緊張關係開始產生。這位這位低水準的唱片公司執行製作經常替一些影片處理音樂的部分。他鼓動其他團員去說服萊斯特成為隱身幕後的人物，就如同布萊安‧威爾森（Brian Wilson）他替海灘男孩寫了不少曲子，但未曾跟他們上台表演過。許奈德認為他們需要一位「更專業的」主唱，有次他告訴《紐約搖滾客》雜誌說道：「讓更多美國中產階級認識我們，比創造地下搖滾樂表演場更重要。」

萊斯特將此衝突狀況用了更古典的希臘戲劇來形容，他說道，當他的團員們都變成了另一派掌控權力的阿波羅尼亞人（Appollonians）時，他則具體表現了迪奧尼索司人（Dionysian）的精神，「對他而言，所有的事都會失敗，注定破碎，這已經不能再像當初那樣清新純樸了，沒有一件事是對的。」連說道：「但假如那是對的，那必定有某些事是錯的，除了在其他場合他稱讚像ABBA這樣的團體，ABBA他們是還好，再完美不過。但我從未能真的理解到底哪裡出錯。」

事情發生的開端是，當他們在練習一首名叫〈Give Up The Ghost〉的喧鬧歌曲，歌詞是起因於萊斯特與他的朋友羅伯‧昆恩持續的爭論，比較自由派的萊斯特反對長期監禁與死刑，但昆恩卻堅決擁護。「我一直告訴他，他老是讓我想起有個在羅伯特‧克朗漫畫裡的傢

伙，老是說一些黑豹黨的狗屁鬼話：『我瞭解你們爲什麼這樣做。』」昆恩說道。

連告訴萊斯特，他覺得這首歌太囉唆了，結果萊斯特立刻就爆發開來，「我就是要寫這詞，而且這是我的樂團！」他大吼，於是團員試著彈這首曲子，「你要懲罰你將不瞭解的事／電視上播著電刑處死的畫面／你想要那些應要求而做的死亡射殺／噢，寶貝，不要來監獄探望我。」萊斯特一邊唱著邊跟著每一個字，一吋吋地把連逼到牆角。

「那是一個嚇人的時刻，因爲萊斯特正逐漸失去他的樂團。」快手馬提說道：「那時候是非常情緒化的，他打從心底唱出這些歌詞，但在同時，他也把我們推離開了，那真的是讓人很害怕，因爲我不知道他是否接著要打米奇，或者米奇準備要拿吉它往他頭上砸過去。所以很清楚的，樂團就是在這樣的情況下解散。」

那晚，經理許奈德向萊斯特提出何不學布萊安‧威爾森隱身幕後的建議，而萊斯特叫他去吃大便。在經歷過苦澀的Birdland樂團經驗後，萊斯特過了很長一段時間終於豁然開朗，他做出其他團員這樣做是幫他一個忙的結論：「倒不是我喜歡被虐待，而是我不喜歡去『思考』。」他寫道：「毫無疑問這是所有的原因，我曾讓我自己去嘗試操控這個所謂『搖滾巨星』的事業，而其他人則樂觀其成。但就如所說的，我懶惰，而且逐漸轉變成任何一種天才『搖滾巨星』的變種體——即使是一個失敗者，如理查‧黑爾或歌手詹姆士‧錢斯（James Chance）——都可以保證會有很長一段時間，你將不需要再去思考。」

第十章
德州奧斯丁河流上的點唱機原始人

　　一位高大的變性人輕蔑地看著萊斯特，這位紐約夜店俱樂部的看門人以磨刀般的嗓音，冷笑著問道：「你有邀請卡嗎？」

　　位於百老匯下方，新開幕的「Berlin」是一九八〇年紐約夏天最熱門的新浪潮舞廳俱樂部，萊斯特自從上次在Mudd俱樂部意外發生幾起不愉快事件後，已經懂得如何避開這些名媛紳士的法西斯殿堂。「你不是萊斯特・班恩斯，你只是一個肥得像豬的傢伙！」有一晚，當他向一名門口保鏢說他的名字在受邀名單上時，那位保鏢竟沙啞地狂笑著，對他這樣說。這種在進場前必須排隊一個個報名字的程序，當然是從上城區開始流傳起來的。相對於CBGB酒吧一律平等入場的政策，「Studio 54」俱樂部只歡迎衣著光鮮的人士。可是龐克已經轉衍成新浪潮音樂，龐克與迪斯可的界線已經模糊，而這種令人作嘔的迪斯可舞廳入場政策也早已傳遍整個後來新開的搖滾俱樂部。

　　對萊斯特而言，這是整個名流菁英主義發展下的必然結果。尤其是從滾石合唱團在艾爾塔蒙特開演唱會時，用一堵人挨著人的肉牆隔離他們的樂迷時起，這種情形在搖滾圈內就更加惡化。這些日子，萊斯特避開這些俱樂部，並且待在家裡。可是幾名裘・卡若司寇國王與皇冠樂團（Joe "King" Carrasco Crowns）的團員從德州奧斯丁前來，

想要經歷一下這些被形容地天花亂墜的紐約夜生活。就如同其他人一樣，這個樂團的經理兼搖滾樂評人尼克‧帕托斯基是在萊斯特於《Creem》雜誌上任職時，跟他聯絡上的，而那通深夜電話，也使他們迅速成為好友。

這樂團的隨行道具管理員提姆‧漢博林（Tim Hamblin）有位朋友在Berlin俱樂部工作，而當晚那裡正好要舉辦派對。不過由於他們無法拿出邀請卡，門口保鏢就是不肯讓步放行，最後，一位身穿昂貴西裝的高大人士在保鏢耳旁低咕了幾句，保鏢才拿起那條絲絨繩子讓他們通過。約翰‧摩斯藍德帶領他們直到另一扇門及門前另一個保鏢為止，這傢伙在他的黑色皮夾克身上掛了兩個炫耀的鈕釦，一個鈕釦上面掛著席德‧威西爾斯的臉孔肖像，另一個則上面寫了兩個他奉為信條的字「滾開！」（PISSED OFF），他讓他們等了十分鐘才讓他們通過。

結果他們看到裡頭擠滿了一大群穿著像是電影《阿達一族》（Adams Family）家族成員的人在綠色霓虹燈下跳舞，台上一個糟糕的英國樂團則在那裡跟一名蒼白的英國佬唱著一些混合美式放客風格及德式電子合成樂器聲響的歌曲，這群德州佬問這些景象、裝潢都代表什麼意義。「噢，世界末日或者諸如此類的狗屎。」摩斯藍德面無表情的回答道。

他們晃到另外一列等待進入貴賓室的隊伍，一個看似歌手布萊安‧費瑞（Bryan Ferry）的傢伙護送他們經過一個走廊到另外一個房間外頭，這次這門口是由一位穿著像似沒有弓箭的羅賓漢的新浪漫主義蠢蛋所把守著，他讓他們等了另一個還可以忍受的等待後，這傢伙終於讓他們進入內在的密室。有什麼了不起喔，萊斯特心裡想著。密室裡頭跟外頭一樣發出非常大聲而刺耳的音樂，但這裡每一個人都安靜的坐在長絲絨纖維的長條沙發上，啜飲著香檳，然後動作優雅地在那裡枯坐著殺時間。

再一次，這些德州佬又迷糊了。「這樣到底有啥意義？」尼克‧

帕托斯基的女朋友，同時也是皇冠樂團鍵盤手克里斯・康明斯（Kris Cummings）問道。

「那些坐在密室房間的人都以為他們比前面房間的人高級。」萊斯特解釋道：「但我很快樂。」帕托斯基問為什麼，「因為今晚我們通過了五個檢查關卡，而這是我的新紀錄。」萊斯特說道：「在Mudd俱樂部那邊通常只有設一到兩個關卡，而這次我到了連歌手比利・艾鐸（Billy Idol）都到不了的地方。」

帕托斯基沒聽過艾鐸的暢銷單曲〈Dancing with Myself〉，於是他問：「比利哪位？」萊斯特笑起來說道：「他很有名。」這位樂評家說道：「但現在，我更有名。」說完就緊接著看到艾鐸趾高氣昂地走過房間，他身上穿著一件便宜的綠色仿冒品外套以及他那一頭著名的金黃色染髮造型，然後由一位塗著蟒蛇綠眼影，身穿黑色皮緊身束腹馬甲的妖女在前頭帶領著。

「我沒有約會對象，而那次正是週六晚上。」萊斯特寫著：「為了掩飾我的尷尬，我開始說起教來，對四周環境品質、菁英主義及那些所有垃圾都作了一番批評，但是有人打斷我的話說：『是，但你怎麼還在這地方鬼混啊？』我聽了這句話，立刻啞口無言。」

萊斯特在紐約住了將近四年多了，就如同每一個紐約客，在每次進城的第一刻就開始痛恨這座城市，但又沒別的更想住的地方，「與過去我成長的聖地牙哥，或者曾住過一段時間的底特律相比，在這裡，我對我的『突變狀態』感到更加自在。」他寫道。他告訴帕托斯基曼哈頓是全世界最大的小鎮。「他終於來到紐約市了，這座一直維持她獨特風貌的大都會。然後他看到這座城市時覺得：『基本上，這是個很骯髒、破舊的小鎮。而且不論到哪裡，總是會遇到相同的二十個人。』」帕托斯基說道：「因為他總是在音樂圈跑來跑去，而他對那些同樣認識的人也在音樂圈裡跑來跑去感到很厭煩。」

一九七九年底，帕托斯基開始跟皇冠樂團到紐約旅行表演。樂團團長裘・卡若司寇是一位喜歡到處忙的苦行僧，他的音樂融合了草根

搖滾（rockabilly）、波卡舞曲（polka）、德州邊境混種墨西哥歌謠（Tex-Mex），以及車庫搖滾（garage rock）等樂風，他常常在舞台穿著一件披肩及王冠向詹姆士‧布朗（James Brown）致敬，樂團每次登台，萊斯特就幫他們作介紹：「在紐約這時節，大家都喜歡穿黑衣，而現在我們有一群傻氣的德州佬準備為我們表演。」帕托斯基說道：「裘‧卡若司寇討厭穿黑衣，也討厭那些穿黑衣服的人。萊斯特喜歡他這點，所以他幫他們開創樂團的演奏生涯——或者至少讓他們在紐約享有十五分鐘的成名滋味。」

　　一九八○年春天，在結束了一連串的小型演唱活動之後，萊斯特在《蘇活新聞週刊》（Soho Weekly News）一篇封面故事文章裡，大力讚揚卡若司寇，起初他們的樂團表演時，只有稀稀疏疏幾個人，但是一經萊斯特報導，來看他們表演的人就突然多到必須要排隊排到街角去才行。莫林為樂團開了一個慶功宴派對，而喝醉的萊斯特則一整晚都在狂吼侮辱其他的賓客。結果那晚一對來自喬治亞雅典市（Athens）的不速之客突然闖進宴會找東西吃，這兩位名叫彼得‧巴克（Peter Buck）與麥可‧史提普（Michael Stipe）的年輕人計劃要自己組團，他們開車跟朋友來到橋塔看夜景，肚子感到很餓，而他們身上卻只剩下買汽油的錢回家，於是他們跑到莫林的派對，卻發現派對上只有起士蛋糕與軟心豆粒糖而感到很失望。

　　「我讀過萊斯特曾在《Creem》雜誌上寫過的所有文章，我認為他是這世上最偉大的人物。」巴克在十五年後回答道：「現在我們站在這派對裡，同樣也是生日蛋糕與軟心豆粒糖，萊斯特站在那裡，而每次一有人經過——那感覺就像是印度眞言一般——他總有話要對他們說，他罵我是爛透了的狗雜種，而我毫不介意，因為他對每個人都這樣罵，我感覺就像是：『那可是萊斯特‧班恩斯啊！太酷了！我居然被我的偶像給咒罵到！』」

　　「我喜歡萊斯特，因為他很像我。」卡若司寇說道：「我知道他是誰跟他的大作，但我沒讀過《Creem》雜誌——那不是我的興趣所

在，我喜歡萊斯特是因為他這個人，我們在一起時，總是在聊女人的問題比較多，那可是我們生命當中最重要的事情啊！對我們而言，沒女人，做任何事就變得沒意義了，他對於談戀愛、音樂總是非常熱情地付諸行動，而且很可能對所有的事都是如此。」

皇冠樂團在一家獨立小廠牌Gee Bee唱片公司發行了第一支單曲。Gee Bee唱片公司是由一位奧斯丁樂迷葛蕾晨・芭博（Gretchen Barber）所創立的，後來成為她男友的比利・吉伯森（Billy Gibsons）出資贊助這項計畫，在六○年代中期，吉伯森曾是「Moving Sideworks」迷幻搖滾樂團的主唱，到了八○年代，他較為人所知的就是他成為ZZ Top樂團的主唱，而撇除他壯碩身軀與那滿臉大鬍鬚的外在形象，他其實是一位博學的審美家，並擁有全休士頓最好的藝術收藏品。

萊斯特及其他許多樂評人一直都不想理會ZZ Top樂團的音樂，他們的音樂，大多是那種大口喝啤酒的摩托車騎士最愛聽的，但是吉伯森一直有個計畫想改變那個觀點，「比利有他自己的主張，而他的主張就是靠那張（突破性的）專輯《Deguello》，而且這張專輯也已接近完工。」艾德・瓦德說道：「他基本上交出了一張還算紮實的成績——我不想潑他冷水——但這就是他所做的事——而且他已經在這新浪潮場景裡了，一些聲譽不錯的樂評人也對那張專輯跟裘・卡若司寇有不錯的評價。」

每當卡若司寇在紐約有表演時，吉伯森與芭博便飛到紐約來看他，而通常表演完後他們就會到Un Deux Trois餐廳大吃一頓晚餐。萊斯特與吉伯森兩人常常為了要勝過對方在音樂工業的種種惡行、軼事而黏在一起，那時ZZ Top樂團於一九八○年春剛剛發行了《Deguello》專輯，萊斯特聽了之後立刻成為他們的樂迷，「到底是什麼因素讓ZZ Top從過去一個只會在廚房亂摔東西、作些狂歡派對音樂的自大樂團，成為如同奧斯丁市的傳奇雷鳥樂團（Fabulous Thunderbird）這般優秀隊伍呢？是白人藍調音樂拯救了他們！」萊

斯特在《滾石》雜誌上面的唱片評論中激烈地寫道：「龐克音樂曾經如刀片般犀利，但這些傢伙把這些利片玩得更凶猛，這是一張有趣的音樂，如同倒退著喝龍舌蘭酒一般。」

萊斯特替《音樂家》雜誌（Musician）寫了一篇讚賞吉伯森的人物報導，而吉伯森為了展現他的謝意，邀請他到德州玩。「比利就是這種做事風格。」芭博說道：「他在那方面非常的慷慨。」假如屋主願意收留他一陣子的話，萊斯特想他倒是可以在德州寫些正經的文學創作——或許他可以開始寫他的小說。況且他總是對德州這個他父親的誕生之地感到好奇，每次他朋友跟他聊起奧斯丁，他就很著迷。而且自從他被Birdland樂團踢出來後，他就渴望能夠再錄製一張專輯，而他以為吉伯森與芭博願意幫他出錢。

「我不是故意要誘使他這樣想的；我只有幫裘·尼克·卡若司寇與他的樂團錄一張單曲而已。」芭博說道：「我必須說：『萊斯特，我並不想幫你出唱片。』但我不想傷他的心，因為我是多麼喜愛他這位朋友，但是在他來這邊之前我們就已經先言明在先了。」不過，這嚇不倒萊斯特，他想弄清楚如果奧斯丁市真如帕托斯基、卡若司寇及瓦德所描繪的那樣，是一座真正的音樂聖地的話，那他會另外想辦法錄唱片。

正當萊斯特來回跑好幾趟，跟朋友說再見的時候，巧遇了《紐約搖滾客》的編輯葛藍·摩洛（Glenn Morrow）。由於前陣子摩洛已經從住處被他房東踢了出來，所以每天都睡在辦公室的沙發上，而萊斯特邀請他暫時代管其住處。這對摩洛而言，簡直是天上掉下來的好事，但他卻提出更多條件，因為他得花好幾天的時間清掃這些殘骸，才能讓這地方稍微可以住。而且盤子堆在水槽裡，上面的食物好像是兩年前煮的，銅床上也到處鋪滿了爛掉的報紙及色情雜誌，使得銅床垮掉而讓床墊躺在地板上，上頭還有空了的柳橙汁瓶子及吃了一半的中國食物餐盒。

「對此，我認為可以用浴室裡的一罐嬌生嬰兒洗髮精來象徵這一

1980年，萊斯特攝於公寓家中

切。」摩洛說道：「許多隻蟑螂爬進去，掉入那瓶洗髮精裡，所以它
看起來有點像是洛杉磯的布利亞化石標本考古場（La Brea tar pits）。
在我清理完那個地方，而想要對朋友展示這地方原來是多麼髒亂的時
候，我就會拿出這瓶洗髮精秀給大家看。所以你就可以瞭解為何萊斯
特對紐約已經到了忍無可忍的地步，因為他自己個人生活上的混亂，
不管在精神上及生理上都讓他感到窒息。」

♩ ♪ ♪ ♩ ♪ ♫ ♪

　　比利・吉伯森開著紅色凱迪拉克摺疊敞篷車，與他的女友跟股票
經紀人一同前往休士頓的威廉哈比機場（William Hobby Airport）接
機，酒醉的萊斯特腳步蹌跟的從飛機上絆倒跌了下來，他腳上穿了一

雙平常一直在穿的Chuck Taylor款Converse球鞋、骯髒牛仔褲、上面印有ABBA字樣的T恤，帶了一台可攜帶的老式打字機、一疊筆記簿、幾張唱片，以及一包用紙袋裝的換洗內衣褲。

「我們是自願要充當主人、女主人，還有他的兄弟，但這還不是最誇張的。」吉伯森說道：「『護送』還只是保守的說法，他簡直是被女空服員及機長扶著走出來的。他一直不停晃動、點頭，我說：『我的天啊，看看這個衣冠不整的傢伙，這下可好了。』」

萊斯特走出機場的時候，掉了一地的筆記本，葛蕾晨・芭博則跟在他後頭一路撿，「老兄，我已經好幾年沒踏出紐約以外的地區了。」「你不知道這對我是多重大的意義。」萊斯特說道。當吉伯森瞭解到他的客人並未帶任何衣服時，他告訴芭博叫她帶萊斯特去Neiman Marcus百貨公司，把他從頭到腳都打扮成德州風格樣式，最後她幫他買了一雙新的牛仔靴、幾條卡其褲，以及幾件鱷魚牌（Izod Lacoste）馬球POLO衫。

吉伯森將萊斯特安置在鬧區一間舒適的旅館，但休士頓是個無聊的城市，所以芭博與萊斯特很快地動身前往奧斯丁，他在芭博的家裡住了幾天便又搬了出去，「我回家的時候，不是看到他正躺在沙發上昏睡過去，就是看到他穿著內衣褲走來走去。」芭博回憶道：「我會出去，然後我對他說：『老天，萊斯特，穿上你的衣服好嗎！我受不了你這樣子！』我那時還是個年輕女孩，那可不是我要的景象。因此，他就搬到阿拉莫旅館（Alamo Hotel）了。」

座落於第六街及瓜達露普（Guadalupe）街角，離州議會大廈只有六個街區之遠的阿拉莫旅館，曾是一座雄偉且富麗堂皇的老飯店，但後來因經濟蕭條而沒落。它是因提供房間給林登・拜恩斯・強生（Lyndon Baines Johnson）的弟弟山姆・休士頓・強生（Sam Houston Johnson）居住，一直到他因飲酒過量死在旅館而聲名大噪的。在八〇年代早期，從會客廳到以裝飾藝術為裝潢風格的大廳，都曾是奧斯丁迅速崛起的新鄉村音樂場景之一，而且經常有許多如南西・葛瑞菲

斯（Nancy Griffith）、喬·艾利（Joe Ely）及布區·杭寇克（Butch Hancock）等歌手在此演唱過，這些鄉村歌手或許不像囉靡樂那樣對萊斯特的胃口，但他越來越能讓他自己處於那樣的環境中，並且甘之如飴了。

芭博看著他把自己的打字機安置在一張搖搖晃晃的桌子上，可眞像是海明威（Hemingway）會選擇寫作的地方，萊斯特說道：「以前從來沒有人對他這樣好過。」芭博回憶道：「他就在那裡會見他的朋友們，他有一堆追著他跑的讀者和派對，就像是大城市裡來的人在那邊度假一樣。他待在奧斯丁這段期間，我其實沒見過他幾次。」

奧斯丁長久以來一直是創造性自由思考家眼中的綠洲，那時那地方剛開始被視爲全國活動力最旺盛的地區音樂發展地。啤酒、演唱會門票都很便宜，現場音樂演出到處都是，鄉村、藍調、搖滾、爵士以及結合墨西哥街頭音樂（mariachi）的雜牌樂隊，都在該地區四十間俱樂部裡相互競爭，許多樂團都只不過是在一個帳棚內，搭起一座木頭小舞台，就表演起來了。

其中新浪潮音樂演出就以位在阿拉莫旅館北邊，靠近德州大學校園附近的Raul's俱樂部爲主要據點。這俱樂部曾舉辦過如佩蒂·史密斯、艾維斯·卡斯提羅這類明星級的巡迴演唱會，而且也有像是The Big Boys、The Huns及The Standing Waves這類當地樂團的演出。「那邊總是謠傳——『萊斯特·班恩斯要來我們這地方啦！』——然後每個人都等待他現身。」Standing Waves樂團的經理羅藍·史雲生（Roland Swenson）說道：「我跑去Raul's俱樂部那裡跟我幾個朋友談事情，然後有人問：『萊斯特·班恩斯出現了嗎？』於是有人回應說：『有啊，坐在那邊位子上的那個人就是他。』這傢伙還在停車場上嘔吐了呢！」

當萊斯特抵達的時候，卡若司寇與皇冠樂團的人都出城去了，但他毫不困難地立刻就找到其他自願充當導遊的人。瑪格麗特·毛瑟（Margaret Moser）是好幾個樂團的經理人，並帶領了一票名叫「德

州金髮女郎」（the Texas Blondes）的追星族，而且她經常在搖滾俱樂部裡到處亂塗寫「瑪格麗特愛約翰・凱爾」的塗鴉。另一位凱瑟琳・芭芭羅（Kathleen Barbaro）是位聰明又美麗的自由投稿作家，她用「Babs Modern, E. A. Srere」的假名在一本名叫《Sluggo!》的龐克雜誌上撰寫八卦專欄。「從萊斯特一開始當搖滾樂評人時，我就非常崇拜他。有天愛德・瓦德打電話給我說：『萊斯特・班恩斯在我這兒。』」毛瑟回憶道，於是她跟芭芭羅兩人就到瓦德家裡接走萊斯特，然後直奔芭芭羅家中找尋安非他命。

「凱瑟琳、萊斯特和我把行李放下後就直衝入她的浴室。」毛瑟說道：「接下來的四個小時左右，我對這位搖滾樂評人是既崇拜又愛慕，我幫他打了一針安非他命，看著他滿臉汗流的樣子，心中想著：『我將永遠記住這一片刻。』你知道，那情況有點曖昧，但當時狀況就是這樣。」

「瑪格麗特把萊斯特帶到我屋子裡，而且我們一起嗑了藥。」芭芭羅說道：「那像是幹了兩天瘋狂行為一樣，然後我去阿拉莫旅館接他出來閒晃，他一直不停地講，車子以六十哩速度前進，從那天見到他開始，他就這樣話匣子停不住地從他母親一直講到所有的事——『我們可以從我出生那天開始說起。』——他就是一整天都是這種狀態，記得我接去他的那天，他前晚還跟名妓女上床，而他對那件事感到極為後悔。」

實情是，萊斯特愛上了芭芭羅。但她委婉的拒絕了他，而他則轉而讓兩人之間的關係化為友誼。「萊斯特在奧斯丁所發生的狀況是，他到處橫衝直撞，只是我沒有看見而已。」芭芭羅說道：「他一嗑藥，就會變成了一位過動份子；假如他想做某些事，他就真的會去做。但我似乎感覺到他多少有點不想去做那些事，所以就越來越遠離這些麻煩事。」

對萊斯特而言，奧斯丁的音樂圈沒有被那些煩人的譏笑諷刺言論騷擾，「即使每個人不停地告訴我那裡的音樂圈很遲鈍，但當我到奧

斯丁城，卻發現許多活力生氣，跟有點舊式的新浪潮音樂，而且在這圈子裡玩的人比紐約還多。」他如此描寫這趟旅行：「走進Raul's俱樂部的第一晚，我看到所有的年輕人都在跳舞，他們毫無自覺地在老式風格中自得其樂。沒有人故意要讓自己看起來很邋遢，而且沒人在嗑藥！甚至沒看到一堆看起來很像《Rocky Horror Picture Show》校友的傢伙。相對於其他城市的人，這些人幾乎不裝腔作勢擺姿態，就純粹是年輕人出去發洩一下精力，而且在這期間從來不會讓人非常擔心他們會玩得多過火。」

他第一次打電話給約翰・摩斯藍德時，他正在茫喜駭藥的狀態。「那時感覺很不真實，因為萊斯特說：『現在所有的事都改觀了。』但是他只是去了幾天時間而已。」摩斯藍德說道：「實際上一切並沒有全都改變，他只不過去不同的地方罷了。」

過了一週之後，萊斯特從阿拉莫旅館退房，他從來就不是一位好住客——有人抱怨噪音從他房間傳出來，這是吉伯森送給他的便宜電吉他及音箱所製造出來的聲音，還有一位巡房被他踢了出去，「當你能比廉價低等的阿拉莫旅館還要更低級時，那你也真的是了不起。」瑪格麗特・毛瑟說道，事實上，萊斯特會離開是因為他覺得寂寞。他寧可跟朋友們到處闖禍，也不願待在旅館，而他很願意接受一個提議，搬到大家稱之為「當代之屋」（Contempo House）的地方住。

《當代文化》（Contempo Culture）是一本內容用影印方式裝訂，報導有關音樂、藝術、政治及幽默的樂迷雜誌。有一期的內容裡頭有篇諷刺隆納・雷根（Ronald Regan）的文章伴隨著一張用蒙太奇手法拍的芭比娃娃照片說明生育控制的方法，及另外一篇訪問裘・卡若司寇的報導。編輯史都華・懷斯（Stewart Wise）在第十八街靠近德州大學的地方，與三位朋友共分一間有三張床的小屋，懷斯讀到瓦德在《奧斯丁美國政治人報》（Austin American-Statesman）的專欄裡提到萊斯特到城裡的事，而他告訴他的室友，他很想會會萊斯特。

雪洛・甘特（Cheryl Gant）不熟悉萊斯特的作品，但她無意間在

Raul's俱樂部遇到他，就邀請他到家裡坐坐。「我回到家，然後嚇了一跳，因為萊斯特‧班恩斯就坐在我家客廳。」懷斯說道：「但同時我也覺得有點傷心，因為他看起來真的很糟糕，他身上的味道聞起來真恐怖，而且揮汗如雨，即使我們把冷氣空調打開還是一樣。」

　　室友邀請萊斯特住下，而他開始將客廳沙發佔為己有，把衣服堆在不用的壁爐裡，然後認養《當代文化》雜誌當成自己的「寵物」在玩，他在該雜誌的第四期貢獻了幾篇繪圖、一篇報導噪音搖滾樂團DNA的文章及用意識流（stream-of-consciousness）手法寫出一篇名為〈Trapped by the Mormons〉的文章。之後，他更是成為第五期的客座編輯，徵求他的朋友們包括理查‧沃斯（Richard C. Walls）、瑞克斯‧威勒、喬伊‧雷蒙斯及瑪麗‧哈儂（Mary Harron）貢獻出他們的大作。「他忙著寫故事，編輯我寫的文章，感覺真像是在作夢一般。」懷斯說道，但很不幸地，他同時也用了懷斯的電話打了幾百塊的長途電話費，並叫了一長串的訪客到他家裡。「起初這一切都很有趣，前一、兩週好像在開派對一樣，但到最後就變得很可怕。」懷斯說道。

　　萊斯特大約每十週才洗三到四次澡，但每當他實在臭到像是快要發膿時，他的屋主便命令他到隔壁鄰居家的游泳池裡裸泳。當他週末下班時，他就跟比利‧吉伯森一起去釣魚、打獵，他們把他的衣服拖去自助洗衣店洗，然後像是大型展覽秀一樣，用烤肉夾具夾住他的襪子。

　　吉伯森想在週末的時候作一次短程旅遊，到靠近墨西哥邊境的地方給萊斯特一趟真正道地的德州風味之旅。他們找來葛蕾晨‧芭博和音樂店老闆馬克‧厄文（Mark Erlewine）一同伴遊，厄文曾經幫ZZ Top、老鷹合唱團、滾石合唱團打造過電吉他。他們先到瑪塔摩羅鎮（Matamoros）短暫的訪問停留了一下，走的時候每個人都頭戴便宜的墨西哥寬扁帽（sombreros），買了一堆看起來像是吉他、槍及馬靴形狀瓶子的龍舌蘭酒後離開，萊斯特還買到一把黑市來的達爾豐止痛藥。

　　回到美國境內，在駛往墨西哥灣前，他們在南灣搭上了一艘小輪

船賭場試試他們的手氣。萊斯特穿了一件百慕達格子短褲跟一件上印有《龐克》雜誌這字樣的T恤，結果一等到他們從排隊隊伍中進入後，萊斯特就開始大聲聽一卷羅伯‧昆恩幫他錄的錄音帶選集，「我們可否先暫時不要放音樂，等船靠岸之後再聽會比較好。」一位導遊建議著，萊斯特關掉錄音機，停了不到一秒鐘他便開始大發脾氣想要下船。

「這條航線即將啟程。」吉伯森說道：「萊斯特幾乎沒注意到，馬達捲軸幾乎要開始轉動了，所以我們只好用我們的手臂圍住他，將他強押制住。通常在這灣區裡你找不到很大的鬥魚，但在航線的盡頭有一條很活躍、你不知道那是啥東西的大魚，於是我們付了錢過去看，到那裡他就划著那個該死的小船，葛蕾晨還有一張他手裡抓著那條吃垃圾的張嘴大魚，另一手則握著一瓶龍舌蘭酒的照片。我們叫它『龐克魚』。」

這一群人在南帕綴島一家高級鄉村俱樂部訂了兩間各自分開獨棟的房間過夜，吉伯森與芭博共睡一間，而厄文與萊斯特則共用另外一間。萊斯特一進房間就立刻打電話到櫃臺要叫服務生送一根榔頭過來，一頭霧水的服務生拿著這工具到房門口，而厄文就看著萊斯特用它敲開一打塑膠外殼的鼻腔呼吸器，接著他一口氣吞下這堆包著麻黃鹼外衣的核芯，之後一整晚就一直處在駭藥的狀態當中，不停的跳轉電視頻道，跟著隨身聽裡的音樂搖擺，而且不停的吃著玉米片及醃漬豆。

厄文想早點睡，並試圖忽視這些喧鬧，但是當萊斯特開始輕彈這些醃漬豆到他身上時，他覺得他已經受夠了。他站起來，給了這婊子養的吵鬧傢伙一拳，「他沒有料到會發生這事。」厄文說道：「我實在是無法分辨他是試圖要我起床，還是故意把事情弄得一團亂。」

隔天清晨每個人都依吉伯森事先要求好那樣全身穿戴整齊，但卻難掩一臉揮之不去的倦容，「吉伯森希望團隊看起來一直都很好。」芭博說道——接著她開著四輪傳動的小貨車，一路駛向布拉左島州立公園（Brazos Island State Park）。這時是獵鴿旺季的高峰，他們排在

一行獵人的後面，一群面帶嚴肅的管理員一一檢查他們的行獵執照，導遊把他們的執照都事先依序排好，但是萊斯特看起來不太對勁，管理員認為他聞到萊斯特的呼吸裡有龍舌蘭酒的氣味。

「喂，你以前看過槍嗎，啊？！」其中一位管理員問他，萊斯特微笑著答：「或許沒像你們這麼常見到，但我是從紐約來的，我見過很多槍枝。」

「老天，這讓他們全都嗆笑了出來。」吉伯森說道：「這遊戲管理員就說了：『是喔，這和你在曼哈頓那邊看到的槍長得有點不太一樣，不過那還是可以讓你玩，下一位！』」

走進射擊場，管理員幫萊斯特的槍裝填子彈，然後對他說：「當這些鳥飛起來的時候，牠們是四處亂飛散的，所以我要你待命準備好。」這名管理員說：「當你射了幾回之後，你就會抓到槍托的後座力撞擊你肩膀的感覺。」結果當管理員裝填另外一支槍時，萊斯特把槍架在肩上，瞄準遠方一堆樹灌叢旁的一瓶啤酒罐，此時有個喃喃自語的虛弱傢伙從那方向走來，而管理員轉過身來看到萊斯特似乎想要射死那位不知情的傢伙，就瞬間把槍推到在地上，免得萊斯特又誤射到另一位獵人的背後。

緊張的狀況持續了一會兒才消除，不過當大家開始把獵到的鳥裝袋時，心情也隨之好轉，萊斯特學獵狗的樣子，穿過高樹叢裡把一隻鴿子含在他的嘴裡。那晚他們將獵到的鴿子淋上管理員特製的烤肉醬放到烤肉架上燒烤，並把剩下的龍舌蘭酒趕緊喝光，「我玩得很高興。」吉伯森說道：「不過厄文可能不這麼想，這管理員，他有點弄不清楚當時狀況——不過二十四小時後我們就再也不用看到他了——所以他只是有點矯枉過正了。葛蕾晨在紐約的時候已經跟我介紹過萊斯特了，她只是在一旁笑著，但以我的觀點來看，我跟萊斯特相處的這段時光，是上天給的禮物。」

♩ ♪ ♫ ♪ ♫ ♪

　　萊斯特一抵達奧斯丁就開始到處尋找音樂上的伙伴。他跟Birdland樂團的經驗讓他相信當他錄製他的新單曲時，一定要找特定風格類別的樂手來幫他完成這計畫。「組樂團這件事，就是大家在一起演奏，一起演奏，然後就去錄專輯，最後你痛恨這些歌——我只是不想這樣子。」萊斯特在一九八二年回想時說道。當時一些樂手會在瑪格麗特‧毛瑟的客廳練習，萊斯特便在一旁試聽。後來，他發現了一個名叫「違紀者」（The Delinquents）的樂團。

　　違紀者樂團是一個受到衝浪音樂及鄉村樂些許影響的新浪潮車庫樂隊。他們最早的成名作是一張自製自發的單曲唱片，名叫〈Alien Beach Party〉，這首歌後來被《新音樂快遞》選爲當週最佳單曲。主唱蕾娜‧波格（Layna Pogue）是太空實驗室太空人比爾‧波格（Bill Pogue）的女兒，後來蕾娜‧波格待了一段很短的時間便離開樂團。萊斯特到奧斯丁時，這個團已經重組，變成是由貝斯手布萊安‧柯理（Brian Curley）領軍，每週四晚上在國會街（Congress Street）上的Duke's Royal Coach Inn駐唱。一晚，正當樂團架設器材之時，柯理從台上看到一個酒醉的傢伙拖著一張桌子到舞池中間，這人一大杯又一大杯的飲著啤酒，在每首曲子演唱的時候，時而喝倒采，時而大聲叫喊，最後在當晚結束的時候，他爬上桌子跳起舞來了。

　　「在我們準備第二次表演時，我站在吧台那裡，看見這傢伙向我走近。」柯理說道：「我心裡頭想：『噢，天啊，又要應付另一個酒醉的討厭鬼。』他走到我前面，然後說：『我是萊斯特‧班恩斯，你知道我是誰嗎？』」身爲一位死之華樂團忠誠的『死頭』（Deadhead）樂迷，柯理記得一九七一年萊斯特曾經在一篇文章上宣稱，他不僅僅是討厭死之華樂團，他還恨他們。「呀，我知道你是誰。」柯理告訴他，「我認爲你是個該死的混蛋！」結果萊斯特把手臂跨搭在這位樂手的肩上說：「你和我將成爲好朋友。」

　　柯理自從在十七歲從新墨西哥家裡逃家之後，就一心一意想成爲樂手。違紀者樂團從未在奧斯丁大紅過，但萊斯特喜歡他們，而且決

定要讓他們成為自己的伴奏樂團。此舉引來其他曾與他一起練唱過，並希望能在他唱片裡演奏的樂手怨恨。當他找來米奇·連的時候，萊斯特清唱他的歌詞給柯理及違紀者樂團的吉他手安迪·佛采（Andy Fuertsch）聽，而後樂手們便跟著歌詞抓和弦模式與編曲。當樂團平時在舞台上熱身演奏一段時間後，樂團便即興演奏詹姆士·布朗的歌曲〈You Can't Sing〉，引領萊斯特出場。一九八〇年十月到十一月這段期間，他們在達拉斯、華茲堡（Fort Worth）、聖安東尼奧（San Antonio）及奧斯丁等地共演唱了大約十二場。

那年萬聖節的時候，萊斯特與違紀者樂團在德州大學兄弟會之屋所辦的舞會上有場演唱，當樂團正在演奏他們的開場演出時，萊斯特吞了好幾顆鼻腔呼吸器的核芯，然後用一罐止咳藥水灌到肚子裡去。「當他們終於要叫我出場演唱自己的歌時，我，當然是義無反顧。」

1980年攝

他寫著：「然而，在經歷過某些記憶的轉移與連結，這些被視為我孩兒時期的創傷，卻逐漸開始在我腦中上演，或者至少，覺得這悲劇、陰沈且受挫折的年輕詩人靈魂，顯然是過於敏感而無法生存下去。而這整齣猶如拜倫式的浪漫苦惱鬧劇，還是在這四周摸得到的破爛覆蓋物下演出，有趣吧，嗯？這些兄弟會聽眾不會在乎的，他們喜愛我們，他們怎會不喜愛呢？我們就是怪胎雜耍表演秀啊！」

這晚，樂團以一首狂亂的〈Louie Louie〉翻唱版本收場，後來還被動物之家（Animal House）社團奉為兄弟會派對的終極國歌，當萊斯特演唱時，他以半范·莫理森半伊基·帕普在The Stooges時期的腔調，將每一句的歌詞以分節、扭曲且竄改的方式唱出：「我駕著一艘船橫過海洋／一位美好的小女孩正等待著我／我在船上夢見她在那裡／她的秀髮聞起來充滿了芳香…玫瑰…囉靡樂的味道……」他對自己的演唱品質從未感到迷惑，「毫無疑問，我很爛。」他寫道：「沒有人在乎，事實上他們都沈醉其中，所以誰曉得呢，或許我並不爛，這也就是兄弟會存在的本質與哲學：『嘿，你，這個世界——我並不爛！去你的！！！』」

十一月二十一日，樂團在阿馬迪羅世界總部（Armadillo World Headquarters）為Talking Heads樂團做了一次打響名號的開場表演，阿馬迪羅世界總部即是奧斯丁版本的西費爾摩（Fillmore West）表演場。那時每一個城裡的新浪潮樂團都想要爭取這場演唱機會，但萊斯特直接打電話給Talking Heads樂團經理蓋瑞·科佛斯特（Gary Kurfurst）而敲定這次演唱，可是很不幸地，十一月二十一日那晚，同樣也是當時全美最多人收看的電視連續劇《朝代》（Dallas）要播放到底是誰槍殺了小傑（J.R.），這個關鍵性的高潮。連他的朋友凱瑟琳·芭芭羅與史都華·懷斯，都待在家裡坐在電視機前，等待著看那一集播出。

那晚寥寥可數的聽眾，讓大家顯得意興闌珊，連帶使演唱會該不該準時開唱，都不那麼重要了。「違紀者樂團從來就沒多好，現在他

與違紀者樂團在Club Foot演唱

們連同萊斯特一起面對那些聽眾。」愛德・瓦德說道：「我記得那晚
真是可怕極了。」當時在場許多龐克聽眾認為萊斯特穿著Izod休閒衫
是要試圖引起敵對，因為那是兄弟會的人經常造成他們痛苦的象徵。
而當時現場立刻有人發出噓聲，有人則比著中指。

　　兩星期過後，違紀者樂團進入奧斯丁的Earth and Sky錄音室錄
音。萊斯特利用樂團在錄自己專輯的休息時間，用十六個小時錄了十
一首歌。柯理幫他付了錢並監督錄音狀況，但在經過跟傑・迪・都勒
緹（Jay Dee Daugherty）一同錄完〈Let It Blurt〉那次經驗後，萊斯
特就對「製作人」這字眼非常小心翼翼。所以專輯上面的功勞可以寫
成，「由萊斯特・班恩斯及布萊安・柯理製作（根據布萊安的版
本），抑或，沒有人製作，討厭製作人！（根據萊斯特的版本）。」

　　這張專輯有好幾首歌是Birdland樂團那時期的作品，萊斯特在

〈I'm in Love with My Walls〉及〈Accidents of God〉幫米奇‧連記上共同譜曲的功勞，然而〈Fade Away〉及〈Kill Him Again〉則是完全不同的曲調。後者特別要感謝吉他手佛采他那銳利、猶如昆恩似的吉他風格，讓這首歌曲重新產生強大的魅力。新歌〈Life Is Not Worth Living (But Suicide's Waste of Time)〉則是首練習曲，萊斯特戲稱為「反浪潮鄉村歌曲」（No-Wave country），歌詞含意則抨擊理查‧黑爾對龐克哲學的觀點（你自稱是虛無主義者／只因你讀了塞利納的作品／把香菸放在你的手腕上／你仍舊不會是詹姆士‧迪恩）；而〈Legless Bird〉則是將不朽的〈Surfin'Bird〉經典流行曲改寫成一首派對曲，至於〈Nuclear War〉則是用Farfisa牌老式類比電子琴堆砌出輕快的節奏，該曲是依時間歷程記錄了藝術工作者裘安‧優黑斯基辛苦的勞動過程。

萊斯特另外在〈I Just Want to Be a Movie Star〉一曲裡，特別用了一把奶油刀彈出滑音吉他（slide guitar）的風格，這是一首混合了鄉村藍調曲風關於一位可憐酒鬼的歌曲，「我已經對老是睡在吧台下面感到厭煩／我只是想成為一位電影明星」，萊斯特在這裡頭嘶吼著。此外，昆恩建議違紀者樂團翻唱戴爾‧霍金斯（Dale Hawkins）的〈Grandma's House〉，但萊斯特增加許多歌詞內容，把原本的森林田園詩歌改編成邪惡的殺人兇手故事。這張專輯最後以講述萊斯特被Birdland樂團罷逐的歌曲〈Give Up the Ghost〉作為結束，然而全張倒數第二首曲子〈Day of the Dead〉才是最讓人印象深刻的，這首以類似地下天鵝絨樂團風格的音樂揭露出萊斯特與他母親之間的關係，是如何影響他跟女性之間的互動模式，然後又是如何讓他在二十三年後的現在，依舊被他父親的鬼魂所困擾的。只因在那天他母親走過來貼近他的耳朵，告訴他父親死亡的消息。

這首有關萊斯特直接界定他跟他母親關係的歌詞，可說是極少數幾個被正式出版的紀錄之一。通常在談話中，他對她的感覺總是模稜兩可。「他總是一直不停地講有關他母親的事，價值、道德，以及那

些親情的缺乏。」違紀者樂團的吉他手麗蓓卡‧碧克涵（Rebecca Bickham）說道：「這是一種有點變態的關係，但同時我想它也是非常鍾愛的，我想她在他生命中是一位非常強悍的角色，每次當我們一談到她及耶和華見證人教派，他就有點異樣。這張專輯的封面——是一位掌有王位的耶穌基督女人——受盡煎熬，並將滿腔熱情推向極限，那是萊斯特告訴我的。」

柯理決定在違紀者樂團自己開設的Live Wire廠牌下，同時發行萊斯特的專輯及樂團自己本身錄製的唱片。在封面設計上，萊斯特選用了一幅名為「處於極度痛苦狀況下的女人」（Woman in Anguish）的炭筆素描當作封面，這幅畫是西班牙藝術家安娜特絲（Annantes）的作品，是萊斯特從一位妓女朋友的公寓牆上看到的。在錄音期間，萊斯特收集了一份有可能選用的專輯名稱，包括「電視上的死刑轉播」

德州奧斯丁河流上的點唱機原始人封面

（Executions on TV）、「鬼魂不會知道得更多」（Ghosts Don't Know No Better）、「異端崇拜」（Adoration of the Miscreant）、「如何朝亞當吐口水」（How to Spit on Eden）、「第十四街上的點唱機原始人」（Jook Savages of Fourteenth Street）及「德州奧斯丁河流上的點唱機原始人」（Jook Savage on the Brazos）。結果，後者勝出。

♩ ♪ ♪ ♫ ♪ ♪ ♫ ♪

　　一九八〇年底，在兩段錄音演奏期間，萊斯特對著一份攤開的報紙上面印著的標題大吼，那年十一月，在一次壓倒性的勝利中，隆納・雷根當選為第四十任美國總統。當美國大多數的道德保守派在晚間新聞宣布這項勝利時，萊斯特對著電視大聲叫罵髒話。雷根讓萊斯特想起一九五七年伊力・卡山（Elia Kazan）一部影片《A Face in the Crowd》裡由安迪・葛瑞菲斯（Andy Griffith）所飾演的角色——一位壞心腸、只會蠱惑民心的政客，「他透過強力媒體的播出，在螢幕上賣弄風情就得到他要的，然後又裝出友好的的樣子去獲得老實粗人的歡心。」

　　幾週之後，十二月八號那天，馬克・大衛・查普曼（Mark David Chapman）槍殺了約翰・藍儂，就在他紐約達可達公寓住所的五個街口外。廣播電台開始不停地播放〈Imagine〉這首歌，而且在這些現場立即報導這位前披頭四團員的描述上，將藍儂形容成「一位搖滾樂殉道者」。由於受到這些不斷的刺激，萊斯特隔天早上立即投書到《洛杉磯時報》（the Los Angeles Times）的公共論壇版（the Opinion section）猛力抨擊這些現象：「我不知道哪一個比較可悲。」他批判著：「是我那一世代的人不肯讓他們六〇年代的青少年時期自然地死去，還是現在這代年輕一輩拼命狼吞虎嚥，想抓取任何前人留下的碎片或殘羹剩飯，而這還是某人在十年多前就已經宣稱過的夢想。」

　　藍儂只是一位「凡人」，萊斯特繼續議論著——藍儂鄙視廉價的

感傷——如果他那些樂迷不願接受這樣的事實，那麼這終究如同那位
殺手的子彈一樣致人於命。

　　奇怪的是，這意外卻讓萊斯特開始犯了思鄉病。「我翻開《紐約
客》，想看看Thalia戲院在放哪些影片，然後就看到這槍擊報導。」
他說道。在經過連續三天的狂歡後，他被抓去酒鬼監禁室（drunk
tank）關了起來，萊斯特開始對客居在奧斯丁這地方感到厭煩無趣。
他從監獄出來後，就對著每個人，甚至隔空朝對街的人說，德州是一
個法西斯警察管制的地方。之後沒多久，他被要求搬出當代之屋，
「每個人都對萊斯特非常關心。」史都華・懷斯說道：「這也是為何
要求他搬出去對我們來說其實是一件很難去執行的事，但若不那樣
子，到最後所有的室友會相互憎恨對方。」

　　在布萊安・柯理還沒闖入萊斯特的生活之前，和一位喜歡作樂，
名叫薇若妮卡・蘇立文（Veronica Sullivan）的離婚女子有聯繫，她
的白色護士制服讓萊斯特覺得這真是他生平見過最性感的東西。「萊
斯特喜歡我是因為我不是那麼敏感的人，而且我根本不知道他是
誰。」她說道：「他一直不停地問我：『難道你不知道我是誰嗎？』
而我說：『不知道，你何不告訴我？』」萊斯特戀愛了，但再一次，
這不是一個相互付出的愛情。「他真的愛上了我。」她說道：「我們
從沒真的睡在一起，雖然我們是睡在同一張床上，但因為我的屋子實
在太冷了。對我而言，他有點太胖了些，但我看得出來，如果我要更
多的話，他會立刻去做。主要是我享受他陪伴我的感覺，他也喜愛我
陪在他旁邊，我想他知道我對穩定關係比較敏感些，雖然我自己也有
點瘋瘋癲癲的。他不想再嗑藥了，但他會說那真的很難戒掉，他知道
那些對他的健康真的不好。他會一直講，我就會傾聽他，並且說：
『女人總是不夠愛我；人們總是不夠愛我，我是這麼真心的對待他
們。』『人們從我生活中吸乾了一切，他們拿走所有的東西，我已經
所剩無幾了！』然後他講到他音樂事業裡的人：『我已經無法為他們
做任何事情了！他們要我的血，我覺得我好像是耶穌基督！』」

　　一九八〇年，感恩節那天，《Jook Savage on the Brazos》專輯出版。萊斯特身上分文不剩，而他在奧斯丁任何角落都不再受到歡迎，「每個人都對他很不爽。」蘇立文說道：「他甚至還在城裡樹立了一些敵人。」錄音帶還拿在手上，在耶誕節前幾天，他飛回了紐約，從機場直奔約翰‧摩斯藍德住處。而他朋友唯一一定要喝的酒類就只有一瓶便宜的烹調酒，萊斯特一飲而盡。「他看起來很顯然狀況真的不好。」約翰‧摩斯藍德說道：「他的手在發抖，而我從不記得他的雙手曾經發抖過。」

第十一章
我所有的朋友都是隱士

　　「嗨，我的名字是萊斯特・班恩斯。」他說道，並緊張地轉移他的身軀重量從一隻腳到另外一隻：「我是藥物耽溺者，也是一位酒癮者。」他們說的沒錯——講出來眞是舒服。只是過了一會兒，他看見一位無精打采的丹麥人走過去、自己抽了一根香菸及喝了一杯用塑膠材質裝的咖啡後，終於有人走向他，然後小心翼翼地解釋，在這地方，他是唯一的萊斯特，而不需講出全名「萊斯特・班恩斯」。

　　一九八七年將來臨時的前幾週，萊斯特的生活如狂風暴雨般失去控制。

　　「我看過他最糟糕的樣子，是他剛回紐約的時候。」羅伯・昆恩說道，並轉達了萊斯特其他朋友的相同看法。Ma Bell電話公司剪掉了他的電話線，因爲他沒錢付從德州寄來的帳單，所以他從前喜歡通宵打電話給哥們的熟悉景象便成爲歷史。而CBGB已經失去他的魅力，地獄鐘聲酒吧則在一九七九年尾關門，倒閉的部分原因是老闆收不到酒客拖欠的帳款。萊斯特待在家裡，逐漸增加他對藥物及酒精的癮量。

　　這次失眠症是萊斯特自一九六八年那次囉靡樂畏縮以來，最嚴重的一次發作。而當他確實睡著的時候，他又被反覆縈繞他心頭的夢魘所騷擾。「我可以面對那些被砍得亂七八糟的殘缺軀體，以及爆炸成

碎片的世界。」他說道：「但我夢過最糟糕的惡夢是，我又回到愛爾卡航市，我又回到學校，我將無法畢業，而我住在我媽的房子裡，我想要回紐約，但我沒有錢，我無依無靠，那裡只有一家7-11，其他什麼都沒有，一直持續下去的就是這樣子的昏沈空無。這就是最糟糕的惡夢——無依無靠的回到那裡，而無法寫作。」

　　兩個意外事件讓萊斯特相信他需要幫助。一天早晨，他在自己公寓附近的街角醒來。「他像流浪漢似地睡在街上。」他的朋友凱西・米勒（Kathy Miller）說道：「他告訴我：『到此為止。我不再酗酒了。』」之後沒多久，他隔壁門的鄰居羅伯・鄧肯告訴他一件令人難過的消息。這陣子萊斯特與鄧肯已經不再跟對方講話了——鄧肯對萊斯特過份的行為厭倦不已，他已經不想再扶萊斯特上樓梯，或者聽他唆使，幫他幹那些自毀的事——然而當一通從底特律打來的電話，告訴他當年的老同事（也是老友），《Creem》雜誌的發行人貝瑞・克萊莫過世的消息時，他覺得他有義務告訴萊斯特。「萊斯特非常震驚而悲傷。」鄧肯說道：「我記得當時我心裡想：『萊斯特又要大聲怒罵、數落克萊莫了……』但他聽了以後，只是嘴巴張的大大的，露出嘆息的表情。」

　　之前幾年，克萊莫在一段苦澀的婚姻中飽受掙扎。這位全美第二大搖滾樂雜誌發行人住在離《Creem》雜誌辦公室不遠，一家名叫伯明罕之屋（the Birmingham House Hotel）的旅館。一九八一年一月二十九日一早，他打電話給一位女性友人，請她幫他帶一盒香菸過來。她抵達時，卻發現他的屍體以坐姿倒在地板上，頭上有一個塑膠袋，周圍散落著未來幾期封面的說明紙條。醫務人員在現場宣讀他死時是三十七歲，四天後，驗屍官判定是意外自殺身亡，警方在現場附近發現幾罐醫師處方開的藥丸及一罐笑氣，是克萊莫透過塑膠袋吸入體內用的。

　　「當貝瑞還在世的時候，雜誌是能夠自己養活自己的，大家本來可以有一個美好人生。」克萊莫的朋友哈維・朱波齊於一九九七年說

道：「我們展望將會有一間專門處理發行事務的房子，而且或許我們會做的事就如同今日《Wired》雜誌在做的事一樣。」一九八一年，這位《Creem》的前合夥發行人與克萊莫的家人守喪七天。朱波齊問康妮‧克萊莫有什麼是他幫得上忙，她請求他回來雜誌社工作，於是他便辭掉在紐約《吉他世界》（*Guitar World*）雜誌的職務，搬回伯明罕。康妮為了照顧他的兒子J.J.，所以只是掛名的發行人，而朱波齊與頗值得信賴的藝術總監查理‧奧林哲（Charlie Auringer）在往後數年則真正地在努力經營這份雜誌。

　　《Creem》在萊斯特離開後，不論是在業務上及編務上都未能找到可以坐鎮的人。發行量一直停留在二十萬本上下，雖然潤稿編輯痛失一個明星作家，但萊斯特的影響力持續在人物側寫及唱片評論的文章裡發酵。編輯蘇珊‧蕙朵（Susan Whitall）及比利‧阿特曼（Billy Altman）後來刊載過好幾位作家的文章，直到八〇年代中期，萊斯特一直都是他們這些核心幹部的精神導師——戴夫‧迪馬提諾（Dave DiMartino）、比爾‧侯錫普（Bill Holdship）及約翰‧寇寶許（John Kordosh）——都曾將萊斯特還在《Creem》時期負責編輯的那幾期，奉為聖經在拜讀，只是益發大不敬地是，這本雜誌的幽默感隨著時代的變遷改過好幾次，也變得越來越油腔滑調與諷刺。內部作家瑞克‧強生（Rick Johnson）變成「新萊斯特」，讀者寄來的信件裡，給他的幾乎佔大部份。而他文筆尖銳、風趣的秘密，是他總在一堆索引卡之間走來走去，或者一聽到任何絕妙好詞及怪異句子，就快速記下。每當他要撰寫唱片評論時，就不停地在平台上踱步，直到找到適合的句子為止。

　　貝瑞‧克萊莫的死，對萊斯特所造成的衝擊是無法估量的，他不想寫這件事，而且不曾跟任何朋友討論過，包括老友約翰‧摩斯藍德在內。但那之後沒多久，便發生了兩件事，一是《Creem》重新出現在他筆記本內的投稿名單中，上頭還標示著「有價物品」（Asse(t)s）；另一件則是他開始參加酒癮患者匿名互誡會

（Alcoholics Anonymous）。

　　過去十四年當中，萊斯特好幾次試圖戒酒。有時可以撐幾個月，有時連一天都受不了。他曾和伯明罕的治療師一起對付這頑強的惡習，而後又與費爾‧薩賓恩札開始新的療程，但他只聽自己想聽的部份。萊斯特曾告訴朋友理查‧梅爾哲，薩賓恩札其實是鼓勵他繼續喝的，因為他一停止喝酒，就會變成一位不甚優秀的作家，「我這兩位心理醫生，尤其這位，他們都有人道主義者的偉大憐憫心、同理心，以及一套完整的心理分析理論，但我知道他們倆終究是幫不了我的，因為他們一直讓我逃避懲戒，而無法戒酒。」萊斯特說道：「似乎是他們平日太無聊了，面對的病人都是一個個說著『我不愛我老公，我不知道為什麼』的家庭主婦。現在，他們找到了像你我這種真正有趣的案例。治療我這對他們來說可是趣味時間。所以，如果我繼續聽這傢伙的話，我一定很快就掛了。」

　　薩賓恩札說，他以對待病人一貫的方式，告誡萊斯特停止喝酒。並且建議他著手處理跟女人的關係及慾望，然後拋棄以往那種「不要就拉倒」的攻擊性心態，好好去寫一部小說。可是，萊斯特在溫和狀態下似乎無法做任何事情。尼克‧拓齊斯回憶有一晚，在卡敏街（Carmine Street）上的一家印度餐廳裡，「用餐的時候，我們開始聊到飲酒這話題。戒酒中的萊斯特，質問起我們當中正在喝酒的女伴，問她一杯酒怎麼能滿足她的需要，『難道妳不想麻痺自己的知覺嗎？』他如此認真而嚴肅地問著。」

　　一九八一年春天，萊斯特打給吉姆‧佛瑞特（Jim Fouratt），一位有著濃密粗獷鬢角的愛爾蘭頑皮男子。佛瑞特在羅德島長大，六○年代曾當過教士，而後又放棄，並成為一位演員、一位夷痞及一位同志人權的行動份子，最後終身成為音樂事業圈的一位玩家。他和萊斯特是在底特律相遇的，當他到底特律參加約翰‧辛克萊爾的彩虹人民黨（Rainbow People's Party）幹部會議時，認識了萊斯特。隨後幾年，當佛瑞特成為哥倫比亞唱片公司公關人員時，兩人陸續見了幾次

面，之後佛瑞特開始管理新浪潮舞廳Hurrah及Danceteria，他們又經常碰到，自從一九七九年，他成功戒掉酒癮並在搖滾界相當活躍後，他成了萊斯特在酒癮患者匿名互誡會的贊助者。

「我不認為萊斯特身旁有很多支持他的親友。」佛瑞特說道：「那是搖滾樂的道德標準與狂野的生活方式在作祟，而他有他自己的名聲必須維持，『他是那位鼎鼎大名的萊斯特・班恩斯耶！』人們總以為這個嘗試一點，那個淺嚐一下就不會沈溺其中，但到最後就都沈陷下去。他有段時間很難去承認這一點。而人是會死的，我對此類事情絕不存有浪漫幻想，只是我這顆笨腦袋想不透的是，為何人們總是非得因酒精中毒或嗑藥掛掉。我是說，我不會去負責監督萊斯特復原，我只會在那裡適時地幫助他。」

儘管萊斯特很想努力保持戒酒的成果，但有時依舊會鬆懈。他可以一會兒是舉止正常的人士，一會兒立刻變得像搖滾歌手強尼・桑德斯（Johnny Thunders）那樣無藥可救。「在最後這幾個月裡，如果我三、四天沒有聽到他的消息，我就知道他正在飲酒作樂。」摩斯藍德說道：「當他可以擺脫酒癮時，他就會打給我，而且語氣比上次更加悔恨：『噢，天啊，我不敢相信我做了這件事，我覺得好懊悔。』然後接下來的一個月，他就會戒的很乾淨。這是很常見的現象，人們第一次嘗試一件事總是不太成功，或者，即使是第十次嘗試依然如此。」不過摩斯藍德總是將萊斯特能振作起來，並不斷嘗試，視為好現象。

酒癮患者匿名互誡會的課程中，第十二步驟第二項是要酒癮者相信有一個比他力量更強大的能者，可以讓他們恢復清醒。這觀點困擾著萊斯特。他曾經從宗教教條的枷鎖中逃出，不想再被監禁。「要人們面對有關神明之類的鬼扯，總是有些困難。」佛瑞特說道，許多人回到他們青少年時期的宗教信仰，但酒癮患者匿名互誡會允許每個人自己去定義「上帝」。萊斯特反對有組織的宗教系統，在心靈上是相當深層的，他定義的上帝是音樂與文學，是更高於他的強大力量。「一座美術館或一首交響樂都有著心靈層面的意義。」一位所謂「大

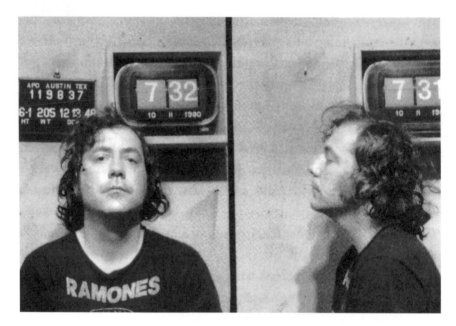

萊斯特的警局存檔照片

書會」（big book）的耶穌會教徒在證詞上這樣寫著：「即使是酒癮患者匿名互誡會，也有著心靈層面的意義。」

　　八○年代中期，愛滋病防治被強力呼籲，而且因為古柯鹼的影響，使得一波樂手、藝術家及作家都跑去參加這個十二階段的戒除課程。不過一九八一年時，已經有好幾個特別戒除課程聚會，開始在紐約最時髦的次文化圈內展開。而在佛瑞特帶萊斯特去格林威治村參加的這個「搖滾樂聚會」，路·瑞德恰好也是成員之一。

　　瑞德於一九八○年發表他個人的第十三張專輯《Growing Up in Public》。裡頭有一首自誇的造假歌曲〈The Power of Positive Drinking〉，隨後不久，這位音樂家便開始嘗試改變生活方式並改掉過去的舊習。一九八○年情人節，他娶了希薇亞·摩瑞爾絲（Sylvia Morales），她與他在CBGB相遇，是一位常在龐克圈內混的樂迷，一

九八一年，他加入了「藥癮與酒癮患者匿名互誡會」（Narcotics and Alcoholic Anonymous），然後開始按時記錄自己亟欲想保持清醒的奮鬥歷程，並把它寫進幾首像是名叫〈Underneath the Bottle〉及〈Waves of Fear〉的空虛新曲裡，並且招募了一個新團，團員大多是他的樂迷，再加上萊斯特的朋友羅伯・昆恩。許多樂評人認為這是他繼地下天鵝絨以來最好的團體。但即使是在紐約的搖滾酒癮患者匿名互誡會裡，瑞德依舊是大家注目的焦點。

「你竟敢在這裡出現——你是我吸海洛因的唯一理由！」有次，會中一位藥癮者激動地指控瑞德，萊斯特覺得那並不公平，但他與瑞德已經無話可講了，有什麼好說的呢？在彼得・勞夫納的葬禮後，萊斯特發誓再也不寫任何跟瑞德有關的東西，除了有一次他破了這個誓約，那是在一九七九年六月，他幫《滾石》雜誌寫了一篇瑞德的《The Bells》專輯評論，並將此篇獻給勞夫納。

「每個人總是談論無家可歸的可憐流浪兒，然而誰來關心一下無家可歸的父親們？該是到污濁的河岸旁召回父親們回家的時候了。」萊斯特寫道：「路・瑞德在我心中永遠是個刺痛，也是一個混帳討厭鬼，他經常公開承認他最終的原罪都是因為他瞧不起他的樂迷們，而同時又懷有很深的同情心，他經常關懷那些別人都不屑一顧的無名小卒，我不想說出他們是誰，因為我不想弄得過份傷感。不過我要強調一點：這世上永遠有比藥物跟流行更重要的事，而能了解這點的也只有那些仍在受苦、孤獨，且精神與心靈都仍在流放的偉大平等主義者才能辦到。」

對萊斯特而言，一九八一一整年，到一九八二年初，酒癮患者匿名互誡會多少發揮了療效，並改變了他的生活習慣，他比較常開始談他的母親，並能以更多的同理心去看待她。他決定敞開心房去面對這些憂鬱（這些以前他從未去在意過），並且想要活得更健康些，所以以前用囉廮樂空瓶裝飾聖誕樹的把戲，似乎也不怎麼有趣了。

最後幾年，萊斯特感染了慢性支氣管炎——朋友像是凱西・米勒

及法蘭‧佩兒芝曼（Fran Pelzman）永遠都只喝雞湯跟植物花茶——而現在他開始要求房東修理暖氣，至於其他方面就被誤導了，在酒宴上，他開始喝起蘭布林（Ramblin'）沙士，這牌子的名稱就跟它的味道一樣好，每一次入席，他可以喝掉兩百六十四盎司的瓶裝沙士。其他固定會吃的「健康」減肥食物是Stouffer的菠菜蛋白牛奶酥及結冰的優格。「萊斯特，優格對身體唯一有幫助的是那些活著的有機物質。」昆恩有次告訴他：「如果讓它結冰，就等於全部殺死那些活著的有機物質。」

萊斯特開始談起上了年紀的人比年輕人更酷的想法。這裡有段關於搖滾樂激進的言論，「當我還沒有像我所希望的那麼老（雖然我有時看起來像是），我在好幾年前就已經很熟悉這中老年產業首先該要知道的一切知識。」他寫道：「這是我第一次瞭解到，像是唐老鴨卡通裡的小氣鬼叔叔（Uncle Scrooge）、作家查爾斯‧布考威斯基（Charles Bukowski）及著名的新聞工作者馬孔‧馬格瑞吉（Malcolm Muggeridge），幾乎都比我所想得到的搖滾明星要酷多了。」當然，為了要變老，你得先懂得照顧自己。佩兒芝曼在她那件快要穿爛的高級羊毛外套口袋裡，總是塞滿了鮪魚罐頭跟好幾盒葡萄乾，這樣她回到公寓時就一定有東西可以吃。在一九八一年一月的一封信裡，他感謝她這些舉止行為，使得他也開始迫使自己用一些健康食品來調理身體。

「可惡，我只不過是才三十二歲的人，根本就不需要一堆人像保母似的一直來看我的健康狀況跟財務問題。而且就只是因為我是「天才」，就得要一直保持創造力敏銳嗎？」萊斯特寫道，「我恨透這些狗屁想法，所有偉大藝術家、天才、白癡、學者專家，好像都必須不受每天繁瑣惱人的小事干擾及照料，才可以寫出他的偉大鉅作。我已經看過一千次那些有著無盡才華的人和那些只會裝腔作勢的平庸者，像是路‧瑞德、佩蒂‧史密斯、牛心船長、克莉絲‧海德、查理‧布考斯基、杭特‧湯普森、傑克‧凱魯亞克、所有雷蒙斯兄弟以及所有的樂手，和我曾經會見過的作家們……當然，在這樣的存在狀態下，

不可避免地終將在形體上死亡，而且通常是英年早逝。所以，去他的！每個人會如此相信，是因為他們覺得這想法很浪漫，但其實才不浪漫，那只不過是一堆廉價的狗屁，如果我們可以永遠去除這些想法，我們的世界會更好，也會有更多、更好的藝術作品。」

♩ ♪ ♫ ♪ ♬ ♪

　　一九八一年，那家曾經出版過《金髮女子》的公司已經轉成真正的發行商——得利拉圖書公司。萊斯特鼓勵他的朋友保羅·尼爾森（Paul Nelson）去跟編輯卡倫·莫林積極提案子，但她拒絕了保羅提的傑克森·布朗（Jackson Browne）案子，而改推洛·史都華的給他。而恰好保羅曾待過Mercury唱片公司，所以他熟悉洛·史都華，而這位搖滾歌手最近放棄了以前他在臉譜樂團那種桀驁不遜的節奏藍調以及他早期個人歌唱風格，改唱起走味的暢銷單曲如〈Hot Legs〉及〈D'Ya Think I'm Sexy?〉等無聊歌曲。尼爾森曾在《滾石》雜誌上批評過這些歌曲，但他還是同意寫這本書。

　　史都華拒絕合作，而尼爾森又正深陷他寫作生涯中最糟糕的作家創作瓶頸期，「尼爾森寫這本書期間，真是一段不愉快的日子，因為尼爾森有截稿的問題，但他無法及時交稿。這些出版商可沒什麼同情心。這書必須趁史都華還很紅的時候發行，如果尼爾森沒法完成，就會有人代替他來填補這些圖片的空白處。」

　　「基本上萊斯特等於幫我解脫這困境。」尼爾森說道，他在合約上寫明是共同作者，結果，尼爾森一星期只寫了五頁，萊斯特卻寫了八十八頁。《洛·史都華》這本書一九八一年秋天出版時，只有兩章是尼爾森寫的，其餘五章、一篇前言和跋都是萊斯特完成的，然而，萊斯特卻從不堅持書上的作者次序要排名在尼爾森之前。

　　大部分時候，這兩位作家分別工作。雖然尼爾森覺得他們應該合力完成一個章節，但萊斯特不喜歡跟別人一起工作，「你無法思考，

因為你一直在跟別人講話。」他說，尼爾森建議他們對著錄音機作簡單而有益的對談就好，「那個章節是我曾參與過的對談中最喜愛的一次。」尼爾森說道，這個內容上逐字翻寫，名為〈兩個假裝成搖滾樂評人的猶太母親〉（Two Jewish Mothers Pose as Rock Critics）的章節，確實是整本書中最精彩的部份，那是藉由兩個最犀利、有趣的評論腦袋以南轅北轍、百無禁忌的觀點去作深度的討論。

　　萊斯特同時還跟得利拉圖書公司有另外一個合作案，那就是跟他的老友麥可‧歐克斯一起寫一本書。這個企畫案早在一九七八年就已經提出，但在那不久，歐克斯離開哥倫比亞唱片公司宣傳部而另組一家搖滾攝影服務公司。這家位於加州威尼斯海灘的「麥可‧歐克斯資料庫」（the Michael Ochs Archives）授權稀有的宣傳照片、唱片封面給雜誌社、公關公司、出版商、廣告代理商及其他願意付錢買這些影像的任何人。當他與得利拉圖書接洽上後，他丟出一個想法，將他個人的許多稀有珍藏收成攝影集出書，一家作卡帶目錄郵購的公司付了一萬美金買下這企畫案，而歐克斯給了萊斯特一半的錢請他負責文案撰寫的部份。

　　「每次我們聊著聊著就會說：『總有一天，我們要完成那本書。』」歐克斯說道：「不過我們總是又說：『要等我們事情處理得差不多了，或者當我戒酒之後。』」

　　在一九八〇年，萊斯特寫了一個企畫書，他希望這企畫書可以跟出版商簽到比較有賺頭的合約。這本名為《搖滾罪惡之都》（Rock Gomorrah）的書是呼應肯尼斯‧安格（Kenneth Anger）的地下經典《好萊塢巴比倫》（Hollywood Babylon）的書。萊斯特描述這本大書是一本集結「搖滾樂歷史中，各種最齷齪、下流且每一件都經過證實的墮落事件」。這部口述歷史是彙編了搖滾樂三十年來各種骯髒行為之大成，並由當初最重要而一流的敘述者解說。「我們幾可以大言不慚地宣稱這將是全世界最佳廁所讀本。」萊斯特寫道。而他的新經紀人，Raines & Raines公司的凱斯‧科曼（Keith Korman）先生說服了

得利拉圖書以兩萬五千美元買下這本書的版權，然後再轉付給萊斯特與歐克斯去平分這頭期款，最後花一年半的時間完成這本書。

　　一九八一年的夏天，這兩位好友終於在芝加哥碰面，並開始著手訪問事宜。他們租了一輛車橫跨美洲大陸，睡在朋友家的沙發上，並試圖讓訪問進度飛快進行。然而大多數的時候，他們無法聯絡上他們欲尋找的對象，其他時間他們則發現，他們當初在錄音間或旅館酒吧裡聽來的駭人傳聞，一旦當他們打開錄音機準備錄音時，那些故事就幾乎變成了聽來都相差無幾的娛樂八卦。在芝加哥，他們訪問了前Chess唱片製作人勞夫・貝斯（Ralph Bass）及靈魂歌手賽爾・強生（Syl Johnson）；在納許維爾是布蘭達・李（Brenda Lee）；在孟菲斯是製作人吉姆・狄更生（Jim Dickinson）和草根搖滾吉他手保羅・柏理森（Paul Burlison）；在阿拉巴馬則是著名的Muscle Shoals節奏樂器組（rhythm section）。萊斯特沒有駕照，因為他自從在底特律酒醉駕車遭逮捕後駕照就被吊銷了。所以整個路上都是歐克斯負責開車，有時萊斯特大聲放起《Metal Machine Music》專輯的音樂，歐克斯就接著放The Jaggerz的流行音樂作品，這兩人的互動關係就像是檸檬汁與紙杯。

　　「我再也不要跟你搭同一輛車，或者同一架飛機，甚至跟你在同一座城市！」萊斯特在火車上說著，就在那時候，他們抵達紐奧良。歐克斯當時正受群發頭痛（cluster headache）之苦，他們住進一家旅館，然後試圖聯絡上一位女性模仿者（female impersonator）芭比・馬辰（Bobby Marchan），他曾與修易・史密斯與小丑樂團（Huey "Piano" Smith and the Clowns）一起演唱過（他最為人知曉的事，是他在一九五九年曾因一首〈Sea Cruise〉一曲被換下來，改由法藍基・福特（Frankie Ford）接替）。「我們每天持續打電話給他，而他的男友總是說：『他昨晚沒有再回來過。』」歐克斯回憶道：「那真是災難一場接著一場，而我們越來越感到沮喪，因為我們認為紐奧良將是最慘的。」

　　萊斯特在整個旅程中都很清醒，他直奔藥店，幫他朋友調製一道配方後，就脫離了旅行車跟歐克斯。「我一直覺得，他真正應該當的是藥劑師。」歐克斯說道。

　　在那次旅行之後，這本書的進度又因另一件意外的發生而更加糟糕。因為當歐克斯在寄那些訪問錄音帶給萊斯特時，郵局在寄送的過程中掉了一半的帶子。萊斯特爆發怒氣，於是歐克斯飛到紐約看下一步要怎麼辦。他們將受訪名單分成兩張，然後他們分別重作訪問，歐克斯負責住在西岸的杉尼・波諾（Sonny Bono）、金・佛利（Kim Fowley）及福洛與艾迪（Flo and Eddie）；而萊斯特則負責訪問住在紐約的「嘶吼狂人」傑・霍金斯、隆尼・史貝克特（Ronnie Spector）及《Astral Weeks》專輯製作人李維斯・馬瑞斯坦（Lewis Merenstein）。當他們在第十四街一家餐廳用晚餐並反覆推敲如何挽救這計畫時，一位流浪漢在隔壁桌暈倒在地上而後死亡，萊斯特覺得很窘困，「這種事經常發生。」他說道。

　　後來這本書的進度一直拖延到一九八二年，得利拉圖書越來越沮喪，但這公司依舊相信萊斯特可以有足夠的文章作品結集成冊，而這本書暫訂為《新浪潮剪貼簿》（New Wave Scrapbook），不過萊斯特對於他的文選感到焦慮，因為他希望自己可以做的比得利拉圖書的編輯好。一九七七年，他曾經為他的文選寫過第一次的提案，並且曾將書名命為《假如伊基・帕普的老婆是你老媽，現在你所能做的事：一本關於搖擺樂與奇人其事的書》（All the Things You Can Be by Now If Iggy Pop's Wife Was Your Mother: A Book of Jive 'n' Verities）。這書名是從查爾斯・明格斯的一首作品翻抄過來的（不過這位貝斯手是用佛洛依德（Sigmund Freud），而非伊基・帕普）。後來在一九八二年春天，萊斯特又完成第二次的企畫案，並更新書的目錄及書名為《精神病患反應與汽化器堆肥：萊斯特・班恩斯精選集》（Psychotic Reactions and Carburetor Dung: Laster Bangs's Greatest Hits）

　　「我編輯這本文集就跟我編一本唱片評論月刊是同樣的方式：純

粹就風格取向及可讀性去考量。」萊斯特在一篇完成於一九八二年二月二十七日的前言上寫道：「假如任何的美學觀從開本排版中顯露出來，那大都歸因於某種的偏執狂，而非設計。不像多數搖滾書籍塞滿了一堆『事實』或者理論架構在裡頭專研，我只是想要這本書像單純地聽音樂那般有趣。」他同時將這本書，「獻給南西，以及這世上所有的愛。」

　　萊斯特在寫給奎爾·馬可仕的一封信上討論到，「你知道，在這些充滿不耐、蔑視的圈子裡，我一直視你為某種父執輩的角色。」他寫道。但萊斯特不清楚到底馬可仕希望他為他做什麼事——「他可能以為我會幫他找到出版商發行，或許我真的能幫他做到。」馬可仕說道——但他同意在他職責能力範圍內去幫助他。

　　當他的出書企畫案緩慢進行時，為了能夠付房租，萊斯特繼續到處接稿子寫，他幾乎不主動找案源，他寧可等那些編輯來找他，而且任何稿子他都接，不管這稿費是多麼微薄，而他對自己的錢財其實不太知道怎麼去管理。一九八一年春天，他寫信給他的朋友裘安·優黑斯基，抱怨他已經被關在他的公寓外頭四天了，因為他無力付房租。

　　因為萊斯特已經沒有電話了，所以每次羅伯特·克里斯提高只好騎著腳踏車到他那裡拿稿子，好及時編輯他替《村聲週報》寫的文章。每當克理斯提高公休時，瓊·佩瑞利斯（Jon Pareles）會接手，而他驚訝地發現，萊斯特的稿子幾乎不需要改什麼，「你連一個逗號都不用動。」佩瑞利斯說道，但是其他的編輯對於萊斯特的專業有不同的觀點。當萊斯特同意為《褲報》（Trouser Press）撰寫雷蒙斯樂團的介紹時，伊拉·羅賓斯（Ira Robbins）願意付他平時雙倍的稿費，然而萊斯特卻將此篇賣給了《新音樂快遞》，讓他們優先刊載文章，好取得獨家報導。

　　萊斯特不喜歡《褲報》及《紐約搖滾客》這兩份刊物，他只替這兩份紐約地區重要的新浪潮音樂雜誌各自寫了一次稿子而已。他認為他們的刊物不僅成了年輕樂評人的天堂，且同時又是產業的誘餌，他

們對爛音樂給予讚美，只因那些是新音樂或晦澀難懂的作品。在一封給《村聲週報》的公開信中，其中一位《紐約搖滾客》的編輯適切地指責他們這些反覆無常的資深樂評人對於歐涅・柯曼《Free Jazz》專輯裡的創新竟然給予鄙視。「不幸的是，每個月你寫的那些牛屎老是告訴你的讀者快去買來聽，但這些不是非一定得聽的前衛作品卻嚇唬不了每一個人。」萊斯特回應著：「那只不過是一堆不重要的東西，對任何人都缺乏挑戰力。」

好幾本所謂樂手玩家雜誌如《音樂家》（*Musician*）、《音樂會》（*Gig*）、《國際音樂家》（*International Musician*）及《錄音世界》（*Recording World*）雜誌提供萊斯特一份穩定但不太迷人的工作。在一堆電子合成器、貝斯線及吉他效果器廣告之間，他詳細解說〈搖滾樂十大吉他聖手〉，並檢視吉姆・莫理森（Jim Morrison）的死後出版品。發行人璜・查爾斯・柯斯塔（Jean-Charles Costa）回憶著，萊斯特走進他的辦公室，他則請求萊斯特可否幫《音樂會》雜誌寫稿時，「我那時願意跪下來求他：『你可以為我而寫嗎？什麼！你覺得我不配嗎？』」柯斯塔說道：「我那時正在編輯這份二流刊物。於是萊斯特說了：『只有一件要求，不要強迫我寫有關路・瑞德的事，我已經對他沒啥興趣了。』我就說：『寫你想寫的任何事物就好。』」

儘管好幾家出版商願意提供他一塊專欄，但萊斯特似乎無法定期地寫出固定的專欄文章，這使得他僅能維持基本的收入。他替《音樂會》雜誌分期寫一個電視專欄，而且為《新音樂快遞》寫了幾篇〈回到美國〉（Back in the U.S.A.），在一九八〇年尾，他終於有了一個固定的專欄，那是替《樂與聲創作誌》（*Music and Sound Output*）負責寫一個名字聽來不甚響亮的專欄：「音樂」（Music）。這本用光面紙裝印的休閒雙月刊，是結合部分玩家雜誌的走向與《滾石》雜誌的風格於一體，根據他這十年的觀察及自己親身玩團當樂手的經驗，萊斯特不僅想要解構重組音樂工業，他還要推翻這現況。

「一旦萊斯特瞭解我不是要去檢查他時，他就似乎比較鬆懈，而

且他越來越激進而憤怒了。」編輯比爾・史蒂芬（Bill Stephen）回憶著，各種專欄一直討論著巡迴演唱是一個不再具有魅力的「死胡同」。這種老式的「全部在一起，一次看個夠」（all-for-one, one-for-all）的搖滾樂團應該拒絕贊同將不同的樂手及作曲家同時排在一起演出。那種低科技及「少就是多」才是錄音方式該走的路，未來最讓人感到興奮的音樂將是出自地方音樂場景，而非那些唱片工業製造中心——他舉出奧斯丁市與太平洋西北地區的地方音樂場景為例，正當一篇採訪報導訪問了一位未公開姓名的唱片公司執行者，點出獨立宣傳者或「職業推手」（hit man）是如何影響廣播電台播放的同時，〈Bette Davis Eyes〉這首單曲卻一舉躍進排行榜前四十名，並在各地電台大肆宣傳播放，與其他聽來不用大腦思考的旋律形成一個對峙的局面。

　　「音樂商業行為一直都是這樣冷嘲熱諷的。」萊斯特在一九八一年末寫道，「但是比起商業行為中這樣的冷嘲熱諷，在今日所顯露出的現象卻是更加令人感到可怕與不真實的。」

　　儘管萊斯特對音樂工業的苦惱與日俱增，但這卻未減低他對音樂創作的喜愛。每次只要當他能跟南西・史迪爾曼在一起，他們就會練玩彈奏一些樂器，而且只要有人願意邀他上台，他必定一起上台演唱。一九八一年末的一個晚上，他喝了一瓶囉靡樂，然後開始把玩起一台卡西歐（Casio）電子琴。他並不是Grandmaster Flash的忠實樂迷，但他認為嘻哈音樂很有潛力。這些來自南布朗克斯區的精神就如同他青少年時期喜歡扮成「混派」作家的想法是一樣的，他用這台機器預設好的節奏樣本組做出一段即興發揮的自由風格節奏，然後將之錄在一卷六十分鐘的錄音帶裡。此外他又跟鬧區一位表演藝術家蘿莉・安德森（Laurie Anderson）一起花了數小時的時間，錄製一段糾雜的胡言亂語放在〈Hey Joe〉這首曲子裡。有天，安德森放了一首名叫〈O Superman〉的自寫曲給他聽，但萊斯特告訴她這首曲子不好，因為裡頭沒有任何人聲在裡面。

　　一九八一年末，《德州奧斯丁河流上的點唱機原始人》專輯發行

後，專輯透過獨立經銷商JEM緩慢地鋪貨到各地唱片行裡。布萊安·柯理只有能力壓製一千張片子，他把五十片寄給了萊斯特，而且再寄大約一百片給各大樂評人。羅伯特·克里斯提高給這張專輯「B+」，那時得到同樣評等分數的專輯還包括理查·黑爾的《Blank Generation》、路·瑞德的《The Bell》、佩蒂·史密斯的《Wave》及雷蒙斯樂團的《End of the Century》。

「我對這張專輯感到很驕傲，但現在這些唱片評論越來越可笑了。」萊斯特在一九八二年二月他寫給朋友理查·李蓋爾（Richard Riegel）的信上寫道：「除了那些讀起來都一樣的樂評，有的說那張很偉大（一個傢伙說是『傑作』），有的則認為那張是狗屎（諸如《新音樂快遞》之類的），其餘給的評價則是介於這兩者中間。」昆恩拿了一張給路·瑞德聽，結果萊斯特聽到瑞德喜歡這張專輯時嘴巴張地大大的。不過他最喜歡的樂評則是瑞克·強生所寫的，「這張專輯包含了某類特定風格的歌曲創作，換言之，這些歌曲若不是出自監獄或從精神病院製作出來的，那麼就是這張專輯嚴重的人員配備不足。」

♩ ♪ ♪ ♫ ♪ ♫ ♪

一九八一年春天的一個晚上，萊斯特、凱西·米勒與其他五、六個女人圍坐在鬧區一座高層公寓的客廳裡，如同以往的情形，聊天聊到最後就是工作。然後萊斯特就會打開他的錄音機開始錄音。讓人不可置信的是，從一開始這些女人就能夠接納他的計畫，通常他甚至不需要問問題，她們就已經開始聊起當妓女的經驗。

「這年頭人們總是希望有關性生活的一切都是完美的，包括他的性伴侶在內都要非常理想。」萊斯特說道：「結果因為這樣想，反而讓你從頭到尾都不滿意。」

「要多久這些人才會學聰明？」薇拉問道，這位四十歲的共產黨員最後淪為妓女，因為當她先生中風之後，她必須要付一大筆醫療費用。

「我不知道，但是電視上的《霹靂嬌娃》（*Charlie's Angels*）影集從頭到尾就一直在散播這些理想而不真實的性感風騷。」萊斯特說道：「就是因為有這些影集，所以有許多人就會以為類似的情節在某地正在發生著——跟這些理想的性感尤物——而他們沒這福份參與其中。」他換了一個話題：「你說男人都是混蛋。」「我聽到你們女孩老在說男人怎麼樣怎麼樣，難道他們遲早都會變成混蛋嗎？他們都會先哄騙妳們吧？」

「男人就是男人，還不就是一般凡夫俗子。」一位來自俄亥俄州的蓋兒說道，她的骨架大，所以別人常嘲笑她做過變性手術（她真的沒有）。「而哄騙就是哄騙，在同一程度上，那只不過是資本主義發展到極端的結果——金錢的力量。」

「我曾遇到一個男人總是說：『你餓了嗎？要不要來個三明治或其他東西？』」長的很像瓊・考琳絲（Joan Collins）年輕時候的荷莉說道：「只是類似像那樣一些很小的事，就會讓人感覺不一樣，但他們大多數的人都還沒有接受他們曾經打電話召妓的事實，所以他們才會來找妳出去。我替很多男人感到難過，也對傑瑞感到很抱歉，因為他老是掛念著他那條失去的腿，但他是位紳士，他總是人很好，很窩心，他是那種妳會為他惋惜的男人，或那些失去他們妻兒的人。」

「噢，老天，他們令我想哭！」來自布魯克林區一位四十五歲的希臘女子艾蓮妮說道。

「今晚有位男子來找我，他的背部受傷了，所以我幫他馬殺雞。」荷莉繼續說道：「我們做愛，玩法國人那套床上把戲，然後我們聊天，那真是美好。好吧，他在哄我開心，但我對他好是因為他也對我好，但大多數的男性沒有這些想像力，他們一點創意都沒！他們想要新奇、狂野、怪異及性幻想，但他們不知道這些是什麼東西，妳只聽到：『像妳這樣好的女孩幹嘛從事這樣的職業？甜心，順便來打一砲吧。』」

在場每個人都大笑。「記得有一晚我打電話給妳？」萊斯特問米

勒：「有晚我打給經紀人，我已經受夠了約會，而且曾搞砸了一段關係。每當我試圖與某人建立起關係，我就覺得很疏離。所以我喝個爛醉，然後有一晚我打到這裡，我知道凱西會有什麼樣的反應——什麼，認識八年了，現在才要？我說：『我想當一名嫖客，現在大約凌晨四點，我想當嫖客。』結果她說：『現在是偷窺秀時間，萊斯特，半小時後再打給我！』她知道我已經快睡著了。」

「不，那不是全部的原因。」米勒說道：「我是要你去找別人，我當時還有三個姊妹可以替你服務，而我不會把你推給克莉絲，因為你認識她，我也不會派金姐，因為我想：『我不能跟我的朋友作這檔事。』而我還有葛蕾熙，她人很好相處，而且很有同情心。因為你想要召妓的原因不是性慾上的，你是感覺疏離，你很寂寞，而你與異性的關係已經完蛋了。所以我才說：『萊斯特，四十五分鐘後再打給我吧。』」

「你怎麼會認為你已經玩完了呢？」薇拉問道。

「噢，當然非常確定。」萊斯特說道：「我老是醉醺醺的，你在開玩笑吧？」

「你是沈溺在你自己的憂傷裡。」艾蓮妮以母愛般地口氣說道。

「或許我要的女人一定要能吸引我，即使只是逢場作戲。」萊斯特說道：「我不知道，或許除了想太多這毛病，我就是完美的嫖客。所以總有一天身體可能就這麼報廢了。」

犀利，加上挖苦人的幽默活潑，凱西‧米勒成為萊斯特進入上班女郎世界的入口，而且她被萊斯特視為他在紐約幾個親密好友中的一位。受到莉莉安‧蘿克森的鼓勵，她青少年時期，在皇后區長島市就開始寫有關搖滾樂的文字。一九七二年，蘿克森叫她去跟萊斯特聯絡看看，所以她就寫了一篇兩萬五千字的文章，內容是評論傑佛遜飛船合唱團的《Long John Silver》專輯，結果萊斯特退回了稿子，但她把他的信回寄給他，然後附上一張紙條拒絕他的退回。「萊斯特認為這真是有種的舉動。」她說道，很快地，她開始替《Creem》寫稿，從

此她就一直泡在紐約的搖滾音樂圈內，而且負責管理一個紐約娃娃樂團的樂迷俱樂部。

他們之間的友誼是在一通四小時的電話及一封二十頁的信後開始真正建立。當萊斯特結束他在聖莫理茲的不幸遭遇，抵達紐約時，終於和米勒真正碰面。一晚，他們幾個人，包括Dictators英俊的主唱迪克‧馬尼透巴（Handsome Dick Manitoba）及老同事戴弗‧馬須，不停地從這家喝到另外一家，每家酒店老闆都把他們踢出來，因爲萊斯特帶了一台迷你手提音響，大聲放著一卷電影《計程車司機》（*Taxi Driver*）的對話，「馬須帶著女友一起去，他覺得非常尷尬，所以就把我們丟在後頭走了。」米勒說道。自從那晚起，萊斯特在紐約就很少看到馬須。

在萊斯特搬去城裡之前，米勒開始替紐約市一家最大的高級應召站工作，她稱自己是「妓女登記人」（hooker booker）。「我從朋友那裡聽到這個機會的，而且還可以繼續當作家，我說：『你怎能拒絕這大好機會呢？』」她回憶道。一週五天，每晚工作十二小時，她在一棟有門房的大廈裡操控著一打女人，隨時等待有人打來應召，然後她們就坐計程車出去服務，「凱西處理這些電話是很有技巧的，而且在電話繁忙的尖峰時期還能注意細節，做出重要的決定。」萊斯特寫道。這些女人總是在看電視、談論八卦是非、喝酒以打發時間。她們很歡迎萊斯特來，而萊斯特也經常耍寶好抒解她們的心情，「基本上他是吃閒飯的（sponge）。」米勒說道：「他不是目光的焦點，就只是經常在那裡鬼混。」

「那環境有某種令人窒息且時間靜止的感覺，既單調乏味卻又很容易上癮。」萊斯特寫道：「一小時一小時的過去，而訪客在那環境待的越久，就越想貿然決定是否該抬起你的屁股，然後滾回現實世界裡。」

萊斯特並未跟其他朋友談到這群女人的事。「那是一個完全不在他正常生活圈子內的地方。」約翰‧摩斯藍德說道，「而他只是去那

裡，然後又回到正常生活。」他已經想好書的開場白——「這些女孩現在是我生活的一部份，而我卻從未跟他們性交過。」——還有可能會採用的書名：《遇上麻煩的天主教學校女孩》（*Catholic School Girls in Trouble*），「幾乎所有曾經寫過有關賣淫的主題都是狗屁，若不是設計好讓人看爽的，就是又一個『真是羞恥』的故事。」萊斯特在另一篇不成功的企畫案中寫道，他將一五一十地寫出來，然後為了要這樣子寫，他會讓這個心碎的羅曼史散發出光芒。

「他有各種正在構思的主題。其中一個是七〇年代男女之間的問題可以糟糕到什麼樣的程度。」摩斯藍德說道：「他老在提有多少人變成同性戀，但實際上他們可能不是真正的同性戀，還有像是那些在色情雜誌上通常都被視為真正情色，但上面有多少女人擺出來的姿勢，其實真正要說的是：『操你的，混蛋！』而我老是聽到這些有關從妓的事，是因為他老是在說這些女人基本上都是快樂的——她們賺頭利潤不錯，她們會照顧自己，她們喜歡她們的工作——但對我而言，她們似乎從未快樂過，她們總是喝很多飲料，吃很多安眠酮，並告訴我：『你有什麼酒就拿給我喝。』」

萊斯特跟大多數男人沒啥兩樣，如果他將妓女賣淫這件事浪漫化了，米勒就會堅持她的看法，「大多數男人確實會以為它比實際狀況要來的光鮮迷人多了。」她說道：「沒錯，這些女人很美麗，但那就是工作而已，而且就像其他任何一種工作一樣非常無聊。最初，萊斯特——好吧，聽著，他十七歲的時候曾經嚐過甜頭，他跑去提華納市嫖妓。而一般來說，他對妓女總有些矛盾心結，當他比較認識這些女孩之後，他才知道他對性工業的認識是錯誤的，自此他臉上開始有了一種邪惡的得意，那就是他是這組織中的一份子。」

「我一直想要一個像你這樣的女人。」萊斯特經常對米勒這樣說。但她常提醒他說她是女同志，在過去幾年，他們嘗試在一起睡過幾次，但那大都是出於好奇。「我就像是，『我愛這傢伙，我從未對其他男人有過這樣子的感覺，我會跟他上床』。」她說道：「接著，

從我的觀點看這件事就像，『啊？全部就這些了嗎？』我才瞭解到我對他的愛是更深一層的，那不是性慾上的愛，而我不認為他對這件事也有同樣的感覺。」他們大部分都是從對方學習到相互支持、建議，或者互踢屁股。

有一星期米勒過得很糟糕，在那週快結束時，她感覺快要被擊垮了，於是在深夜打了一通電話給萊斯特，然後無意間提到，她覺得自己好像快要把自己殺死了，沒想到十分鐘後，萊斯特跑到她的公寓，踢倒她的大門，「你跑來這裡幹嘛？」她問道，「妳要殺死你自己！」他氣喘吁吁的回答。「我不是真的要這麼做！」她答道：「而且為什麼你要踢倒那扇門？它根本沒鎖上！」

每當萊斯特開始一段新關係時，他就會跑來問米勒的建議；當那段戀情結束後，他希望她能幫他振作起來。「他總是跟不適合他的女人出去約會。」她說道。一九八一年冬天，他再度發現他在兩段戀情之間傷痕累累，他跟一名在銀行上班的女子交往，萊斯特一直都把錢存在那家銀行，「她人真的很好，但是太正常了，你知道我說的意思。」他寫給在底特律的裘安・優黑斯基信上提到。就在同一時間，他又很著迷另外一位名叫瑪西雅・芮絲妮克（Marcia Resnick）的女子，芮絲妮克是一位在鬧區工作的攝影師，她曾經跟搖滾樂手強尼・桑德斯約會過，「她人真的很好，除了一件事，她是毒蟲。」萊斯特寫道，「這段日子就像我生命中的所有事情一樣，似乎這兩名女子代表了特定的兩個極端，我得快點想出某些解決的辦法。」

芮絲妮克看出了萊斯特的二分法。「他同時跟我這粗俗、骯髒且穿得很龐克的我，以及那位銀行職員出去約會。」她說道。但萊斯特有不同的看法，當他終於瞭解到倘若芮絲妮克不打算停止嗑海洛因的話，他不想再看到她。

一九八一年的最後一天，萊斯特走到格林威治村，覺得替自己感到難過，當他遇到了潘・布朗（Pam Brown），一位替《龐克》雜誌寫稿，有著棕色頭髮的嬌小女子時，他們一起去希臘餐廳共進晚餐，然

後到他的公寓聊天以度過當晚剩下的時光，「他似乎看起來很憂傷——他有一塊息肉在他額頭上——而且他看起很消沈又無所依靠。」布朗說道：「他似乎覺得自己很失敗而寂寞。而他就在這裡，萊斯特‧班恩斯，這是他三十三歲的生日，他只有一個人，而沒有人在乎。」

「你可以談談有關『抉擇』及『生活方式的選擇』，隨你高興怎麼談。」萊斯特寫道，「但沒有人願意孤單一個人，「紐約市從什麼時候開始變成一個完美的健康城市，卻完全無法讓單身男女找到彼此？」他在《村聲週報》上的一篇文章上寫道，他開始著迷於最近迅速崛起的「沙龍活動」（salon-events），在那裡男人跟女人可以一起聯誼。一晚，他加入了一個由傑瑞‧魯賓（Jerry Rubin）在the Underground俱樂部舉辦的聯誼會，傑瑞‧魯賓曾是一位夷痞鼓吹者，而後轉當雅痞媒人，結果那天晚上所經歷的一切，變成了一篇簡明描繪八〇年代單身市場的最佳文章。但是《村聲週報》拒絕了它，編輯說他們已經做過太多魯賓的報導了。

一九八一到八二年的新年前夕，萊斯特到羅伯‧昆恩位在聖馬克的單人套房跟他還有他的女友愛麗斯‧薛曼（Alice Sherman）一起看電視。此時的萊斯特是一位處在一段三角關係中的玩家，他介入了作家詹姆士‧渥寇（James Wolcott）及金髮南方少女茱蒂絲‧薇兒孟（Judith Wilmot）之間。薇兒孟是一位自由投稿寫手，她一直渴望能夠成為一位小說家。那晚，萊斯特覺得自己是一個可憐的單身漢，然而到了一九八二年的春天，他成了這場三角戀情的贏家，「人們討厭我跟萊斯特約會，因為我跟詹姆士‧渥寇分手，又馬上跟萊斯特在一起。」薇兒孟說道：「那像是：『你跟太多作家約會了！或類似那樣的閒言閒語。』」

在新的一年剛開始時，《村聲週報》刊出了一篇標題為〈好嗯！一位不修邊幅的傢伙訪談錄〉（Yecch! An Interview with a Slob）的文章，它開頭寫道，「不久前的某一天，一位被拋棄了的流浪漢晃到我們辦公室，我正打算要報警的當口，某人向這位可怕的東西打招呼

說：『萊斯特・班恩斯！很高興看到你！』」。這位時尚作家史蒂芬妮・希爾（Stephanie Hill）開始質問「這位到處走來走去的骯髒失敗者」為何要穿成這副邋遢德行。「我寧可買唱片也不想買衣服。」萊斯特說道：「如果我可以讓自己看起來更難以辨認，我會把很多東西都混在一起。」他一直接受訪問，還擺出姿勢讓人拍照，並且貢獻了一則花編新聞放在這位流浪漢的生平介紹上。但萊斯特的許多朋友都覺得這報紙真是卑鄙可恥，竟然將他們最好的一位作家曝光成這樣子，尤其是萊斯特已經保持乾淨很久了。

這篇文章刊出來一週後，萊斯特和薇兒孟兩人，與凱西・米勒、薇拉一起出去吃晚餐，萊斯特秀了一下他剛理過的頭髮，一件水手領汗衫和一件粗花呢運動外套，米勒覺得他看起來再好不過了，Reds餐廳最近才剛開幕，她開玩笑說他正在到處秀他的『華倫・比提加路・瑞德模樣新款式』。他很得意地宣布他已經保持清醒達兩個月之久了，而且他正準備跟薇兒孟去墨西哥旅遊一趟，在那裡他可以開始著手他的小說，「他似乎已經克服了（酗酒的問題）。」米勒說道：「他現在正站在他欲邁向的道路邊緣上，他想成為一位真正的作家與一位正常人，他已經對當一名搖滾樂評人感到很厭煩，而他真的很想跨入下一個階段，成為一位從事嚴肅創作的作家。」

♫ ♩ ♪ ♫ ♪ ♪ ♫ ♪

一九八二年某一天，羅伯・昆恩躺在萊斯特公寓的沙發上，看著他把一張張唱片放到準備丟棄的紙盒裡。萊斯特說他試著不要拆毀唱片外面那層塑膠包膜，因為這樣他拿去賣掉時，可以賣比較高的價錢。

「萊斯特，你真是個混球，那堆唱片可能有些是還不錯的音樂呢。」昆恩說道，萊斯特立刻拉下臉說道：「相信我，兄弟，它們都是垃圾。」但昆恩堅持說一定有好東西。

「好，羅伯，那我們就來聽聽看。」萊斯特露出邪惡的笑容說

道，結果當他們聽到第五、六張唱片時，昆恩開始信心動搖，到了第七、八張唱片時，他開始求萊斯特大發慈悲饒了他吧，萊斯特是對的：這堆唱片全都是內容貧乏的垃圾。昆恩抱起這堆唱片，然後帶到玫瑰二手唱片行（Second Hand Rose）賣掉。

　　從一九七三年一月開始，羅伯特·克里斯提高就開始舉辦一個全國性的搖滾樂評人票選活動，以選出去年前十大年度最佳專輯榜單。他徵集了全國各地的選票，從《滾石》雜誌編輯群、各大日報寫手、各地小眾的樂迷誌記者以及其他在這圈子每一個人的選票。然後在每年年初的時候，把投票結果公布在《村聲週報》的「流士與爵行音樂評論家票選結果」（Pazz & Jop Critics'Poll）的年度特別專區上，克里斯提高再寫一篇針對整個流行音樂的現況作一番整體概論式的介紹專文。而在一九八一年，他手下最負盛名的寫手丟出了一張抗議票。

　　「幾乎所有近期發行的音樂都毫無價值。」萊斯特寫道，「非常單純，它們都沒有靈魂。那是詐欺的行為，包括這些手法、技巧跟製作過程亦是如此。都只是在吹噓它們不朽的謊言，好讓任何人發現它們的生命力，去作更多的消費、整理、『收藏』（讓這成為你第一個設限吧）。新浪潮音樂已經因那些空虛且抄來抄去的姿態而重重落下，饒舌音樂（rap）什麼也不是，或者還不夠看。爵士樂因缺乏任何新意可言，好像根本不存在。至於其他剩下的搖滾樂，永遠只是在那裡用各種公式不斷循環回收而已，我不知道將來我還可以寫什麼音樂——音樂是我在這世上唯一真正在乎的事——但我只不過不想假裝好像發現了什麼，而必須強迫在這些內容毫無價值，跟一堆泥漿一樣的東西之間去作選擇。」

　　克里斯提高刊出了萊斯特的譴責文章，並稱之為「發人深省、頗具刺激性、有趣而且大錯特錯的」一篇評論。這位在評論圈內被暱稱為「院長」的他不同意萊斯特的觀點——「而且當然要特別強調」他的異議——萊斯特的論點是沒有一位音樂家找到了新的音樂生命力。而且眾樂評們都已經投了票，一九八一年的前十大年度最佳專輯包括

了The Clash樂團的《Sandinista!》、X樂團的《Wild Gift》、Elvis Costello and the Attractions的《Trust》、滾石合唱團的《Tattoo You》、Rickie Lee Jones的《Pirates》、Squeeze樂團的《East Side Story》、Tom Verlaine的《Dreamtime》、Prince的《Controversy》、Rick James的《Street Songs》及The Go-Go's的《Beauty and the Beat》這十張。

　　根據克里斯提高的說法，萊斯特的問題是在於他想要「轉換他青少年時代所感受到的無比衝擊，成為一個切實可行的美學觀，那既非哲學，也不是生活方式。」萊斯特看不出那有什麼錯。而他在糟糕的新音樂裡連番被打敗，所以只有到老音樂裡尋求慰藉。「這不是活在過去的世界。」他寫道，「任何腦袋正常的人都不會想回到五、六○年代。然而跟Squeeze樂團、Rickie Lee Jones、the Psychedelic Furs以及the Go-Go's相比，選擇Hank Williams或者Charlie Parker，或者太陽唱片出的系列錄音（the Sun Sessions）、地下天鵝絨樂團等，那不叫鄉愁，那叫好品味。」

　　萊斯特很快地停止寫有關音樂工業製造出來的新產品，那又怎樣？他不是已經在《村聲週報》那篇譴責文章上說這些都是虛偽的，而他不是已經聲言他不知道將要寫什麼音樂了。

　　「我覺得好像我該獨力完成一本我自己的書，而且沒別的原因，只不過是我想要一股腦地傾吐出來。」一九八二年二月，萊斯特在給他朋友理查‧李蓋爾的信上寫道，「『我想要成為一位藝術家。』他說道，然後將一個形狀是字母R的塊體猛力丟進一碗梅寶（Maypo）麥片粥，再加上「WAAAAAA」調成比例適中的樣子。所以我的解決之道是我將去墨西哥──我哥告訴我那地方叫札卡塔佩克（Zacatapec），是墨西哥民族英雄愛米利亞諾‧札帕塔（Emiliano Zapata）的出生地，而現在幾乎沒有人住在那裡，正好是一個我需要人口數量剛好的環境──而我會把它寫出來，然後再回來，再寫其他商業性書籍，再錄製我第二張專輯。」（萊斯特希望跟昆恩談，說服他跟他再進錄音室一次，假如不成，他會試著在英國錄一張專輯。）

　　這個寫著要到墨西哥隱密處躲起來，然後創作出偉大文學作品的想法，是萊斯特回到愛爾卡航市途中，讀著垮派文學作品時就已經開始醞釀了。有些同儕嘲笑他到時一定是躲在一個西班牙大莊園裡，抱著一台火熱的打字機依偎在一起親熱，「那似乎是一個壞的開始，會讓你處在一個這樣的狀況：『我將要去墨西哥，才有辦法寫本書。』」尼克‧拓齊斯說道。而約翰‧摩斯藍德不很相信他真的會去，但是萊斯特開始打電話到航空公司問那裡有最便宜的機票。他勤奮地在筆記本上寫著各種機票費用，並還寫上備忘錄記得繳他的稅跟參加各種酒癮患者匿名互誡會的聚會。

　　而這趟旅行其實還有另一個目的：酒癮患者匿名互誡會一部份的復原課程，是要你把自己與人群隔離開來，然後到一個地方面對酒精的誘惑。一旦克服了，酒癮者將被鼓勵去管理一份個人的酒精存貨清單。「我差點就可以說服他只需要離開，想想他的人際關係就好了。」他的贊助人吉姆‧佛瑞特說道。

　　儘管萊斯特已經寫出好幾百頁的註記與初期草圖，然而他卻從未為自己的小說寫過企畫案。不過他的小說已經有了書名——《我所有的朋友都是隱士》（*All My Friends Are Hermits*）——而且本書已經有了一個具體的概念，那就是他在一九七九年十二月曾為《村聲週報》寫過的一篇文章：關於前《Creem》雜誌的藝術家魏斯‧古德溫（Wes Goodwin）當時住在紐約替某些報紙從事排版的工作。當時他跟負責版面安排的主編蓋‧崔貝（Guy Trebay），認為在即將進入下一個十年之際，《村聲週報》可以做一些更好的版面出來，而不是那種只有刊載跨年活動指引消息的傳統版面。「我說，『你應該找一位像萊斯特那樣的傢伙去做一些真正像樣的版面出來。』」古德溫回憶道：「在簡短的通知後，萊斯特帶了一張看起來好似一張超大開版報紙的手繪草圖到辦公室，然後他看到那一大張紙，好像是為他指出了方向。」

　　那篇文章重新倒數自一九六七年以來，每一年萊斯特曾經度過的新年前夕活動晚會。萊斯特用了他個人的記憶成為該篇的架構，然後

思慮不同性別在這即將開展，但他害怕將會是一個反社會的十年是如何地互動。「我猜你一定會認為我很負面。」萊斯特寫道，「好吧，假如我是如此負面，你去告訴老媽說這子宮懷胎生產過程有點問題，才會跑出我這怪胎。哈，逮到你了吧，況且，當八○年代即將開展之際，我懷疑我那一小撮的反社會思想將很快會變成主要的……那將有兩個方向會不斷擴大：（a）瘀血。或者，（b）腐爛衰敗。而新年前夕則是規模最大的無聊活動，因為我們全都會懷著這些期待跑出去喝得醉醺醺，然後就可以相互站著圍成一個圓圈……去吧，喝著酒，然後厭惡我這懷舊玩意，你可以說我是孤僻且討厭女性的傢伙。老兄，晚上不要太晚打電話到我那狹小的房間，你們每一個人在某些新年前夕就都表現得很癡呆，可能不只是某些，根本每一年都這樣，而且你們今年年底還是會再做同樣的事。」

每當有人問他有關他那本小說的事，萊斯特就給那人一個簡短的描述：「那是講一群人在紐約的生活、交朋友的故事——而這些人際關係如何把他們弄得很慘。」雖然南西‧亞歷山大已經搬到佛羅里達，萊斯特與這個舊愛卻依然保持親密，「我視萊斯特為我的心靈伴侶。」她說道：「而且即使我結婚了，我在夢中還是會戴著兩個結婚戒指，其中一個是屬於他的。」她鼓勵他追隨自己的夢想去寫他的小說，而在這段進展過程中，他則一直記著她的話，「我開始在想，我真正的力量是來自我自身混雜的形式。」他於一九八○年夏天寫給她的信上提到，「一種混雜著實地報導、詩詞、夢境、小說、幻想、東扯西扯、笑話以及一切形式——你知道，就像我說話的時候。」

南西相信萊斯特將會寫他的書，即使他有時會喪失自信，開玩笑地稱那將是「一部偉大的美國傳奇故事」。「他有憧憬。」她說道，我想他很清楚這件事，但我覺得有太多東西擋在他前面，他處在痛苦的情緒之中，我想許多人會只想喝酒，但他會吞安眠鎮定劑去蓋過痛苦，他醒來時會焦慮、擔心，那就像火焰快要燃燒起來了。

♩ ♪ ♫ ♪ ♫ ♪

　　一九八一年十一月，萊斯特回到加州，這是他五年來首次回到故里。他無法驅使自己直接回到他母親與姪子班三世居住的地方——聖地牙哥。他做好萬全的準備，在舊金山先花上數天的時間，來面對這不可避免的家庭聚會。

　　萊斯特與瓊·古德溫（Joan Goodwin）有過一段短暫但熱情如火的床第關係。她與她的先生正訴請離婚，而她先生麥可則是前《滾石》雜誌影評人。「那段關係只維持了二十四小時，很抱歉事情就是這樣子，不過那有點像是典型的班恩斯風格。」她說道：「那只不過是一個自然擁抱的延伸。我想無論什麼時候，任何女人都會接受萊斯特的擁抱，他有點像一隻失而復得、高大、可愛又有點笨拙的紐芬蘭獵犬，他會坐在妳跟前，倚靠著妳，直到妳搔搔他耳朵背後的地方。當他不會因藥物或酒精，而太過失控的話，他是非常容易相處的，他不是那種『性感』的人，但他的情緒是可以透過身體清楚表達的，是一種緊密的連結。」萊斯特在他們做愛做到一半時睡著了，等他清晨醒來時，他們又繼續做愛。

　　豪伊·克連（Howie Klein）是理查·梅爾哲與珊蒂·帕爾曼以前學校的同學。他創立了自己的廠牌「415」，他不喝酒，但有次萊斯特醉倒在俱樂部地上爬時，他護送他回去。後來萊斯特在舊金山的瑪布花園（Mabuhay Garden）廣場鼓勵克連簽下一個樂團，那時樂團正好在檢查現場音控，萊斯特腳步一個不穩，便暈倒了。這樂團是由一位身材矮胖，但頗性感的女子黛博拉·艾尤（Deborah Iyall）所領導的。克連最後聽從了萊斯特的建議，而這名叫Romeo Void的樂團就靠一首單曲〈Never Say Never〉，幫助「415」廠牌建立起基礎。

　　在舊金山待了一星期後，萊斯特終於前往聖地牙哥。「我母親又老又病，而且她試圖想讓我因此而感到內疚。」他寫道。諾瑪對他的

新短髮視而不見，反而說他看起來像是個特大號嬉痞。她不停地問他要不要來一個鮪魚三明治，「有時候我說好，有時候我說不要。」他寫道，「我們的談話偶爾會還不錯，只要她不要又用那連哄帶騙的語氣就好。」他試圖讓母親談談父親，但她只有虛弱地講述不完整的過去。萊斯特告訴她，她有一堆故事，應該要寫下來。「寫作是你的事。」她說道，而萊斯特視這句話，為她有史以來曾對他說過最美好的話之一。

每當諾瑪讓萊斯特神經緊張，他就跑到地下室用班三世的音響聽Public Image, Ltd.的《Metal Box》專輯。而開頭曲〈信天翁〉（Albatross）似乎是這次旅程的最佳主題曲，他的姪子一直都有讀他以前在《Creem》時期寫的文章，而他總是問他的祖母，她的小兒子過得怎麼樣，「一切都很好。」她老是這樣說道：「萊斯特很努力工作，而且他會考慮回到教會來。」但班三世一直知道那是一個謊言。現在他又跟他的叔叔再度聯繫上了。萊斯特知道諾瑪也曾對自己說過謊話，而自己亦曾相信過。然而，當他聽到她說班三世已經成為一位虔誠的耶和華見證人教派信徒之後，他就不曾再打電話或寫信回家了。

這兩個兒時玩伴又重拾他們當年的情誼。萊斯特試圖引介班三世聽Public Image, Ltd.的音樂，但他的姪子不感興趣。「我想說一些很傻的事，『我仍然對你當年強迫我買那些Grand Funk Railroad樂團唱片的事感到生氣。』」班三世回憶道：「『況且，至少肯尼‧羅吉斯（Kenny Loggins）可以彈出一個升F調第七度音！』我們有爭執，而後他回來跟我說：『你知道嗎，你是對的。』我不知道那觀點在音樂上有著什麼樣的意義，但我不曾再回到那點跟他辯論了。」

幾天之後，萊斯特回到紐約。但是諾瑪的身體狀況持續惡化，害怕最糟的狀況發生，四個月後，一九八二年二月，他再度回到加州。七十六歲的時候，諾瑪曾經住進過聖地牙哥的見證人醫院（Witness hospital），他有個兒子，也是萊斯特同母異父哥哥比爾‧愷秦（Bill Caching），住在史都迪歐市（Studio City）北邊，開車只要九十分鐘

就到的一輛行動房屋裡。那地方靠近好萊塢區域，而他則是一位特技演員。萊斯特跟他住了一星期——唯一他們在一起住過的一段時間——而這兩位愷秦家族與班恩斯家族的不肖子，便每天一起開車去探望他們的母親。

有一次，萊斯特嚇到比爾，因為他鑽進一家靠近醫院附近的救世軍互助儲蓄銀行商店（Salvation Army Thrift）。他把他那件新的運動夾克換成一件有繡圖案的二手西裝外套，「他希望看起來『很沮喪』或者類似那樣子。」比爾說道：「他走出來時，看起來比他走進去時糟糕。當他走進醫院看他母親時，他身上就穿著這件少了一個手肘的破舊外套。現在，我可能是僅次於約翰‧偉恩或隆納‧雷根最保守的人了，當他來到這地方，我想：『好吧，我將不會對這小孩說教。』我不是很瞭解他，但是我發現他在嗑藥時，我心想：『真是可惜。』我並沒有要求他，因為他喜歡我，而他也沒有要求我什麼，但任何人若是掉入那樣的習慣，就是某種思想上的懦弱。」

這次旅行期間，理查‧梅爾哲見過萊斯特好幾次。而他很訝異地發現他的老友居然一直保持清醒且沒吸毒，甚至當他們兩個大聲交換有關錄音機的意見，或是跟The Blasters樂團的團員在玩撲克牌都是如此，在過去，這樣的場合會引起粗暴的行為。

「一想到他這樣一直維持有禮貌的良好紀錄，就讓我興奮地連皺紋都覺得溫暖，他去看他的親人（親切地），去看同母異父兄弟的妻子，一位自然真誠、漂亮、二十歲的墨西哥人，有著農村人家的氣息，充滿男性氣概且嗓門又大，是一位驚人的女子。那是他兄弟在最南區透過最近一次的交易所換得的，而後他就娶她進門。」梅爾哲寫道，「雖然她幾乎聽不懂英語，但當時我初見到她時，她正在讀一些雜亂的英語語言教材垃圾，而她的老公則坐在電視機前休息，看著正在播出的《The Fall Guy》連續劇。而她的南方郊區廚房則擺著一台小電視，那是她有生以來第一次在物質上感到充實而舒適的空間；她似乎有點寂寞、迷惘，且遠離家鄉，讓她顯得肅穆，她看起來明顯地

一直僵坐在那裡，害羞？覺得自己像僕人？——直到萊斯特闖入介紹我和女友愛琳的到訪，才讓她感到自在些，一點都沒錯，我們是這家族的朋友，就像這對他而言很重要，她感覺到他對她亦是一家人——所以才跟她分享所有的想法及一切的事物——而就在那片刻，她臉上的孤寂感消失了，她開朗地笑著，搖晃著我們的手（或至少是抓著），然後跑回去看她的電視。」

梅爾哲看著萊斯特打包行李回紐約去，他的母親似乎逐漸康復中，而她準備出院，然後跟她最小的兒子班三世住在加州位於阿普鎮的屋子。萊斯特在前往機場前打了電話給她，「聽著，身體不要變差，免得又要叫我回到這裡。」他口氣溫和地說：「不管怎樣，我都會回來看妳。」

四個星期過後，在一九八二年三月十三日清晨一大早，班三世從門縫偷窺一下諾瑪的房間，看到她的床已經鋪好，狗兒跑進去，發現她的身體倒在地板上，介於窗戶與床之間。「她喜歡坐在窗戶那裡，因為那間前房可以很清楚看到河流上的風景。」他說道：「證據顯示她坐在那裡，大動脈突然爆裂，然後她就倒在地上過世了。」

萊斯特跟約翰・摩斯藍德借了錢回來參加葬禮。那是一個沒有情緒波動、典型的耶和華見證人教派葬禮，之後諾瑪的四個小孩全部都聚集在一起，這是他們記憶中第一次全體到齊。萊斯特沒有喝酒，但他帶著一卷《德州奧斯丁河流上的點唱機原始人》卡帶在身上，然後他放給他的家族成員聽。「不太受到歡迎。」班三世說道：「他似乎遠比我們都要看重這件事。」

班三世邀請萊斯特多住幾天，他們一塊到聖地牙哥的淘兒唱片行（Tower Records）逛逛，萊斯特替他姪子買了一卷路・瑞德最新發行的專輯《The Blue Mask》，而他正在讀高二的曾姪女凱倫，則買了一張the Clash的《London Calling》專輯。他在愛爾卡航市短暫停留，拜訪幾位老朋友，包括羅伯・休頓（Rob Houghton）和蓋瑞・拉切克（Gary Rachac）等人，他們都很訝異他居然沒有喝酒。

　　一晚，班三世回到家，發現萊斯特正在掃視他臥室的藏書，他不敢置信他的姪子居然讀了這麼多作家的作品，「老天，我該讀福克納的！」萊斯特說道。「他一直在談家族的事、整個世代及正在發生的事！」或許，他自己家族的故事，還有他們跟耶和華見證人教派之間的互動，都遠比他曾寫過的任何一篇故事更值得寫，他補上一句：「當萊斯越老，他越能懂得這些事蹟是比搖滾樂都要來得大的故事。」班三世說道：「他看到福克納，我想他會朝那方向匍匐前進，那些作品吸引他的注意，而他並不想只當一個搖滾樂作家。」

　　說那時候是工作旺季吧，萊斯特啟程回到紐約。他很想幫忙將他母親的骨灰灑向大海，但他的姪子班三世卻發現事情不是那麼簡單，不是只要跳到他的小船，將骨灰灑到太平洋就好了，他得先拿到許可證才行。

　　許可文件在幾週後寄到，班三世他老婆米琪、女兒凱倫一起跟諾瑪最小的兒子帶著骨灰罈張帆出航，每唸出諾瑪的一個心願，她的曾曾孫女凱倫便唸出一長串耶和華見證人教派的教條在她的生命當中所扮演的位置。當凱倫的父親將船舵掌得穩穩後，班三世試圖打開骨灰罈，不過那不太容易，「我們又推又拉，然後才旋轉開來，突然間整個骨灰就飛灑出來了。」班三世說道，骨灰及一些骨頭碎屑在風中飄散開，結果風把骨灰吹到船上每一個人的頭髮及衣服上。「那有點糟糕。」班三世說道：「但我們只是互相看著對方，然後說：『現在祖母真的和我們在一起了。』」

第十二章
不要管那扇門了

　　一九八二年四月十四日，萊斯特快要完成《搖滾罪惡之都》那本書。這本文字書前前後後花了四年左右的時間才要寫完。他很生氣有一位名叫蓋瑞・賀曼（Gary Herman）的作家搶先出版了一本名叫《搖滾樂巴比倫》（*Rock and Roll Babylon*）的書，而這本書的標題或構想都似乎是偷自萊斯特的想法。於是萊斯特與麥可・歐克斯計劃重新將書名改爲《唱片錄音之外的傳說》（*Tales from Beyond the Grooves*），然後以「EC Comics」的字型印在書上。「那本書會在耶誕節之前推出來，我猜，是爲了趕上假日這波消費旺季。」當我訪問他時，他告訴我的。「下週我們會全部交稿給出版商，如果我可以稍微移動一下我的屁股，就可以完成它。」

　　聊完那件事後，萊斯特繼續說他要前往墨西哥去寫他的小說：「我必須做些跟音樂沒有關係的事情。」他說道：「我沒有談好任何出版商來買這部小說，我只是希望有人會願意要它，假如沒有人願意要出版這本小說，好吧——至少那是我眞正想要做的事，而且我很清楚這是一件很重要的事，它已經在我內心慢慢醞釀很久了。」你無法想像在紐約寫本書是不可能的事。「這城市眞的已經讓我感到煩躁不耐了。」他說道：「去年夏天的情況非常糟糕，今年會更加嚴重，這

邊的生活品質是每況愈下。問題是，當你走出家門踏進這城市時，好像每個人看起來都很沮喪，所以那有點像是沒有生活可言。而這地區是有生活可過，但每個人又很意志消沉的樣子，那真是一種惱人、不友善且讓人不愉快的生活。我不知道到底哪一個比較慘，你選擇哪一個？焦慮或沮喪？」

沒有人可以分享他對曼哈頓的意見，而且兩週之後，萊斯特必須招待幾位興致高昂、來自底特律的訪客。卡蘿・施婁納是在復活節那個週末抵達的，而他們到處看紐約景點玩得很愉快。這位他曾稱為「Jah Woman」的老朋友非常擔心他，「我不認為他看起來很健康。」她說道：「但他即將要去參加酒癮患者匿名互誡會，而且他一直說所有的事情都即將好轉。」

在施婁納離開後的那週，前MC5的主唱羅伯・泰納與他的器材管理員基爾・克拉克（Gil Clark）也一起進城來為他的個人專輯錄製幾首曲子。那時《搖滾樂巴比倫／唱片錄音之外的傳說》整份完稿正放

萊斯特和作者（攝於1982年4月14號）

在桌上的紙箱裡，「你們有誰想要閱讀看看？」萊斯特問道。結果當他的客人隨意丟出幾個如小理查、強尼・瑞佛斯（Johnny Rivers）及艾迪・寇全（Eddie Cochran）的名字時，只見萊斯特快速地翻閱到他們想要看的頁數那裡。當時萊斯特穿了一件Destroy All Monsters樂團的宣傳T恤，這樂團是前The Stooges吉他手朗恩・艾須頓（Ron Asheton）後來新組的團體。但那時萊斯特卻沒有對他們大吼大叫，「當時那趟旅程，我和羅伯都玩野了。」克拉克回憶道：「我們一直想提供萊斯特一些貨，但他總是說：『啊、不了，這些藥不適合我了。』我想他已經改邪歸正了。而我則是非常不想改邪歸正，我有我的好日子要過。」

這兩位搖滾客在四月二十九日那天回去底特律，那晚昆恩來找萊斯特，對著他的窗戶大喊。他帶著一卷《Destiny Street》卡帶，這是理查・黑爾與空虛者樂團拖延已久的第二張新專輯。萊斯特的女朋友茱蒂絲・薇兒孟離開公寓讓昆恩進來，萊斯特從浴室走出來，並且吞下手上好幾粒藥丸，「是安眠鎮定劑（Valium）。」他說著，當昆恩詢問的時候。他們停止講話且仔細聆聽這張專輯，「有一段時間我以為好像他睡著了，但過了一會兒，像是〈Ignore That Door〉那首曲子的結尾，他突然就微笑了一下。」昆恩說道：「茱蒂絲也離開他了，而他處於相當負面的情緒——充滿敵意且脾氣暴躁。」

萊斯特提議去散散步，但這樣無法讓他的心情好過一點，「今年夏天將會很難捱。」他一直不停說著。他們在第八街一家名叫「Eva's」的中東食品店前停了下來，萊斯特喜歡他們的冷凍優格，但昆恩餓了，為了避免萊斯特的惡趣味再度發作，所以他拒絕了萊斯特邀他一起去找食物吃的念頭，於是他們在第五大道上各自走人。

幾小時之後，萊斯特打給在佛羅里達的南西・亞歷山大，想必是用投幣式公用電話打的，因為他還沒有償清他積欠的電話費。「萊斯特，現在是凌晨三點耶！」南西說道：「明天再打給我。」然而到了週五他依然沒有再打給她時，她一整天都非常擔心萊斯特。這是他們

最後一次談話，她的這位前男友告訴她最近的一個夢境：他站在三道門的前面，他先打開第一道門，看到他母親在睡夢中死去；在第二道門，他發現火焰正吞噬燃燒著他的父親。他醒來時發現自己全身冒冷汗，他根本沒那能力去開第三道門。

四月三十日，週五快到中午的時候，萊斯特到得利拉圖書公司去呈交他那份已經完成的《搖滾樂巴比倫／唱片錄音之外的傳說》手稿，然後他再從那裡走到約翰・摩斯藍德那裡幫忙處理摩斯藍德手頭正在寫的《最佳鄉村音樂選粹》（the Best of Country Music），因為摩斯藍德正處於創作瓶頸的困難期。他們花了幾小時去討論他的創作瓶頸問題，萊斯特並計劃著要如何進行下一步，他對他的小說《我所有的朋友都是隱士》及《精神病患反應與汽化器堆肥》文選依舊相當熱中。然而，他感覺身體不是很舒服。「他得了流行性感冒。」摩斯藍德說道：「不是那種小感冒——他真的病得很嚴重，一直猛睡覺。他腦袋還是很清醒——他一直在談這些他想要做的事情——但是當你生病時，你人整個就會覺得很沈重，然後講話就是那樣子，他喉嚨的聲調幾乎沒有表情了。」

在回家的路上，他經過玫瑰二手唱片行買了一張人類聯盟樂團（Human League）的《Dare》專輯，這是薇兒孟喜歡的英國流行電子樂團。在準備爬樓梯到他公寓之前，他先在位於第十四街及第六大道，他最喜歡的公共電話亭打了幾通電話，大約在六點鐘，他打給比利・奧特曼問他們哪時候可以一起吃晚餐，奧特曼責怪他把事情都搞砸了，所以時間改到週六。接著他打給薇兒孟，她覺得他因為跟歐克斯一起弄那本書而覺得心情很差，「我對萊斯特說的最後一件事情是：『我一天比一天更加地愛你。』而我想那對他會有點幫助。」她說道。再來他打給羅伯特・克里斯提高延後他交稿給《村聲週報》的日期，最後他終於打給南西・史迪爾曼，邀她一起練玩樂器。

史迪爾曼永遠對接到萊斯特的電話感到很興奮，她從去年冬天就沒聽到他的消息了，現在聽起來好像他剛從冬眠中甦醒過來。相對來

講，他已是比較清醒的人了，而且她總覺得當他服用鎮定劑後，她可以辨識出萊斯特的嗓音比較高，所以她問他吃了什麼藥。「不要跟我媽一樣囉唆！」他冷不防地回她一句。

大約八點鐘，阿貝爾‧夏佛（Abel Shafer）聽到萊斯特在欄杆與牆壁之間的走道上跳著走回到他的住所，這位和藹的老先生是住在萊斯特樓下的同一個隔間裡，而除了有時會有太過吵鬧的聲音傳來外，他還蠻喜歡他樓上的鄰居。所以他打開門問萊斯特感覺怎麼樣。「很好。」萊斯特回答。夏佛聽到他爬完最後一層樓梯，甩上大門，然後全身噗地一聲整個人陷在沙發上，就如同他以往的習慣一樣。

半小時後，史迪爾曼到達他公寓樓下，然後對著他的窗戶大叫開門，但是萊斯特沒有聽到她的聲音，她以為他一定是睡著了或者把音響開的很大聲，她一直大聲喊叫直到夏佛下來幫她開門，那時已經大約八點四十五分了。

「他的氣色看起來相當差，面如鐵灰。」夏佛說道：「他的臉色真是糟透了，我知道萊斯特的身體狀況不好，但沒想到是這樣糟糕。」他讓她進入公寓，而她趕緊跑上樓去，發現萊斯特躺在那裡，身體緊靠著沙發，他的眼睛睜著，而他左手臂則懸盪到地板上，那張《Dare》唱片還放在唱盤上，而唱針卡在後頭的溝槽。

「他看起來好像睡著了。」史迪爾曼說道：「那時候的狀況，不像是你在電影裡看到的情節，好讓你想成：『噢，我的天啊！他死了！』那樣戲劇化。」史迪爾曼跑到樓下請夏佛打電話求救，這位萊斯特的鄰居老友已經聽到騷動了，「我一走進去，立刻有種不祥的感覺。」羅伯‧鄧肯說道：「蘿妮（荷夫曼）跟著我隨後進來，她一看到現場就說：『噢，糟了！』」鄧肯抓住萊斯特的手腕，看看是否還有脈搏，但發現他根本不知道要從哪個部位去辨別。十分鐘過後，醫護人員抵達，但他們似乎很不情願做任何事情，「他還是個年輕人，快拿電擊板放在他胸前！」鄧肯嘶吼著：「我們半小時前剛發現他，還有時間在這裡讓他甦醒過來！」一位緊急醫療技術人員失去冷靜地

發出不滿的吼聲說，就算他們真的讓他的心跳恢復，這傢伙也將會腦死，他看得出來他的人員也已經準備好了。

　　根據警方報告，兩名第十三支局的警官在九點五分後抵達現場，一位是經驗豐富的黑人巡區警察，另一位是菜鳥女警員。「她真的沒有處理這種事的經驗能力。」史迪爾曼說道，但她從未看過屍體，而她必須要離開公寓。另外一位警察則等待他稱之為「肉屍運貨車」（meat wagon）的到來，他開始拾起那堆唱片，詢問是否可以放一張稀有的麥爾斯・大衛唱片。「那讓我想到在《希臘左巴》小說裡的場景，當那人快死的時候，所有的老婦人都來了，而他卻開始講事情並離開屋子。」鄧肯說道：「但我隨即覺得：『搞什麼，萊斯特會希望這傢伙擁有這張唱片，他會感到驕傲的，因為這黑人警察會對他的爵士收藏有興趣。』」於是鄧肯告訴他，請自便，他就走到鄰門打電話給約翰・摩斯藍德。

　　紐約市醫療調查員終於在晚間十一點四十分出現，而他花了十分鐘就完成了報告書。「死者是一名三十三歲獨居的音樂家。」他寫道。萊斯特可能會給這點一個微笑——是「音樂家」，而不是「作家」呢——此外還有其他的紀錄，「沒有藥物濫用的現象。」案發現場是：「骯髒的一房一廳公寓，沒有掙扎跡象。」致死原因：「可能是藥物服用過量；主要是安眠鎮定劑，並發現其他藥物。」

　　很快地，摩斯藍德趕到現場，而茱蒂絲・薇孟兒還在慢慢晃進去，她還沒察覺發生了什麼事，但隨即感到極為震驚。摩斯藍德發現萊斯特的地址聯絡簿，而且從五月一日一大早就開始在打電話通知親友他死亡的消息。而之後的兩週，他幾乎花上大部分的時間在接電話、打電話，「人們從世界各地打來給我——像一些芬蘭的小鬼聽到萊斯特死去的消息，便沿線追到我這裡來。」他說道：「我不知道他們是怎麼拿到我的電話號碼，其他很多人是萊斯特生前的朋友，我可能只見過一次而已，而他們是看到報紙登出訃文或者透過通訊新聞文章得知的。」後來他也經歷了紐約傳統而殘忍的房地產經紀人及二手

書書商打來問萊斯特的公寓及他的藏書。

　　當班三世接到電話時，他不敢相信他的叔叔竟然在諾瑪過世沒多久就隨她腳步離開人世間了。僅僅六個星期前，他們還站在他的臥室裡談論福克納，班三世不算是血緣最親的親戚，但必須要有人安葬萊斯特，而他想不出任何耶和華見證人教派的人會處理它，於是他和他妻子米琪向他老闆借錢飛到紐約。

　　五月一日，一位紐約醫學檢驗師開始在曼哈頓太平間進行驗屍工作。外部檢驗顯示屍體並未有顯著的外傷，唯一怪異的徵狀是：「一個圓形的挫傷位在前額中間處，離髮線約一又二分之一吋的地方。」還有一個腫塊。內在器官都顯示健康且無尺寸不正常現象，雖然檢驗師發現肺部有些積血現象。她完成她的工作，並在十二點四十五分口述她的驗屍報告。

　　毒物學督導直到五月二十七日才完成他對體液及肝臟的檢驗報告。檢驗室發現他身體內含有一種「濃度大於百分之二毫克」的丙氧芬（propoxyphene；一種鎮痛藥）以及在肝臟裡有一小量的苯甲二氮（diazepam；安眠鎮定藥的一種）。此外在胃液及尿液中發現不特定的丙氧芬，膽汁亦發現有不特定量的苯甲二氮。丙氧芬在達爾豐止痛劑（Darvon）裡是促成麻醉及幻覺反應的主要媒介成分；而苯甲二氮則是在安眠鎮定劑裡引起化學衰竭的成分。從實驗室的報告中顯示出，毒理學研究檢驗人員並未在血液中針對這兩項成分做任何的測試，但檢驗人員確實有在血液當中去尋找酒精、巴必妥酸鹽（barbiturates）、安眠酮（methaqualone）以及鴉片（裡頭即含有鎮咳劑（dextromethorphan）成分，是囉靡樂的關鍵成分），而他並未發現以上任何一種成分的蹤跡。

　　六月二十五日，紐約醫學檢驗師在她的報告裡補上致死原因，「急性丙氧芬中毒。」她寫道，「致死環境不確定。」達爾豐止痛劑造成的——她做出這樣的結論。

　　結合麻痺與止痛功效的達爾豐止痛劑，是Eli Lilly藥廠所製造。

這是自從一九六七年起，萊斯特為了尋求快感而斷斷續續使用的藥物之一。「達爾豐是真正的好東西。」他在他的青少年小說《嗑藥龐克》裡曾如此寫道，這種藥丸的大小也是大顆粉紅色膠囊。在七○年代末，醫師們便建議清除該藥品，因為它有服用過量的危險。在一九七五年的一份與達爾豐止痛劑有關的死亡率研究調查中，它引用了《美國大藥典》（The Physician's Desk Reference）的文獻指出，當過量服用後的第一個小時內，有百分之二十的比例會造成死亡，有百分之五的人在服用後的五分鐘內便立即致死，它補充說明：「許多與丙氧芬相關的死亡事件中，大都發生在病患先前有情緒困擾、存自殺念頭、嘗試自殺的情形，以及各種鎮定劑、酒精和其他引起中樞神經系統反應的藥物誤用。」

沒有人知道或確定到底萊斯特是吞了兩顆達爾豐止痛劑或是二十顆。一九九八年，醫學博士羅柏·奇許納（Dr. Robert Kirschner）重新檢閱這份驗屍報告書。他是前伊利諾州庫克區醫學檢驗師、芝加哥大學醫學院病理學系的系主任，而且是全美最權威的法醫。他形容那份驗屍報告書即使是在當時的一九八二年，都頗為「粗糙原始」，好像是沒有經過科班訓練的人寫的，而且「相當沒有參考價值」。當那位紐約毒物學檢驗師一發現採樣有丙氧芬反應時，他就立即停止了他的分析。奇許納博士說，若是在當時檢驗的時候遇到這樣的狀況，芝加哥這邊會再要求做更多的檢測，「濃度大於百分之二毫克」的測量並不能指出萊斯特是攝取了多少的藥物。文獻記載，一般在肝臟裡造成致命程度的平均值是百分之六毫克。

「萊斯特可能是死於過量服用達爾豐止痛劑，而且很可能也吃了很多的安眠鎮定劑。」奇許納博士說道：「但為了要確定他是否因藥物過量致死，你必須要有定量的檢驗樣本給我，而這裡顯然是沒有。所以假如我去上法庭，有人問我說：『這人是不是死於藥物過量？』我必須說：『我不知道。』」

萊斯特的屍體於五月二日晚間在紐澤西州希爾賽（Hillside）那

裡火化。隔天早上，因荷蘭隧道（Holland Tunnel）的交通阻塞而延
誤了骨灰抵達位在第十四街的瑞登葬儀社，而他的追思守靈只限大約
十二名親朋好友參加。南西‧亞歷山大從摩斯藍德那裡聽到消息，便
立刻從佛州飛到紐約，「我直接跑出屋子，不停地啜泣。」她說道：
「我非常憤怒，並對著上帝大喊。」

　　安卓麗雅‧迪谷格里耶莫，萊斯特的初戀情人在康乃狄克州的一
家製藥廠公司工作，而她也出席了追思守靈。「我一直認為萊斯特在
他母親死後第六週過世絕對說明了一件事。」她說道：「我只是無法
相信他死了這個事實。他非常愛他的母親，而她用一種奇特的方式給
了他許多的安定。我想當他母親死時，一部份的他也隨他母親而去，
她是他最終的生命線。」

　　安迪是班‧凱秦與米琪‧凱秦在追思守靈會上唯一認識的人，在

萊斯特（克麗絲汀‧佩托斯基攝）

參加完追思會並用完隨後的午餐時，班不斷非常驚訝地發現，從摩斯藍德、凱西‧米勒、喬琪亞‧克里斯提高、保羅‧尼爾森及比利‧奧特曼這些人對他叔叔所流露出的深切情感是多麼深厚。多年後，許多萊斯特的親密好友都表達了他們痛失一位好友的心情，如同尼克‧拓齊斯所說的：有時他自己會去參加一些派對，而他會感應到一個形體上的虛洞在那裡——而那虛洞應當是萊斯特的位子。

　　在追思守靈會過後，班立刻飛回加州。八年的光陰，他們經常隱密地坐在屋子靠近太平洋那邊的角落上，在一九九○年的某一天——「沒有特殊的原因；就如同平常的日子。」——班帶領他們去水邊，這個骨灰罈比起諾瑪‧蓓拉‧班恩斯的那罈要容易打開多了，「它就好像某種老式的咖啡罐頭，紐約做的骨灰罈比較對。」班說道，並露出猶如萊斯特那般傻傻且張嘴的笑容。沒有許可證，沒有唸一大堆裝神聖的信件內容，他對著海浪揮灑出他叔叔的骨灰，然後轉向，朝家的方向走去。

後記

　　儘管不像死去的貓王那樣到處都有人模仿他，然而，自從萊斯特過世之後，事業卻依然相當活躍。這幾年，他成了各種讀書會及專題小組的討論對象：從紐約的詩歌計畫（the Poetry Project in New York）到在奧斯丁舉辦的南西南音樂與媒體研討會（South by Southwest Music and Media Conference），以及洛杉磯的音樂新聞寫作大獎及研討會（the Music Journalism Awards and Conference）等組織。當滾石合唱團在演唱會上邀請藍調歌手馬帝‧華特斯（Muddy Waters）上台一起演奏，讓全體樂迷聽得如癡如醉的同時，台下好幾名搖滾樂評人不斷引用萊斯特的名字作為報導內容的引述。至於他生前與吉米‧漢崔克斯的訪問則被好幾家雜誌社與其他漢崔克斯的訪問稿一起付梓。此外，他至少被兩個以上的地下樂團當成識別記號，且被許多唱片引介文字列為啓發他們音樂的重要人物（包括米克‧瓊斯後來組的樂團Big Audio Dynamite）。而他的歌曲還被搖滾樂團The Mekons拿去當成曲子的取樣來源（收錄在《F.U.N. '90》迷你專輯裡的〈One Horse Town〉一曲）。他的肖像甚至還被另類民謠女歌手瑪麗‧露‧羅德（Mary Lou Lord）貼在她的一張迷你專輯上，這位曾是搖滾歌手科特‧寇本（Kurt Cobain）女友的民謠女歌手還說萊斯特經常成為她性

幻想的對象。

　　他同時也出現在許多歌手的歌詞裡，包括從鮑柏・席格的〈Lester Knew〉、The Ramones的〈It's Not My Place [In the 9 to 5 World]〉、Red Dark Sweet的〈Lester Bangs I Going to Hell〉，到R.E.M.在參加卡倫・莫林為袞・卡若司寇國王與皇冠樂團所舉辦的那場派對後，主唱麥可・史提普（Michael Stipe）有次夢到他在一個社交晚會上，發現那裡每一個人的名字都有一個縮寫的L.B.，而他們大家都參加了一場興致高昂的食物丟擲嬉戲。因此在〈It's the End of the World as We Know It (And I feel Fine)〉這首歌裡，史提普便唱道：「伯恩斯坦、布里茲涅夫（Leonid Brezhnev）、藍尼・布魯斯以及萊斯特・班恩斯／生日派對、起士蛋糕、軟心豆粒糖、蹦！」，而後這首曲子成為該團最暢銷的單曲之一，但許多樂迷誌與網站卻必須經常指出那段歌詞裡所提到的幾個人名，好嘉惠年輕的聽者知道誰是誰。

　　萊斯特曾在八〇年代初期擁戴過的龐克與重金屬美學，現在不僅已成為地下搖滾的美學標準，在某些時候也被主流音樂所接受。他的搖滾樂三和弦歷史觀點，從最早期的〈La Bamba〉歌曲，到像〈Blitzkrieg Bop〉這類的龐克風格的曲子，或甚至延伸到超脫合唱團（Nirvana）那首〈Smells Like Teen Spirit〉，其實都已涵蓋在他那搖滾樂的歷史觀。而他個人第二喜歡的樂團「數五下」則在他的想像裡被形容為，一張「如此蹩腳（grungy）的作品，除了那些聽起來沒什麼差別且又刺耳的噪音音牆，及時斷時續、聽起來像母豬用喉嚨發出的咕嚕咕嚕聲外，幾乎所有的歌曲你都無法辨認出任何東西。」——這段文字則已經被許多人用他們各自的理解方式運用到許多類型的音樂了，包括Grunge樂風、工業舞曲（Industrial Dance Music）、噪音搖滾（Noise-Rock）、硬蕊饒舌（hard-Core Rap）以及其他諸多類別樂種。

　　當年曾被萊斯特讚美過的歌手現在很多都成了偶像，他們的音樂

生涯則被供奉在克里夫蘭那座滑稽的玻璃金字塔裡（詹·偉納是隱身在搖滾名人殿堂的幕後操縱者，所以《滾石》雜誌可以在一間較大的展示室裡歡迎遊客參觀，而已經停刊的《Creem》雜誌及其他搖滾樂評人則被放置到地下室一間小小的玻璃櫃裡）。一九八一年，路·瑞德受邀到白宮爲柯林頓總統及捷克總統瓦茨拉夫·哈維爾（V'aclav Havel）表演，這位總統曾引用瑞德當年最著名的樂團名字作爲他所謂的「絲絨革命」（Velvet Revolution）名稱的靈感來源。「他經常提起他的野心，就是成爲文藝圈內一位偉大的作家。」萊斯特在最後一次寫到瑞德時曾如此描述。九〇年代的時候，瑞德出版了一本他個人的歌詞選集精裝本，而當他在舞台上演唱《Set the Twilight Reeling》這張專輯裡的歌曲時，同時炫耀展示他這些文字，好像那些歌詞是講台上必讀的資料一樣。但《Set the Twilight Reeling》這張以情歌爲主的專輯，其實是受到蘿莉·安德森的靈感所啓發。她曾和萊斯特同在一起玩音樂，而那時是瑞德的新搭檔。

　　一九九一年，大約是在他發表了一張獻給他死友的專輯《Magic and Loss》那期間，我曾訪問過他。當我問他有關於萊斯特的事時，他停頓了很久才說：「有時當人們對你的作品非常著迷時，那對雙方都非常危險。」他說道：「當他們發現你只不過同樣是個凡人時，那對他們而言是件非常容易失望的事。」

　　至於萊斯特自己創作的音樂，目前僅剩死後出版的專輯跟Birdland樂團的唱片仍買得到。在他離開Birdland樂團以後，其他團員則改名爲the Rattlers繼續奮鬥。萊斯特死後，米奇·連爲了向他致敬，因而到處籌了一點錢獨自壓製當年他們在Electric Lady錄音室所錄製，這張名爲《Birdland with Lester Bangs》的專輯，隨後並於一九九八年在Dionysus廠牌下發行CD的格式。

　　保羅·寇德瑞（Paul Kolderie）及西恩·史拉德（Sean Slade）這兩位製作人曾製作過許多像是Hole及Dinosaur Jr.這類的另類搖滾樂團，他們在一九九七年時，就希望能夠重新發行《德州奧斯丁河流上

的點唱機原始人》這張專輯，但他們與MCA唱片公司交涉失敗。他們認為萊斯特與The Delinquents樂團一起灌製的那張專輯，可說是現在所謂另類鄉村（Alternative-Country）樂團，如Wilco及Son Volt這些團體的先驅。「我們是製作Uncle Tupelo樂團前兩張專輯的製作人，當時我們錄製那兩張專輯時，有很多地方是參考萊斯特那張專輯的。」寇德瑞這樣告訴我：「他的專輯是引我進入鄉村音樂的道路，我想喜愛《No Depression》這類風格的人們，也真該好好地向那張唱片學習。」

在萊斯特生前就已經出版的那兩本不盡人意的書，《金髮女子樂團》及《洛·史都華》，如今在美國都已絕版，而他已完成的《搖滾樂巴比倫／唱片錄音之外的傳說》手稿則從未出版過。卡倫·莫林之前就已經先離開得利拉圖書公司，而在萊斯特死後，他便幫忙以自由投稿作家的身分編輯這本書。當我在一九九七年訪問她時，她指責麥可·歐克斯讓這案子偏離原有的軌道，「萊斯特真的在這本書上花了很多的功夫，我真不敢相信它並未如他所願地出版。」她接受訪問時從頭到尾一直對歐克斯非常憤怒：「麥可總是說有困難。讓我直接挑明了吧，在萊斯特死後，得利拉圖書公司就把那些東西全丟到街上，讓我火到很想把他們全部殺了。」而歐克斯告訴我說：「我從他們那邊收回了書，並說：『去你媽的！這本書不是你們的，你拿這些該死的東西去告我啊！』」

歐克斯試圖去找新的出版社，但沒有一家有興趣。得利拉圖書在一九八二年七月二日的備忘錄上記載，羅伯·狄維瑞克斯（Robert Devereux）這位編輯與原本預計要將這本書發行的英國維京圖書（Virgin Books, Ltd.,）描述這份手稿是「不可置信地枯燥無味」，而且完全不適合出版，「寫作品質非常貧乏，似乎一點都不像我們所知道的那位充滿才氣的萊斯特·班恩斯。」狄維瑞克斯寫道。在讀過這份內容上有三百則軼事密聞，以及許多原本是要充當照片說明文字的口述歷史片段資料後，我必須說我同意他們的觀點。

　　當萊斯特過世七個月後，他的第一位主編奎爾‧馬可仕開始彙編萊斯特的「精選集」。馬可仕已拿到一萬五千元的保證金，並藉由奧雷德‧諾夫（Alfred A. Knopf）這位和善的編輯幫忙處理萊斯特他那堆累積已久且又散佈各大小刊物的作品。約翰‧摩斯藍德和比利‧奧特曼也幫忙搶救在萊斯特公寓裡那堆有如一座小山的未發表文稿。但當他直接拿萊斯特自己企劃的那本《精神病患反應與汽化器堆肥》充當書名時，馬可仕於一九九七年告訴我說，他終究是以他自己的觀點來編這本書：「因為我認為：『這本書就是應該要這樣子編，它就是要用這樣的方式去呈現，而它將會存有主觀的偏見，因為那是用我的觀點去看它，是用我的評選價值，所以那將有許多文章會被過濾掉，但它仍是一本很厚的書，所有我喜愛的文章都會收錄在裡面。』」

　　當一九八七年《精神病患反應與汽化器堆肥》問世時，它得到全世界各個領域幾乎一面倒的讚揚評論，而且該書在美、英、德、法仍持續出版。但有些評論者認為該書因馬可仕企圖敘述萊斯特的故事，且受到他朋友羅伯特‧克里斯提高的影響，而讓該書未能得到適當的照顧。馬可仕主要是收錄了萊斯特他自己偏好的〈白人優越論者的蒼白噪音〉一文，及其他他發表在《村聲週報》過的文章，卻忽略了他許多的詩、詞創作及任何一篇有關重金屬的評論，甚至還故意規避許多值得紀念的作品，包括他當年嘲諷音樂工業以及搖滾評論這圈子的文章，「我覺得馬可仕選的版本只是企圖讓他被供奉起來，而使許多歷史密封，並且破壞他曾貢獻過的成就。」《浮華世界》媒體評論家詹姆士‧渥寇在一九九七年曾如此告訴過我：「克里斯提高及馬可仕心中都懷有嫉妒之心，因為萊斯特能真正讓讀者產生共鳴。羅伯特與馬可仕也都有他們的讀者，但他們沒有像萊斯特那種會追隨他們的狂熱愛好者，你會覺得你在精神上跟萊斯特是有聯繫的，你無法想像那種情況：『啊，我好想追隨奎爾‧馬可仕喔。』因為萊斯特所擁有的個人魅力是很稀有的。」

　　的確，那種躍然於紙上的個人魅力是讓萊斯特一直活在人們心中

的兩個原因之一。就如同他所喜愛的樂手一樣，他這一生活得淋漓盡致，他是一位說出事實真相的狂人，並不斷藉由搖滾樂與瘋狂濫飲囉靡樂的方式，去重新定義浪漫主義作家的傳統。一旦他過世之後，別人卻可以仿效他這樣的行為而無須擔心自己會嘔吐在地毯上的風險。而僅存的幾位噪音男孩及繼承他風格的追隨者，最後發現他們並不受到「大老們」的歡迎。在一九九九年出版的一份專文指出，理查・梅爾哲強烈抨擊馬可仕及克里斯提高他們自封是搖滾評論學院的監督人，是憑理智做事的知識分子。「在一次重要關頭，他們把我阻擋在更廣大的讀者群面前，有效地將我放逐到邊緣，而且最後否定我在所謂『被授權的』、『鑑定合格的』搖滾文字書寫（相對於搖滾樂）正史上有任何顯著的貢獻。」他寫道，「這些所謂的『紀錄檔案』——就是那座充滿臭味悶氣的『學院廟堂』！噢，是的——只不過是另外一個用紙牌搭成的房子罷了，但這兩個小丑卻表現得像是他們擁有它似的！」

　　萊斯特當然是被安全地供奉在密封的神龕裡，因為他適時地過世了。許多祭出他名號，想得到他庇護的人，總喜歡拿他當作威震之物，來對抗那些毫無喜悅、專橫傲慢，而且還很自以為政治正確的學院派人士及文章。他們是一群反萊斯特的人，「激烈的情緒風格是不適合拿來當作評論音樂的原則標準的。」克里斯提高曾這樣告訴過萊斯特，但對萊斯特而言卻永遠是最高準則。

　　「我曾在某篇文章中提到，在所有因素裡，其中一件促使萊斯特死亡的原因就是寫作。而克里斯提高及馬可仕則為此指責我想得太浪漫了。」梅爾哲寫道。「寫作怎麼會害死一個人？」他們質問著。「好吧，你們這些人。寫作確實不一定會死人。但當你全心全力投入到那種狀態時，那的確是相當接近快要死掉的感覺。而也唯有那種寫作狀態，才會讓你血液開始沸騰，心臟開始加速，讓你的神經系統、腎上腺素、體液、脊椎骨以及全部一切都活躍了起來，甚至是你的體臭。簡而言之，就是你的全身上下；換句話說，也就是你的生活。而

我猜想，當搖滾文字寫作這樣一種不被重視的書寫類型成為萊斯特身上那一攤血塊時，這種無法從搖滾樂汲取更多養分，而且徒使他看起來像是無法脫身的愚蠢情況，只會讓他更加地焦躁。」

儘管無法將他的性格從文章中分離，而萊斯特之所以會封為聖徒的另外一個原因，當然，是他的寫作。他並沒有發明那些式樣，他是一開始就是很完美地在發揮他個人的寫作風格。在第二波搖滾評論作家崛起時，許多從事評論的工作者試圖模仿他的風格，但通常他們總是忽略了那種狂暴而絕佳的隱喻。就是洋溢在文字間那種如潮水般、愛玩耍的語調，以及喜歡以第一人稱的自白語調及觀點，去做鉅細靡遺的觀察。缺乏萊斯特那種洞察眼光、真誠且知性的內容，他們那些就只不過是空洞的噪音。而鼓勵去攻擊萊斯特，就好像是為了維護白潘（Pat Boone）而攻擊小理查是一樣的道理。

如同他的垮派作家英雄一般，萊斯特是一位現代主義者。儘管他最饒富新意的寫作樣式經常挑戰著現有已被接受的文章語法架構，但他從不酷，而是熱切，因此「熱情」這個字眼比其他人都經常在他的評論文章中出現。尼克・拓齊斯總喜歡講述一個故事，是關於有一晚萊斯特住的那棟公寓大樓有一間房子失火了，萊斯特穿著內衣急急忙忙地跑到街上，「他一定得搶救一些東西，對吧？」當我於一九九○年第一次訪問拓齊斯時他說道：「結果他急忙跑出來時，手裡只抓著一張用電影膠捲鐵盒包裝的英國樂團唱片（即Public Image Ltd.樂團的《Metal Box》），卻忘了要帶放在抽屜裡的兩百塊錢，忘了衣服、鞋子。那張鐵盒唱片就是他唯一記得要帶的東西。而那便足以說明了他熱愛搖滾樂的程度。」

「當我回顧這件事情，那顯然表示了我即將不再去做這些事情，因為我永遠是只熱衷於音樂與寫作這兩件事。」萊斯特於一九八二年曾這樣告訴過我：「我已經過份著迷於當一位唱片收藏家及聆賞家；所以對於那些人，往往只想給予他們迎頭痛擊的批評。」

但他幾乎沒有看到在那團火光的同時，有些人試圖想要冒充模仿

他。「那是讓人很沮喪的。」當我問到搖滾評論圈的現況時，萊斯特說道：「許多人開始進入新聞學院就讀，而他們發現當一名搖滾樂評人對於他們的新聞寫作生涯是一個很容易奠下基礎的立足點方式，然而他們沒有那種對音樂的熱情，不像那些真正熱愛音樂、願意浸淫其中的人。我曾經看過那些年輕記者他們的收藏——幾張邦妮‧瑞特（Bonnie Raitt）的專輯，就這些。然後接著他們會去買Public Image Ltd.樂團的專輯，但那是因為如果他們還想要待在這領域上，那麼這是他們應該去知道的事。我恨那類狗屁倒灶的事——那些只想當個追逐潮流或投機取巧的機會主義者。」

這些野心家們在萊斯特死後繼續功成名就，賺取豐厚的生活費，他們無法想像當年那種每篇評論只有十五塊錢卻充滿詩意的日子。這些成功人士包括了樂手、唱片公司、公關人員、出版商，及這些宣稱他們是在從事寫作的編輯。就如同文學評論大家萊諾‧崔凌（Lionel Trilling），萊斯特也經常在他的評論文章裡多次使用第一人稱，並界定他的讀者是跟他一樣同是鑑賞者，而非僅是消費者。在他最好的作品中，他的「我」不僅是為他的那些讀者朋友與同儕們代言說話，同時亦將他的鑑賞敏銳度調整到與時代精神的節奏同步。而且他期望他的讀者也能做對等的分享，才能去挑選到最好的音樂作品。

「評論性的報導寫作是一種如諷刺警語般的簡略表達方式，它需要讀者的參與來完成。」學者摩里斯‧狄克斯坦（Morris Dickstein）在《評論與社會》（*The Critic & Society*）一書裡寫道。若以上述觀點來看，萊斯特的許多讀者幫他完成了他作品中需要讀者參與的那一部分，而且他們也忍受他在一些專輯評論如《Kick Out The Jams》、《Exile on Main Street》、《Radio Ethiopia》裡一百八十度的態度大轉變，而有時接受那樣的狂熱並非一定得有什麼道理。為何萊斯特該讓那些沒啥腦袋的搗蛋鬼給綁住？

幾乎他所有的同儕都同意，在今日這樣的一個媒體環境，萊斯特將很難能找到一個可以讓他暢所欲言的容身之處。如洪水般的商品與

促銷宣傳資訊充斥在每一個領域，而這樣的趨勢不僅使得評論的聲音被掩蓋，而且媒體將原本的評論空間縮減到只是一些意見的提供——紐約影評人大衛・丹比（David Denby）形容此現象，就只是在那裡將兩根大拇指快速地上下比晃以表示作品的優劣罷了。而這絕不是最近才出現的問題。在一九六四年一份名為〈一位書評家的自白〉（Confessions of a Book Reviewer）專文裡，喬治・歐威爾（George Orwell）指出「在這耗時、雜亂的評論環境裡，評論書籍是一份相當吃力不討好的工作，既惹人生氣又讓人精疲力盡。那不僅僅是要對一些垃圾作品表示讚許，同時他還要經常針對這些爛作品做出反應，發明一些形容詞，像是某本書缺乏出自內心自發性的情感，諸如此類的詞句……而評論者每評論一次，他就必須耗盡半品脫的精力。」

丹比觀察到，在這充滿嘲諷的年代，如果說有什麼新奇的事，那就是連評論者也已將他們僅有的最後一絲真誠給卸下了。企業的可笑行徑已不僅反映在販售這件事，而且更實際地呈現在他們的每個銷售行為上。在銷售過程當中，他們會讓每一個反對商業潮流者摸不著頭緒，以藉此卸除評論者的心房與批評。「嘲諷像是一種含鉛量低的汽油，它或許能讓你獲得環保單位及政府的許可，但是一定不會讓你的汽車跑得像老虎一樣飛快，更不可能讓你體驗各種膽量、爆發力與狂暴，或包括你的良心，甚至是另一種極端反應的能力都沒有。」萊斯特於一九七二年如此寫道。他在那時就已經預見搖滾樂的未來，而他的名字就是媒體炒作。

「沒多久前，我去了西部一趟。結果我被卡在亞利桑那州的優瑪市（Yuma），我姐住在那個地方。」大約在MTV音樂電視台開播後不到一年的時間，萊斯特有次告訴我說：「我整天就坐在一輛拖車裡，看著這個在電視上播出的音樂節目，這個需要用電纜才能收看的有線電視台，我坐在那裡看到艾維斯・卡斯提羅、冥河合唱團（Styx）、回聲與兔人樂團（Echo and the Bunnymen）及派特・班娜特（Pat Benatar）——所有新浪潮的音樂，與所有像冥河合唱團及REO特快

車合唱團（REO Speedwagon）這類的流行音樂都混在一起了——而這讓它看起來都像是同樣糟透了的劣質品。**這很不好！**音樂錄影帶在本質上是很冷漠的。它把搖滾樂拉低到如同肥皂劇或類似『Mary Hartman, Mary Hartman』這類俗爛電視單元劇的水準等級，其實正是一種反搖滾樂寫照，即使到現在，搖滾樂也很像完全不曾存在過，就像過去的爵士樂那樣，變成搖滾樂在歐洲反而是受重視的，現在每個小孩一心只在意找到好工作或之類的問題，他們會跑去看冥河合唱團的表演，但這種演唱會卻只是在看那些舞台聲光秀一樣，已變成一種休閒娛樂活動，只是一種消費商品。」

所以每當我為這本書到處訪問人們時，他們總會因這樣的媒體現象提出兩個最常問到的問題，其中的一個便是：萊斯特是否會因此而停止寫作任何跟搖滾樂有關的文字？

儘管他似乎決意要在搖滾評論圈外重新找尋到一個可以發聲的論壇，而且就某種程度上，他陷在每月房租的繳交以及菠荽蛋白牛奶酥、結冰優格的持續供給上。在他的〈I Sold My Body/ Flesh for Sale〉一曲中，他把自己做為一位搖滾樂評人的生涯比擬為那些在高級應召站裡的妓女們，一樣都是在出賣自己的身體，將自己內心的情感、精力、心血廉價出售。「我不認為他會停止撰寫有關搖滾樂的文章，現實生活的拮据讓他一點機會都沒有。」當我在一九九七年訪問克里斯提高時，他認為：「其中一個讓我很不解的原因是，我認為就經濟考量上，他很難放棄他已經會做但那時他不太想做的事。」

另一方面，梅爾哲與拓齊斯提供了兩種可能的發展模式，假如萊斯特還活著的話，這也許是他願意發展的方向。拓齊斯一個人住在曼哈頓，他已經成功地寫了狄恩·馬丁（Dean Martin）、一位來自西西里島的金融家米茄列·辛都納（Michele Sindona）及拳擊手桑尼·李斯頓（Sonny Liston）的傳記，還有數本如《Trinities》這類的小說。而梅爾哲則與他的同居人愛琳·佛瑞斯特（Irene Forrest）住在俄勒岡州的波特蘭市，儘管仍是地下音樂圈中主要的秀異份子，不過他已

經寫了幾本讓讀者備受尊崇的書，譬如一本名為《The Night (Alone)》的小說及一本名為《L.A. Is the Capital of Kansas: Painful Lessons in Post-New York Living》的文化評論諷刺文集。這兩位也都寫詩，但他們已經很少寫搖滾樂的文章了。

此外在一九八九年，頗受好評的科幻小說作家布魯斯・史特林（Bruce Sterling）出版了一個名叫《桃麗・班恩斯》（*Dori Bangs*）的短篇小說，這篇幻想故事提供了萊斯特另外一種可能的未來。在現實生活中，確實有一位地下漫畫家桃麗・賽達（Dori Seda）死於一九八八年，而且他跟萊斯特素未謀面。然而史特林幻想他們住在一起而且結婚了。在故事裡，萊斯特替好萊塢寫了一齣有關重金屬樂團的電影劇本，還出版了一本名為《可怕噪音簡明指南》（*A Reasonable Guide to Horrible Noise*）的書，而且該書的介紹還是由一位法國語言學家執筆。此外，他還在堪薩斯州的一所州立大學教搖滾與流行文化課程，並且在進入二十一世紀沒多久就完成了他的小說，儘管那本小說似乎有點陳舊而古趣。最後，在二○一五年，他在家前鏟雪之際死於心臟病。他能夠在遇見桃麗之後存活下來，是因為他們從一個小孩的視野中，體驗到一種從未瞭解過的生命意義。

任何事都可能發生在萊斯特的死後生活，但他絕對不會做的就是從天堂寫信回來，並將這些信收錄在《精神病患反應與汽化器堆肥》那本書的開頭與結尾。上述這樣的想法是由馬克・席波（Mark Shipper）所寫的，他是披頭四小說《平裝本作家》的作者，他也曾鼓勵過萊斯特寫一本類似他這樣題材的滾石合唱團小說。而且席波視《精神病患反應與汽化器堆肥》為萊斯特向達達主義藝術家致敬的傑作，只是他未曾料到他們會在馬可仕的文選裡相遇。

另外一個在許多訪問時會提出的問題是，萊斯特真的想死嗎？

儘管萊斯特經常說他處於情緒沮喪的狀態，然而他的心理醫師費爾・薩賓恩札卻不相信萊斯特身患臨床上定義的沮喪。「不管是身為他的朋友或者他的診療師，我在他身上幾乎看不到沮喪的跡象，我是

受過專業訓練的醫師，我知道這些事情。」薩賓恩札於一九九七年這樣告訴我：「萊斯特熱愛生命，從他身上所展現的活力是非常真實且真誠的。他一直在尋找，但那表示什麼意思？假如你停止尋找，你就會陷入定義上的沮喪，而他從未停止。」

「這起難以預料的意外事故讓萊斯特死得像是一位失控的搖滾英雄，而萊斯特也因這起難以預料的意外事故讓他一直成為一位不受支配的搖滾英雄。」萊斯特的朋友凱西・米勒這麼認為。後來米勒離開那間高級應召站，轉去合作管理一家全美最大的健康休閒中心。「我發現每當有人談到萊斯特的時候，他們總想聽這個『著名的萊斯特故事』，那位生活亂七八糟、粗暴的萊斯特，但這並不是我記憶中的他。我的確曾聽過這些故事，但那個萊斯特不是我所愛的萊斯特，後來我又聽到相反的說法，說『萊斯特是一位聖人，而他將準備取代泰瑞莎修女的職務，但這殘酷的意外命運卻插了進來。』萊斯特不是聖人，他只是一位一直在跟心魔搏鬥的凡人而已，並且在情緒上，一直努力試著將這些巨大議題放在正確的位置上，像是家庭、撫養小孩、女人，以及對同志某種近乎敵意的模糊感覺，他總是抓著這些巨大的議題，並試圖瞭解它們。」

在籌寫這本書的過程當中，我恰好知道知道萊斯特的許多面貌，而且比他的任何一位親密好友，甚至萊斯特本人都知道得多，而我仍不覺得我有這資格去回答他的死是否是有意的，還是只是一個不幸的錯誤，抑或是與這兩個極端都沒有關連的其他因素。對於這件事情，我沒有自信去推敲他是非常鄙視自己這種毫無節制的行為，還是因為這些過度的行為造成他的死亡。然而聖徒萊斯特已成了搖滾樂偶像，而人們在這故事裡找尋他們需要的神話，所以對於這個傳說以及因他而啟發的這本傳記，這些疑問在最終，其實都已不是那麼關係重大，因為萊斯特的生平事蹟確實是名不虛傳，值得所有的讚譽。他曾於一九八一年在《Musician》雜誌上寫道，他稱吉姆・莫理森的音樂生涯猶如是「平凡人的酒神」（Bozo Dionysus）。

　　「或許我們最後得出的結論是，其實真的不需要將小丑性格從這位詩人身上分開。」萊斯特寫道，「這兩個角色事實上是密不可分的，也正因爲這兩種特質不會同時出現我們身上，所以我們才得以幸運地能在這些專輯裡聽到那些偉大的音樂。而這些也將是替未來的搖滾樂設下了一個長遠的標準。」

附錄一
如何成爲一位搖滾樂評人

——與萊斯特・班恩斯來一趟振奮人心之旅

　　最近我注意到美國社會興起了一股新的潮流：似乎這整個世代的小孩，包括那些最年輕的小朋友，他們所有的人不論是在清醒或睡夢中，都只存有一個想望，那就是：「當我長大，我想當一位搖滾樂評人！」

　　假如那件事聽起來好像有損身份，那麼讓他們知道我曾跟他們是一樣的情況，唯一的差別是，當我懷抱如此志向時，那個圈子相對來說還是一片未開拓的疆土——當我直接闖入時，那裡幾乎什麼都沒有，因此我便開始到處拿人開刀——反之現在，當然已經是供過於求了，這行業已變成大家最後才會考慮去從事的職業。主要是，搖滾樂評人的收入不多，而且它不會特別帶領你去任何賺錢的方向，所以不管你做得有多麼成功，你終究必須要決定你的人生將要怎麼過。其次，基本上它終究只不過是一個職業罷了，而且還不是很光宗耀祖的那種職業。

　　它幾乎確定不會讓你跟女人有一腿的機會（現在搖滾樂評人開始會有些追隨者，但大多數是那些較年輕、有熱忱的搖滾樂評人——像是《Shakin' Street》雜誌那種——不論男女）。它不會讓你富有，所有搖滾雜誌中願意付最高價錢的那家仍然只願意付三十塊美元一篇稿

子，而且大多數的雜誌都遠低於此，所以你將無法單純以此維生。而且，沒有人會在街上走過來跟你說：「嘿，我認得你！你是約翰・藍登（Jon Landau）！老兄，你最近寫的那篇樂評真是夠水準！」事實上，很多人將會恨你，並認為你是自大的混蛋，只因你表達了你的看法，而且他們還會當面告訴你這件事。

不過從這遊手好閒的職業的另一面來看，也應該是有些福利的——假如你還沒有被收編的話，這情況是還好啦。第一項大福利是假如你在這圈子待得夠久，你會在你的信箱裡拿到一些免費的唱片，若你不屈不撓地在這圈子待得更久，你最後就會列在全國每家唱片公司的宣傳名單內，這不僅讓你在帳目上省了很多買唱片的錢，而且保證你將可以聽到任何你想要聽的音樂；況且這些隨手被你扔在浴室的唱片，偶而還可以幫你付付房租呢，只要把它們全拿到當地二手唱片行去賣就好了。每片價錢從每片五毛到一塊多不等。還有，過聖誕節的時候，如果你不想為任何人買任何禮物的話，只需要給你的母親一張最新的芭芭拉・史翠珊耶誕專輯——哥倫比亞唱片公司將把這張送給你，只因芭芭拉・史翠珊想得到你的認同；至於你的大姊，就送他你從信箱收到的卡洛・金（Carol King）最新三張專輯中的一張；你的小妹，則是送她一套奧斯蒙兄妹（Osmonds）的雙片裝現場專輯，你甚至連拆封都沒拆過，只因你只想聽最新潮、時髦的音樂……至於這些省下的錢，就可以讓你買瓶上好的威士忌，把今年的假期弄得亂七八糟。

另一個附加福利是，假如你持續開拓，穩定堅持這些鬼扯塗鴉寫作，遲早你會累積獲得資源，受邀參加為城裡新開幕活動所舉辦的媒體派對，如果你住在洛杉磯或紐約那就更好啦，因為他們那邊還有更多這類的活動。事實上，我知道有些人只要每晚去吃不同家的媒體派對晚餐，就可以好幾個月幾乎不會挨餓。（我還知道另外有些人，他們已經創造出一種新事業——就是專門出席參加這些活動，不過那是另外的故事了。）派對食物通常很棒，有時甚至非常豪華，除非有時

是一些穿牛仔褲的民謠歌手及他們所屬唱片公司，為了試圖想表現出跟歌手同樣的風格，才會準備那些既無味又稀薄的半流體有機食物，相當虐待我們的腸胃。而即使是在那樣極端的狀況下，你仍可以用酒精飲料灌飽自己，而且這些酒類飲料既多且都是高品質的貨色。所以，即使你還仍舊住在家裡，或者最近還未沾惹到什麼麻煩，那你就可以喝到很多免費飲料，那一直都是一種愉悅的享受，即使有時候你為了幾杯琴酒而必須坐在像是John Prine或Osibisa這類的狗屎歌手旁邊都沒有關係。當然，就某一方面而言，你是在作賤你自己，不過他們也是如此，況且有哪個現代商業、社會的或性別上的關係不是這樣相互剝削、利用，共棲共生？這是同一池糞坑，不管你飛到哪裡棲息都一樣。所以你何不放鬆心情，當你還能享受的時候就盡量使用。

　　下一個緊接在媒體派對的大進階是你將會收到演唱會門票、活動入場卷及唱片公司在遠方城市所辦的大會邀請。免費的假期耶！唱片公司會幫你出機票錢，並把你送到有客房服務的豪華飯店（通常啦），有你喜愛的美酒、晚餐，你將會著迷於這段你居留的時間，只因他們要你寫一些他們想要突破業績的活動報導。事情開始越來越酷了，而且事情也不會做得那麼匆忙，因為一旦你累積了一定的出版品，他們將會砸下好幾百美元，以期望你能幫他們寫篇他們公司旗下某某藝人的故事，好讓別人相信他們公司出版的產品是可信賴的。你幾乎可以挑選任何你想寫的藝人。呃，也不全都是這樣的情形啦，不過每個人都會找到屬於他們自己中意的廠牌，而廠牌也會找到適合他們的樂評人來代言宣傳。那麼假如你是一位重度嗜聽者且又是滿腔熱血的重金屬狂熱份子的話，他們總有一天會打電話給你，然後會把你送到芝加哥或紐約去看演唱會，喔，有可能是the Stooges樂團，或至少有Jukin' Bone這類的樂團吧。

　　最後一個福利（對某些人來說，是最棒的福利），那就是在這些舞台區域你可以不拘禮節、自在地跟這些巨星們面對面交談——在演唱會後台的巨星化妝休息室裡，跟這些有名、有才華、有錢、又漂亮

的巨星們一起喝著酒、輕鬆地打拍子。其實大部分的巨星都跟其他人一樣是個蠢蛋，而且看到真正的大明星的機會不多，因為都已經是巨星了，所以唱片公司不再需要你去做宣傳，所以他們又何必讓你去打擊他們的大牌明星呢！不過你將會跟不少的明日之星成為朋友，或至少還可以認識其他不怎麼看好的歌手。

好吧！到目前為止都是些做這行的美好遠景，我只是將事實說出來，因此如果你想要得到我剛才提到的這些福利，那麼就等你來拿。因為在這行待了將近五年，我終於決定我要退休了，並且告訴大家該如何進入這行。其實如果我願意的話，我大可以在這行好好賺一筆——幾年前，有些我的同行曾經提議要開一間「知名搖滾樂評人學校」——但是管他的，我實在太懶了，懶得花時間去搞一個這樣的玩意兒，更何況該是告訴大家「搖滾樂評界真相」的時機了。聽好我接下來告訴你的這些事情，然後再決定，你要不要淌這趟混水。

第一件要瞭解並要時刻牢記在心的，就是做這個行業靠的就是一個勇往直衝、放手去做的策略——這可不是狗屁話，除非你用剝削的態度以及用狂熱者的心態，把你的思想強制於他人身上的角度來看待這個行業。其實大部分人會開始寫樂評是因為他們要其他人也去喜歡那類他所喜歡的東西——這樣做並沒有什麼不對，這只是一個非常誠實的念頭罷了。我小時候曾是一位耶和華見證人教派的教徒，所以「搶先起步的優勢」這樣的想法早就在我的血液裡流動。不過不要擔心，只要一路猛攻，總有一天人們會開始對你說這類的話：「你是如何將The Kinks這樣特殊風味的樂團融入你個人的整體藝術觀點？」

好啦，或許人們不一定會真的跟你說這樣的話，不過他們講的也差不多就是這個意思——當然，如果你是走對方向的話（不過在這種情況下，也有可能是走錯方向），因為就如那句自古名言所說：大部分的評論作家都是自大的混蛋。或許大部分的評論作家都是自大的混蛋，但是搖滾樂評人卻是不一樣的，因為他們是在一個尚未開發的領域裡開墾——在那片土地上絕對沒有已認定、已被大家認可的權威人

士或標準去評定好壞，而這種以一概全的權威式評論也不應該存在搖滾樂評界裡頭。因此任何型式的評論都可以，任何你能佯裝成專業樂評人的機會就裝。因為基本上搖滾樂是一大堆垃圾、噪音，它是今天來、明天去，而它唯一會使你絆倒的，就是你開始認為搖滾樂是否是一個不重要或沒有價值的東西，因此如果你把搖滾樂看成如此微不足道的話，那麼想想看你做的工作將會是多麼地不值得？

事實上，把搖滾樂看成是偉大藝術的這種態度，是你做這個行業應有的態度，因為這樣的想法幫助你保持那種自大的言論。半數的美國搖滾樂評人，不，應該說全世界百分之九十的搖滾樂評人都有他們想要加諸於彼此或每一個人的某種偉大理論——他們堅持用音樂史來解釋所有的事物，並用這個理論把未了結的零星問題全都串連在一起。他們每一個人都有一套不同的理論，而他們的每一套理論都是胡扯，但儘管如此，如果你想要在這個行業闖出名號，你最好也有一套自己的理論放在你的百寶箱裡面。試試看我這一招：搖滾文化界裡大家都互相抄襲，而這是與生俱來的天性，因此既然搖滾樂全都是互相抄襲，那麼或許最徹底的抄襲者——也就是那些模仿的最好、最感人、最有才華的天才模仿者，因為他們比那些被模仿的天才更偉大、更令人信服。你可以去查查看：滾石合唱團比恰克‧貝瑞唱得好！The Shadows of Knight合唱團比籠中鳥合唱團更棒！歌手P.F. Sloan的首張專輯是張傑作，它比鮑伯‧迪倫的第三張專輯《Blonde on Blonde》棒多了。（我認識一位住在德州的著名搖滾樂評人，他竟然真的相信這些句子；他是一個真正的反動派，不過搖滾樂評人大部分都是這個樣子！）！

聽起來相當自負，不是嗎？而這只不過是我基本理論的其中之一。雖然我並非完全相信我自己之前所說的一切（反正也沒多大差別），如果你願意，你可以把這套理論再自由發揮或是把它改編——隨你高興怎麼用。或是你也可以發明一套自己的搖滾樂評論理論，不管怎樣，當你在深夜跟大夥兒進行熱烈興奮的討論時，如果你腦袋裡

有一套這樣的理論，你會感覺很受用的，儘管那些討論最後總是空談。你看，這個行業就是只在浪費你的時間，反正惹惱別人也是滿有趣的，況且你向來樂於打擊別人。不過若是你想跟哪個女人上床，然後想讓她對你有深刻的印象，那麼你何不試試對她說：『雖然約翰・史都華・米爾（John Stuart Mill）寫不出什麼好的搖滾樂，不過迪倫倒是可以寫一篇《論人類的理解力》（*An Essay On Human Understanding*）的論文，因為只有迪倫才會把那些六〇年代的假波希米亞人稱做「居無定所的人」（Like a Rolling Stone！）（這是《Creem》雜誌的戴弗・馬須確實跟我說過的，而且他還跟我們所有的室友、以及那個月當中跟他講過電話的所有人都講過。）只要想看看你若跟一位可人的小甜心說剛才那些鬼話，把她弄得很開心興奮的話，她一定會認為你是一位天才！反正不是天才就是愛炫耀的混蛋。不過在這行業裡——就跟其他任何行業一樣，總是有得有失。所以，要鍥而不捨，小子。

　　我們說到哪兒？哦，對了，你要知道在這個國家裡，大部分你的同行都是某種程度的神經過敏人士，所以如果你寫了一篇樂評正好抨擊的對象是他預言的下一個滾石合唱團，那麼你最好習慣他們將會寫一封長達十頁、內容激動的信來痛罵你一頓。這一切都非常的亂來，就像你小時候班上那些臉上長滿青春痘、帶著一副牛角眼鏡的內向小孩所玩的病態俱樂部，當其它小孩在外頭嬉鬧玩耍的時候，他們就每晚待在家裡聽唱片一直聽到上高中。這真是不幸的好運，這是當天才的痛苦。或者就像當一位沮喪的流行樂明星，所有的搖滾樂評人都是沮喪的流行樂明星，你應該看看他們在無人的時候獨自唱著歌的樣子，天啊！他們看起來是不是像連續劇情節般地傷感！哦哦！其中有些樂評人還甚至把他們一輩子的積蓄拿去買那些流行樂明星的時髦行頭，還有一些其他的樂評人則更狂熱地實際去組一個自己的樂團。而且我跟你保證，他們一定都是自己寫歌，而且還經常日日夜夜地夢想有一天能跟一些大唱片公司簽一張很大的合約。至少會出一張超感知

迷幻音樂（ESP-disk）的唱片吧。

　　說到如何投資你的畢生積蓄。這是另外一個讓大家知道你是一位搖滾樂評人的好方法，就是到商店裡的特價品區買一大堆舊唱片。一般的藥品雜貨店或超級市場都有這種把去年一些破爛貨或是比較舊的商品放到特賣花車，這些特價品的價錢從二十五分錢到二塊五美金左右不等，因此如果你常常光顧這類的破銅爛鐵，你很快就可以建立一個具權威性的搖滾樂唱片收藏庫——這絕對是對此行業抱以認真嚴肅態度者必備的工具與典藏，而這樣做的目的其實很簡單：你一定得擁有所有的東西，不管那些是晦澀難懂或是低級鬼扯的玩意兒，所以儘管去買那些破爛舊貨，把你的積蓄全花在那上頭，因為那是一個很好的投資。而且你的房間很快就會被這些收藏品給塞滿，但那又怎樣？有幾個你認識的人有Battered Ornaments樂團的唱片？沒錯，他們不曉得自己錯失了些什麼寶藏。

　　我知道有一位搖滾樂評人真的帶著他所有的積蓄，從他住的地方——密蘇里州聖路易市開車到紐約市，再一路經過芝加哥、底特律市、紐澤西州，為的只是要在這些城市的商店特賣區裡尋寶，而且每家店都去逛，這就是他這整趟旅程的目的。這傢伙現在可是名符其實的傻瓜、可以說是完全精神錯亂。不過由此你可以看出這個行業會把你帶到什麼境界——如果你的運氣夠好，並且全心一意獻身此業的結果：一條死胡同。

　　說到剛才那位傻瓜的事蹟，讓我想起另一件你必須做的事——如果你想要成為一個愛賣弄又自命不凡的搖滾樂評人，那麼你一定要找一個你認為很有潛力的樂團，最好是他們已經出過二、三張專輯唱片，重要的是他們的音樂越難懂對你越好。還有就是，這個世界上絕對只能讓你自己以外的另外二個人聽過或知道這個樂團——一個是該團的經紀人，另一個是該團其中一位團員的母親。然後你所要做的事，就是跟所有人談論這個晦澀難懂、無足輕重的樂團，彷彿他們是音樂史上最熱門的話題與團體。你必須把他們說得很棒、很厲害，因

為他們是你的寶貝，只有你能看出他們真正的才華，你是他們的伯樂，因此你必須到處跟大家說他們比滾石合唱團還高明，說他們的音樂把披頭四給打得落花流水、鼻青臉腫，說他們幹掉了死之華樂團，因為他們是全世界最重要、最有深度的音樂主力，那麼當他們的音樂才華得到世人肯定的那一天來臨時，你所有投入的心血將會得到回報，並且人們將視你為超越時代的先知。

　　有時候這個陰謀真的會成功。譬如在他們還未成名之前，你剛好選了一個像是牛心船長或是地下天鵝絨這類的樂團。不過他們也不算真正符合這個計畫的條件，因為他們的音樂是如此地晦澀，以致於除了你之外，沒有任何人會去注意他們出版的任何唱片。要不是為了你投入畢生的精力，他們才因此在某處一個隱蔽的房間裡製造出一些音樂來給你欣賞。

　　我前一段提到的那位傻瓜倒是做了一件卓越的事，喔！事實上不只一件事而已：他日日夜夜滿口只提到的就只是Amon Duul II、Bang和Budgie。聽過這些名字嗎？我想也是。而且你很可能永遠也不會聽到他們的名字，除非他們就像那傻瓜一樣在你身邊煩擾你，跟你嘮叨不停地提這幾個名字。Amon Duul II 是一個德國的迷幻、實驗、前衛、機會音樂、自由爵士、電子合成、太空搖滾樂團，他們在德國出版各種音樂類型的唱片，甚至還有二個樂團使用同一個名字，所以他們就編號為Amon Duul I和Amon Duul II；不過在美國只找得到三張他們的專輯，而且這裡幾乎沒有人聽過他們的名字，但是如果這位傻瓜繼續用他那套「一人宣傳公司」為他們廣為宣傳，一大堆人將會聽到這個樂團的名字。不過這個樂團的音樂真的是很不錯，不過這不在此篇文章的討論主題之內。至於這位傻瓜的另外兩個寵物，Bang和Budgie樂團，則是黑色安息日合唱團的仿效者，這兩個樂團一個來自佛羅里達州，另一個來自英國，一個是相當不錯的樂手，另一個則還算可以。於是這位傻瓜和之前文中所提的那位德州佬，來來往往地寫了一些互相怒罵指控的長篇信件，互相告訴對方是個大笨蛋，而這個

事件的起因只因爲那位德州佬不喜歡Budgie樂團或是這類的音樂。所以你懂了我的意思嗎？

　　於是我問這位傻瓜是否聽過Can——另一個德國迷幻前衛樂團，他們錄製了許多首長達十七分鐘的電子印度拉加樂曲（electroraga）。有一次這位傻瓜聽了該團某張唱片其中一面，然後跟我說：「你不覺得Can樂團比the Stooges樂團好？」你看，你懂我的意思嗎？於是一整個星期他不停地問我：「你不覺得Amon Duul II是史上最棒的樂團嗎？」要不就是問：「你不覺得《Dance of the Lemmings》是音樂史上最棒的專輯嗎？」（《Dance of the Lemmings》是Amon Duul II的專輯之一，其中包括曲子〈Dehypnotized Toothpaste〉、〈Landing in a Ditch〉、〈A Short Stop a the Transylvanian Brain Surgery〉），但我一直對他說不是，可是他拒絕接受「不是」的答覆，他可是心中有自己主意的人！他是一個爲「被忽視的天才」出征的改革運動鬥士。所以，你現在知道做這行的訣竅：堅持到底。記得做一些惹人討厭的事，那麼大家就會開始認眞看待你，把你當一回事——要不然至少他們再也不敢對你視而不見。如果他仍舊要繼續走這趟晦澀的雲霄飛車之旅，那麼還有成千上萬的德國樂團，就拿Guru Guru或是Floh de Cologne這二個樂團來做例子吧，這二個樂團堪稱是史上晦澀難懂系的最佳選擇——他們眞的是，因爲他們是進口貨，所以你在美國的商店內連一張他們的唱片也找不到——除非你直接跟德國特別下訂單購買。因此，在美國也就沒有人聽過他們的音樂，而不得不以這位傻瓜的評論做爲依歸。所以你看，傻瓜終於爲他自己撈到一個搶手貨，不過這樣的機會，可是一輩子只碰得到一次。

　　以上幾點差不多就是要成爲搖滾樂評人的必備條件，喜歡你剛才所看到的嗎？想要試試看嗎？那麼就準備好吧，因爲歡樂時光就要開始了。在你準備開始搖滾樂評人生涯之前，我要提的最後一件事就是——天份與這個行業一點也沒有關係，所以不用擔心你不知道該如何寫文章，更不用擔心你不會寫簡單的陳述句子，也不用擔心如果你不

知如何把你的名字簽得像個X。每個人都可以做這個行業，唯一要具備的就是要有高度的神智不清（這一點，剛剛你在閱讀這篇神智不清的文章的過程中就已經達到了。）以及一些鬼扯淡的能力。喔，還有那些鬼扯的話也是現成的，所以你根本就不用費神去想要怎麼寫，你唯一要投資的就是有個彈弓。至於那些你需要用到的評論辭語也早就被寫好了，那些老辭兒都在發黃老舊的《Shakin' Street》、《滾石》、《Creem》等等這類雜誌裡頭找得到，你只要每天坐下來把這些雜誌一讀再讀，那麼很快地你就可以把所有舊唱片的樂評全都背下來。這不僅是一個讓你在派對裡，讓人對你刮目相看的好方法，同時你的博學大論也是讓女生對你印象深刻的釣馬子高招，更重要的是，它讓你可以好好地發揮抄襲的勾當，不過，你不用擔心會被逮到，因為這行業裡的人記性都不好，更何況他們自己也都是抄襲大師，而且所有樂評的內容讀起來都差不多。我是從《Down Beat》雜誌那兒學會輕鬆快速寫樂評的招數，《滾石》雜誌也是一樣，這整個行業都是這樣做的。你只要每過一陣子把那些字攪一攪、重新組合就可以了，反正就是這邊抓一段把它貼到另一篇文章就可以了。如果你真的厭倦當這樣的搖滾樂評人，那麼請記住威廉‧貝羅斯他的剪貼方法，並同時想著前衛這個念頭。我常常都是這樣做的。

好吧，現在是你開始寫你此生第一篇樂評，很簡單，所有你要做的事就是點一下。首先，先替這篇樂評選一個標題：
a.) 被流放的橘子（Oranges in Exile）
b.) 外在城市的憂鬱與沈重的稅金（Outer City Blues & Heavy Dues）
c.) 法裔路易斯安那州人的西塔琴跳舞派對（Cajun Sitar Dance Party）
d.) 巴比倫的飢餓孩子（Hungry Children of Babylon）
e.) 吃下你的冷霜（Eat Your Coldcream）

懂了嗎？好，下一步就簡單多了，只要填空：

這張＿＿＿＿＿＿＿＿＿＿＿＿＿＿的最新專輯

a.) 吹口琴的丹和他的紅燈區（Harmonica Dan and His Red Light
District）

b.) 有鋼板的高角椅（The Armored Highchair）

c.) 冬天裡的鴨子（Ducks in Winter）

d.) 四個大胖仔（The Four Fat Guys）

e.) 阿特羅・迪・寇爾多瓦（Arturo de Cordova）

是＿＿＿＿＿＿＿＿＿＿＿＿＿＿＿＿＿＿＿＿＿＿＿

a.) 該團（或其他各種人稱代名詞）繼上張專輯裡首次藝術性的
冒險後，一次十足清楚的紮實成果。

b.) 繼一張可以伴隨我們度過整個夏天的經典專輯，與一張在秋
天又能溫暖我們內心的單曲後，這張專輯真是太讓我們失
望。

c.) 如果以目前已遭污染的社會環境來看，若這張專輯能為未來
的史學家勾勒出當前社會抑鬱現象的輪廓，那麼這張專輯才
能顯出它的重要性。

d.) 肯定是本年度最佳唱片之選

e.) 簡直是一堆豬屎。

你目前進行得如何？你看，有多簡單啊！繼續寫下去，（從下面
選出接下去的句子）

a.) 處理像這樣一張在內容上討論社會責任的專輯，終於也該是時
候來討論這樣的話題了，如果有人關心的話。也就是說，任何
一位搖滾樂藝人正肩負著聽眾給予他們的社會責任，特別是這
些與政治現況相關的部份。而這樣的政治現況是生活在當今美
國社會裡的我們、全體公民、當然還包括搖滾樂，不得不妥協

的一面。

b.) 我並不完全相信這傢伙／這笨蛋／男孩／我們討論中的女孩／唱歌的狗能夠為自己的音樂作品辯護。從這張專輯裡提到一些陳腔濫調——像是「個人的表達」、「實驗主義」、「另一種新的藝術自由」、或是其他毫無說服力的推辭，便逐漸可以看出它的粗糙。

c.) 看到這張唱片終於出版真是令人興奮，我終於真正地把它握在手中，看著由藝術家艾薛（M. C. Escher）設計的出色封面圖案，同時又因感受到從那音樂裡展現出來的驚人張力而全身顫抖，直到現在，它的樂聲還是依然從舊式的手搖留聲機飄送出來，讓我真不知該進入高潮還是哭泣。

d.) 每天都必須打開這些該死的唱片真是一件無趣的事，這些唱片只是浪費你的時間，而且開封時還傷到你的指甲。這張專輯的大半部分音樂都是重複我昨天收到的那張唱片，在把它從紙板中拿出來後，我實在懶得把唱片從那收縮膠膜的縫隙裡抽出來，而那些堆積如山的紙板也被我那該死的朋友抽出來而亂散在我的房間內。我勉強自己把那張唱片放到唱機轉盤上，我真希望那張唱片就這樣破掉，這樣子我就不用再聽它了。（這句棒，喔！再加一句像這樣的句子就好）反正就跟其他的唱片一樣，我把這張唱片放來聽，差別只在其他的唱片我也沒時間去放來聽。現在我正聽著張專輯，你知道嗎？我是對的——這張專輯是狗屎。

e.) 我不知道自己怎麼到這裡的，也不曉得這是誰的房子或是這台打字機從哪裡來，反正這張新專輯是出自全世界、最偉大的混蛋搖滾樂團的手筆／他是這一代最有才華、最敏感的民謠歌手，很多人已經稱他為新一代的迪倫／泰晤士河這岸邊最甜美的歌聲再度拯救了我——就和其他的唱片一樣，所以我再也不用在乎我身在何處，我不在乎昨晚是否被車子碾

　　過，我不在乎是否這地方被查到，我也不在乎世界是否即將毀滅，因為這是自從一九六八年之後，唯有這張音樂傳達給我的宇宙真理與和諧的信息，讓我第一次覺得生命得以完全。

（唔，一點都不難吧？已經寫好一段了！但還沒要結尾：有趣的就要上場了，）

這張唱片第一面的第一首歌曲＿＿＿＿＿＿＿＿＿＿（選一首）
a.)〈凱特莉納天空〉（Catlina Sky）
b.)〈你眼中的死亡光線〉（Death Rays in Yours Eyes）
c.)〈我希望我是一個鏽掉的釘子〉（I Wish I Was a Rusty Nail）
d.)〈急流水域上的女士〉（Lady of Whitewater）
e.)〈尼克森吃東西〉（Nixon Eats）

（再繼續選）＿＿＿＿＿＿＿＿＿＿＿＿＿＿＿＿＿＿
a.) 這首讓人精神振奮且相當生氣勃勃的開場曲，是以進行曲的節奏作為表現。
b.) 這作品以極度的高能量水平開始的。
c.) 為這張唱片的流暢節奏與情緒建立了相當有氛圍的感覺。
d.) 無法為它得到今年的艾美獎。
e.) 讓我想起三歲時，我祖母因為晚餐吃到發酸的魚，而把先前喝的雪莉酒吐到浴缸裡。

這首曲子第一件讓你注意到的事，是＿＿＿＿＿＿＿（選其一）
a.) 這段邪惡而猛烈的吉他獨奏。
b.) 這段深沈且猶如悸動節奏般地低音貝斯演奏。
c.) 這敏感、近乎痛苦的脆弱歌聲，是如此柔和地與那四把空心

吉他所彈奏出令人著迷的西班牙和弦相互融為一體。

　　d.) 鐃鈸的錄音麥克風裝置不當。

　　e.) 它整體的混音效果非常失敗，這張唱片可說是本年度最糟糕的專輯製作。

或許你第一次聽這張唱片的第一首歌曲時，無法感受到它所帶來的整體衝擊，但是如果每天聽它幾次，連續聽個一、二個禮拜後，尤其戴著耳機聽，你將會體驗到那最終閃現的揭示，將證明

_____

a.) 你在浪費時間。

b.) 這是一張經典搖滾樂傑作，它是如此地遠遠超越我們現在所認知的搖滾樂，以致於大部分的人可能要在十年後，才有能力鑑賞出它的真實價值。

c.) 這個樂團的樂器演奏是完全走調的。

d.) 你應該去買下這個樂團。

e.) 你有一個耳朵是聾的。

它的第二首曲子＿＿＿＿＿＿＿＿＿＿＿＿＿＿＿＿＿（選一個）

a.) 是很好的節奏轉變。

b.) 又是同樣遲鈍的冷淡調調。

c.) 絕對是一個提神的樂曲。

d.) 很有趣的音樂——終於有一首了。

e.) 是對人類耳朵的侮辱（就連我的狗也不喜歡聽）。

憑藉這首曲子所呈現出來的事實，可看出 ＿＿＿＿＿＿＿＿＿＿

a.) 它是由菲爾・史貝克特（Phil Spector）住在澤西的表弟所製作的。

b.) 它只有二秒鐘長。

c.) 它其中的歌詞大部分敘述我們對自然環境所做的傷害，這比它過去十年中所寫的其他題材還多。

d.) 是由巴比・凱伊司（Bobby Keyes）、吉姆・普萊斯（Jim Price）、布慈・藍道夫（Boots Randolph）共同演奏出的十足老式爵士即興演奏樂曲。

e.) 我必須把加洛牌波特酒濺灑在唱片的紋道上，好讓它悅耳一點。

儘管如此，我發覺它那相當細緻精密、弱緩的歌詞所蘊含的真實意義，只能＿＿＿＿＿＿＿＿＿＿＿＿＿＿才能領會出來。

a.) 去買一個助聽器。

b.) 閱讀唱片裡附上的內頁說明。

c.) 先去聽〈Memphis Blues Again〉這首曲子，然後再回頭聽這首曲子，看看它能不能把你轟出大門。

d.) 先去上德文課。

e.) 把這張毫無一貫性的狗屎唱片丟到垃圾桶，然後去酒吧喝瓶啤酒，搞不好那裡的點唱機還有比較好的音樂可聽。

（要開始寫第三段了，順著寫下去，就快寫完了。）

這張唱片勾起我＿＿＿＿＿＿＿＿＿＿＿＿＿＿＿＿＿＿＿＿

a.) 矛盾的情緒，

b.) 無法克制的傾慕，

c.) 怨氣與痛恨，

d.) 全然的冷漠，

e.) 強烈的渴望，

以致於令我無法繼續描述這張唱片其他的樂曲。反正一篇每首曲

子都評論的樂評是很無聊的寫法，而且這張唱片在一般的店裡才賣四塊九十七分美元／張，所以去買一張來聽聽吧，然後你自己決定你是否喜歡這張專輯。我又算是哪根蔥？而且這世上又有哪個樂評人或是有敏銳感應能力的人有資格來告訴你一張唱片聽起來是什麼樣的感覺？只有你自己知道自己耳朵聽到的感覺。我這樣說是對的還是錯的？當然我是對的。不過我知道我將＿＿＿＿＿＿＿＿＿＿＿＿＿

　　a.) 繼續聽這張專輯，直到我得了癌症死掉。

　　b.) 一旦寫完這篇令人嘔吐的樂評，我將立即把這張令我反感的唱片丟到我後院的焚化爐。

　　c.) 不會忘記這次難能可貴的機會裡，藉著《Fusion》雜誌的篇幅裡跟你們分享我對這張特別的唱片所發出最至深的情感，不管你認不認識她——她是一位我無條件深愛的特別人士，即使我們從未見過面、或者我不知道你的姓名，縱使你是一位邋遢的醜女人——我也不會在意。

　　d.) 只是為了刺激，我把這張唱片朝在街上看到的那些討厭的耶穌迷（Jesus Freak）*或是克利須那教派信徒（Hare Krishna）*丟去。

　　e.) 現在就去睡覺，然後希望次日清晨醒來後，我或許可以用清新的耳朵聆聽這張專輯所流露出來的詩意音樂。

　　所以，當我即將在這篇樂評的下方角落簽下我的名字，並跟經營這家小報的傢伙拿到支票之前——反正他不會再付我稿費了。我想再跟你們分享我最後的感言：＿＿＿＿＿＿＿＿＿＿＿＿

　　a.) 今日將是你開啟人生新頁的第一天。

　　b.) 我們當中有許多人覺得人生只不過是一場笑話。

　　c.) 印地安人把這片土地讓給了你跟我。

　　d.) 搖滾樂已死。搖滾樂萬歲。

　　e.) 這些傢伙竟然笨到敢不付我稿費就刊出這篇文章，為什麼不付

我錢？這幾年來我可能已經寫了好幾篇讓你們高興的唱片評論，但是我從你們那裡得到了些什麼？什麼都沒有，除了一大堆的悲傷以及許多不懂搖滾樂的蠢蛋給我的辱罵。他們根本不懂「搖滾樂就是革命」。你們就像一群跟在我後面的吸血惡鬼，只會對我說：「我能體會你的憂鬱！」我已全心全意地付出，所以，該死的傢伙，給我寄些錢來，要不然只要我還有一口氣在，我將再也不會寫出任何一個字給你！

你忠誠的特派通訊記者

_____（在此簽你的名字）
_____（在此寫下你的聯絡地址）

你做到了！你真的做到了！你完成了這篇樂評！你看，這並沒有那麼困難，對不對？現在你也是一位正式派任、完全可以勝任的搖滾樂評人，而且手上還有刊出的文章做為你撐腰的利器。現在，如果你已經填好這篇所有填空的地方，就只要剪下這篇樂評，將它和一封寫好你地址並貼上郵票的回郵信封一併寄給你屬意的搖滾雜誌社！如果他們將你的稿子退回，你就再把它寄給別家雜誌社！要堅持不懈——做個積極進取的人！你想約翰·藍登會輕易地被退稿的挫敗給打倒嗎？當然不！並且如果你把你的文章寄給所有的美國搖滾雜誌出版社，其中有一家早晚一定會把它刊登出來，因為如果他們認為刊出全世界最糟糕的文章就表示是很前衛的作風，那麼大部分的搖滾雜誌社就會把它刊出來！甚至你只要在你家的除草機修理小冊子封面寫下當前知名歌手的一張流行專輯名稱、並在最後一頁底下簽上你的名字，然後將它寄給搖滾雜誌社，他們都會把它刊登出來的，並且還會認為你是一位天才作家！

沒錯，你是一位天才！而且當你要求的稿酬開始由你的讀者寄錢給你，那麼你將會變成有錢人！音樂製作人大衛·葛芬（David Geffen）將會邀請你去他位在凱茲史吉爾山脈的豪宅度週末！當你走

在街上時，麥爾斯・戴維斯將會閃到路邊，讓路給你！當你走在街上時，Seals & Crofts二重唱的吉姆・席爾斯（Jim Seals）將會一邊向你丟他的帽子一邊哼著〈巴哈伊〉（Bah' aii!）*！而紐約的街頭藝人大衛・皮爾（David Peel）將把你寫進他的歌裡！同樣地，約翰・藍儂也會！每個人都會把你寫進去！安迪・渥侯將會找你去拍他的電影！你將會跟大衛・鮑伊、里昂・羅素（Leon Russell）、Atomic Rooster樂團一起去巡迴演唱，他們將會在廣大的圓形舞台上，讀你所寫的最著名的樂評文章給他們廣大激進的樂迷聽。你將會是一個國際知名人士，然後在三十三歲的壯年巔峰時死掉！你達到目標了！你現在是一位搖滾樂評人，明天你就擠身為美國最重要的樂評家之一！你將會名列《紳士》雜誌一九七四年的一百大重要人物排行榜！恭喜你！並歡迎你加入這個俱樂部！

你的好友
羅夫・葛理森（Ralph J. Gleason）

註：
* Jesus Freak： 耶穌迷 (Jesus Movement 的參加者)
* Hare Krishna： 1.【物】《摩珂迦羅頌》(克利須那教派禮拜 Krishna 神時的頌歌)；
  2.【人】克利須那教派信徒 (二十世紀60年代始建於美國信仰 Krishna 的印度教派 the International Society for Krishna Consciousness)
* Baha'i religion：巴哈伊教派

（摘自Shakin' Street Gazette雜誌，第十五期，一九七四年十月十日出刊）

附錄二
歌詞選粹

"Let It Blurt"

Had a Quaalude romance
A real modern affair
Fucking for hours to Raw Power
A whole lifetime we shared
She was my teenage dream
But I was twenty-five
After the abortion only rancor left alive
But that's O.K., baby
I just told her what I had to say:
"Bitch! Bitch! Bitch! Bitch!
I wish your ass was dead!"
    And if it hurts
    Just let it blurt
Vitriol all down your bib
You know you can always leave
If you don't like what's-s-s happenin'
Sittin' by the dock of the bay
Later on the same ol'D-Day
Drinkin' port wine and singing "Sister Ray"
Wonderin' why I wasn't born gay
Makes you feel just like an ofay
But that's cool too, baby
Just say what you've gotta say:
"Bitch! Bitch! Bitch! Bitch!
The baby wasn't mine!"
    You know it hurts
    Just let it blurt
I know it ain't funny
It ain't funny at all, baby
That's why I'm laughing
To keep from crying
That's why I'm crying
Because I'm laughing
Haw! Haw! And fuck you!
I'll see you in hell, baby
I'll see you in hell, baby
I'll see you in hell

"There's a Man in There"

The night was awful but the food was good
We all stood just where we should
Everybody comin'n in the congregation
Come to watch the conflagration
It was the finest fire that I ever seen
Don't mistake just what I mean
A real eighth wonder of a manmade pit
Till I saw a hand wave so deep in it
    I said there's a man in there
    He's peeling near shapeless bubbling fat
    They took a glance and just laughed, "Where?"
    Stoked the furnace and that was that
So I crept a little closer just to check my wits
Saw two eyes pleading from an iron spit
Shot right between'em with a smell most foul
That was when he began to howl
    I cried there's a man in there
    Not pretty to look at but he's not all gone
    Give him, give him, give him some air
    They refilled my drink and smiled, "Welcome home"

    It's just kindling from that same old bin
    Civilized folk don't go burin' men
    We all can tell sport from sin
    Sometimes, I said, kindling is kin

It blazed and razed till it was sated
I could not turn away though the fire faded
The folks went home but I was caught
By such deep dread and knew not what I sought
    There's still a man in there
    I screamed and fell to tear the ashes
    While janitors just stared and stared
    My heart burned ten thousand lashes
    There's a man in there

"Day of the Dead"

I sleep in torment
Dream while I'm awake
If love is dormant
I'd only love you for my own sake
    Ooh mama, take me away
    From that terrible, terrible day
    A car of death and the cask enclosing
    You've lost yourself and everyone knows it
I want you more than life itself
But life seems such a paltry thing
That doesn't mean I need your help
And just what are you offering?
    Ooh mama, take me away
    From that terrible, terrible day
    A car of death and the cask enclosing
    You've lost yourself and everyone knows it

    I want it all
    I want it all
    I want it all
    I cry when you call

Kindness of strangers should not be disdained
I don't want the rest of my life
To feel so defiled, defiled and stained
What could I possibly think of my wife?
    Ooh mama, take me away
    From that terrible, terrible day
    A car of death and the cask enclosing
    You've lost yourself and everyone knows it

"Live"

People in the cemetery
They're not all alone
Some buried in each others' arms
And some got telephones
They don't mind dyin'
They got a message to give
And they ain't lyin'
When they say:
    LIVE!

Death is only temporary
But life rolls on and on
There's a lotta folks walkin' around
Who've turned to stone
And if they don't mind dyin'
'fore it's time to give in
I'm not tryin' to cop no attitude
Just trying to say one thing:
    LIVE!

Don't mean to be didactic
There's plenty' nuff static around already
It's just that stealin' from yourself
It's such an odd kinda stealth
So forgive me before you forget
That the dead are talkin'straight at you, baby
And they're takin' such sorrowful bets
That you won't
    LIVE!